보행왕정론

보행왕정론 寶行王正論

용수 지음 | 신상환 옮김

도서출판 b

| 일러두기 |

1. 티벳어 원문 자료

본문의 티벳어 게송은 구판(舊版)인 날탕(snar thang)판 티벳 대장경을 저본으로 삼은 데게(sde dge)판 티벳 대장경의 『중관이취육론(中觀理聚六論)』을 뜻하는 『우마릭촉 둑(dmu ma rigs thsogs drug)』을 중심으로 원문의 탈·오자를 북경판 티벳 대장경과 교차 검색하여 수정한 것이다. 이 데게판 『중관이취육론(中觀理聚六論)』은 1970년에 라룽빠(L. P. Lhalunpa)에 의한 사경판이 델리에서 출판된 적이 있어 이것을 기본 저본으로 사용하였다(약칭 [데게판]). 이 판본의 대중판이 대만에서 출판된 탁마길(卓瑪吉) (편), 『藏文—中觀理聚六論』으로, 이것을 보조본으로 사용하였다.

2. 비교 역본

일반적으로 원명인 『라자빠리까타라뜨나마라(Rājaparikathāratnamālā)』보다 『라뜨나바리(Ratnāvalī)』 또는 『라뜨나마라(Ratnamālā)』로 더 알려져 있으며 한문 대장경에서는 저자가 알려져 있지 않았으나 티벳 대장경에서는 용수의 저작으로 알려져 있다.

비교 역본으로는 Hopkins (J.)가 옮긴 『Nāgārjuna's Precious Garland』를 사용했다. 판본들마다 각 품을 나누는 양식과 그 이름에 차이가 있어 이 비교 역본에 따라 각 품들을 재구성하였다. 각주의 영역(또는 영문) 주석서 등은 이 역본을 가리킨다. 본문 주석에 나오는 다른 티벳 대장경의 판본들은 여기에 등장한 것이다.

한역본의 완역은 이미 한글대장경 데이터베이스에 포함되어 있으나 생략하였다. 자세한 내용은 https://abc.dongguk.edu/ebti/c2/sub1.jsp에 '보행왕정론'을 입력하면 알 수 있다. 다만 한문 원본의 경우 고려대장경 연구소의 데이터베이스에 따라 병기하였으나 5자 1행의 게송을 각 4행으로 재배열하였으며 그 내용이 티벳어 원문과 다를 경우 각주에서 개략적으로 언급하였다. 자세한 내용은 http://kb.sutra.re.kr/ritk/intro/dataGuide01.do에 '보행왕정론'을 입력하면 알 수 있다.

우리말과 한역본과 차이가 심한 경우 각주에 한역본을 언급하기도 했으나 누락된 부분이 많다. 한역본의 완역은 한글대장경을 참고하기 바란다.

3. 사전류

[BD]는 다양한 인터넷 불교 백과사전을 통칭하는 것으로 그리고 TT는 'The Tibetan Translation Tool'을 뜻한다. [고]는 고려대장경연구소 홈페이지(http://www.sutra.re.kr)

의 용어사전의 약자다. [M]은 Monier Williams Sanskrit-English Dictionary를 뜻한다. 산스끄리뜨어의 단어 설명이나 분석에 나오는 별도 병기나 설명이 없는 경우 모두 이 사전에 따른 것이다. 『장한사전』과 같은 나머지 사전들은 본문에 표기하였다.

인용한 각기 다른 사전의 표기법이나 문장 부호 등이 본문과 다른 경우 통일하지 않고 원문 그대로 두었다.

4. 티벳어 로마자(字) 표기

투치(G. Tucci)가 사용한 와일리 표기법(Wylie system, T. V. Wylie, 1959, 'A standard system of Tibetan transcription', Harvard Journal of Asiatic studies, vol. 22, pp. 261-67)에 따랐으나 대소문자는 구분 없이 소문자로 통일했다.

5. 부록 일러두기

『근본중송(Mūlamadhymakakārikā)』은 MK로 표시했으며 이 글의 영문 원문에서는 주로 쫑카빠의 영역본을 따랐다.

'K~, T~'의 'K~'는 13세기에 간행된 고려대장경 도록(都錄) 번호의 약칭이며 'T'는 20세기 전후 일본에서 취합한 대정 신수대장경(大正新修大藏經) 도록 번호의 약칭으로 『고려대장경해제』에 따른 것이다.

__Encarta: Microsoft Encarta Encyclopedia, E-book, version 2002.
__MK(G.) 가필드 (역), 영문 근본중송(티벳): Garfield (J. L.), The Fundamental Wisdom of the Middle Way - Nāgārjuna's Mūlamadhyamakakārikā, New York, Oxford University Press, 1995.
__Pek. Ed. 북경판: Suzuki (D. T.), ed., The Tibetan Tripitaka Peking Edition, Tokyo-Kyoto, Tibetan Tripitaka Research Institute, 1961.
__REP 루트레지 철학 백과사전: Routledge Encyclopedia of Philosophy e-book, Version 1.0, London, Routledge, 1998.
__sde dge, Ed. 데게판 또는 토호쿠 카탈로그 Tohaku (catalogue): Ui (H.) and others, ed., A Complete Catalogue of the Tibetan Buddhist Cannons, Tokyo, Tohuku Imperial University, 1934.

6. 게송 독법

각 게송에 괄호가 없는 부분은 게송들에 직접 언급된 내용을 직역한 것이고 괄호

'(~)'로 표시된 부분은 축약된 시가 형태의 게송의 의미를 명확하게 하기 위한 역자의 첨언이고, 괄호 '[~]'로 표시된 것은 기존에 사용되고 있는 한역의 개념 등이다.

이 때문에 '(~)'로 표시된 것은 문장에 따라 계속 읽는 구조로 일반적인 괄호 표시와 조사와의 관계에 용례가 벗어나는 경우가 더러 있다.

7. 약어표

Chi.,	Chinese	한문 또는 한역
Eng.,	English	영어
Skt., 【범】, ⓢ	Sanskrit	산스끄리뜨어
Tib.,	Tibetan	티벳어

√	:	어근
Nom.	:	Nominative, 주격
Acc.	:	Accusative, 목적격
Ins.	:	Instrumental, 도구격
Dat.	:	Dative, 여격
Abl.	:	Ablative, 탈격
Gen.	:	Genetive, 소유격
Loc.	:	Locative, 처격
Comp.	:	Comparative, 비교격
Emp.	:	Emphasis particle, 강조사(强調詞)

티벳어의 경우, 산스끄리뜨어의 경우와 달리 하나의 격이 다양한 뜻을 담고 있다. 예를 들어 '라둔(la 'dun)'은 목적격(accusative), 여격(dative), 처격(locative)뿐만 아니라 다양한 접속사 기능을 하고 있다. '라둔'뿐만 아니라 계속사(繼續詞, Continuative) '학쩨(lhag bcas)' 등 중요한 문법적 특징에 대해서는 각 게송의 각주에서 따로 설명하였다.

| 차례 |

| 일러두기 | ·········· 5

제1 선취안락품善趣安樂品 ············ 13
제2 잡품雜品 ············ 90
제3 보리자량품菩提資糧品 ············ 160
제4 정교왕품正教王品 ············ 227
제5 출가정행품出家正行品 ············ 290

| 부록 | 용수에 대한 역사적인 기록과 주요 저작들 ······ 359
해제 ············ 377
참고 문헌 ············ 422
찾아보기 ············ 425

༄༅། །རིན་ཆེན་ཕྲེང་བ་རྩ་འགྲེལ་བཞུགས་སོ།།

보행왕정론 寶行王正論

산스끄리뜨어로 '라자빠리까타라뜨나마라(Rājaparikathāratnamālā)'라고 하며 티벳어로 '겔뽀라 땀자와 린뽀체이 텡와(rgyal po la gtam bya ba rin po che'i phreng ba)'라고 한다.[1]

---

1. ༄༅། །རྒྱ་གར་སྐད་དུ་རཱ་ཛ་པ་རི་ཀ་ཐཱ་རཏྣ་མཱ་ལཱ། བོད་སྐད་དུ་རྒྱལ་པོ་ལ་གཏམ་བྱ་བ་རིན་པོ་ཆེའི་ཕྲེང་བ།
   //rgya gar skad du/rājaparikathāratnamālā/bod skad du/rgyal po la gtam bya ba rin po che'i phreng ba//

   자세한 설명은 「해제」 참조

제1 선취안락품善趣安樂品[2]

【예경문】

부처님과 모든 보살님께 경배하옵니다.[3]

[1. (1-1)]

ཉེས་པ་ཀུན་ལས་རྣམ་གྲོལ་ཞིང་།།　　nyes pa kun las rnam grol zhing//
ཡོན་ཏན་ཀུན་གྱིས་བརྒྱན་པ་པོ།།　　yon tan kun gyis brgyan pa po//
སེམས་ཅན་ཀུན་གྱི་གཉེན་གཅིག་པོ།།　　sems can kun gyi gnyen gcig po//
ཐམས་ཅད་མཁྱེན་ལ་བདག་ཕྱག་འཚལ།།　　thams cad mkhyen la bdag phyag 'tshal//

[1. (1-1)]

解脫一切障　圓德所莊嚴　　해탈일체장　원덕소장엄
禮一切智尊　衆生眞善友　　예일체지존　중생진선우

모든 과실(過失)로부터 해탈하시고

2.　།།རིན་པོ་ཆེའི་ཕྲེང་བ་ལས།　མངོན་པར་མཐོ་བ་དང་ངེས་པར་ལེགས་པ་བསྟན་པ་སྟེ་ལེའུ་དང་པོའོ།།
//rin po che'o pheng ba las/ mngon par mtho ba dang nges par legs pa bstan pa ste le'u dang po'o//

　　한역의 제목은 「안락해탈품(安樂解脫品)」이고 영문의 제목은 'High Status and Definite Goodness'이다. 전체적인 내용은 『중론』과 『권계왕송』에 나타난 용수의 비판적 사유와 도덕적 삶에 대한 강조가 축약된 형태로 되어 있으며 특히 전반부에 등장하는 논파의 방법을 이해하기 위해서는 『중론』의 전체적인 요지를 이해해야 한다. 달라이 라마 14세는 대중 법문 중에 이 품의 내용을 통해서 공성과 보리심을 강조한다.

3.　매우 특이한 형태의 예경문으로 부처님뿐만 아니라 자비와 지혜를 상징하는 관자재보살과 문수보살 등 모든 보살들에게 절한다는 점에서 앞으로 다룰 내용이 광범위하다는 점을 가리킨다. 티벳역에 첨언되어 있으며 한역본에는 없다.

> 모든 공덕으로 장엄하신 이,
> 모든 유정의 유일한 친우이신
> 일체지자에게 제가 경배하옵니다.

[2. (1-2)]

རྒྱལ་པོ་ཁྱོད་ལ་ཆོས་འགྲུབ་ཕྱིར།། rgal po khyod la chos 'grub phyir//
གཅིག་ཏུ་དགེ་བའི་ཆོས་བཤད་དེ།། gcig tu dge ba'i chos bshad de//
དམ་པའི་ཆོས་ཀྱི་སྣོད་ལ་ནི།། dam pa'i chos kyi snod la ni//
ཆོས་འགྲུབ་འགྱུར་ཏེ་གང་ཞིག་ལ།། chos 'grub 'gyur te gang zhig la//

[2. (1-2)]

正法決定善　爲愛法大王　　　정법결정선　위애법대왕
我當說由法　流注法器人　　　아당설유법　유주법기인

> 왕이시여, 그대에게 법을 성취하기 위한
> 완전한 선법(善法)을 설명하겠으니
> (그대의) 성스런 법(聖法)의 그릇, 바로 그것에[4]
> 법이 충만하기를 (바랍니다.)[5] 어느 누구에게나[6]

[3. (1-3)]

དང་པོ་མངོན་པར་མཐོ་བའི་ཆོས།། dang po mngon par mtho ba'i chos//

---

4. 일반적으로 우리말에 어울리게 강조사[Emp.] '니(ni)'를 생략하지만 여기서만은 이 글을 지은 목적을 설명하는 것이라 살려서 옮겼다.
5. 문장의 한가운데 '떼(te)'가 사용되었는데 이 경우는 앞의 문장을 끊는 경우로 봤다. 여기서는 다음 [3. (1-3)]번 게송의 3, 4행 또한 그 이유를 설명하는 것이라 일단 분절하는 것으로 보고 풀었다.
6. 여기서는 게송 하나가 완전히 끝난 것이 아니라 '강식라(gang zhig la)'가 사용되어 다음 게송과 이어져 있다. 영역이나 한역은 둘을 분리하였으나 원문에 따라 이어지게 옮겼다.

ཕྱིས་ནི་ངེས་པར་ལེགས་འབྱུང་བ།། phis ni nges par legs 'byung ba//
གང་ཕྱིར་མངོན་པར་མཐོ་ཐོབ་ནས།། gang phyir mngon par mtho thob nas//
རིམ་གྱིས་ངེས་པར་ལེགས་པ་འོང་།། rim gyis nges par legs pa 'ong//

[3. (1-3)]

先說樂因法　後辯解脫法　　선설락인법　후변해탈법
眾生前安樂　次後得解脫　　중생전안락　차후득해탈

먼저, 선취(善取)의[7] 법,
그 후에 (해탈의) 안락이 생겨나는 것을 (설명해야 합니다.)
왜냐하면 (상계의) 선취를 얻은 후에야
점차적으로 (해탈의) 안락이[8] 오기 (때문입니다.)[9]

[4. (1-4)]

དེ་ལ་མངོན་མཐོ་བདེ་བ་སྟེ།། de la mgnon mtho bde ba ste//
དེས་པར་ལེགས་པ་ཐར་པ་འདོད།། nges par legs pa thar pa 'dod//
དེ་ཡི་སྒྲུབ་པ་མདོར་བསྡུ་ན།། de yi sgrub pa mdor bsdu na//
མདོར་ན་དད་དང་ཤེས་རབ་བོ།། mdor na dad dang shes rab bo//

----

7. 선취(善取)라 옮긴 '뇐빠 토와(mngon pa mtho ba)'를 줄여서 보통 '뇐토(mngon mtho)'라고 하는데 이것은 인간, 천신 등 상계(上界)에 태어나 얻을 수 있는 안락을 가리킨다. 산스끄리뜨어로는 'abhyudaya'라고 한다. 한역의 경우, 이 선취를 낙인법(樂因法)으로 그리고 그 다음의 단계를 해탈(解脫)로 옮겼다.
8. '네빠 렉빠(nges par legs pa)'를 줄여서 '네렉(nges legs)'이라고 하는데 '영원한 안락, 해탈위(指解脫位: 무엇을 벗어나다는 자리의 뜻)와 일체의 지위(智位: 지혜라는 지와 자리라는 뜻)'으로 쓰인다.
9. 먼저 인간, 천신 등이 얻을 수 있는 안락을, 그리고 그 다음 이보다 더 수승한 해탈을 통해 얻는 안락을 설명하겠다는 뜻으로, 이것은 천신으로 태어남을 가리키는 것만은 아니다. 이것은 하계(下界)의 유정은 선취를 얻을 수 없기 때문에 해탈 자체를 얻을 수 없다는 것 또한 가리키고 있다. 문장의 구조는 [3. (1-3)], [4. (1-4)]번 게송이 이어져 있는데 한역이나 영역은 이 둘을 따로 분리하여 옮겼으나 여기서는 티벳역에 따라 직역했다.

[4. (1-4)]

善道具名樂　解脫謂惑盡　　　선도구명락　해탈위혹진
略說此二因　唯信智二根　　　약설차이인　유신지이근

> 그것에는 선취의 기쁨과
> 안락한 해탈을 바라는 것이 (있습니다.)
> 그것의 성취를 정리하자면
> 간단하게 말해 믿음[信]¹⁰과 지혜입니다.

[5. (1-5)]

དད་ཅན་ཉིད་ཕྱིར་ཆོས་ལ་བརྟེན།།　　dad can nyid phyir chos la brten//
ཤེས་རབ་ལྡན་ཕྱིར་ཡང་དག་རིག།　　shes rab ldan phyir yang dag rig//
འདི་གཉིས་ལས་ནི་ཤེས་རབ་གཙོ།།　　'di gnyis las ni shes rab gtso//
འདི་སྔོན་འགྲོ་ནི་དད་པ་ཡིན།།　　　'di sngon 'gro ni dad pa yin//

[5. (1-5)]

因信能持法　由智如實了　　　인신능지법　유지여실료
二中智最勝　先藉信發行　　　이중지최승　선자신발행

> 믿음을 가진 자[信念者]이기에 스스로 법에 의지하고
> 지혜를 갖춘 자이기에 여실하게 아는 것입니다.

10.　여기서 믿음[信]은 '우리의 심왕(心王)・심소(心所)로 하여금 대경을 올바르게 인식케 하며, 마음에 의혹이 없게 하는 정신 작용'하는 것을 가리킬 뿐만 아니라 성법(聖法=正法)에 대한 믿음을 가리키기도 한다. 이것은 또한 11선법을 꼽는 유식에서 첫 번째이기도 하다. 11선법을 산스끄리뜨어로는 'śraddhā'라고 한다.

　　[BD] 11선법: 유식(唯識)에서 현세(現世)・당세(當世)를 이익케 하는 온갖 유위(有爲)의 선(善)의 체(體)인 열한 가지 마음 작용. 신(信)・정진(精進)・참(慚)・괴(愧)・무탐(無貪)・무진(無瞋)・무치(無癡)・경안(輕安)・불방일(不放逸)・행사(行捨)・불해(不害).

이 둘 가운데 지혜는 바로 그 근간이며
이 가행(加行)[11]은 바로 믿음입니다.

[6. (1-6)]

འདུན་དང་ཞེ་སྡང་འཇིགས་པ་དང་།། 'dun dang zhe sdang 'jigs pa dang//
རྨོངས་པས་གང་ཞིག་ཆོས་མི་འདའ།། rmongs pas gang zhig chos mi 'da'//
དེ་ནི་དད་པ་ཅན་ཤེས་བྱ།། de ni dad pa can shes bya//
ངེས་པར་ལེགས་པའི་སྣོད་མཆོག་ཡིན།། nges par legs pa'i snod mchog yin//

[6. (1-6)]

由癡貪瞋怖　而能不壞法　　유치탐진포　이능불괴법
當知是有信　吉祥樂名器　　당지시유신　길상락명기

탐욕[慾]과 성냄[瞋], 두려움[畏]과
어리석음[痴][12]으로는 어느 누구도 현상계[法][13]를 초월할 수 없습니다.
바로 그것을 믿음을 가진 자[信念者]는 알아야 합니다.[14]
(왜냐하면 바로 이것이 해탈) 안락의 최고의 그릇[器](이기 때문)입니다.

[7. (1-7)]

གང་ཞིག་ལུས་ངག་ཡིད་ཀྱི་ལས།། gang zhig lus ngag yid kyi las//

11. 예비단계로 옮길 수도 있으며, '불교수행을 실천할 때 앞서 하는 준비단계 수행'이라는 뜻이다.
12. '몽빠(rmongs pa)'를 무명(無明)과 구분하기 위해 어리석음[痴]으로 옮겼다. 산스끄리뜨어로는 'saṁmoda'라고 한다.
13. 법(法)의 다양한 용례 중의 하나인 현상(phenomena)으로 보고 뒤따라오는 동사 '다('da')'와 어울리게 옮겼다.
14. '셰자(shes bya)'는 지혜의 대상이라는 뜻이다. '자(bya)'가 붙으면 일반적으로 그 대상을 가리킨다. 여기서는 3, 4행에 맞게 '자와(bya ba)'를 '한다'라는 동사 '제빠(byed pa)'의 미래형으로 보고 옮겼다. 티벳어의 미래형에는 당위의 뜻이 있다.

ཐམས་ཅད་ལེགས་པར་ཡོངས་བརྟགས་ཏེ།།　　thams cad legs par yongs brtags te//
བདག་དང་གཞན་ལ་ཕན་ཤེས་ནས།།　　bdag dang gzhan la phan shes nas//
རྟག་ཏུ་བྱེད་པ་དེ་མཁས་པ།།　　rtag tu byed pa de mkhas pa//

[7. (1-7)]
已能熟簡擇　身口意三業　　이능숙간택　신구의삼업
恒利益自他　説爲有智人　　항이익자타　설위유지인

> 무엇이든 신구의(身口意)의 (삼)업(業)
> 일체를 신중하게 잘 관찰해야 합니다.
> 자신과 타인에게 이익됨을 알고
> 항상 그것을 행하는 것이 현자입니다.[15]

[8. (1-8)]
མི་གསོད་པ་དང་རྐུ་སྤོང་དང་།།　　mi gsod pa dang rku spong dang//
གཞན་གྱི་ཆུང་མ་སྤོང་བ་དང་།།　　gzhan gyi chung ma spong ba dang//
ལོག་དང་ཕྲ་མ་རྩུབ་ཉིད་དང་།།　　log dang phra ma rtsub nyid dang//
མ་འབྲེལ་སྨྲ་བ་ཡང་དག་སྡོམ།།　　ma 'brel smra ba yang dag sdom//

[8. (1-8)]
殺生盜邪婬　妄言及兩舌　　살생도사음　망언급양설

15.　전체적으로 어려운 점이 없는 게송이지만 3행의 말미에 쓰인 '네(nas)'는 여기서 시간의
　　　전후를 나타낸다. 2행 말미의 '떼(te)'를 살려 4행에 첨언하면,

　　　　'왜냐하면
　　　　자신과 타인에게 이익됨을 알고
　　　　항상 그것을 행하는 것이 현자의 풍모이기 때문입니다.'

　　　정도 된다. 여기서는 앞 게송과 반복을 피하기 위하여 축약하여 옮겼다.

惡罵不應語　貪瞋與邪見　　아매불응어　탐진여사견

> 불살생과 도둑질 않는 것[不盜]과
> 다른 사람의 아내를 탐하지 않는 것[不邪淫]과
> 그릇되고[거짓말=妄言], 이간질(하고)[兩舌], 불쾌하고[惡口]
> 도리에 어긋날 말[綺語]은 완전히 그치십시오.[16]

[9. (1-9)]

ཆགས་དང་གནོད་སེམས་མེད་པ་པ།།　　chags dang gnod sems med pa pa//
ཉིད་ཀྱི་ལྟ་བ་ཡོངས་སྤོང་བ།།　　nyid kyi lta ba yongs spong ba//
འདི་དག་ལས་ལམ་དཀར་བཅུ་སྟེ།།　　'di dag las lam dkar bcu ste//
བཟློག་པ་དག་ནི་ནག་པོ་ཡིན།།　　bzlog pa dag ni nag po yin//

[9. (1-9)]

此法名十惡　翻此卽十善　　차법명십악　번차즉십선
離酒淸淨命　無逼惱心施　　이주청정명　무핍뇌심시

> 탐욕[貪]과 나쁜 생각[惡意, 瞋心] (등이) 없게[17]
> (그) 자체의 견해를 완전히 버리십시오.
> 이것들이 십선업도(十善業道)이고

---

16. 5악 대죄인 5계(戒)에 위반하는 살생·도적질·음행·거짓말·음주 가운데 맨 마지막을 뺀 것을 적고 있다. 3, 4행은 10악업 가운데 4종의 말로 짓는 악업을 가리킨다.
　　[BD]
　　1. 망어(妄語): 진실하지 못한 허망한 말. 사람을 속일 목적으로 거짓말을 하는 것.
　　2. 양설(兩舌): 이간질하는 나쁜 말. 양쪽 사람에게 번갈아 서로 틀리는 말을 하여 서로 사이가 나쁘게 함.
　　3. 악구(惡口): 신역에서는 추악어(麤惡語). 남을 성내게 할 만한 나쁜 말.
　　4. 기어(綺語): 또는 잡예어(雜穢語)·무의어(無義語). 도리에 어긋나며 교묘하게 꾸미는 말.
　　한역은 이와 달리 다음 게송까지 같이 옮기고 있다.

바로 그 반대들 자체가 (바로) 악(惡)입니다.[18]

[10. (1-10)]

ཆང་མི་འཐུང་དང་འཚོ་བ་བཟང་།།　chang mi 'thung dang 'tsho ba bzang//
རྣམས་མི་འཚེ་དང་གུས་སྦྱིན་དང་།།　rnam mi 'tshe dang gus sbyin dang//
མཆོད་འོས་མཆོད་དང་བྱམས་པ་སྟེ།།　mchod 'os mchod dang byams pa ste//
མདོར་ན་ཆོས་ནི་འདི་མིན་ནོ།།　mdor na chos ni 'di min no//

[10. (1-10)]

供養所應敬　略説法當爾　공양소응경　약설법당이
若但行苦行　決不生善法　약단행고행　결불생선법

술을 마시지 말고 부유한[19] 생활을 (멀리하고)
해를 입히는 것을 완전히 삼가하고 공손하게 보시하고
존경할 만한 분(들)[20]을 존경하고 (만백성을)[21] 자애(慈愛)롭게 대하는 것,[22]
약설하면 법(法)에는 이것밖에 없습니다.

....

17.　원문은 '메빠빠(med pa pa)'로 일반적인 용례는 아니라 윤문하여 옮겼다.
18.　게송 자체에는 어려운 점이 없다. 앞의 [8. (1-8)]번 게송과 함께 10 악업을 설명하고 있는데 정리하면 몸·입·뜻으로 짓는 살생(殺生)·투도(偸盜)·사음(邪婬)·망어(妄語)·양설(兩舌)·악구(惡口)·기어(綺語)·탐욕(貪欲)·진에(瞋恚)·사견(邪見) 등이다. 여기에는 5계의 불음주(不飮酒)가 포함되어 있지 않다. 원문에는 단견(斷見)으로 적혀 있는데 사견에는 상견(常見)도 포함된다.
　　　참고로 단견은 산스끄리뜨어로 'Uccheda dṛṣṭi'라고 하며 '만유는 무상한 것이어서 실재하지 않는 것과 같이, 사람도 죽으면 몸과 마음이 모두 없어져서 공무(空無)에 돌아간다고 고집하는 그릇된 소견'이라고 한다. 주로 고대 인도의 유물론자이자 쾌락주의인 짜르바까(Cārvāka, 順世外道)의 견해다. 상견은 산스끄리뜨어로 'Śāsvata dṛṣṭi'라고 하며 '사람은 죽으나, 자아(自我)는 없어지지 않으며, 5온은 과거나 미래에 상주 불변하여 간단(間斷)하는 일이 없다고 고집하는 그릇된 견해'라고 한다. 절대불변의 아뜨만(ātman, 我)이 존재한다는 견해로 주로 힌두 철학 유파들의 견해다.
　　　본문에는 이와 같은 단견(斷見), 악견(惡見, lta ngan) 사견(邪見, log lta) 등이 두루 쓰이고 있다. 한역은 뒤의 게송과 같이 옮기고 있다.
19.　원문에 쓰인 '장(bzang)'은 대개 '좋은, 상서로운, 뛰어난'이라는 뜻이지만 여기서는

[11. (1-11)]

ལུས་གདུང་བྱེད་པ་འབའ་ཞིག་ལས།། lus gdung byed pa 'ba' zhig las//
ཆོས་མེད་འདི་ལྟར་དེ་ཡིས་ནི།། chos med 'di ltar de yis ni//
གཞན་ལ་གནོད་པ་སྤོང་མེད་ཅིང་།། gzhan la gnod pa spong med cing//
གཞན་ལ་ཕན་འདོགས་ཡོད་མ་ཡིན།། gzhan la phan 'dogs yod ma yin//

[11. (1-11)]

以離智悲故　若唯有苦行　　이리지비고　약유유고행
不能除損他　與救濟利益　　불능제손타　여구제이익

> (자신의) 몸을 괴롭히는 행위[苦行]는 다만[23]
> 이와 같은 법을 모르기[24] 때문입니다. 그것은
> 다른 사람(들)에게 해를 입히는 것을 버리는 것도 아니고
> 다른 사람(들)에게 이익을 이어주는 것도 아닙니다.[25]

[12. (1-12)]

སྦྱིན་དང་ཚུལ་ཁྲིམས་བཟོད་གསལ་བ།། sbyin dang tshul khrims bzod gsal ba//
དམ་ཆོས་ལམ་པོ་ཆེ་ལ་གང་།། dam chos lam po che la gang//
མ་གུས་ལུས་གདུང་གནག་ལམ་ལྟའི།། ma gus lus gdung gnag lam lta'i//
ལམ་གོལ་དག་ནས་འགྲོ་བ་དེ།། lam gol dag nas 'gro ba de//

지나치게 사치스러운 생활로 보고 풀었다. 영역에는 'a good livelihood'로 되어 있다.
20. 원문은 '최외(mchod 'os)'인데 불교도(內道)의 '큰 스승[Arhat, 아라한]'을 가리킬 때뿐만 아니라 자이나교의 교주를 가리킬 때도 이 단어를 쓴다.
21. 왕에게 보낸 편지로 해석하고 첨언하였다.
22. 10선업을 닦는 것 이외의 6종의 기타 생활규범을 첨언한 것이다.
23. 말미에 쓰인 '와직레('ba' zhig las)'의 '와직('ba' zhig)'으로도 '오직, 다만'으로 옮길 수 있다. 여기서 '레(las)'를 '이와 같은 원인으로' 보고 축약하여 옮겼다.
24. 원문에는 '없다'를 뜻하는 '메빠(med pa)'의 축약인 '메(med)'가 쓰였다.
25. 이 게송에 이르러 한역과 통일되었다.

[12. (1-12)]

施戒修所明　正法大夷路　　시계수소명　정법대이로
若棄行邪道　自苦受牛罰　　약기행사도　자고수우벌

> 보시와 지계, 인욕은 명백한 것
> 위대한 정법(正法)의 길로 (이끄는) 방편[26]입니다.
> (그렇지 않으면) 공경받지 못하는 몸은 힘들어하는 소[27]의 행적[28]에서 보듯이[29]
> 잘못된 길[邪道]들로부터 (출발하여) 가는 것과 (같습니다).[30]

[13. (1-13)]

འཁོར་བའི་འབྲོག་ནི་མི་བཟད་པའི།།　　'khor ba'i 'brog ni mi bzad pa'i//
མཐའ་ཡས་སྐྱེ་བོའི་ཤིང་ཅན་དུ།།　　mtha' yas skye bo'i shing can du//

26. 티벳어의 대표적인 대명사 '강(gang)'이 쓰였는데 '방법(method in dependence on which)'이라는 뜻이 있어 여기서는 이에 따랐다. 일반적으로 이와 같은 용례는 찾아보기 어렵다.
27. 대개 '낙(gnag)'은 '검은 쇠[黑牛]'를 가리킨다.
28. 일반적으로 '람(lam)'은 '길, 도(道) ' 등으로 쓰이는데 여기서는 힘들어 하는 소가 걸어가는 그 길이라는 뜻이라 '행적'으로 달리 옮겼다.
29. 소유격[Gen.] '이('i)'가 수식어로 쓰인 경우다.
30. 3, 4행의 조사들이 생략되어 있어 문장의 의미에 맞게 첨언하였다. 이 두 행의 예도 보기 힘든 경우로, 4행의 '떼(te)'는 다음 게송과도 이어져 그 이유를 설명하는 것으로도 해석된다. 이 두 행을 영역이나 한역에서는 의역을 했는데 영역의 경우는,

    'Afflict their bodies, taking
    An aberrant path like a cow path[deceiving oneself and those following].

이라고 적고 있다. 거칠게 옮겨보면,

    '괴로운 그 몸은
    [자신을 속이고 그것들을 따르는] 소의 길처럼 그릇된 길이다,

정도 된다. 한역의 경우가 더 이해하기 쉽다.

    '만약 이런 그릇된 길을 버리지 않는다면,
    스스로 벌을 받는 소처럼 고통에 빠질 것이다.'

ཉོན་མོངས་གདུགས་པས་འཁྱུད་པའི་ལུས།། nyid mongs gdugs pas 'khyud pa'i lus//
ཤིན་ཏུ་ཡུན་རིང་འཇུག་པར་འགྱུར།། shin tu yun ring 'jug par 'gyur//

[13. (1-13)]

是生死曠澤　無飲食樹陰　　시생사광택　무음식수음
或狼所食噉　長遠於中行　　혹랑소식담　장원어중행

> 윤회의 들판은 흠맹한
> 대지, (그 위에) (선) 나무와 같은 인간의
> 번뇌[31]의 우산으로 덮인 몸은
> 매우 오랜 세월에 들어서야 합니다.[32]

[14. (1-14)]

གསོད་པ་ཡིས་ཚེ་ཐུང་འགྱུར།། gsod pa yis tshe thung 'gyur//
རྣམ་པར་འཚེ་བས་གནོད་པ་མང་།། rnam par 'tshe bas gnod pa mang//
རྐུ་བ་ཡིས་ནི་ལོངས་སྤྱོད་ཕོངས།། rku ba yis ni longs spyod phongs//
བྱི་བོ་བྱེད་པས་དགྲ་དང་བཅས།། byi bo byed pas dgra dang bcas//

[14. (1-14)]

因殺生短壽　逼惱招多病　　인살생단수　핍뇌초다병
由盜致乏財　侵他境多怨　　유도치핍재　침타경다원

---
31. 3행의 어두 '니몽(nyid mongs)'은 '뇬몽(nyon mongs)'의 오자다.
32. 전체적으로 의역했는데 한역에서는 1행의 윤회를 생사로 옮겼고, 영역은 우산으로 옮긴, '둑빠(gdugs pa)'를 독사로 보고 풀었다. 영역과 한역 모두 의역인 게 확실한데, 한역을 대충 옮기면 다음과 같다.

> 생사의 (윤회는) 광활한 늪지 같아
> 먹고 마실 것 없는 나무 아래처럼 음습하고
> 또는 먹거리를 씹기조차 어려운 가운데
> 머나먼 길에 들어가는 것입니다.

> 살생하는 것으로는 명이 짧아지고
> 해(害)를 입힌 것으로는 손해가 더 많아지고
> 도둑질한 것으로는 재물이 빈궁해지고
> 삿된 음행을 한 것으로는 (많은) 적(들)과 함께하게 됩니다.[33]

[15. (1-15)]

བརྫུན་དུ་སྨྲ་བས་སྐུར་བ་སྟེ།	brdzun du smra bas skur ba ste//
ཕྲ་མ་ཡིས་ནི་བཤེས་དང་འབྱེ།	phra ma yis ni bshes dang 'bye//
ཚིག་རྩུབ་ཉིད་ཀྱིས་མི་སྙན་ཐོས།	tshig rtsub nyid kyis mi snyan thos//
མི་འབྲེལ་བ་ཡིས་ཚིག་མི་བཙུན།	mi 'brel ba yis tshig mi btsun//

[15. (1-15)]

妄語遭誹謗　兩舌親愛離　　망어조비방　양설친애리
惡口聞不愛　綺語他憎嫉　　악구문불애　기어타증질

> 거짓말[妄言]로는 비웃고 헐뜯는 게[誹謗] (생겨나고)
> 이간질하는 말[兩舌]로는 친구와 갈라지고
> 불쾌한 말[惡口] 자체로는 악명을 듣게 되고
> 도리에 어긋날 말[綺語]로는 존경을 받지 못합니다.[34]

[16. (1-16)]

| བརྣབ་སེམས་ཡིད་ལ་རེ་བ་འཇོམས། | brnab sems yid la re ba 'joms// |

---

33. 한역에서는 2, 4행의 인과가 명확하지 않다. 굳이 옮기자면, 타인을 핍박하고 괴롭히면 병이 많아지고, 다른 사람들을 침범하면 내생에 많은 원망을 듣는다는 것 정도 되겠다. 진제가 한역할 때 침(侵)에 성적인 의미가 있었는지 모를 일이다.
34. '도리에 어긋날 말[綺語]'에 대해서 한역에서는 타인에게서 시기와 질투를 받는다고 옮기고 있다. 앞의 [8. (1-8)]번 게송 3, 4행에 나오는 4종의 입으로 짓는 악구업(惡口業)의 과(果)이다.

གནོད་སེམས་འཇིགས་པ་སྦྱིན་པར་བཤད།། gnod sems 'jigs pa sbyin par bshad//
ལོག་པར་ལྟ་བས་ལྟ་ངན་ཉིད།། log par lta bas lta ngan nyid//
ཆང་འཐུང་བས་ནི་བློ་འཁྲུལ་ཏེ།། chang 'thung bas ni blo 'khrul te//

[16. (1-16)]

由貪害所求　瞋恚受驚怖　　유탐해소구　진에수경포
邪見生僻執　飲酒心訥亂　　사견생벽집　음주심눌란

탐욕스러운 마음[貪心]은 마음(속)에 (해탈을)³⁵ 추구하고자 하는 바를 없애고

성내는 마음[瞋心]은 (타인에게) 두려움을 준다고 설하셨습니다.

그릇된 견해[邪見]는 악한 견해[惡見] 그 자체이고

술을 마시는 것[飲酒]은 마음을 산란하게 하고³⁶

[17. (1-17)]

སྦྱིན་པ་མ་བཏང་དབུལ་བ་ཉིད།། sbyin pa ma btang dbul ba nyid//
ལོག་པར་འཚོ་བས་བསླུས་པ་སྟེ།། log par 'tsho bas bslus pa ste//
ཁེངས་པ་ཡིས་ནི་རིགས་ངན་ཉིད།། khengs pa yis ni rigs ngan nyid//
ཕྲག་དོག་གིས་ནི་གཟི་ཆུང་ཉིད།། phrag dog gis ni gzi chung nyid//

[17. (1-17)]

不施故貧窮　邪命逢欺詐　　불시고빈궁　사명봉기광
不恭生卑賤　嫉妒無威德　　불공생비천　질투무위덕

---

35. 출세간의 법을 추구하는 것을 없앤다는 의미로 보고 첨언하였다.
36. 음주에 대해서 한역에서는 '(마음을) 산란하게 하고 (말을) 더듬게 한다.'로 옮겼으니 더 구체적이라 하겠다. 10악업(惡業)에 대한 과(果)에 대한 설명이다.

제1 선취안락품 25

> 베풀지 않는 것[布施]은 가난함 그 자체이고[37]
> 그릇된 방법으로 사는 것[邪命]은 속이는 짓이고
> 거만한 것은 태생이 천박한 것 자체이고[38]
> 질투하는 것은 위엄과 덕망[威德][39]이 적은 것 자체(입니다).

[18. (1-18)]

ཁྲོ་བས་ཁ་དོག་ངན་པ་ཉིད།།   khro bas kha dog ngan pa nyid//
མཁས་པར་མི་འདྲི་བླུན་པ་ཉིད།།   mkhas par mi 'dri blan pa nyid//
མི་ཉིད་ལ་ནི་འབྲས་བུ་འདི།།   mi nyid la ni 'bras bu 'di//
ཀུན་གྱི་དང་པོ་ངན་འགྲོར་རོ།།   kun gyi dang po ngan 'gror ro//

[18. (1-18)]

恒恨形色醜　不問聰故癡　　　항한형색추　불문총고치
此報在人道　先已受惡趣　　　차보재인도　선이수악취

> (항상) 화를 내는 것은 안색이 나쁜 것 자체이고
> 현자에게 묻지 않는 것은 어리석음 자체(입니다).
> (이와 같이) 바로 그 사람(들)에게 이와 같은 과보가 (있는 것은)
> 모두 전생에 악취(惡趣) (때문입니다).[40]

....
37. 윤문하여 옮겼는데 원문은 보시를 '보내지 않는 것(ma btang)'이다.
38. 한역은 거만함을 '공경하지 않는 것(不恭)'이라고 적고 있는데 거만한 것 자체가 타인을 공경하지 않다는 뜻이니 같은 의미라 하겠다. 영역에서는 'arrogant'로 옮기고 있다. '태생이 천박한 것'이라고 옮긴 '릭녠(rigs ngan)'은 인도의 불가촉천민인 수드라를 가리킨다.
39. 티벳어 원문에는 '직(gzi)'이 쓰였는데 이것은 묘안석 등의 보석을 가리킨다. 영역은 'little beauty'라고 적고 있는데 아마도 '작은 (보석처럼) 그다지 아름답지 않다'고 보고 옮긴 듯하다. 한역에 따라 옮겼다.
40. [14. (1-14)]번 게송부터 이어져온 다양한 과보를 받은 결과에 대한 정리다.

[19. (1-19)]

མི་དགེ་ཞེས་བྱ་དེ་དག་གི། mi dge zhes bya de dag gi//
རྣམ་སྨིན་བསྒྲགས་པ་གང་ཡིན་པ། rnam smin bsgrags pa gang yin pa//
དགེ་བ་དག་ནི་ཐམས་ཅད་ལ། dge ba dag ni thams cad la//
དབྲས་བུ་དེ་ནི་བཟློག་ཏེ་འབྱུང་། dbras bu de ni bzlog te 'byung//

[19. (1-19)]

殺生等罪法　如所說果報　　살생등죄법　여소설과보
無貪等及業　說名善習因　　무탐등급업　설명선습인

> "불선(不善)이다"라는 그것들의
> 이숙(異熟)[41]은 널리 알려졌으니 어찌 되었든
> 모든 선업들을 (닦을 때)
> 바로 그 과보의 반대가 생겨납니다.[42]

---

41. '이숙(異熟)'으로 옮긴 '남민(mam smin)'은 티벳불교에서 빼놓을 수 없는데 사전적 정의는 다음과 같다.
    [BD] 이숙(異熟): 1. vipāka 비파가(毘播伽)라 음역. 선악의 업인(業因)으로 얻은 무기성(無記性)의 결과. 구역은 과보(果報). 이에 3석(釋)이 있음. 변이숙(變異熟)은 인(因)이 달라져서 과(果)가 성숙. 이시숙(異時熟)은 과는 인과 때를 달리하여 성숙. 이류숙(異類熟)은 과는 인과 별류(別類)로 성숙. 유식가(唯識家)에서는 세 번째 것을 씀. 또 유식가에서는 이숙(異熟)와 이숙으로 생긴 것을 구별하여 앞의 것을 진이숙(眞異熟), 뒤의 것을 이숙생(異熟生)이라 함. 2. 행위의 결과. 업이 성숙하여 결과를 낳는 것. 업력이 그 원인과는 성질과 기능이 다른 결과로 성숙하는 것. 비파가(毘播伽), 과보(果報), 응보(應報). 선업을 즐거움을 낳고 악업은 고통을 낳지만, 결과인 즐거움과 고통 자체는 선도 아니고 악도 아닌 무기(無記)이므로, 원인과는 다른 성질이다. 한편 즐거움이나 고통이라는 무기 자체는 과보를 초래하지 않으므로, 원인인 선악과는 기능이 다르다. 원인인 선이나 악을 이숙인(異熟因), 결과인 즐거움이나 고통을 이숙과(異熟果)라고 한다.
    '원인은 선악이지만, 결과는 무기(因是善惡 果是無記)'라는 것이 곧 이숙인과 이숙과의 관계이다.'
42. 문장 구조는 어렵지 않은데 영역은 행에 맞추어 의역했으며, 한역도 무난하게 옮겼다.

[20. (1-20)]

ཆགས་དང་ཞེ་སྡང་གཏི་མུག་དང་། །
དེས་བསྐྱེད་ལས་ནི་མི་དགེ་བ། །
མ་ཆགས་ཞེ་སྣང་གཏི་མུག་མེད། །
དེས་བསྐྱེད་ལས་དེ་དགེ་བ་ཡིན། །

chags dang zhe sdang gti mug dang//
des bskyed las ni mi dge ba//
ma chags zhe snang gti mug med//
des bskyed las de dge ba yin//

[20. (1-20)]

惡修及諸苦　皆從邪法生　　악수급제고　개종사법생
諸善道安樂　皆因善法起　　제선도안락　개인선법기

> 탐욕과 성냄[瞋恚], 어리석음[愚癡]과
> 그것에 의해 생겨난 것(들)로부터는 불선(不善)(뿐입니다.)
> 탐욕과 성냄[瞋恚], 어리석음[愚癡]이 없는
> 그것에 의해 생겨난 것들이 선법(善法)입니다.[43]

[21. (1-21)]

མི་དགེ་བ་ལས་སྡུག་བསྔལ་ཀུན། །
དེ་བཞིན་ངན་འགྲོ་ཐམས་ཅད་དོ། །
དགེ་ལས་བདེ་འགྲོ་ཐམས་ཅད་དང་། །
སྐྱེ་བ་ཀུན་ཏུ་བདེ་བ་དག །

mi dge ba las sdug bsngal kun//
de bzhin ngan 'gro thams cad do//
dge las bde 'gro thams cad dang//
skye ba kun tu bde ba dag//

[21. (1-21)]

常離一切惡　恒行一切善　　상리일체악　항행일체선
由身口意業　應知此二法　　유신구의업　응지차이법

43.　티벳어는 완벽한 대구를 이루고 있으며 한역은 삼독(三毒)에 대해서 언급하고 있지 않다. 한역은 다시 다음 게송과 이어져 있다.

> 불선(不善)으로부터 모든 괴로움[苦]이
> 그와 같이 일체의 악취(惡趣)가 (생겨납니다).
> 선법(善法)으로부터는 일체의 선취(善趣)와
> 모든 중생들에게 안락들이 (생겨납니다.)[44]

[22. (1-22)]

ཡིད་དང་ལུས་དང་ངག་གིས་ནི། །　　yid dang lus dang ngag gis ni//
མི་དགེ་ཀུན་ལས་སྡོག་བྱ་ཞིང་། །　　mi dge kun las sdog bya zhing//
དགེ་ལ་རྟག་ཏུ་འཇུག་བྱ་བ། །　　dge la rtag tu 'jug bya ba//
ཆོས་འདི་རྣམ་པ་གཉིས་སུ་བཤད། །　　chos 'di rnam pa gnyis su bshad//

[22. (1-22)]

由一法能脫　地獄等四趣　　유일법능탈　지옥등사취
第二法能感　人天王富樂　　제이법능감　인천왕부락

> 바로 그 신구의(身口意) (삼업)으로
> 모든 불선(不善)을 멀리하시고
> 항상 선법에 들어서십시오
> 이 법에는 두 종류[45]가 있다고 (부처님께서) 말씀하셨습니다.[46]

[23. (1-23)]

ཆོས་འདིས་དམྱལ་བ་ཡི་དྭགས་དང་། །　　chos 'dis dmyal ba yi dwags dang//

---
44. 6도 중생 가운데 악취와 선취를 나눠 설명하고 있다. 악취는 삼악도(三惡道)인 지옥도, 아귀도, 축생도이며 선취는 아수라도, 인간도, 천상도를 가리키는데 아수라도의 경우 천상도와 대치를 이루고 있다. 능력은 천상도의 중생인 천신과 비슷하나 그들에 대한 질투심을 가진 채 싸우기 좋아한다고 한다.
45. 영문판은 신구의 3종이 있다고 되어 있다.
46. 여기까지가 한역의 [21. (1-21)]번 게송의 마지막이다. 이 다음부터 한역은 한 게송씩 밀려 있다.

제1 선취안락품 29

དུད་འགྲོ་དག་ལས་རྣམ་གྲོལ་ཞིང་།། dud 'gro dag las rnam grol zhing//
ལྷ་དང་མི་ཡི་ནང་དག་ཏུ།། lha dang mi yi nang dag tu//
དགེ་དཔལ་རྒྱལ་སྲིད་རྒྱས་པ་འཐོབ།། dge dpal rgyal srid rgyas pa 'thob//

[23. (1-23)]
由定梵住空　得受梵等樂　　유정범주공　득수범등락
如是略說名　樂因及樂果　　여시약설명　낙인급낙과

> 이 법(法)으로 지옥 중생, 아귀(餓鬼)와
> 축생으로부터 벗어나고[47]
> 천신과 사람의 몸들을 받아[48]
> 안락, 행운, 제국을 얻을 수 있습니다.[49]

[24. (1-24)]
བསམ་གཏན་ཚད་མེད་གཟུགས་མེད་ནི།། bsam gtan tshad med gzugs med ni//
ཚངས་སོགས་དགེ་བ་མྱོང་བར་བྱེད།། tshangs sogs dge ba myong bar byed//
དེ་ལྟར་མངོན་མཐོའི་ཆོས་འདི་དང་།། de ltar mngon mtho'i chos 'di dang//
དེ་ཡི་འབྲས་བུ་མདོར་བསྡུས་པའོ།། de yi 'bras bu mdor bsdus pa'o//

---

47. '벗어나고'로 옮긴 '남돌(rnam grol)'은 '해탈을 얻음(得解脫)'이라는 뜻으로 주로 쓰이나 여기서는 악취에서 벗어나는 것으로 보고 옮겼다.
48. 원문 '낭닥(nang dag)'은 '안'의 복수형으로 옮겼는데 '몸들로'도 옮길 수 있다.
49. 전체적으로 윤문하여 옮겼다. 한역의 경우 [22. (1-22)]번 게송에서 인천왕부락(人天王富樂)이라 하여, 사람과 천신으로 태어나 왕이 되고 부귀와 기쁨을 느낄 수 있다 정도인데, 원문은 이와 같다. 영역은 '제국'으로 옮긴 '곌씨 계빼(rgyal srid rgyas pa)'를 'dominion'라고 옮겨 영토라고 했다.
    한역 [22. (1-22)]번 게송은 순차를 매겨두었으나 원문에 이를 짐작할 수 있는 단어는 없고, '4취(四趣)'라고 한 점을 보아 아수라까지 넣고 있는 듯하다. 원래 악도에 아수라는 들어가 있지 않다. 티벳 원문을 보더라도 천신과 사람만 언급하고 있으나 축약되어 있다고 보는 게 옳다.

[24. (1-24)]

復次解脫法　微細深難見　　부차해탈법 미세심난견
無耳心凡夫　聞則生驚怖　　무이심범부 문즉생경포

> 선정,[50] (사)무량(四無量),[51] (사)무색정(四無色定)[52]은
> 범천(梵天)[53] 등이 닦은 선법(善法)입니다.
> 그렇게 이 선취(善趣)의 법과
> 그것의 과보(果報)를 약술할 수 있습니다.[54]

50. 다른 말로 정려(靜慮)라고 한다. 산스끄리뜨어로는 'dhyāna'라고 하는데 선(禪)의 어원이다. 사전적 정의는 다음과 같다.
    [BD] 선정(禪定): 마음을 한곳에 모아 진정한 이치를 생각하고, 괴로움을 떠나서 고요한 경지에 이르게 하는 일. 참선하여 삼매경에 이르는 것. 마음이 한 경계에 정지하여 흐트러짐을 여읜다는 뜻.
51. 자(慈), 비(悲), 희(喜), 사(捨) 등 네 가지의 한량없는 마음으로 구체적인 정의는 다음과 같다.
    [BD] 사무량심(四無量心):【범】catvāri apramāṇa cittāni 한없는 중생을 어여삐 여기는 마음의 네 가지.
    (1) 자무량심(慈無量心), maitrī apramāṇa citta 무진(無瞋)을 체(體)로 하고 한량없는 중생에게 즐거움을 주려는 마음. 처음은 자기가 받는 낙(樂)을 남도 받게 하고, 먼저 친한 이부터 시작하여 널리 일체 중생에게까지 미치게 하는 것.
    (2) 비무량심(悲無量心), karuṇā. 무진(無瞋)을 체(體)로 하여, 남의 고통을 벗겨 주려는 마음. 처음은 친한 이의 고통을 벗겨주기로 하고, 점차로 확대하여 다른 이에게까지 미치는 것.
    (3) 희무량심(喜無量心), muditā. 희수(喜受)를 체로 하여 다른 이로 하여금 고통을 여의고, 낙을 얻어 희열(喜悅)케 하려는 마음. 처음은 친한 이부터 시작하여 점점 다른 이에게 미치는 것은 위와 같다.
    (4) 사무량심(捨無量心), upekṇā. 무탐(無貪)을 체로 하여 중생을 평등하게 보자 원(怨)·친(親)의 구별을 두지 않으려는 마음. 처음은 자기에게 아무런 관계가 없는 이에 대하여 일으키고, 점차로 친한 이와 미운 이에게 평등한 마음을 일으키는 것. 무량이란 것은 무량한 중생을 상대(相對)로 하며, 또 무량한 복과(福果)를 얻으므로 이렇게 이름함.
52. [BD] 사무색정(四無色定): 사공정(四空定)과 같음. 사공정(四空定):【범】Catasra ārūpya samāpattaya.
    (1) 공무변처정(空無邊處定). 먼저 색(色)의 속박을 싫어하여 벗어나려고, 색의 상(相)을 버리고, 무한한 허공관을 하는 선정(禪定).
    (2) 식무변처정(識無邊處定). 다시 더 나아가 내식(內識)이 광대무변하다고 관하는 선정.
    (3) 무소유처정(無所有處定). 식(識)인 상(想)을 버리고, 심무소유(心無所有)라고 관하는

[25. (1-25)]

ངེས་པར་ལེགས་པའི་ཆོས་དག་ཀྱང་།	nges par legs pa'i chos dag kyang//
ཕྲ་ཞིང་ཟབ་པར་སྣང་བ་དང་།	phra zhing zab par snang ba dang//
བྱིས་པ་ཐོས་དང་མི་ལྡན་ལ།	byis thos dang mi ldan la//
སྐྲག་པར་བྱེད་པར་རྒྱལ་བས་གསུངས།	skrag par byed par rgyal bas gsung//

[25. (1-25)]

| 我無當不生　現來我所無 | 아무당불생　현래아소무 |
| 凡人思此畏　智者怖永盡 | 범인사차외　지자포영진 |

> 해탈법들도 마찬가지로
> 구체적이고 세밀하게 드러내어[55]
> 어리석은 자[凡夫], (즉) 들어서 (배움)을 갖추지 못한 자(들)이
> 경이롭게 느낄 (만큼) 승자(勝者)께서 말씀하셨습니다.[56]

선정.
   (4) 비상비비상처정(非想非非想處定). 앞의 식무변처정은 무한한 식(識)의 존재를 관상(觀想)하므로 유상(有想)이고, 무소유처정은 마음이 존재하지 않는 것을 관상하므로 비상(非想)인데, 이것은 유상을 버리고, 비상을 버리는 선정이므로 비상비비상정이라 함.

53. 여기서는 창조의 신, 브라흐만과 여타의 신들을 가리키고 있다. 범천(梵天)의 사전적 정의는,

    [BD] 범천(梵天): [1] 【범】 brahma deva 바라하마천(婆羅賀麼天)이라고도 쓴다. 색계 초선천 범은 맑고 깨끗하단 뜻. 이 하늘은 욕계의 음욕을 여의어서 항상 깨끗하고 조용하므로 범천이라 한다. 여기에 세 하늘이 있으니 범중천·범보천·대범천. 범천이라 통칭. 범천이라 할 때는 초선천의 주(主)인 범천왕을 가리킴.

    [2] 범토 천축이란 뜻. 인도를 가리키는 말.

    [3] 수험도(修驗道)에서 묘소(墓所)를 일컫는 말. 범천이 내려와서 성령(聖靈)을 수호한다는 뜻.

54. 전체적으로 운문하여 옮겼다. 한역의 경우 [23. (1-23)]번 게송 3행까지 이에 해당한다. 4행의 '낙인급낙과(樂因及樂果)'는 한역 역경사 진제가 첨언한 것이다.

55. 2행 말미에 쓰인 '당(dang)'을 의미가 없는 단어로 보고 옮겼다. 한역은 [24. (1-24)]번 게송 2행으로 '미세심난견(微細深難見)', 즉 '미세하고 깊이 있게 (말씀하시어) 그 어려운 바를 볼 수 있도록' 정도 된다. 영역의 경우는 'to be deep, subtle and frightening'이라고 옮겼는데 문장 구조나 그 의미가 명확한 것 같지는 않다.

[26. (1-26)]

བདག་ཡོད་མ་ཡིན་ཡོད་མི་འགྱུར།།
བདག་གི་ཡོད་མིན་མི་འགྱུར་ཞེས།།
བྱིས་པ་དག་ནི་དེ་ལྟར་སྐྲག།
མཁས་པ་ལ་ནི་སྐྲག་པ་ཟད།།

bdag yod ma yin yod mi 'gyur//
bdag gi yod min mi 'gyur zhes//
byis pa dag ni de ltar skrag//
mkhas pa la ni skrag pa zad//

[26. (1-26)]

世間我見生　他事執所繫　　세간아견생　타사집소계
佛由至道證　依悲爲他說　　불유지도증　의비위타설

> "나는 존재하지 않는다.", "나는 존재하지 않게 될 것이다."
> "내 것은 없다.", "내 것은 없어질 것이다."라고 말합니다.[57]
> 범부들은 그와 같이 (말하며) 두려워합니다.
> (그러나) 현자들에게는 (그런) 두려움은 없습니다.

[27. (1-27)]

སྐྱེ་དགུ་འདི་ནི་མ་ལུས་པ།།
ངར་འཛིན་པ་ལས་བྱུང་བ་དང་།།
ང་ཡིར་འཛིན་ལྡན་སྐྱེ་དགུ་ལ།།
ཕན་པ་གཅིག་ཏུ་གསུང་བས་གསུངས།།

skye dgu 'di ni ma lus pa//
ngar 'dzin pa las byung ba dang//
nga yir 'dzin ldan skye dgu la//
phan pa gcig tu gsung bas gsungs//

[27. (1-27)]

我有及我所　此二實皆虛　　아유급아소　차이실개허

---

56. 전체적으로 우리말에 맞게 윤문하여 옮겼다. 한역은 [24. (1-24)]번 게송과 일치한다. 여기서 이야기한 두 가지 법, 즉 선취와 해탈의 법에 대한 구체적인 구분과 그에 대한 언급이다. 이하 1장 말미인 [100. (1-100)]번 게송까지 해탈법에 대한 설명이 이어진다.
57. 항상과 무상 등에 대한 형이상학적인 문제라기보다는 '보통 사람들'이 가지는 존재와 소유에 대한 두려움으로 읽힌다. 한역의 [25. (1-25)]번 게송이다.

由見如實理　二執不更生　　　유견여실리　이집불갱생

> 이 모든 중생(들)은 모두
> 나[我]를 부여잡기에 (생각들을) 일으키고
> 내 것[我所]을 가지고 있다[我執][58](는 생각들을) 부여잡고 가지기에 (이런 어리석은) 중생들에게
> 일체의 이익이 되는 (부처님의) 말씀이 전해집니다.[59]

[28. (1-28)]

བདག་ཡོད་བདག་གིར་ཡོད་ཅེས་པ།།　　bdag yod bdag gir yod ces pa//
འདི་ནི་དམ་པའི་དོན་དུ་ལོག།　　　'di ni dam pa'i don du log//

---

58. '내 것[我所]을 가지고 있다.'라고 풀어쓴 '날진빼(ngar 'dzin pa)'를 한역에서는 '아집(我執)'이라는 한 단어로 쓰고 있는데 티벳역에서는 이것을 '나라고 가상하는 그런 마음, 집착심'으로 옮기고 있다. 국어사전에도, 아집은 '1. 개체적인 자아를 실체인 것으로 믿고 집착하는 일. 2. 자기중심의 좁은 생각이나 소견 또는 그것에 사로잡힌 고집'이라고 되어 있으나, 통상적으로 두 번째가 일반적으로 사용되고 있고, 원래 여기서 사용된 의미는 '내 것(possession)'에 대한 집착이기에 그 의미를 명확하게 하기 위해서다. 영역에서는 'the conception of I'로 적고 있다.

59. 이 게송의 한역과 영역 모두 의역이다. 한역의 [26. (1-26)]번 게송은,

> 세간에 내가 있다는 견해로 생겨난
> 다른 일들을 잡아 매달리게 된다고
> 부처님께서는 그 이유에 대한 원인을 증명하시고
> 이에 의존하여 생겨나는 비애에 대한 다른 말씀도 설해주셨습니다.

영역은,
> By him, speaks only to help beings,
> It was said that all beings
> Have arisen from the conception of I,
> And are enveloped with the concept of mine.

> 오직 다른 유정들을 돕는 그분께서 이르셨습니다.
> 이와 같이, 모든 유정들은
> '나[我]'라는 개념으로부터 생겨나고
> 그리고 '내 것'이라는 개념에 쌓여 있다고.

གང་ཕྱིར་ཡང་དག་ཇི་ལྟ་བ།། gang phyir yang dag ji lta ba//
ཡོངས་སུ་ཤེས་པས་གཉིས་མི་འབྱུང་།། yongs su shes pas gnyis mi 'byung//

[28. (1-28)]
諸陰我執生　我執由義虛　　제음아집생　아집유의허
若種子不實　芽等云何眞　　약종자불실　아등운하진

> "나[我]는 존재한다." "내 것[我所]은 존재한다."라고 말하는 것
> 바로 이것은 정확한 의미를 뒤집는 것입니다.
> 그러므로 진실로 여실한 것[眞如]을
> 완전히 깨달아야만 이와 같은 ('나'와 '내 것'이라는) 두 (가지 생각들이)
> 일어나지 않습니다.[60]

[29. (1-29)]
ངར་འཛིན་ལས་བྱུང་ཕུང་པོ་རྣམས།། ngar 'dzin las byung phung po rnams//
ངར་འཛིན་དེ་ནི་དོན་དུ་བརྫུན།། ngar 'dzin de ni don du brdzun//
གང་གིས་ས་བོན་བརྫུན་པ་དེའི།། gang gi sa bon brdzun pa de'i//
སྐྱེ་བ་བདེན་པ་ག་ལ་ཞིག། skye ba bden pa ga la zhig//

[29. (1-29)]
若見陰不實　我見則不生　　약견음불실　아견즉불생
由我見滅盡　諸陰不更起　　유아견멸진　제음불갱기

> '내 것[我所]'을 가지고 있다는 것[我執]으로부터 생겨난 것(들)은 (모두)
> 쌓인 것[(五)蘊][61]들입니다.

....
60.　한역의 [27. (1-27)]번 게송이다.

(그러므로) 바로 그 '내 것[我所]'을 가지고 있다는 것[我執]은 의미가 (없는) 거짓입니다.

(이와 같이) 어떤 것의 그 종자가 거짓된 것이라면 그것의 생겨난 것이 어찌 진실이 될 수 있겠습니까?[62]

[30. (1-30)]

ཕུང་པོ་དེ་ལྟ་མི་བདེན་པར།། phyung po de lta mi bden par//
མཐོང་ནས་ངར་འཛིན་སྤོང་བར་འགྱུར།། mthong nas ngar 'dzin spong bar 'gyur//
ངར་འཛིན་པ་དག་སྤང་ནས་ནི།། ngar 'dzin pa dag spang nas ni//
ཕྱིས་ནི་ཕུང་པོ་འབྱུང་མི་འགྱུར།། phyis ni phung po 'byung mi 'gyur//

[30. (1-30)]

如人依淨鏡　得見自面影　　여인의정경　득견자면영
此影但可見　一向不眞實　　차영단가견　일향부진실

그 (모여서) 쌓인 것[蘊]처럼 진실이 아닌 것을 바로 보는 것으로써 '내 것[我所]'을 가지고 있다[我執]는 (생각을) 버릴 수 있습니다.

'내 것[我所]'을 가지고 있다는 것[我執]들을 버린[63]

바로 그 이후에야 그 (모여서) 쌓인 것[蘊]은 일어나지 않습니다.[64]

----

61. '풍뽀(phung po)', 즉 온(蘊)이 복수형으로 쓰였다. 한역은 구역(舊譯)답게 음(陰)을 쓰고 있다.
62. 명확하게 의미를 살리기 위해서 풀어서 썼다. 한역의 [28. (1-28)]번 게송이다.
63. 여기서는 탈격[Abl.] '네(nas)'와 강조사[Emp.] '니(ni)'가 쓰였는데 4행의 첫머리에 나오는 '치(phyis)'를 어떤 시간의 이후를 가리키는 것으로 보고 옮겼다.
64. 한역의 [29. (1-29)]번 게송이다.

[31. (1-31)]

ཇི་ལྟར་མེ་ལོང་བརྟེན་ནས་སུ།།　　ji ltar me long brten nas su//
རང་བཞིན་གཟུགས་བརྙན་སྣང་མོད་ཀྱི།།　　rang bzhin gzugs brnyan snang mod kyi//
དེ་ནི་ཡང་དག་ཉིད་དུ་ན།།　　de ni yang dag nyid du na//
ཅུང་ཟད་ཀྱང་ནི་ཡོད་མིན་པ།།　　cung zad kyang ni yod min pa//

[31. (1-31)]

| 我見亦如是　依陰得顯現 | 아견역여시　의음득현현 |
| 如實撿非有　猶如鏡面影 | 여실검비유　유여경면영 |

> 그것은 마치 거울에 의지한 자가
> 자기 자신[自性][65]의 형색[66]이 비친 것을 보는 것과 같습니다. 그러나[67]
> (거울 속에 비친) 바로 그것은 실재하는 (자기 자신) 자체를[68]
> 조금도 (포함하고) 있지 않습니다.[69]

....

65. 보통 자성(自性, svabhāva)을 뜻하는 '랑신(arang bzhin)'이 쓰였다. 여기서는 풀어서 썼다.
66. 형색이라고 옮긴 '죽(또는 숙, gzugs)'은 한역에서 일반적으로 색(色)으로 옮긴다. 영역은 'form'으로 대충 통일되어 있는데 여기서는 'face'로 적고 있다. 산스끄리뜨어로는 '루빠(rupa)'라고 한다.
67. 매우 특이한 접속사 '뫼기(mod kyi)'가 쓰였다. 이것은 게송의 말미에 쓰여 '~이다. 그러나' 또는 '그렇지만'이라는 뜻으로 쓰인다.
68. '실재하는 (자기 자신) 자체'라고 옮긴 '양다 니두(yang dag nyid du)'를 한역에서는 때로 '여실(如實)'이라고 적고 있다. 원문의 가정법 '나(na)'를 앞에 언급한 강조사[Emp.] '니(ni)'의 오자로 보고 옮겼다. 이것은 '쉴빠(zhol pa)'판에 따른 것인데, '만약'의 '나(na)'를 살린다면 다음과 같이 옮길 수 있다.

> 바로 그것이 실재하는 (자기 자신) 자체를 (포함하고 있다고 여긴다)면
> (그것은) 조금도 (옳은 것이) 아닙니다.

이와 달리 '나(na)'를 의미 없이 자수를 맞추기 위한 '학째(lhag bcas)'의 일종으로 볼 수 있는데 이 경우 굳이 옮길 필요가 없이 강조사[Emp.] '니(ni)'처럼 취급할 수 있다. 문장 중에 이와 같이 자수를 맞추기 위한 '학째'의 8개는 '나(na)', '라(la)', '찡(cing)', '셩(zhing)', '싱(shing)', '떼(te)', '데(de)', '떼(ste)' 등이 있으며, '찌다(spyi sgra)'인 '찡

[32. (1-32)]

དེ་བཞིན་ཕུང་པོ་རྣམས་བརྟེན་ནས།། de bzhin phung po rnams brten nas//
ངར་འཛིན་པ་ནི་དམིགས་པར་འགྱུར།། ngar 'dzin pa ni dmigs par 'gyur//
རང་གི་བཞིན་གྱི་གཟུགས་བརྙན་བཞིན།། rang gi bzhin gyi gzugs brnyan bzhin//
ཡང་དག་ཉིད་དུ་དེ་འགའ་མེད།། yang dag nyid du de 'ga' med//

[32. (1-32)]

如人不執鏡　不見自面影　　여인불집경　불견자면영
如此若析陰　我見卽不有　　여차약석음　아견즉불유

> 그와 같이 (오)온(五蘊)들에 의지하여[70]
> '내 것[我所]'을 가지고 있다는 것[我執]을 보게 되는 것입니다.
> (거울에는) 자기 자신[自性]의 형색만 비치는 것처럼
> 실재하는 (자기 자신) 자체[如實][71] 그 어떤 부분도 없습니다.[72]

[33. (1-33)]

ཇི་ལྟར་མེ་ལོང་མ་བརྟེན་པར།། ji ltar me long ma brten par//
རང་བཞིན་གཟུགས་བརྙན་མི་སྣང་ལྟར།། rang bzhin gzugs brnyan mi snang ltar//
ཕུང་པོ་རྣམས་ལ་མ་བརྟེན་པར།། phung po rnams la ma brten par//

 (cing)', '셩(zhing)', '싱(shing)'은 접속부사의 역할을 주로 한다. 이 행은 게송 하나하나를 옮기는 게 얼마나 힘든 일인지 보여주는 일례라 하겠다.
69. 한역의 [30. (1-30)]번 게송에 해당한다.
70. 탈격[Abl.] '네(nas)'는 여기서 이유, 원인을 설명할 때 쓰이는 경우다. '오온에 의지한 것으로부터'로도 옮길 수 있다.
71. 원문에는 목적격[Acc.], 처격[Loc.] 등에 두루 쓰이는 '라둔(la 'dun)'이 쓰여 있으나 우리말로 의미가 크게 달라질 것 같지 않아 축약했다.
72. [30. (1-30)]번 게송의 마지막인 '외민빼(yod min pa)'와 여기에 쓰인 '메빼(med)'는 둘 다 존재를 부정할 때 쓴다. 상당히 재미난 동사인데 티벳어의 부정어의 경우, '외빠 메빼(yod pa med pa)'는 유무(有無)로 존재론적인 측면에서, 그리고 '인빠 민빼(yin pa min pa)'는 인식론적인 참/거짓을 나눌 때 쓴다고 보면 크게 틀리지는 않을 것이다. 전체적으로 우리말에 맞게 강조하여 옮겼다. 한역의 [31. (1-31)]번 게송이다.

དར་འཛིན་པ་ཡང་དེ་དང་འདྲ།།   dar 'dzin pa yang de dang 'dra//

[33. (1-33)]

因聞如是義　大淨命阿難　　인문여시의　대정명아난
卽得淨法眼　恒爲他說此　　즉득정법안　항위타설차

> 그와 같이 거울에 의지하지 않는 것에서는
> 자기 자신[自性]의 형색이 비추는 것을 보지 못하는 것처럼
> (오)온(五蘊)들에 의지하지 않는 것에서는[73]
> '내 것[我所]'을 가지고 있다는 것[我執](을 생각할 수 없는 것)[74] 또한
> 그와 마찬가지입니다.[75]

---

73. 티벳어 원문은 1, 3행의 말미에 '의지하지 않는 것에는'이라는 '마뗀빨(ma brten par)'이 반복적으로 쓰여 있다.
74. 2행의 대구가 생략된 것을 첨언하여 옮겼다.
75. 한역의 [32. (1-32)]번 게송이 더 읽기 쉽다. 거칠게 옮겨보면,

    어떤 사람이 거울을 통하지(잡지) 않고서는
    자신의 얼굴 모습을 보지 못하는 것과 같이
    만약 이 오온을 나눠보면 그와 같이
    아(我)가 존재하지 않는다는 것만 보게 될 것입니다.

    영역은 더 명쾌하다.
    Just as without depending on a mirror
    The image of one's face is not seen,
    So the conception of I does not exist
    Without depending on the aggregates.

    거울에 의지하지 않고서는
    어떤 이도 (자신의) 얼굴에 대한 상도 보지 못하는 것처럼
    그와 같이 '나라는 개념' 또한
    오온에 의지하지 않고서는 존재하지 않을 것입니다.

    [31. (1-31)]번 게송부터 이어진 거울에 대한 비유인데, 솔직히 오온에 의지한 것이 바로 '나[我]'와 '내 것[我執]'이라는 이 비유가 명확하게 설명되어 있다고 보지는 않는다.

[34. (1-34)]

འཕགས་པ་ཀུན་དགའ་བོ་ཡིས་ནི།།
དེ་ལྟ་བུ་ཡི་དོན་ཐོས་ནས།།
ཆོས་ལ་མིག་ཐོབ་བདག་ཉིད་ཀྱིས།།
དགེ་སློང་རྣམས་ལ་བཟླས་ཏེ་སྨྲས།།

'phags pa kun dga' bo yis ni//
de lta bu yi don thos nas//
chos la mig thob bdag nyid kyis//
dge slong rnams la bzlas te smras//

[34. (1-34)]

| 陰執乃至在 | 我見亦恒存 | 음집내지재 | 아견역항존 |
| 由有我見故 | 業及有恒有 | 유유아견고 | 업급유항유 |

> 성스런 아난존자께서는 바로
> 그와 같은 뜻을 들어
> 법안(法眼)을 얻으셨습니다. (그래서) 저는
> (다른) 스님들에게 그것을 반복하여 읊조립니다.[76]

[35. (1-35)]

ཇི་སྲིད་ཕུང་པོར་འཛིན་ཡོད་པ།།
དེ་སྲིད་དེ་ལ་ངར་འཛིན་ཡོད།།
ངར་འཛིན་ཡོད་ན་ཡང་ལས་ཏེ།།
དེ་ལས་ཡང་ནི་སྐྱེ་བ་ཡིན།།

ji srid phung por 'dzin yod pa//
de srid de la ngar 'dzin yod//
ngar 'dzin yod na yang las te//
de las yang ni skye ba yin//

[35. (1-35)]

| 生死輪三節 | 無初中後轉 | 생사윤삼절 | 무초중후전 |
| 譬如旋火輪 | 生起互相由 | 비여선화윤 | 생기호상유 |

....

그냥 거울에 비친 상이 실체가 아니듯, '나[我]'와 '내 것[我執]'도 그와 마찬가지다 정도로 이해한다. 이 점에서 영역은 빼어난 의역이다.

76. 마지막의 '데떼네(bzlas te smras)'는 풀어보면 '반복적으로 말합니다(bzlas), 그것을(te), 말합니다(smras)', 정도 된다. 한역의 [33. (1-33)]번 게송이다.

> (오)온(五蘊)으로 인지(認持)된 것[77]을 (항상) 존재한다고 할 때
> 그때 '내 것[我所]'을 가지고 있다[我執]는 (생각이) 존재합니다.[78]
> '내 것[我所]'을 가지고 있다[我執]는 (생각이) 존재한다면 또한 업(業)이 (있고)
> 그것으로부터 또한 생겨남[生]이 있습니다.[79]

77. '진빠('dzin)'를 여기서는 인지(認持)된 것으로 보고 옮겼는데 영역에서는 '생각하다(conceive)'로 보고 뒤의 '존재', '있음'의 '외빠(yop pa)'와 같이 옮겼다.
78. '~할 때, 그때~'의 '지씨(ji srid)~ 데씨(de srid)~'가 쓰였다.
79. 십이연기(十二緣起)에서 11번째인 생의 전 과정을 설명하고 있다. 십이연기(十二緣起)의 사전적 정의는,
    [BD] 십이연기(十二緣起): 십이유지(十二有支)・십이지(十二支)・십이인생(十二因生)・십이연문(十二緣門)・십이견련(十二牽連)・십이극원(十二棘園)・십이중성(十二重城)・십이형극림(十二荊棘林)이라고 한다.
    3계에 대한 미(迷)의 인과를 12로 나눈 것.
    (1) 무명(無明). 미(迷)의 근본인 무지(無知).
    (2) 행(行). 무지로부터 다음의 의식 작용을 일으키는 동작.
    (3) 식(識). 의식 작용.
    (4) 명색(名色). 이름만 있고 형상이 없는 마음과 형체가 있는 물질.
    (5) 육처(六處). 안(眼)・이(耳)・비(鼻)・설(舌)・신(身)의 5관(官)과 의근(意根).
    (6) 촉(觸). 사물에 접촉함.
    (7) 수(受). 외계(外界)로부터 받아들이는 고(苦)・낙(樂)의 감각.
    (8) 애(愛). 고통을 피하고, 즐거움을 구함.
    (9) 취(取). 자기가 욕구하는 물건을 취함.
    (10) 유(有). 업(業)의 다른 이름. 다음 세상의 결과를 불러올 업.
    (11) 생(生). 이 몸을 받아 남.
    (12) 노사(老死). 늙어서 죽음.

    또 어떤 때는 연기를 해석할 적에 1찰나(刹那)에 12연기를 갖춘다는 학설과, 시간적으로 삼세(三世)에 걸쳐 설명하는 2종이 있음. 뒤의 뜻을 따르면 양중인과(兩重因果)가 있음. 곧 식(識)으로 수(受)까지의 5를 현재의 5과(果)라 하고, 무명・행을 현재의 과보를 받게 한 과거의 2인(因)이라 함(過現一重因果). 다음에 애・취는 과거의 무명과 같은 혹(惑)이요, 유(有)는 과거의 행과 같은 업(業)이니, 이 현재는 3인(因)에 의하여 미래의 생・노사의 과(果)를 받는다 함(現末一重因果).
    한역의 [34. (1-34)]번 게송이다. 여기서는 십이연기의 관계를 설명하기 위해서 업과 유(有)를 병기했다.

[36. (1-36)]

ལམ་གསུམ་ཐོག་མཐའ་དབུས་མེད་པ།། lam gsum thog mtha' dbus med pa//
འཁོར་བའི་དཀྱིལ་འཁོལ་མེ་ཡི།། 'khor ba'i dkyil 'khol me yi//
དཀྱིལ་འཁོར་ལྟ་བུར་ཕན་ཚུན་གྱི།། dkyil 'khor lta bur phan tshun gyi//
རྒྱུ་ཅན་འདི་ནི་འཁོར་བར་འགྱུར།། rgyu can 'di ni 'khor bar 'gyur//

[36. (1-36)]

從自他及二 三世不有故　　종자타급이　삼세불유고
證此我見滅 次業報亦然　　증차아견멸　차업보역연

> 시작도 끝도 (그) 가운데도 없는 (이) 세 가지 길[80]은
> 생사의 돌고 도는[生死輪廻][81] 불타는 둥근
> 수레바퀴[82] 같아 서로 간에
> 원인을 가진 것[83] 바로 이것이 (되어 십이연기를 따라 돌고) 도는 것입니다.[84]

80. 보통 '람숨(lam gsum)'은 삼도(三道)라 하여 쫑카빠 대사의 『근본삼도(根本三道, lam gtso mam gsum)』를 연상시키기에 여기서는 풀어서 썼다. 영문 주석서에 따르면 십이연기를 세 가지로 나누고 있는데 앞의 각주와 그 구성이 매우 다르다. 감정(emotion), 행위(action), 그리고 생(生, 낳음, production)인데 십이연기에 따라 정리하면 다음과 같다.
　　감정(emotion): 번뇌를 일으키는 감정들로 (1) 무명(無明), (8) 애(愛), (9) 취(取) 등 세 가지.
　　행위(action): (2) 행(行), (10) 유(有) 등 두 가지.
　　생(production): (3) 식(識), (4) 명색(名色), (5) 육처(六處), (6) 촉(觸), (7) 수(受), (11) 생(生), (12) 노사(老死) 등 일곱 가지.
　　이와 같은 구분은 티벳 전통에 따른 것이 확실하지만 그 출처에 대해서는 좀 더 살펴볼 필요가 있다.
81. '꼴와('khor ba)'는 '윤회(輪廻)'를 가리킨다.
82. 2행에서 '둥근'으로 옮긴 '낄콜(dkyil 'khol)'이 다시 쓰여 있는데 일반적으로 이것은 만다라(曼荼羅)를 가리킨다. 여기서는 '원판'과 비슷한 것이라 보고, 그리고 뒤따라오는 소유격[Gen.] '이(yi)'를 수식어를 만들기 위한 격조사로 보고 '둥근'이라 옮겼다.
83. '구쩬(rgyu can)'은 하나의 단어가 아닌, '원인(原因, 특히 因)을 가진 것(쩬, can)'이라고 풀어서 썼다.
84. 지금까지 살펴본 게송 가운데 문법적으로 제일 난해한 게송이라 문장의 구조를 살리며

[37. (1-37)]

དེ་ནི་རང་གཞན་གཉིས་ཀ་དང་།།
དུས་གསུམ་ཉིད་དུའང་མ་ཐོབ་ཕྱིར།།
ངར་འཛིན་པ་ནི་ཟད་པར་འགྱུར།།
དེ་ནས་ལས་དང་སྐྱེ་བ་ཡང་།།

de ni rang gzhan gnyis ka dang//
dus gsum nyid du'ang ma thob phyir//
ngar 'dzin pa ni zad par 'gyur//
de nas las dang skye ba yang//

[37. (1-37)]

如此見因果　生起及滅盡　　여차견인과　생기급멸진
故不執實有　世間有及無　　고불집실유　세간유급무

바로 그것은 자타(自他), 이 둘과
(과거, 현재, 미래) 삼세(三世)에서도 얻어지는 것이 아니기에
바로 '내 것[我所]'을 가지고 있음[我執], (이것이) 절멸(絶滅)됩니다.
그로부터 (이어지는) 유(有)와 생(生) 역시 마찬가지입니다.[85]

....
각 단어들의 유사한 뜻을 찾아 옮겼다. 영역이 더 이해하기 쉽다

    With this three pathways mutually causing each other
    Witihout a beginning, a middle, or an end,
    This wheel of cyclic existence
    Turns like the wheel of a firebrand.

    이 세 가지 길들은 상호 원인이 되기에
    처음도 중간도 또는 끝도 없이,
    이 윤회의 수레바퀴는
    불타는 바퀴처럼 도는 것입니다.

한역의 [35. (1-35)]번 게송이다.

85. 십이연기를 따라 윤회하는 것에 대한 설명이다. 한문으로 그냥 옮겼다. 아집(我執)을 한역에서는 아견(我見)이라고 옮겼는데 정확한 의미라고 보기는 어렵다. 여기서 말하는 바는 자기 자신[我]과 그것의 있음[我執]이기 때문이다. 한역의 [36. (1-36)]번 게송에 해당한다.

[38. (1-38)]

དེ་ལྟར་རྒྱུ་འབྲས་སྐྱེ་བ་དང་།།
དེ་དག་ཟད་པ་ཉིད་མཐོང་ནས།།
ཡང་དག་ཉིད་དུ་འཇིག་རྟེན་ལ།།
ཡོད་མེད་ཉིད་དུ་མི་སེམས་སོ།།

de ltar rgyu 'bras skye ba dang//
de dag zad pa nyid mthong nas//
yang dag nyid du 'jig rten la//
yod med nyid du mi sems so//

[38. (1-38)]

愚人聞此法　能盡一切苦
由無智生怖　於無怖畏處

우인문차법　능진일체고
유무지생포　어무포외처

> 그처럼 인과(因果), 생겨남[生]과
> 그것들의 사라짐[絶滅] 자체를 (똑똑히) 보셔서[86]
> 실제로[87] (오가는) 세간의 일[世間事]에 대해서는
> (그) 있고 없음[有無] 자체를 생각하지 마시기 바랍니다.[88]

[39. (1-39)]

སྡུག་བསྔལ་ཐམས་ཅད་ཟད་པ་ཡི།།
ཆོས་འདི་ཐོས་ནས་རྟོག་མེད་པ།།
མི་འཇིགས་གནས་ལ་སྔར་བ་དག།
ཡོངས་སུ་མི་ཤེས་ཕྱིར་སྐྲག་གོ།།

sdug bsngal thams cad zad pa yi//
chos 'di thos nas rtog med pa//
mi 'jigs gnas la sngar ba dag//
yongs su mi shes phyir skrag go//

[39. (1-39)]

涅槃處無此　汝云何生怖

열반처무차　여운하생포

86. 원문은 '보다'를 뜻하는 '통(mthong)'이 쓰였다.
87. 원문 '양닥 니두(yang dag nyid du)'는 '진실 그 자체[勝義]로'라는 뜻이지만 여기서는 세속에 대한 수식어로 보고 윤문하여 옮겼다.
88. 세간의 일은 십이연기에 따라 오갈 따름이니 양변(兩邊)을 멀리하라는 충고이다. 한역의 [37. (1-37)]번 게송이다.

如所說實空　云何令汝怖　　여소설실공　운하영여포

> 일체의 괴로움[苦]을 끊을 수 있는
> 이와 같은 법(法)을 들었어도 분별없는 자(들)은
> 두려워(할 필요) 없는 곳인[89] 이전 것들을
> 완전히 이해하지 못하기 때문에 공포에 떱니다.

[40. (1-40)]

མྱ་ངན་འདས་ལ་འདི་དག་ཀུན། །　mya ngan 'das la 'di dag kun//
མེད་པར་གྱུར་ན་ཁྱོད་མི་འཇིགས། །　med par gyur na khyod mi 'jigs//
འདིར་དེ་མེད་པར་བཤད་པ་ལ། །　'dir de med par bshad pa la//
ཁྱོད་ནི་ཇི་སྟེ་འཇིགས་པར་བྱེད། །　khyod ni ji ste 'jigs par byed//

[40. (1-40)]

解脫無我陰　汝若受此法　　해탈무아음　여약수차법
捨我及諸陰　汝云何不樂　　사아급제음　여운하불락

> 열반으로 이것들 모두
> 없앨 수 있습니다.[90] (그러므로) 그대는 두려워할 (필요가) 없습니다.
> 이것을 그대로 설명하지 않아[91]
> (왕이신) 바로 그대[92]를 왜 두렵게 하겠습니까?[93]

---

89. 원문은 '미직 네라(mi 'jigs gnas la)'로 '직네('jigs gnas)' 두려움이 없는 곳, 일 등이, 목적격[Acc.], 처격[Loc.]의 '라둔(la 'dun)'으로 받았다. 한역이나 영역 모두 문장 구조에 따른 명확하지 않다. 한역의 [38. (1-38)]번 게송이다.
90. 문장 가운데 사용된 강조사[Emp.] '니(ni)'를 의미 없는 첨언, '학쩨(lhag bcas)'로 보고 풀었다.
91. 이 3행의 문장인 '딜데 메빨 셰빠라('dir de med par bshad pa la)'를 해자하면, 이것을('dir), 그(de), 없게(med par), 말하다(bshad pa), 그리고 수식의 '라둔(la 'dun)'이 쓰였다.
92. '(왕이신) 바로 그대'라고 옮겼으나, 영역에서는 소승의 수행자를 가리킨다고 적어 두고

[41. (1-41)]

ཐར་ལ་བདག་མེད་ཕུང་པོ་མེད།།   thar la bdag med phung po med//
གལ་ཏེ་ཐར་པ་དེ་འདྲར་འདོད།།   gal te thar pa de 'drar 'dod//
བདག་དང་ཕུང་པོ་བསལ་བ་ལ།།   bdag dang phung po bsal ba la//
འདི་ནི་ཁྱོད་ཀོ་ཅིས་མི་དགའ།།   'di ni khyod ko cis mi dga'//

[41. (1-41)]

無尚非涅槃　何況當是有   무상비열반　하황당시유
有無執淨盡　佛説名涅槃   유무집정진　불설명열반

> 해탈을 무아(無我), 무집(無執)[94](의 경계라고 합니다.)
> 만약 해탈이 그와 같다면 (어찌하여) 바라지 (않겠습니까?)
> 아(我)와 ((오)온(五蘊)을 여위는
> 바로 이것을 그대가 어찌[95] 좋아하지 않겠습니까?[96]

[42. (1-42)]

མྱ་ངན་འདས་པ་དངོས་མེད་པའང་།།   mya ngan 'das pa dngos med pa'ang//
མིན་ན་དེ་དངོས་ག་ལ་ཡིན།།   min na de dngos ga la yin//
དངོས་དང་དངོས་མེད་དེར་འཛིན་པ།།   dngos dang dngos med der 'dzin pa//
ཟད་པ་མྱ་ངན་འདས་ཤེས་བྱའོ།།   zad pa mya ngan 'das shes bya'o//

있다.
93.　한역의 [39. (1-39)]번 게송이다.
94.　'풍뽀메(phung po med)'는 오온을 여읜 경계를 가리킨다.
95.　문장 가운데 '꼬찌(ko cis)'가 쓰였는데 이것은 연결을 나타내는 조사이지만 여기서는 '꼬'와 '찌'를 분리하여 '찌'를 의문부사로 받았다.
96.　4행의 구조에 따라 첨언하여 옮겼다. 한역이나 영역과 조금 차이가 있다. 한역의 [40. (1-40)]번 게송이다.

[42. (1-42)]

若略說邪見　謂撥無因果　　　약략설사견　위발무인과
此今非福滿　惡道因最重　　　차금비복만　악도인최중

> 열반은 상(相=體, 모습)이 없을 뿐만 아니라
> (없다는 그것마저) 없는 것입니다. (그렇다면) 어찌 (그 모습이) 있겠습니까?
> (그) 모습이 있다, 없다는 그것을 움켜쥐는 것
> (그것을) 여읜 것[滅盡]이 (바로) 열반이라고 (부처님께서는) 말씀하셨습니다.[97]

[43. (1-43)]

མདོར་ན་མེད་པར་ལྟ་བ་ཉིད།།　　mdor na med par lta ba nyid//
ལས་ཀྱི་འབྲས་བུ་མེད་ཅེས་པ།།　　las kyi 'bras bu med ces pa//
བསོད་ནམས་མ་ཡིན་ངན་སོང་བ།།　　bsod nams ma yin ngan song ba//
དེ་ནི་ལོག་པར་ལྟ་ཞེས་བཤད།།　　de ni log par lta zhes bshad//

[43. (1-43)]

若略說正見　謂信有因果　　　약략설정견　위신유인과
能令福德滿　善道因最上　　　능령복덕만　선도인최상

> 간단하게 말하자면 (열반이) 없다는 견해에서는
> 업(業)의 과보가 없다고 합니다.

97.　이 게송은 『중론』, 「제25 관열반품」의 [388. (25-4)]번 게송을 연상시킨다.

　　　무엇보다 먼저, 열반은 사태(事態)[A]가 아니다.
　　　(만약 열반이 사태라면,) 노사(老死)의 상(相)을 (지니는) 과실(過失)이 (발생하게) 된다.
　　　(왜냐하면) 늙음[老]과 죽음[死]이 없는
　　　사태는 존재하지 않기 (때문이다).

　　여기서는 '존재가 아니다'는 것으로 해석할 수 있다. 한역의 [41. (1-41)]번 게송이다.

복덕도 없다고 (하니) 악취(惡趣)에 빠집니다.

"(그래서) 바로 그것이 악견(惡見=邪見)이다"라고 말씀하셨습니다.[98]

[44. (1-44)]

མདོར་ན་ཡོད་པར་ལྟ་བ་ཉིད།། mdor na yod par lta ba nyid//
ལས་ཀྱི་འབྲས་བུ་ཡོད་ཅེས་པ།། las kyi 'bras bya yod ces pa//
བསོད་ནམས་བདེ་འགྲོ་རྒྱུ་མཐུན་པ།། bsod nams bde 'gro rgyu mthun pa//
ཡང་དག་ལྟ་བ་ཞེས་བཤད་དོ།། yang dag lta ba zhes bshad do//

[44. (1-44)]

由智有無寂　超度福非福　　유지유무적　초도복비복
故離善惡道　佛説名解脱　　고리선악도　불설명해탈

간단하게 말하자면 (열반이) 있다는 견해에서는
업(業)의 과보가 있다고 합니다.
복덕도 있고 선취(善趣)의 등류(等流)[99]가 있다고 합니다.
"(그래서) 정견(正見)이다"라고 말씀하셨습니다.[100]

....
98. 한역의 [42. (1-42)]번 게송이다.
99. '등류'라고 그대로 옮긴 '구툰빠(rgyu mthun pa)'는 좀처럼 보기 힘든 불교용어로 사전적 정의는 다음과 같다.
　　[BD] 등류(等流): 【범】niḥṣyanda 등(等)은 비슷한 것. 유(流)는 같은 종류. 같은 무리가 상속하는 것을 말함.
　　등류과(等流果): 5과(果)의 하나. 원인과 같은 종류나 부류의 결과. 동등한 원인으로부터 유출되는 결과. 예를 들어 살생으로써 타인의 수명을 단축시킨 자의 과보는 자기의 수명도 단축되는데 이 단명의 과보는 타인을 단명하게 한 것과 유사하기 때문에 등류과이다. 동류인(同類因).
100. 굳이 없다는 견해를 한문으로 옮기면, 무견(無見), 있다는 견해는 유견(有見)인데 한역에서는 이를 사용하지 않고 원인과 결과[因果]가 있고 없음만을 지적하고 있다. 앞에서 이어지는 게송의 구조를 보았을 때, 해탈도가 있느냐 없느냐에 따라 나뉜 견해다. 한역에서는 업(業)을 유(有)로 옮겼는데 십이연기의 체계에서는 올바르다고 본다. 여기서는 티벳어의

[45. (1-45)]

ཤེས་པས་མེད་དང་ཡོད་ཞི་ཕྱིས།། shes pas med dang yod zhi'i phyis//
སྡིག་དང་བསོད་ནམས་ལས་འདས་པ།། sdig dang bsod nams las 'das pa//
དེ་ཡིས་ངན་འགྲོ་བདེ་འགྲོ་ལས།། de yis ngan 'gro bde 'gro las//
དེ་ནི་ཐར་པར་དམ་པས་བཤད།། de ni thar par dam pas bshad//

[45. (1-45)]

若見生有因　智人捨無執 약견생유인　지인사무집
由見滅共因　是故捨有執 유견멸공인　시고사유집

> 지혜로 (이와 같이) 없고 있음(을 알아) 적정(寂靜=평화)하게 되어
> 죄와 복덕으로부터 (벗어나 피안으로) 건넜으니[101]
> 그것은 악취(惡趣)와 선취(善趣)로부터 (생겨난 것)
> 그것이 바로 해탈의 진리라고 말씀하셨습니다.[102]

[46. (1-46)]

སྐྱེ་བ་རྒྱུ་དང་བཅས་མཐོང་བས།། skye ba rgyu dang bcas mthong bas//
མེད་པ་ཉིད་ལས་འདས་པ་ཡིན།། med pa nyid las 'das pa yin//
འགོག་པ་རྒྱུ་དང་བཅས་མཐོང་བས།། 'gog pa rgyu dang bcas mthong bas//
ཡོད་པ་ཉིད་དུའང་ཁས་མི་ལེན།། yod pa nyid du'ang khas mi len//

[46. (1-46)]

先俱生二因　實義則非因 선구생이인　실의즉비인
假名無依故　及生非實故 가명무의고　급생비실고

　　'레(las)'의 일반적인 용례에 따라 옮겼다. 영역도 'action'이라고 옮겼다. 한역의 [43. (1-43)]번 게송이다.
101.　더 이상 '지을 없이 없는' 열반적정에 드는 것을 가리킨다.
102.　한역의 [44. (1-44)]번 게송이다.

> 생(生)의 원인을 통찰하여
> (그) 없다는 (생각) 자체로부터 벗어나시기 (바랍니다).
> (그리고) 절멸(絶滅)하는 원인을 통찰하는 것으로부터
> (그) 있다는 것 자체 또한 주장할 수 없습니다.[103]

[47. (1-47)]

 སྔར་སྐྱེས་པ་དང་ལྷན་ཅིག་སྐྱེས།།　　sngar skyes pa dang lhan cig skyes//
རྒྱུ་ནི་དོན་དུ་རྒྱུ་མིན་ནོ།།　　　rgyu ni don du rgyu min no//
བཏགས་དང་ཡང་དག་ཉིད་དུ་ན།།　　btags dang yang dag nyid du na//
སྐྱེ་བའང་རབ་ཏུ་མ་གྲགས་ཕྱིར།།　　skye ba'ang rab tu ma grags phyir//

[47. (1-47)]

若此有彼有　譬如長及短　　약차유피유　비여장급단
由此生彼生　譬如燈與光　　유차생피생　비여등여광

> 이전 생과 함께 하는 생
> 바로 (그) 원인이 (행하는) 일은 (같은) 원인에 (따른 것이) 아닙니다.[104]
> (속제에서는) 가립(假立)된 것이고 진실 자체에서라면[105]
> 생(生) 또한 특별하게 (진짜라) 부를 수 없기 때문입니다.[106]

----

103. 한역의 [45. (1-45)]번 게송이다.
104. 영문에는 왜냐하면 사실 원인이라는 것은 없다[thus, there is no cause in fact]가 첨언되어 있다.
105. '진실'로 옮긴 '양닥(yang dag)' 자체가 승의라는 뜻도 있다. 그냥 승의제(勝義諦)라고 옮길 수도 있겠으나 승의제는 '된담 덴바(don dam den pa)'라는 한 어휘로 통일되어 있어 이렇게 옮겼다.
106. 중관파 특유의 이제론(二諦論)에 따라, 언설을 여읜 승의제의 경지에 대한 설명이다. 영역의 경우는 (속제에서) 가립된 것이거나로 '~와'를 뜻하는 '당(dang)'을 'or'로 옮겼다. 한역의 [46. (1-46)]번 게송이다.

[48. (1-48)]

འདི་ཡོད་པས་ན་འདི་འབྱུང་དཔེར།། 'di yod pas na 'di 'byung dper//
རིང་པོ་ཡོད་པས་ཐུང་དུ་བཞིན།། ring po yod pas thung du bzhin//
འདི་སྐྱེས་པས་ན་འདི་སྐྱེས་དཔེར།། 'di skyes pas na 'di skyes dper//
མར་མེ་བྱུང་བས་འོད་བཞིན་ནོ།། mar me byung bas 'od bzhin no//

[48. (1-48)]

先長後爲短　不然非性故　　선장후위단　불연비성고
光明不生故　燈亦非實有　　광명불생고　등역비실유

> 이것이 있으므로 저것이 있다[107]는 예로
> 길게 있는 것이 짧아지는 것과 같은 것이 (있습니다.)
> 이것이 생겨나므로 저것이 생겨난다는 예로
> 등잔에서 생겨난 불빛 같은 것이 (있습니다.)[108]

[49. (1-49)]

ཐུང་དུ་མེད་ན་རིང་པོ་ཡང་།། thung ngu med na ring po yang//
ཡོད་མིན་རང་བཞིན་ལས་མ་ཡིན།། yod min rang bzhin las ma yin//
མར་མེ་བྱུང་བ་མེད་པའི་ཕྱིར།། mar me byung ba med pa'i phyir//
འོད་ཀྱང་འབྱུང་བ་མེད་པ་བཞིན།། 'od kyang 'byung ba med pa bzhin//

---

107. 원래의 연기법에 대한 정의다. 여기서는 '이것이 있으므로 이것이 일어난다(중, 'byung)'로 적혀 있다. 3행도 저것도 '이것(디, 'di)'으로 적혀 있다. 원래 산스끄리뜨어처럼 옮긴 것을 우리에게 친숙한 것으로 바꾸었다.
108. 1행을 원문대로 옮기면 '이것이 있다면 저것이 생겨난다.'인데 한역에 따라 옮겼다. 한역의 [47. (1-47)]번 게송이다. 연기법의 원문과 그 자세한 내용에 대해서는 졸저 『용수의 사유』, pp. 38-40 참조

　　　　이것이 있음으로 저것이 있고
　　　　이것이 생겨남으로 저것이 생겨나고
　　　　이것이 없음으로 저것이 없고
　　　　이것이 소멸하므로 저것이 소멸한다.

[49. (1-49)]

如此因果生　若見不執無　　여차인과생　약견불집무
已信世眞實　由亂心所生　　이신세진실　유난심소생

> 짧은 것이 없다면 긴 것도 (없듯이)
> 있지도 않은 자기 성질로부터 (일어나는 것은 아무것도) 없습니다.[109]
> 등잔불이 생겨나지 않았으면
> (그) 불꽃 역시 생겨나지 않는 것처럼 말입니다.[110]

[50. (1-50)]

དེ་ལྟར་རྒྱུ་འབྲས་སྐྱེ་མཐོང་ཞིང་།། de ltar rgyu 'bras skye mthong zhing//
འཇིག་རྟེན་འདི་ནི་ཇི་བཞིན་དུ།། 'jig rten 'di ni ji bzhin du//
སྤྲོས་ལས་བྱུང་བར་ཁས་བླངས་ནས།། spros las byung bar khas blangs nas//
མེད་པ་ཉིད་དུ་ཁས་མི་ལེན།། med pa nyid du khas mi len//

[50. (1-50)]

見滅非虛故　卽證得眞如　　견멸비허고　즉증득진여
是故不執有　不依二解脫　　시고불집유　불의이해탈

> 이와 같이 인과가 생겨나는 것을 관찰(한다면)
> 이 세상에는 그처럼[111]
> 희론(戱論)[112]으로부터 생겨난 주장(들) 가운데

---

109. 이 1, 2행은 연기법 1행에 따라 풀어서 옮겼다. '무자성(인 것)부터로는 (발생하는 것이) 없다.'가 직역인데, 이것은 마치 '무자성'을 부정하는 것처럼 보이기 때문이다. 영역은 'They do not exist through their own nature.'로 옮겼는데 정확한 의미라 보기는 어렵다. '자성(自性, rang bzhin)'은 고유한 성질을 가지고 있다는 뜻인, 길고 짧음의 비유와 같이 하기 어렵다는 뜻으로 이해한다.

110. 이 게송은 앞의 게송의 예를 들어, 연기법 3행에 대한 설명으로도 유효하다. 한역의 [48. (1-48)]번 게송이다.

(이런 연기법이) 없다는 (것은) 받아들일 수 없습니다.[113]

[51. (1-51)]

འགོག་པ་སྤྲོས་ལས་མ་བྱུང་བ།།   'gog pa spros las ma byung ba//
ཡང་དག་ཇི་བཞིན་ཉིད་གྱུར་པ།།   yang dag ji bzhin nyid gyur pa//
ཁས་ལེན་ཡོད་པ་ཉིད་མི་འགྱུར།།   khas len yod pa nyid mi 'gyur//
དེ་ན་གཉིས་མི་བརྟེན་པ་གྲོལ།།   de na gnyis mi brten pa grol//

[51. (1-51)]

色是遠所見　若近最分明　　색시원소견　약근최분명
鹿渴若實己　云何近不見　　녹갈약실이　운하근불견

희론(戱論)이 적멸하여 일어나지 않음이
승의(勝義=진실)라, 그와 같이 되는 것입니다.
접수(接受)가 있지 않으니 (그와 같이) 되는 것입니다.
바로 그것이 이 둘에 의존하지 않아 자유롭게 되는 (것[解脫]입니다).[114]

---

111. 1행의 '데딸(de ltar)'과 쌍을 이루는 게 아니라, 두 번의 '그와 같이'가 쓰인 경우다. '데딸'을 '이와 같이'로 옮겼다.
112. 중관사상에서 빼놓을 수 없는 '쁘라빤짜(prapañca)', 즉 '희론(戱論, 뙤빠, spros pa)'에 대한 사전적 정의는 다음과 같다.
    [BD] 희론(戱論): 희롱(戱弄)의 담론(談論). 부질없이 희롱하는 아무 뜻도 이익도 없는 말. 여기에는 사물에 집착하는 미혹한 마음으로 하는 여러 가지 옳지 못한 언론인 애론(愛論)과 여러 가지 치우친 소견으로 하는 의론인 견론(見論)의 2종이 있다. 둔근인(鈍根人)은 애론, 이근인(利根人)은 견론, 재가인(在家人)은 애론, 출가인(出家人)은 견론, 천마(天魔)는 애론, 외도(外道)는 견론, 범부(凡夫)는 애론, 2승(乘)은 견론을 고집함.
    희론(戱論)에 대한 자세한 내용은 『중론』, 귀경게 각주 참조.
    일반적으로 '가설로 언급된 이론, 논의' 등을 가리키는데 승의제의 입장에서 보자면 세속의 진리를 다루는 것조차 희론이다. 다음 게송에서 이를 지적하고 있다.
113. 앞의 [46. (1-46)]번 게송에서 '카민렌(khas mi len)'을 '주장할 수 없습니다'로 옮겼는데 여기서는 3행의 '카랑네(khas blangs nas)', 즉 주장(들) 가운데 '없다는 견해[斷見]'에 대한 답으로 보고 옮겼다. 한역의 [49. (1-49)]번 게송이다.

[52. (1-52)]

ཐག་རིང་ནས་ནི་མཐོང་བའི་གཟུགས།། thag ring nas ni mthong ba'i gzugs//
ཉེ་བ་རྣམས་ཀྱིས་གསལ་བར་མཐོང་།། nye ba rnams kyis gsal bar mthong//
སྨིག་རྒྱུ་གལ་སྟེ་ཆུ་ཡིན་ན།། smig rgyu gal ste chu yin na//
ཉེ་བ་རྣམས་ཀྱིས་ཅིས་མི་མཐོང་།། nye ba rnams kyis cis mi mthong//

[52. (1-52)]

若遠於實智　即見世間有　　약원어실지　즉견세간유
證實則不見　無相如鹿渴　　증실즉불견　무상여녹갈

> 먼 곳에서 보이던 (불분명한) 형상[色](도)
> 가까운 곳[115]에서는 분명하게 보입니다.
> 신기루(에서 보였던) 물이 있다면[116]
> 가까운 곳에서는 왜 (그것이) 보이지 않겠습니까?[117]

[53. (1-53)]

ཇི་ལྟར་རིང་བ་རྣམས་ཀྱིས་ནི།། ji ltar ring ba rnams kyis ni//
འཇིག་རྟེན་འདི་ནི་ཡང་དག་མཐོང་།། 'jig rten 'di ni yang dag mthong//
དེ་ལྟར་དེ་དང་ཉེ་རྣམས་ཀྱིས།། de ltar de dang nye rnams kyis//
མི་མཐོང་མཚན་མེད་སྨིག་རྒྱུ་བཞིན།། mi mthong mtshan med smig rgyu bzhin//

....

114. 이 게송을 이해하기 위해서 중관파뿐만 아니라 불교 특유의 이제론(二諦論)에 대한 설명이 필요하다. 이 둘에 일어나지 않는다는 것은 1) 희론이기 때문이며, 2) 그러므로 접수가 일어나지 않는다는 것으로 해석했다. 이와 같은 것은 속제를 의존하지 않기에 해탈이라는 뜻이다. 한역의 [50. (1-50)]번 게송이다.
　　한역의 녹갈(鹿渴)은 목마른 사슴이 물로 착각하여 갈구하는 것, 즉 신기루, 아지랑이 등을 가리킨다.
115. 원문에는 복수형인 '남(rnams)'이 쓰였다. 4행도 마찬가지다.
116. '만약 ~하면'을 뜻하는 '갤떼 ~ 나(gal ste ~ na)'가 쓰여 있으나 첨언을 위해서 '만약'을 뺐다.
117. 한역의 [51. (1-51)]번 게송이다.

[53. (1-53)]

如鹿渴似水　非水非實物　　여녹갈사수　비수비실물
如此陰似人　非人非實法　　여차음사인　비인비실법

> 이와 같이 먼 곳에서는
> 이 세간이 진실로 보입니다.
> (그러나 그것은) 그와 같이[118] 가까운 곳에서는
> 보이지 않는 무상한 신기루 같은 것입니다.[119]

[54. (1-54)]

ཇི་ལྟར་སྨིག་རྒྱུ་ཆུ་འདྲ་བ།།   ji ltar smig rgyu chu 'dra ba//
ཆུ་མིན་དོན་དུ་མ་ཡིན་པ།།   chu min don du ma yin pa//
དེ་བཞིན་ཕུང་པོ་བདག་འདྲ་བ།།   de bzhin phung po bdag 'dra ba//
དེ་དག་བདག་མིན་དོན་དུ་མིན།།   de dag bdag min don du min//

[54. (1-54)]

計鹿渴爲水　往彼若飮此　　계녹갈위수　왕피약음차
若無執爲水　如此人愚癡　　약무집위수　여차인우치

> 이와 같이 신기루의 물과 같은 것은
> 물이 없고 그 실체도 없는 것입니다.
> 그와 같이[120] (오)온[五蘊]으로 이루어진 나와 같은 것은
> 그것들의 나라는 것도 없고 그 실체도 없습니다.[121]

---

118. 1행의 '지딸(ji ltar)'과 함께하는 '지딸 ~, 데딸 ~(ji ltar ~, de ltar ~)'은 산스끄리뜨어 '야타 ~, 따타 ~(yāthā ~, thatā ~)'의 용법을 그대로 차용한 것으로 티벳어 게송에서 종종 등장한다.
119. 한역의 [52. (1-52)]번 게송이다.

[55. (1-55)]

སྨིག་རྒྱུ་ལ་ནི་འདི་ཆུ་ཞེས།།
བསམས་ཏེ་དེར་ནི་སོང་བ་ལས།།
གལ་ཏེ་ཆུ་དེ་མེད་དོ་ཞེས།།
འཛིན་པ་དེ་ནི་བླུན་པ་ཉིད།།

smig rgyu la ni 'di chu zhes//
bsams te der ni song ba las//
gal te chu de med do zhes//
'dzin pa de ni blun pa nyid//

[55. (1-55)]

世間如鹿渴　若執實有無
此卽是無明　癡故無解脫

세간여녹갈　약집실유무
차즉시무명　치고무해탈

> 바로 그 신기루를 (보고) "여기에 물이 있다."고
> 그처럼 생각하고 바로 그곳으로 갔다가
> 만약 "그 물이 없다."고 말하는
> 그와 같이 섭수(攝受)하는 자[122]는 어리석은 자입니다.[123]

[56. (1-56)]

དེ་བཞིན་སྨིག་རྒྱུ་ལྟ་བུ་ཡི།།
འཇིག་རྟེན་ཡོད་ཅེའམ་མེད་པ་ཞེས།།
འཇིག་རྟེན་པ་དེ་ནི་རྨོངས་པ་སྟེ།།
རྨོངས་པ་ཡོད་ན་མི་གྲོལ་ལོ།།

de bzhin smig rgyu lta bu yi//
'jig rten yod ce'am med pa zhes//
'jig rten pa de ni rmongs pa ste//
rmongs pa yod na mi grol lo//

---

120. 앞의 게송에서 쓰인 '지딸 ~, 데딸 ~(ji ltar ~, de ltar ~)' 대신에 '지딸 ~, 데쉰 ~(ji ltar ~, de bzhin ~)'이 쓰였다. 동일한 용법이다.
121. 한역의 [53. (1-53)]번 게송이다. 한역에서는 실체라고 옮긴 '돈(don)'을 '실법(實法)'으로 옮기고 있다.
122. '섭수하는 자'라고 옮긴 '진빼('dzin pa)'는 다양한 용도로 쓰이는데 여기서는 '(그와 같은 행위를) 취한 자'로 옮겼다.
123. 한역의 [54. (1-54)]번 게송이다.

[56. (1-56)]

執無墮惡趣　執有生善道　　집무타악취　집유생선도
若能知如實　不二依解脫　　약능지여실　불이의해탈

> 그와 같은 신기루의 물과 같은
> (이) 세상을 "존재한다."거나 "존재하지 않는다."고 말하는
> 그 범인들은 어리석은 자이니
> 그 어리석음[124]이 있다면 벗어날 수 없습니다.[125]

[57. (1-57)]

མེད་པ་པ་ནི་ངན་འགྲོར་འགྲོ།།　med pa pa ni ngan 'gror 'gro//
ཡོད་པ་པ་ནི་བདེ་འགྲོར་འགྲོ།།　yod pa pa ni bde 'gror 'gro//
ཡང་དག་ཇི་བཞིན་ཡོངས་ཤེས་ཕྱིར།།　yang dag ji bzhin yongs shes phyir//
གཉིས་ལ་མི་བརྟེན་ཐར་པར་འགྱུར།།　gnyis la mi brten thar par 'gyur//

[57. (1-57)]

不樂有無執　由擇眞實義　　불락유무집　유택진실의
若墮於無執　何不說墮有　　약타어무집　하불설타유

> 바로 (그 해탈이) 없다(는 생각은) 악도에 빠지고
> 바로 (그 해탈이) 있다(는 생각은) 선도로 갑니다.[126]
> 여실하게 이와 같은 (것들을) 완전히 이해하는 것으로써
> (이) 둘에 의지하지 않는 해탈(解脫, 속박에서 벗어남)을 하게 됩니다.[127]

---

124. 3행의 '어리석은 자'와 같은 '묑빼(rmongs pa)'가 쓰여 있다. 한역에서는 '무명(無明)'으로 옮겼다.
125. 한역의 [55. (1-55)]번 게송이다.

[58. (1-58)]

ཡང་དག་ཇི་བཞིན་ཡོངས་ཞེས་པས།།	yang dag ji bzhin yongs zhes pas//
མེད་དང་ཡོད་པར་མི་འདོད་པ།།	med dang yod par mi 'dod pa//
དེ་ཕྱིར་མེད་པ་པར་འགྱུར་ན།།	de phyir med pa par 'gyur na//
ཅི་ཕྱིར་ཡོད་པ་པར་མི་འགྱུར།།	ci phyir yo pa pra mi 'gyur//

[58. (1-58)]

若言由破有　義至故墮無　　약언유파유　의지고타무
如此破無故　云何不墮有　　여차파무고　운하불타유

> "여실하게 이와 같은 (것들을) 완전히 (이해한다.)"라고[128] 말하는 이(들)은 없다는 것과 있다는 것[129]을 바라지 않습니다.
> 그 때문에 없다는 것이 된다면
> 어찌 있다는 것이 되지 않겠습니까?[130]

[59. (1-59)]

གལ་ཏེ་ཡོད་པ་སུན་ཕྱུང་བས།།　　gal te yod pa sun phyung bas//

---

126. 원문에는 둘 다 '가다'라는 '고('gro)'가 쓰였다.
127. 한역의 [56. (1-56)]번 게송이다.
128. 앞의 게송에서 축약된 부분을 넣고 옮겼다.
129. 앞에서 언급한 (열반, 해탈 등이) 없다는 것과 있다는 것으로 나누어 분별하는 것 자체, 그 경계를 넘어야 된다는 것을 강조하고 있다.
130. 있고 없음을 추구하지 않아 없다고 생각한다면 그 반대로 왜 생각하지 않느냐는 지적이다. 영역이 더 명쾌하다.

And thereby [you think] that they follow non-existence,
Why should they not be followers of existence.

그리고 그런 연고로 그대가 그들이 없다는 것을 따른다고 생각한다면,
어찌하여 그들이 있다는 것을 따르는 자들이 되지 않겠습니까?

한역의 [57. (1-57)]번 게송이다.

དོན་གྱིས་འདི་ནི་མེད་པར་བསྟན།། don gyis 'di ni med par bslan//
དེ་བཞིན་མེད་པ་སུན་ཕྱུང་བས།། de bzhin med pa sun phyung bas//
ཡོད་པར་ཅི་ཡི་ཕྱིར་མི་བསྟན།། yod par ci yi phyir mi bslan//

[59. (1-59)]

無言行及心　由依菩提故　　무언행급심　유의보리고
若說彼墮無　何因不墮有　　약설피타무　하인불타유

> 만약 있다는 것을 논파하는 것이
> (진실된) 의미로 이것이 없다는 것을 건립[131]할 (수 있는 것이라면)
> 그와 같이 없다는 것을 논파하는 것으로써
> 있다는 것을 어찌 건립할 수 없겠습니까?[132]

[60. (1-60)]

གང་དག་དོན་གྱིས་མེད་ཉིད་དུ།། gang dag don gyis med nyid du//
དམ་མི་འཆའ་ཞིང་མི་སྤྱོད་པ།། dam me 'cha' zhing mi spyod pa//
བྱང་ཆུབ་རྟེན་ཕྱིར་སེམས་མེད་ན།། byang chub rten phyir sems med na//
དེ་དག་ཇི་ལྟར་མེད་པར་བཤད།། de dag ji ltar med par bshad//

[60. (1-60)]

僧佉鞞世師　尼揵說人陰　　승구비세사　니건설인음
約世汝問彼　若說過有無　　약세여문피　약설과유무

> 누군가가 (그것의) 의미가 없다는 것 자체로

---

131. 의견 등을 주장하는 것을 가리킨다.
132. 영역에서는 그와 같은 것을 주장하는 사람들을 논파하는 것으로 보고 옮겼다. 한역의 [58. (1-58)]번 게송이다.

성현의 (말씀이) 없다고[133] 주장하고 (그것에 따라) 수행하지 않고
깨달음[菩提]에 의지하기 위한 마음이 없다면
그들이 이와 같은 (것들이) 없다고 (어찌) 말할 수 있겠습니까?[134]

[61. (1-61)]

གང་ཟག་ཕུང་པོར་སྨྲ་བ་ཡི།། gang zag phung por smra ba yi//
འཇིག་རྟེན་གྲངས་ཅན་འུག་ཕྲུག་དང་།། 'jig rten grangs can 'ug phrug dang//
གོས་མེད་བཅས་ལ་གལ་ཏེ་ཞིག། gos med bcas la gal te zhig//
ཡོད་མེད་འདས་པ་སྨྲ་ན་དྲིས།། yod med 'das pa smra na dris//

[61. (1-61)]

是不可言法　以過有無故　　시불가언법　이과유무고
汝應知甚深　佛正教甘露　　여응지심심　불정교감로

'뿌드가라(pudgala=有情)와 (오)온[五蘊]'을 말하는
세상의 수론학자(數論學者),[135] 승론학파(勝論學派)의 제자(들)[136]과
나체외도(자이나교, Jaina)[137]가 만약
있다, 없다를 건넜다는 것을 말한다면 물어보시기 (바랍니다).[138]

----

133. '성현의 (말씀이) 없다'로 옮긴 '담메(dam me)'는 '성현이 없다'로도 바로 옮길 수 있다.
134. 영역과 한역 모두 의문형으로 옮겨 이에 따랐으나 4행에 의문 부사는 없다. 영역은 다음에 오는 각기 다른 외도의 견해를 논파하기 위해 명확하게 의역하고 있다. 한역의 [59. (1-59)]번 게송이다.
135. [BD] 수론파(數論派): 【범】 Sāṁkhya 승기야(僧企耶)·승카(僧佉)라 음역. 인도 6파 철학의 하나. 옛날 인도에 있던 외도의 1파. 가비라 선인(仙人)이 처음 주장. 25제(諦)를 세워 일체 만법의 생기(生起)로부터 유정윤회(有情輪廻)의 시종(始終)과 해탈하는 일을 말함. 주장하는 성전(聖典)은 『금칠십론』.
136. [BD] 승론파(勝論派): 【범】 vaiśeṣika 폐세사가(吠世史迦)·위세사(偉世師)라 음역. 인도 외도의 1파. 성론파(聲論派)와 구별하여 이렇게 이름.
　　창시가 까나다(Kaṇāda)의 이명인 '우루까(Ulūka)'의 음차를 따서 '욱('ug)'의 '제자(툭,

[62. (1-62)]

དེ་ཕྱིར་སངས་རྒྱས་རྣམས་ཀྱི་ནི།།
བསྟན་པ་འཆི་མེད་ཡོད་མེད་ལས།།
འདས་པ་ཟབ་མོ་ཞེས་བཤད་པ།།
ཆོས་ཀྱི་ཁུད་པ་ཡིན་ཤེས་གྱིས།།

de phyir sangs rgyas rnams kyi ni//
bstan pa 'chi med yod med las//
'das pa zab mo zhes bshad pa//
chos kyi khud pa yin shes gyis//

[62. (1-62)]

如曉無去來　亦無一念住　　여효무거래　역무일념주
若體過三世　何世爲實有　　약체과삼세　하세위실유

> 그러므로 깨달으신 이들[부처님들]의
> 가르침은 "사리짐을 여읜[不死] 있고 없음으로부터
> 건너간 심오한 것이다."라고 말하는 것입니다.
> (그러므로) "법의 감로수[139]다."라고 말하는 것입니다.[140]

[63. (1-63)]

ཞིག་ནས་འགྲོ་མེད་འོང་མེད་ཅིང་།།
སྐད་ཅིག་ཀྱང་ནི་མི་གནས་པ།།
དེ་ལྟར་དུས་གསུམ་འདས་པའི་བདག།
འཇིག་རྟེན་དོན་དུ་ཅི་ཡོད་དམ།།

zhig nas 'gro med 'ong med cing//
skad cig kyang ni mi gnas pa//
de ltar dus gsum 'das pa'i bdag//
'jig rten don du ci yod dam//

---

phrug)'라고 적고 있는데 직역하면 '올빼미 새끼'라는 뜻이다.

137. 자이나교도에 대해서는 '괴메(gos med, 옷이 없다)'로 적고 있다. 이상의 불교 교리에 반대하는 3대 외도를 적고 있는데 부처님 재세시의 육사외도 가운데 자이나교만 같다. 불교와 라이벌 관계에 있던 수론학파와 승론학파에 대해서는 실재적 범주론으로 간략하게 정의할 수 있는데 이 교리들에 대해서는 항상 비판이 되어 왔다.
138. 한역의 [60. (1-60)]번 게송이다.
139. '퀴빼(khud pa)'는 선물, 상품 등을 가리키는데 여기서는 영역은 '신의 음식(ambrosia)'으로 옮기고 있다. 한역을 따랐다.
140. 문장의 말미에 쓰인 '기(gyis)'는 도구격[ins.]이 아닌 '하다'라는 뜻을 지닌 동사다. 한역의 [61. (1-61)]번 게송이다.

[63. (1-63)]

二世無去來　現在實不住　　이세무거래　현재실불주
世生及住滅　此言云何實　　세생급주멸　차언운하실

> 어떤 곳으로부터(도) 가고 옴이 없고[141]
> 찰나(刹那)라도 무주처(無住處)에 (머무르시니)[142]
> 그와 같이 삼세(三世)를 건너신 분인 (당신) 스스로
> 세상의 진실을 (말씀하신 게) (바로 이것이 아니고) 무엇이겠습니까?[143]

[64. (1-64)]

གང་ཕྱིར་གཉི་གའང་ཡང་དག་ཏུ།།　gang phyir gnyi ga'ang yang dag tu//
འགྲོ་དང་འོང་དང་གནས་མེད་པ།།　'gro dang 'ong dang gnas med pa//
དེ་ཕྱིར་འཇིག་རྟེན་མྱ་ངན་འདས།།　de phyir 'jig rten mya ngan 'das//
དོན་དུ་ཁྱད་པར་ཇི་ལྟ་བུ།།　　don du khyad par ji lta bu//

[64. (1-64)]

若恒有變異　何法不念滅　　약항유변이　하법불념멸
若無念念滅　云何有變異　　약무념념멸　운하유변이

> 왜냐하면 이 둘[144]이라도 진실로
> 오고 감과 머무는 것은 없습니다.
> 그렇기에 세속과 열반 (이 둘은)
> 실제로 그 차이가 무엇입니까?[145]

....

141.　원문은 '가는 것도 없고 오는 것도 없다(도메 옹메, 'gro med 'ong med)'이다. 한역식으로 풀면 '불래불거(不來不去)'이다.
142.　무주처에 머문다는 이야기는 결국 머물지 않는다는 이야기다. 여기서는 무주처를 강조하기 위해서 이렇게 옮겼다.
143.　영역은 의역이라 차이가 좀 있다. 한역의 [62. (1-62)]번 게송이다.

[65. (1-65)]

གནས་པ་མེད་ཕྱིར་སྐྱེ་བ་དང་།།
འགག་པ་ཡང་དག་ཉིད་མིན་ན།།
སྐྱེ་བ་དང་ནི་གནས་པ་དང་།།
འགག་པ་དོན་དུ་ག་ལ་ཞིག།

gnas pa med phyir skye ba dang//
'gag pa yang dag nyid min na//
skye ba dang ni gnas pa dang//
'gag pa don du ga la zhig//

[65. (1-65)]

若言念念滅　分具分滅故　약언념념멸　분구분멸고
不等證見故　此二無道理　불등증견고　차이무도리

> (항상) 머물지 않기에 생겨나고
> 사라지는 것 역시 진실이 아니라면
> 생겨나고 머물고
> 사라지는 것은 실제로 무엇입니까?[146]

....

144. 4행의 세속과 열반에 대한 둘이다. 이 게송은 『중론』의 「제25 관열반품」의 19, 20번 게송을 연상시킨다. 여기서는 '직뗀('jig rten)'을 세계, 세속 등으로 옮겼으나 윤회와 같은 뜻이다.

　　　[403. (25-19)]
　　　윤회는 열반과 비교하여
　　　조그만 차이도 존재하지 않는다.
　　　열반은 윤회와 비교하여
　　　조그만 차이도 존재하지 않는다.

　　　[404. (25-20)]
　　　열반의 끝이 무엇이든지 간에
　　　바로 그것이 윤회의 끝이다. 왜냐하면
　　　이 둘의 바로 그 조그만 차이에는
　　　어떤 미세한 틈[極微細]도 존재하지 않기 때문이다.

145. 직역하면 '실제로 (그) 차이에 무엇을 가지고 있겠습니까?' 정도 된다. 한역의 [63. (1-63)]번 게송이다.
146. 연기적 세계관에 대한 설명으로, 만약 그렇지 않고 항상하는 것이 있다면 그것은 무엇이냐는 반문이다. 한역에서는 생각한다는 념(念)을 넣어 '~ 생각한다면'을 첨언하고 있다.

[66. (1-66)]

གལ་ཏེ་རྟག་ཏུ་འགྱུར་ན་ནི།། gal te rtag tu 'gyur na ni//
ཇི་ལྟར་སྐད་ཅིག་མ་ཡིན་དངོས།། ji ltar skad cig ma yin dngos//
གལ་ཏེ་འགྱུར་བ་མེད་ན་ནི།། gal te 'gyur ba med na ni//
དོན་དུ་གཞན་ཉིད་ག་ལ་འགྱུར།། don du gzhan nyid ga la 'gyur//

[66. (1-66)]

若念滅皆盡　云何有故物　　약념멸개진　운하유고물
若堅無念滅　故物云何成　　약견무념멸　고물운하성

> 만약 항상 변화한다면
> 이와 같이 찰나간의 (존재가) 아닌[147] 사물은 (무엇으로 되겠습니까?)
> 만약 변화하는 것이 없다면
> 실제로 다른 것 그 자체는 무엇으로 되겠습니까?[148]

[67. (1-67)]

ཕྱོགས་གཅིག་གམ་ནི་ཐམས་ཅད་དུ།། phyogs gcig gam ni thams cad du//
ཟད་པས་སྐད་ཅིག་འགྱུར་གྲང་ན།། zad pas skad cig 'gyur grang na//
མི་འདྲ་བ་ཉིད་མི་དམིགས་ཕྱིར།། mi 'dra ba nyid mi dmigs phyir//
དེ་རྣམ་གཉི་གའང་རིགས་ལྡན་མིན།། de rnam gnyi ga'ang rigs ldan min//

[67. (1-67)]

如刹那後際　前中際亦有　　여찰나후제　전중제역유

[64. (1-64)]번 게송이다.
147. '께찍마(skad cig ma)'가 찰나간적인 존재라는 뜻이 있지만 여기서는 '께찍 마인(skad cig ma yin', 즉 찰나간적인 '(존재가) 아닌' 부정의 '마(ma)'로 받았다. 즉, 항상하는 사물이라는 뜻이다.
148. 한역의 [65. (1-65)]번 게송인데 '념(念)'의 첨언으로 인해 뜻이 명확하게 와 닿지 않는다.

由刹那三分　故世念無住　　유찰나삼분　고세념무주

> 부분이나 전체를
> 완전하게 다하게 하는 것[永盡]이 (어떻게) 찰나가 되겠습니까? 만약 그렇다면[149]
> 같지 않은 것 자체를 관찰할 수 없기 때문에
> 그것들 양자 역시 합리적이지 않습니다.[150]

[68. (1-68)]

སྐད་ཅིག་ཡིན་ན་རིལ་མེད་ཕྱིར།། skad cig yin na ril med phyir//
རྙིང་པ་འགའ་ལྟ་ག་ལ་ཞིག། rnying pa 'ga' lta ga la zhig//
བརྟན་ཕྱིར་སྐད་ཅིག་མི་ན་ཡང་།། brtan phyir skad cig mi na yang//
རྙིང་པ་འགའ་ལྟ་ག་ལ་ཞིག། rnying pa 'ga' lta ga la zhig//

[68. (1-68)]

是一念三際　應擇際如念　　시일념삼제　응택제여념
前中後三際　不由自他成　　전중후삼제　불유자타성

> 찰나가 있다면 전체가 없어지기에
> 어떤 (이가) 늙어지는 것을 보는 게 어찌 (가능하겠습니까)?[151]
> (전체가) 견고하여 찰나가 없다면 이 역시

---

149. 문장 구조에 따라 직역했다. '강나(grang na)'의 '강'은 의문문, '나'는 조건절을 가리킨다. '나'를 의미 없는 첨언으로 봐도 되지만 그 의미를 명확하게 하기 위해서 이렇게 옮겼다.
150. 바이셰시까(vaiśeṣika, 勝論派)의 항상하는 근본 물질이 존재하는 것에 대한 논파라고 '쌈쩨'에 나와 있다. 이것은 논리적인 문제이기도 한데, 일단은 대상 자체가 고정되어 있어야 명확한 개념 정립과 그것을 통한 관찰이 가능한데 부분, 전체 자체가 같이 있으면 명확하게 정의하는 것은 불가능하다는 이야기다. 한역의 [66. (1-66)]번 게송이 되어야 마땅하나 한역을 통해서 비교하기에는 무리가 있다.
151. 4행과 동일한 구문이 쓰여 있다.

어떤 (이가) 늙어지는 것을 보는 게 어찌 (가능하겠습니까)?[152]

[69. (1-69)]

ཇི་ལྟར་སྐད་ཅིག་མཐའ་ཡོད་པ།། ji ltar skad cig mtha' yod pa//
དེ་བཞིན་ཐོག་མ་དབུས་བརྟག་དགོས།། de bzhin thog ma dbus brtag dgos//
དེ་ལྟར་སྐད་ཅིག་གསུམ་བདག་ཕྱིར།། de ltar skad cig gsum bdag phyir//
འཇིག་རྟེན་སྐད་ཅིག་གནས་པ་མིན།། 'jig rten skad cig gnas pa min//

[69. (1-69)]

| 非一念分故　若無分何有 | 비일념분고　약무분하유 |
| 離一多云何　離有何法無 | 이일다운하　이유하법무 |

(승론파들이 주장하듯) 이와 같이 시간이 그 끝이 있(다면)
그와 같이 처음도 중간도 세심하게 관찰할 필요가 있습니다.
그와 같이 찰나가 셋으로 나뉜[三際][153] 고유한 성질을 가지기 위해서는
세간과 찰나가 (같이) 머물 수 없습니다.[154]

[70. (1-70)]

ཐོག་མ་དབུས་དང་ཐ་མ་ཡང་།། thog ma dbus dang tha ma yang//
སྐད་ཅིག་བཞིན་དུ་བསམ་པར་བྱ།། skad cig bzhin du bsam par bya//

152. 한역의 [67. (1-67)]번 게송과는 완전히 다른 의미다.
 '쌥쩨'에 바이세시까(vaiśeṣika, 勝論派)의 항상하는 자아에 대한 문제를 논파하는 것이라고 나와 있어 늙음을 늙어지는 사람으로 보고 옮겼다. 전체적으로 찰나와 항상을 대립항으로 보는 게 올바르게 보이지만 '림(ril)'에는 '항상하다'는 뜻이 없고(영역은 이렇게 옮겼다), 그 대신에 전체를 뜻하는 '탐쩨(thams cad)'라는 뜻이 있어 이에 따라 옮겼다.
153. 한역에 따라 삼제(三際)라고 썼다. 전제(前際)·중제(中際)·후제(後際)로 삼세(三世)와 같은 뜻이다.
154. 이것은 시간을 연속적인 것으로 보지 않고 세 부분으로 나누면 생기는 문제다. 한역에서는 자와 타가 성립할 수 없다고 되어 있으나 티벳어 원문에는 '세간(직뗀, 'jig rten)'이라고 쓰여 있다. 한역의 [68. (1-68)]번 게송이다.

ཐོག་མ་དབུས་དང་ཐ་མ་ཉིད།། thog ma dbus dang tha ma nyid//
རང་གཞན་ལས་ཀྱང་མ་ཡིན་ནོ།། rang gzhan las kyang ma yin no//

[70. (1-70)]

由滅及對治　若言有成無　　유멸급대치　약언유성무
此無及對治　何法有無故　　차무급대치　하법유무고

> 처음, 중간 그리고 끝도
> 찰나처럼 생각해야 됩니다.
> (왜냐하면) 처음, 중간 그리고 끝 자체가
> 자성(自性)으로부터 (생겨난 것이) 아니기 (때문입니다.)[155]

[71. (1-71)]

ཐ་དད་ཕྱོགས་ཕྱིར་གཅིག་པུ་མིན།། tha dad phyogs phyir gcig pu min//
ཕྱོགས་མེད་པ་ནི་འགའ་ཡང་མེད།། phyogs med pa ni 'ga' yang med//
གཅིག་མེད་པར་ནི་དུ་མའང་མེད།། gcig med par ni du ma'ang med//
ཡོད་པ་མེད་པར་མེད་པའང་མེད།། yod pa med par med pa'ang med//

[71. (1-71)]

是故世涅槃　由義不成有　　시고세열반　유의불성유
世間有後際　他問佛默然　　세간유후제　타문불묵연

> 상이한 것(들)[156]은 부분(들)을 위해서 홀로 (존재하지) 않습니다.
> 부분들이 (존재하지) 않는다면 어떤 것도 (존재하지) 않습니다.

---

155. 2행의 말미에 명령문이 사용되어 있어 3, 4행을 이에 대한 이유로 보고 옮겼다. 영역에서는 자성과 타성으로부터 생겨난 것이 아니라고 하여 'or other'를 첨언하고 있다. '씹쩨'에서는 이와 같이 시간을 나누는 것을 논파하는 것이라 적고 있다. 한역의 [69. (1-69)]번 게송이다.

> 하나가 없는 것에서는 많은 것 역시 없습니다.
> 존재하지 않는 것에서는 없다는 것 역시 없습니다.[157]

[72. (1-72)]

ཞིག་པའམ་ནི་གཉེན་པོ་ཡིས།།　　zhig pa'am ni gnyen po yis//
ཡོད་ཉིད་མེད་པར་འགྱུར་གྲང་ན།།　　yod nyid med par 'gyur grang na//
ཡོད་པ་སྲིད་པ་མ་ཡིན་ཕྱིར།།　　yod pa srid pa ma yin phyir//
འཇིག་པའམ་གཉེན་པོར་ཇི་ལྟར་འགྱུར།།　　'jig pa'am gnyen por ji ltar 'gyur//

[72. (1-72)]

是尊一切智　故智人識佛　　시존일체지　고지인식불
由此甚深法　不説非器處　　유차심심법　불설비기처

> 괴멸(壞滅=사라짐)과 바로 (이에 대한) 대치는
> 그 존재하는 것 자체가 없어지는 것입니까? 만약 그렇다면
> 존재하는 것이 있지 않은 것일 때[158]
> 소멸[159]하는 것과 (이에 대한) 대치에는 어찌 되는 것입니까?[160]

[73. (1-73)]

དེ་ཕྱིར་མྱ་ངན་འདས་པ་ཡིས།།　　de phyir mya ngan 'das pa yis//
འཇིག་རྟེན་དོན་དུ་འགྲིབ་མི་འགྱུར།།　　'jig rten don du 'grib mi 'gyur//

---

156. 영역은 '많은 부분들(many parts)'이라고 옮겨져 있다.
157. 한역과는 완전히 다른데 편의상 일단 [70. (1-70)]번 게송을 따른다고 해두겠다. 뒤따라오는 게송이 다르다면 여기서 전체 게송수를 맞출 수 있을 것이다.
158. 본문의 '시빠(srid pa)'의 의미를 살렸는데 이 단어는 시간을 가리킬 때 사용되기도 한다.
159. 영역에서는 괴멸과 소멸로 따로 옮긴 '식빠(zhig pa)'와 '직빠('jig pa)'를 같이 'disintegration' 으로 적고 있다.
160. 한역의 [70. (1-70)]번 게송이다.

འཇིག་རྟེན་མཐའ་དང་ལྡན་ནམ་ཞེས།།　'jig rten mtha' dang ldan nam zhes//
ཞུས་ན་རྒྱལ་བ་མི་གསུང་བཞུགས།།　ldan na rgyal ba mi gsung bzhugs//

[73. (1-73)]

如此解脫法　甚深無繫攝　　여차해탈법　심심무계섭
諸佛一切智　故說無依底　　제불일체지　고설무의저

> 그러므로 열반은
> 세간의 일로는 사라지지[161] 않습니다.
> "세간의 끝이 있습니까?"라고
> 물었을 때 승자(勝者)[162]께서는 (답하여) 말씀하지 않으셨습니다.[163]

[74. (1-74)]

གང་ཕྱིར་དེ་ལྟར་ཟབ་མོའི་ཆོས།།　gang phyir de ltar zab mo'i chos//
སྣོད་མིན་འགྲོ་ལ་མི་གསུང་བ།།　snod min 'gro la mi gsung ba//
དེ་ཉིད་ཕྱིར་ན་མཁས་རྣམས་ཀྱིས།།　de nyid phyir na mkhas rnams kyis//
ཀུན་མཁྱེན་ཐམས་ཅད་མཁྱེན་པར་ཤེས།།　kun mkhyen thams cad mkhyen par shes//

[74. (1-74)]

於無依著法　過有無二邊　　어무의저법　과유무이변
世人受依著　由癡驚怖失　　세인수의저　유치경포실

> 그렇기 때문에 그와 같은 심오한 법은

---

161. 여기에 사용된 동사는 '디빼('grib pa)'로, 이것은 열반이 '욕망'의 불길을 끈다는 정의처럼, 그 불길이 꺼져 사라진다는 표현을 위해 사용된 것이다.
162. 붓다의 이명인 '겔와(rgyal ba)', 욕망을 정복한 승자라는 이명이 사용되었다.
163. 이 게송에서 '붓다의 침묵'과 형이상학적 질문과 답을 통해서는 열반적정을 성취할 수 없다는 것을 다시 한 번 확인할 수 있다. 한역의 [71. (1-71)]번 게송이다.

그 (법)기(器)를 갖추지 못한 중생에게는 말씀하지 않으신 것입니다.
그 (심오한 법) 자체를 추구하는 현자들은
'일체지자(一切智者)'[164]라고 말씀하셨습니다.[165]

[75. (1-75)]

དེ་ལྟར་ངེས་པར་ལེགས་པའི་ཆོས།།   de ltar nges par legs pa'i chos//
ཟབ་མོ་ཡོངས་སུ་འཛིན་མེད་ཅིང་།།   zab mo yongs su 'dzin med cing//
གནས་མེད་ཅེས་ནི་རྫོགས་སངས་རྒྱས།།   gnas med ces ni rdzogs sangs rgyas//
ཐམས་ཅད་གཟིགས་པ་རྣམས་ཀྱིས་གསུངས།།   thams cad gzigs pa rnams kyis gsungs//

[75. (1-75)]

彼自失壞他　怖畏無依處　　피자실괴타　포외무의처
王願汝不動　莫由彼自壞　　왕원여부동　막유피자괴

그와 같이 "해탈위(解脫位)의 법은
심오한 것이라 완전히 취하지[能取] 않고서는
(이곳에) 머물 수 없다."고 말씀하신 것입니다. 완전히 깨달으신 분[全等覺者],
일체를 (두루) 살펴보시는 분들께서는 (이와 같이) 말씀하셨습니다.[166]

[76. (1-76)]

གནས་མེད་ཆོས་འདིས་སྐྲག་པ་ཡི།།   gnas med chos 'dis skrag pa yi//
སྐྱེ་བོ་གནས་ལ་མངོན་དགའ་ཞིང་།།   skye bo gnas la mngon dga' zhing//

---

164. '일체지자'라고 '꾼켄 탐쩨 케빠(kun mkhyen thams cad mkhyen pa)'의 '꾼켄'과 '탐쩨 케빠' 모두 일체지자라는 뜻이 있다. 굳이 직역하자면, 일체지자 (중의) 일체지자 정도 되겠다.
165. 한역의 [72. (1-72)]번 게송이다.
166. 영역과는 약간 다른데 원문의 구조가 쉬워 그냥 직역하였다. 한역의 [73. (1-73)]번 게송이다.

ཡོད་དང་མེད་ལས་མ་འདས་པ།། yod dang med las ma 'das pa//
མི་མཁས་རྣམས་ནི་ཕུང་བར་འགྱུར།། mi mkhas rnams ni phung bar 'gyur//

[76. (1-76)]

爲汝成不壞　我當說眞理　　위여성불괴　아당설진리
由依無倒合　離有無二執　　유의무도합　이유무이집

> 이 (한량없는) 무주처(無住處)¹⁶⁷의 법은 두려움에 (싸인)
> 중생들이 머무는 곳에 (큰) 기쁨을 (주지만)
> 있고 없음으로부터 벗어날 수 없는
> 알지 못하는 (어리석은 자들)은 (자기 스스로를) 무너지게 합니다.¹⁶⁸

[77. (1-77)]

འཇིགས་མིན་གནས་འཇིགས་དེ་དག་ནི།། 'jigs min gnas 'jigs de dag ni//
ཕུང་ལ་གཞན་ཡང་ཕུང་བར་བྱེད།། phung la gzhan yang phung bar byed//
རྒྱལ་པོ་ཕུང་བ་དེ་དག་གིས།། rgyal po phung ba de dag gis//
ཅི་ནས་མི་ཕུང་དེ་ལྟར་གྱིས།། ci nas mi phung de ltar gyis//

[77. (1-77)]

此過福非福　甚深義明了　　차과복비복　심심의명료
非身見怖空　二人境當說　　비신견포공　이인경당설

---

167. 원문은 무처인 '네메(gnas med)'지만 '무주처(無住處)'로 보고 옮겼다. 무주의 사전적 정의는 다음과 같다.
    [BD] 무주(無住): 주(住)는 머무는 곳이란 뜻으로 집착하는 곳을 의미한다. 무주(無住)란 무엇에도 집착함이 없는 깨달음의 경지를 말함.
168. 원문에는 '풍와(phung ba)'가 쓰였는데 이 동사는 오온(五蘊)을 뜻하는 '풍뽀 나(phung po lnga)'에 등장하는 '풍(phung)'과 같은 어휘다. 영역과도 약간 차이가 난다. 한역의 [74. (1-74)]번 게송이다.

> (이 열반적정의) 두려워할 (필요) 없는 곳에 (머무는 것을) 두려워하는 바로 (그)것(들)은
> (자기 자신을) 무너지게 하고[169] 다른 (이들) 또한 무너지게 합니다.
> (그러니 오) 왕이시여! 그 무너지는 것들,
> 그 무엇으로부터도 (자기 자신과 타인을) 무너지지 않게, 그와 같이 행하십시오.[170]

[78. (1-78)]

རྒྱལ་པོ་ཁྱོད་ནི་མི་ཕུང་བར།།　　rgyal po khyod ni mi phung bar//
བགྱི་སླད་འཇིག་རྟེན་འདས་ཀྱི་ཚུལ།།　　bgyi slad 'jig rten 'das kyi tshul//
གཉིས་ལ་མི་བརྟེན་ཡང་དག་པ།།　　gnyis la mi brten yang dag pa//
ཇི་བཞིན་ལུང་གི་དབང་གིས་བཤད།།　　ji bzhin lung gi dbang gis bshad//

[78. (1-78)]

四大及空識　一聚俱非人　　사대급공식　일취구비인
若合離非人　云何執人有　　약합리비인　운하집인유

> (오,) 왕이시여! 바로 그대에게 무너지지 않는
> 행으로 인해 세간을 건널 수 있는 방법,
> 양집(兩執)[171]에 의지하지 않는 진리(에 대해서)
> 여실한 경전의 가르침의 권능[172]으로 말씀드리겠습니다.[173]

....
169. 앞 게송과 같이 '풍(phung)'을, 그리고 학쩨의 '라(la)'로 보고 접속사로 옮겼다.
170. 전체적으로 의미에 맞게 첨언하여 직역하였다. 말미에 쓰인 '기(gyis)'는 도구격[ins.]이 아닌 명령형 동사다. 한역의 [75. (1-75)]번 게송이다.
171. 있고 없음에 대한 논의를 가리킨다. 한역에서는 '이집(二執)'으로 옮겼으나 영역에서는 'dualism'으로 되어 있어, 다른 논의들과 혼돈을 불러일으킬 여지를 남겨두고 있다.
172. 다양한 뜻을 지닌 '왕(dbang)'이 쓰여 있는데 힘, 권능, 그리고 뿌리, 세력 등으로도 옮길 수 있다.

[79. (1-79)]

སྡིག་དང་བསོད་ནམས་བྱ་བ་འདས།། sdig dang bsod nams bya ba 'das//
ཟམ་མོ་བཀྲོལ་བའི་དོན་དང་ལྡན།། zam mo bkrol ba'i don dang ldan//
མུ་སྟེགས་གཞན་དང་རང་གི་ཡང་།། mu stegs gzhan dang rang gi yang//
གནས་མེད་འཇིགས་པས་མ་མྱངས་པའོ།། gnas med 'jigs pas ma myangs pa'o//

[79. (1-79)]

如六界非人　聚故虛非實　　　여육계비인　취고허비실
一一界同然　由聚故非實　　　일일계동연　유취고비실

죄악과 복덕의 행위로 건네주는
(경론의) 각 행(行)[174]을 풀어 (그) 의미가 가지고 있는 것(에 대해서)
다른 외도[175]와 우리 (내도의 소승)[176] 역시
머물 곳 없는 (이) 두려움에 대해서 시험해보지 않았습니다.[177]

[80. (1-80)]

སྐྱེས་བུས་མ་མིན་ཆུ་མ་ཡིན།། skyes bus min chu ma yin//
མེ་མིན་རླུང་མིན་ནམ་མཁའ་མིན།། me min rlung min nam mkha' min//
རྣམ་ཤེས་མ་ཡིན་ཀུན་མིན་ན།། rnam shes ma yin kun min na//
དེ་ལས་གཞན་དོན་སྐྱེས་བུ་གང་།། de las gzhan don skyes bu gang//

---

173. 한역의 [76. (1-76)]번 게송이다.
174. '행(行)'이라고 옮긴 '잠모(zam mo)'의 '잠(zam)'에는 선이라는 뜻이 있어 이렇게 옮겼다. 사전에는 경전의 각 행을 뜻한다는 용례가 없다.
175. '외도(外道)'라 옮긴 '무떽(mu stegs)'은 원래 '극단론자' 또는 '비불교도'를 가리킨다. 외도는 주로 '치롤빠(phyi rol pa)', '무떽쩬(mu stegs can)' 등으로 쓴다.
176. 원문은 '자신의'라는 뜻인 '랑기(rang gi)'만 쓰여 있는데 영역의 각주에 따라 윤문하여 옮겼다.
177. 한역의 [77. (1-77)]번 게송이다.

[80. (1-80)]

| 陰非我我所　離陰我不顯 | 음비아아소　이음아불현 |
| 不如薪火雜　何依陰成我 | 불여신화잡　하의음성아 |

> 사람은 흙[地界]도 아니고 물[水界]도 아닙니다.
> 불[火界]도 아니고 바람[風界]도 아니거니와 허공[空界]도 아닙니다.
> 의식[識界]도 아닙니다. 모든 것이 아니라면
> 그와[178] 다른 것[179]으로 사람을 (구성하고 있는 것은) 무엇이겠습니까?[180]

[81. (1-81)]

སྐྱེས་བུ་ཁམས་དྲུག་འདུས་པའི་ཕྱིར།།　skyes bu khams drug 'dus pa'i phyir//
ཡང་དག་མ་ཡིན་ཇི་ལྟ་བ།།　yang dag ma yin ji lta ba//
དེ་བཞིན་མཁས་ནི་རེ་རེ་ཡང་།།　de bzhin mkhas ni re re yang//
འདུས་ཕྱིར་ཡང་དག་ཉིད་དུ་མིན།།　'dus phyir yang dag nyid du min//

[81. (1-81)]

| 地界非三大　地中亦無三 | 지계비삼대　지중역무삼 |
| 三中亦無地　相離互不成 | 삼중역무지　상리호불성 |

> 사람은 육계(六界)가 모인 것이기 때문에
> 진실로 (존재하는 것이) 아닙니다. 이와 같은 (것입니다.)
> 그와 같이 이해하는 (것처럼) 바로 (육계) 또한 저마다 각자
> 모인 것이기 때문에 (육계도) 진실로 (존재하는 것) 자체가 아닙니다.[181]

178. 원문은 '데레(de las)'로 쓰여 있다. 비교격[Comp.]의 '레(las)'를 보고 옮겼다.
179. 원문에 쓰인 '션된(gzhan don)'은 보통 '타인의 이익'을 뜻한다. 여기서는 된(don)'을 일 또는 것으로 풀어서 옮겼다.
180. 육계(六界), 각자가 사람을 구성하지 않는다는 것을 가리키고 있다. 일반적으로 육대(六大) 라고도 하는데 한역에 따라 육계(六界)로 옮겼다. 한역의 [78. (1-78)]번 게송이다.

[82. (1-82)]

ཕུང་པོ་བདག་མིན་དེར་དེ་མིན།། phung po bdag min der de min//
དེ་ལ་དེ་མིན་དེ་མེད་མིན།། de la de min de med min//
ཕུང་བདག་མེ་ཤིང་ལྟར་འདྲེས་མིན།། phung bdag me shing ltar 'dres min//
དེ་ཕྱིར་བདག་ནི་ཇི་ལྟར་ཡོད།། de phyir bdag ni ji ltar yod//

[82. (1-82)]

地水火風大　各自性不成　　지수화풍대　각자성불성
一離三不成　三離一亦爾　　일리삼불성　삼리일역이

> (오)온[五蘊](에도) 내[我, ātman]가 없고 그 나에도 그[오온]가 없습니다. 그[오온]에도 그 나는 없(고) 그[오온]가 아닌 것(에도) 없습니다.[182] (오)온과 나는 불과 땔나무와 같은, 이와 같은 것이 아닙니다. 그러므로 바로 (이) 내가 어찌 그와 같이 존재하겠습니까?[183]

[83. (1-83)]

འབྱུང་གསུམ་ས་མིན་འདི་ལ་མིན།། 'byung gsum sa min 'di la min//
དེ་ལ་འདི་མིན་དེ་མེད་མིན།། de la 'di min de med min//
རེ་རེའང་དེ་བཞིན་ཡིན་དེའི་ཕྱིར།། re re'ang de bzhin yin de'i phyir//

---

181. 육계(六界)로 구성된 사람뿐만 아니라 그것을 구성하고 있는 육계 또한 실재적이 아니라는 이야기다. 한역의 [79. (1-79)]번 게송이다.
182. 영역과 한역 모두 약간 다른데, 전체적은 의미를 따라 해석하였다.
 영역의 경우는,

> The aggregates are not the self, they are not in it,
> It is not in them, without them it is not,

 오온들은 자아가 아니고, 그것들은 (자아) 그것 안에 있는 것도 아니고 자아는 그것들 안에 있는 것도 아니고, 그것들이 없는 것도 아닙니다.
183. 한역의 [80. (1-80)]번 게송이다. 영역 주석서에서는 3행까지 다섯 가지의 분석을 통해서 이를 논파하고 있다고 적고 있다.

འབྱུང་བ་རྣམས་ཀྱང་བདག་བཞིན་བརྫུན།། 'byung ba rnams kyang bdag bzhin brdzun//

[83. (1-83)]

一三及三一　相離若不成　　일삼급삼일　상리약불성
各各自不成　彼相離云何　　각각자불성　피상리운하

> (물, 불, 바람 등) 삼대(三大)[184]에는 땅의 요소가 없습니다. 이 (땅의 요소)에도 이 (물, 불, 바람 등) 삼대는 없습니다.
>
> 그 (물, 불, 바람 등) 삼대(三大)에도 이 (땅의 요소)는 없고 그 (물, 불, 바람 등) 삼대가 아닌 것(에도) 없습니다.
>
> 각각의 것(들) 역시 그와 같이 있습니다. 그러므로
>
> (오)대(五大)들 역시 (이) 나[我, ātman]와 같다는 것은 그릇된 것입니다.[185]

[84. (1-84)]

ས་ཆུ་མེ་དང་རླུང་རྣམས་ནི།། sa chu me dang rlung rnams ni//
རེ་རེའང་ངོ་བོ་ཉིད་དུ་མེད།། re re'ang ngo bo nyid du med//
གང་གསུམ་མེད་པར་རེ་རེ་མེད།། gang gsum med par re re med//
གཅིག་མེད་པར་ཡང་གསུམ་མེད་དོ།། gcig med par yang gsum med do//

---

184. 사전적 정의에 따른 5대는 다음과 같다.
　　[BD] 오대(五大): [1] 체성(體性)이 넓고 커서 능히 만유를 만들어 내는 것에 5종이 있음. 곧 지대(地大)·수대(水大)·화대(火大)·풍대(風大)·공대(空大).
　　[2] 수론(數論): 25제(諦)의 1과(科). 공대·풍대·화대·수대·지대를 말함. 이는 차례로 성(聲)·촉(觸)·색(色)·미(味)·향(香)의 5유(唯)로부터 난다고 함.

　영역의 각주에 따르자면 5대 가운데 물, 불, 바람 또는 화합(cohesion), 성숙(maturing) 그리고 운동성(動, motility)을 가리킨다고 한다. [86. (1-86)]번 게송에 다시 자세히 등장한다.

185. 한역의 [81. (1-81)]번 게송이다.

[84. (1-84)]

若各離自性　離薪何無火　　약각리자성　이신하무화
動礙及相聚　水風地亦然　　동애급상취　수풍지역연

> 흙, 물, 불과 바람 등은
> 각각의 것(들) 역시 원래 그 모습[실체=性狀]¹⁸⁶이 없습니다.
> 세 (가지) 가운데 어떤 것이라도 없으면 (이들의) 각각의 것(들 역시) 없습니다.
> 하나라도 없으면 역시 (이) 셋은 없습니다.¹⁸⁷

[85. (1-85)]

གལ་ཏེ་གསུམ་མེད་རེ་རེ་མེད།།　　gal te gsum med re re med//
གཅིག་མེད་པར་ཡང་གསུམ་མེད་ན།།　gcig med par yang gsum med na//
སོ་སོ་རང་ཡོད་མ་ཡིན་ཏེ།།　　so so rang yod ma yin te//
ཇི་ལྟར་འདུས་པ་སྐྱེ་བར་འགྱུར།།　ji ltar 'dus pa skye bar 'gyur//

[85. (1-85)]

若火不自成　三云何各立　　약화불자성　삼운하각립
三大緣生義　相違云何成　　삼대연생의　상위운하성

> 만약 이 셋이 없고 각각의 것(들)¹⁸⁸이 없고
> 하나라도 없어 역시 셋이 없다면
> 각각의 자성¹⁸⁹이 없기 때문에¹⁹⁰
> 어떻게 화합이 생겨날 수 있겠습니까?¹⁹¹

---

186. 한역에서는 자성(自性)이라고 옮기고 있으나 '자성'을 뜻하는 '스와바바(svabhāva)', 즉 '랑신(rang bzhin)'과 구분하기 위해서 이렇게 옮겼다.
187. 한역의 [82. (1-82)]번 게송인데 3, 4행이 바뀌어 있다.

제1 선취안락품 77

[86. (1-86)]

ཨོན་ཏེ་སོ་སོར་རང་ཡོད་ན།། 'on te so sor rang yod na//
བུད་ཤིང་མེད་པར་མེ་ཅིས་མེད།། bud shing med par me cis med//
གཡོ་དང་ཐོགས་དང་སྡུད་པ་དང་།། g.yo dang thogs dang sdud pa dang//
ཆུ་དང་རླུང་དང་ས་དེ་བཞིན།། chu dang rlung dang sa de bzhin//

[86. (1-86)]

若彼各自成　云何更互有　　약피각자성　운하갱호유
若各自不成　云何互成有　　약각자불성　운하호성유

> 만약 각각에 자성이 있다면
> 장작이 없는 불이 어찌 없겠습니까?
> 움직임[動]과 방해[礙]와 화합[聚]도
> 물과 바람과 흙(도 이에 상응하여) 그와 같을 것입니다.[192]

---

188. 티벳어에서 '레레(re re)'나 '쏘쏘(so so)'는 비슷한 용례로 사용되어 후자를 우리말로 '각각', '각자' 등으로 옮겼다.
189. 원문에는 자성을 뜻하는 '랑신(rang bzhin)'의 '랑(rang)'만 축약되어 쓰였다고 보고 옮겼다.
190. 세 가지 경우의 수, 셋 전체가 없고, 각각의 것이 없고, 셋 중의 하나가 빠져 없는 경우를 가리킨다. 영역의 경우는 약간 다른데, 좀 더 명쾌하다.

   If when three are absent, an individual one does not exist
   And if when one is absent, the three also do not exist,
   Then each itself does not exist.

   만약 셋이 없을 경우, 하나는 존재하지 않는다.
   그리고 하나가 없을 경우, 그 셋 역시 존재하지 않는다.
   그리고 각각 역시 존재하지 않는다.

   한역은 순서부터가 약간 다르지만 영역과 같은 형태다. 여기서는 원문에 따라 옮겼다.
191. 한역의 [83. (1-83)]번 게송이다.
192. 이 게송의 3, 4행이 가리키는 것은 움직임[動]과 방해[礙]와 화합[聚]은 어떤 하나의 대상이 가진 보편적인 것인데 1, 2행과 같은 경우처럼 물, 바람, 흙도 그처럼 모순에

[87. (1-87)]

ོན་ཏེ་མེ་འདི་གྲགས་ཡིན་ན།།
ཇི་ལྟར་ཁྱོད་ཀྱིས་གསུམ་གཞན་རང་།།
གསུམ་པོ་རྟེན་ཅིང་འབྱུང་བ་དང་།།
ཆོས་མི་མཐུན་པར་རུང་བའང་མིན།།

'on te me 'di grags yin na//
ji ltar khyod kyis gsum gzhan rang//
gsum po rten cing 'byung ba dang//
chos mi mthun par rung ba'ang min//

[87. (1-87)]

若言不相離　諸大各自成　　약언불상리　제대각자성
不離則不共　若離非獨成　　부잡즉불공　약잡비독성

> 만약 이 불에 대한 것이 널리 알려진 것[193]처럼
> 어찌 그대가 다른 (이) 셋(의) 자성이 (있다고 하겠습니까?)
> (이) 셋 (가운데) 연기와
> 그 (연기)법[194]에 부합하지 않는 것 또한 없습니다.[195]

....
빠질 것이라는 이야기다. 한역의 [84. (1-84)]번 게송이다.
193. 이 '불에 대한 것이 널리 알려진 것'은 『중론』, 「제10품. 불과 연료에 대한 고찰」에 나오는 비유를 가리킨다.

> [144. (10-8)]
> 만약 연료에 의지한 것이 불이고 그리고
> 만약 불에 의지한 것이 연료라면
> 무엇에 의지한 불과 연료로 되어
> (그) 먼저 성립되었던 것은 다른 무엇으로 존재하겠는가?
>
> [145. (10-9)]
> 만약 연료에 의지한 불이라면
> 불에 의해 성립되었던 것에서 (다시) 성립하는 것이 된다.
> (그리고 불과) 분리되어 있는 연료도 또한
> 바로 그 불이 없어도 존재하는 것이 된다.
>
> [146. (10-10)]
> 만약 어떤 사태가 (다른 사태에) 의지하여 성립하고,
> 그것 자체[다른 사태]도 또한 바로 그 의지하는 것으로부터,

제1 선취안락품　79

[88. (1-88)]

སོ་སོར་རང་ཡོད་དེ་དག་ནི།།   so sor rang yod de dag ni//
ཇི་ལྟར་བུར་ན་ཕན་ཚུན་ཡོད།།   ji ltar bur na phan tshun yod//
སོ་སོར་རང་ཡོད་མ་ཡིན་པ།།   so sor rang yod ma yin pa//
དེ་དག་ཇི་ལྟར་ཕན་ཚུན་ཡོད།།   de dag ji ltar phan tshun yod//

[88. (1-88)]

諸大非各成　云何各性相　　제대비각성　운하각성상
各成無偏多　故相假名說　　각성무편다　고상가명설

> 각각의 것[196]에 자성이 있다면 바로 그것들이
> 어찌 각자에[197] 상호 (연관)이 있겠습니까?
> 각각의 것에 자성이 없다면
> 그것들 (각자에) 어찌 상호 (연관이) 있겠습니까?[198]

....

(즉) 그 어떤 의지하는 것[의지처]이 (상호) 존재하여, 그런 (관계가) 성립한다면, 그 어떤 것에 의지한 것으로부터 다른 어떤 것이 성립하겠는가?

[147. (10-11)]
의지하여 성립하는 사태, 그 어떤 것이 존재하는 것(이라면),
만약 (그것이 먼저) 성립하지 않았다면 무엇에 의지하겠는가?
만약 (누군가가) '의지하는 것으로 성립한다'라고 주장한다면,
바로 그것에 의지한다는 것은 불합리하다.

[148. (10-12)]
연료에 의지하는 불은 존재하지 않고
연료에 의지하지 않는 불도 또한 존재하지 않는다.
불에 의지하는 연료는 존재하지 않고
불에 의지하지 않는 연료도 또한 존재하지 않는다.

194. 한역에서는 '연기법'을 언급하지 않았고, 영역에서는 '연기(緣起, dependent-arising)'라고만 썼다.
195. 한역의 [85. (1-85)]번 게송이다.
196. '쏘쏘(so so)'를 '각각의 것'으로 옮겼다.

[89. (1-89)]

གལ་ཏེ་སོ་སོར་རང་མེད་ཀྱི།	gal te so sor rang med kyi//
གང་ན་གཅིག་དེར་ལྷག་མ་རྣམས།	gang na gcig der lhag ma rnams//
མ་འདྲེས་པ་རྣམས་གཅིག་གནས་མེད།	ma 'dres pa rnams gcig gnas med//
འདྲེས་པ་སོ་སོར་རང་ཡོད་མེད།	'dres pa so sor rang yod med//

[89. (1-89)]

色聲香味觸　簡擇義如大　　색성향미촉　간택의여대
眼色識無明　業生擇亦爾　　안색식무명　업생택역이

> 만약 각각[199]의 자성이 없는
> 어떤 (하나의) 것이 (한곳에 있다)면 그 하나를 (뺀) 나머지들(도 한곳에 있을 것입니다.)
> (그러나) 이 섞여 있지 않은 것[無雜][200]들은 한곳에 있지 않습니다.
> (그리고) 섞여 있는 것(들)은 서로 자성이 없는 것입니다.[201]

[90. (1-90)]

སོ་སོར་རང་མེད་འབྱུང་བ་རྣམས།	so sor rang med 'byung ba rnams//
སོ་སོའི་རང་མཚན་ག་ལ་ཡོད།	so so'i rang mtshan ga la yod//
སོ་སོར་རང་མེད་ཤས་ཆེའང་མེད།	so sor rang med shas che'ang med//
མཚན་ཉིད་དག་ནི་ཀུན་རྫོབ་བཤད།	mtshan nyid dag ni kun rdzob bshad//

---

197. 문장 가운데 '나(na)'를 의미 없는 '학쩨(lhag bcad)'로 보고 옮겼다.
198. 한역의 [86. (1-86)]번 게송이다.
199. '쏘쏘(so so)'를 '각각'으로 옮겼다.
200. '섞여 있지 않은 것'이라고 옮긴 것을 한역에서는 '부잡(不雜)'으로 옮겼다.
201. 게송의 전체적인 의미로 보았을 때 각기 다른 성질을 가진 것들이 한 공간, 장소에 머물고 있는 경우를 다루고 있다. 한역의 [87. (1-87)]번 게송이다.

[90. (1-90)]

| 作者業及事 數合因果世 | 작자업급사 삭합인과세 |
| 短長及名想 非想擇亦然 | 단장급명상 비상택역연 |

> (五大)의 각각에 자성이 없다(면 거기서) 생겨(=발생)난 것들은
> 각각에 자상(自相)이 있을 (것이니 그런 일이) 어찌 있겠습니까?
> 각각에 자성이 없다(면 거기서) 많이 나뉜 것[偏] 또한 없을 것입니다.[202]
> (그래서) 그 실제 모습[體相][203]들은 거짓 이름[假名][204]이라고 말씀하셨습니다.

[91. (1-91)]

ཁ་དོག་དྲི་རོ་རེག་པ་དག།	kha dog dri ro reg pa dag//
དེ་དག་ལ་ཡང་ཚུལ་འདི་ཡིན།།	de dag la yang tshul 'de yin//
མིག་དང་རྣམ་ཤེས་གཟུགས་རྣམས་དང་།།	mig dang rnam shes gzugs rnams dang//
མ་རིག་ལས་དང་སྐྱེ་བ་དང་།།	ma rig las dang skye ba dang//

[91. (1-91)]

| 地水風火等 長短及小大 | 지수풍화등 장단급소대 |
| 善惡言識智 智中滅無餘 | 선악언식지 지중멸무여 |

> 색깔, (소리)[205], 냄새, 맛, 촉각들

---

202. 영역은 'predominate'를 사용하여 이 각자 다수로 나누어진 것 가운데 대표적인 특성을 지닌 것 또한 없을 것으로 보고 옮겼다. '세체(shas che)'에는 'the greater part of'라는 뜻도 있으니 이렇게 옮길 수도 있겠으나 한역에 따라 옮겼다.
203. 불교논리학인 인명에서 '체니(mtshan nyid)'는 '정의'를 뜻한다. 여기서는 이어지는 게송에 따라 풀어서 썼다. '정의'로 옮겨도 큰 문제는 없어 보인다. 이 경우 3행과 어울려 다음과 같이 옮길 수 있겠다.

> 각각에 자성이 없는 것 가운데 대표적인 것 또한 없어
> 그 정의를 가명이라고 (부처님께서) 말씀하셨습니다.

204. 한역의 [88. (1-88)]번 게송이다.

그것들에게도 역시 이와 같은 방법을 (사용할 수) 있습니다.

눈과 의식[識], 색(色)들과

무명(無明), 업(業)과 생(生)과²⁰⁶

....
205. 외계로 향하는 다섯 가지 감각 작용에 대해서 적고 있어 (소리)를 첨언했다.
206. 다음 게송과 이어져 있다. 이것은 앞서 언급한 오온 이후 십팔계에 대한 설명이다. 십팔계의 사전적 정의는,
    [BD] 십팔계(十八界): 인간 존재의 18가지 구성 요소, 주관과 객관의 모든 세계. 6근(根)과 6경(境)으로 이루어지는 12처(處)에 6식(識)을 추가한 것.
    이것은 감각적이거나 지각적인 인식을 감각 기관인 근과 대상 세계인 경(객관)과 식별 작용인 식(주관)이라는 세 범주로 분류하고, 다시 그 각각을 6종의 요소로 분석한 것이며, 무상과 무아의 교리에 근거하여 인식 작용을 고찰한 것이다. 즉 인식은 근과 경과 식에 의해 성립된다. 12처 중의 여섯 내적 영역(6근)에서 식별 작용을 각각 6식으로 따로 분류하고, 6근과 6경과 6식의 대응 관계를 명시한다. 이 대응 관계에 따라 색깔과 형체(色境)는 눈(眼根)을 거쳐 시각(眼識)에 의해, 소리(聲境)는 귀(耳根)를 거쳐 청각(耳識)에 의해, 향기(香境)는 코(鼻根)를 거쳐 후각(鼻識)에 의해, 맛(味境)은 혀(舌根)를 거쳐 미각(舌識)에 의해, 접촉되는 것(觸境)은 피부(身根)를 거쳐 촉각(身識)에 의해, 생각되는 것(法境)은 마음(意根)을 거쳐 마음의 식별 작용(意識)에 의해 인식된다. 육근(六根): 안(眼), 이(耳), 비(鼻), 설(舌), 신(身), 의(意)라는 여섯 가지 감관. 안은 색깔과 형체를 보는 눈, 이는 소리를 듣는 귀, 비는 냄새를 맡는 코, 설은 맛을 느끼는 혀, 신은 닿음을 느끼는 피부, 의는 생각하는 마음. 또는 이 감관의 기능이나 능력으로서 시각, 청각, 후각, 미각, 촉각, 인식하여 생각함. 이것들은 6경(境)이라는 객관을 감지하는 주관이며, 한편으로는 6식(識)의 대상이 된다. 육입처(六入處). 육경(六境): 색(色), 성(聲), 향(香), 미(味), 촉(觸), 법(法)이라는 여섯 가지 대상. 색은 색깔과 형체, 성은 소리, 향은 향기, 미는 맛, 촉은 접촉되는 것, 법은 생각되는 것. 이것들은 객관 세계를 구성하는 요소로서 각각 눈(眼), 귀(耳), 코(鼻), 혀(舌), 피부(身), 마음(意)이라는 6근(根)의 대상이다.
    육식(六識): 여섯 가지 인식 작용. 안(眼), 이(耳), 비(鼻), 설(舌), 신(身), 의(意)라는 6근(根)에 의존하여 각각 색(色), 성(聲), 향(香), 미(味), 촉(觸), 법(法)이라는 6경(境)을 지각하는 안식(眼識), 이식(耳識), 비식(鼻識), 설식(舌識), 신식(身識), 의식(意識). 인식이 이루어지기 위해서는 감관인 근(根)과 대상인 경(境)과 인식 주체인 식(識)이 동시에 존재할 필요가 있다. 그런데 아비달마에서는 6식이 마음 작용의 활동이고 그 본체가 유일한 마음이므로 6식이 동시에 작용하는 것은 아니라고 한다. 한편 유식학에서는 6식 이외에 근본적인 정신 작용으로서 2식을 추가하여, 이것들이 모두 작용함을 인정한다.
    십이처(十二處): 여섯 가지의 감각 기관인 6근(根)과 이 기관의 각각에 대응하는 여섯 가지의 대상인 6경(境)을 모두 일컫는 말. 지각이 생기는 12종의 장소 또는 조건. 세계의 성립 조건을 주관과 객관의 대립 관계에서 열거할 때의 눈(眼)과 색(色), 귀(耳)와 소리(聲), 코(鼻)와 향(香), 혀(舌)와 맛(味), 피부(身)와 접촉되는 것(觸), 마음(意)과 생각되는 것(法). 안이비설신의(眼耳鼻舌身意)라는 6근을 6내처(內處)라고 칭하며, 색성향미촉법(色聲香味觸法)이라는 6경(境)을 6외처(外處)라고 칭하므로, 12처는 6근과 6경을 총칭한 것이다. 따라서 주관의 면이요 내적인 여섯 조건(6근)과 객관의 면이요 외적인 여섯 조건(6경)에는 그 각각이 서로 대응 관계가 있음을 묶어 표현한 것이 12처이다. 즉 눈은 색깔과 형체에,

[92. (1-92)]

བྱེད་པོ་ལས་དང་བྱ་བ་གྲངས།། byed po las dang bya ba grangs//
ལྡན་དང་རྒྱུ་འབྲས་དུས་དང་ནི།། ldan dang rgyu 'bras dus dang ni//
ཐུང་དང་རིང་སོགས་ཤེས་བྱ་དང་།། thung dang ring sogs shes bya dang//
མིང་དང་མིང་ཅན་དེ་བཞིན་ནོ།། ming dang ming can de bzhin no//

[92. (1-92)]

| 作者業及事　數合因果世 | 작자업급사　삭합인과세 |
| 短長及名想　非想擇亦然 | 단장급명상　비상택역연 |

> 행위자[作者]와 그 행위[事] 그리고 그 대상, 수[數=헤아림]
> 가진 것과 인과, 시간과
> 짧고 긴 것 등, 앎의 대상[所知]과
> 이름[名]과 명성을 갖춘 것, 그것들도 (이와) 같습니다.[207]

[93. (1-93)]

ས་དང་ཆུ་དང་མེ་དང་ལུང་།། sa dang chu dang me dang lung//
རིང་ཐུང་ཕྲ་དང་སྦོམ་ཉིད་དང་།། ring thung phra dang sbom nyid dang//
དགེ་སོགས་ཉིད་ནི་རྣམ་ཤེས་སུ།། dge sogs nyid ni rnam shes su//
འགག་པར་འགྱུར་ཞེས་ཐུབ་པས་གསུངས།། 'gag par 'gyur zhes thub pas gsungs//

귀는 소리에, 코는 향기에, 혀는 맛에, 피부는 접촉되는 것에, 마음은 생각되는 것에 각기 대응한다. 원시불교에서 12처는 세계의 모든 것인 일체를 의미하는 것으로 설명된다. 대상 세계를 인식하는 감각 기관인 6근은 곧 인간이라는 존재를 가리키고, 6경은 인간을 둘러싼 자연 환경을 가리킨다고 이해된다. 12처는 원시불교 이래 불교를 대표하는 존재 체계의 하나로 간주되며, 5온, 12처, 18계를 열거하여 3과(科)라고 칭한다. 십이입(十二入), 십이입처(十二入處). → 십팔계(十八界).

한역의 [89. (1-89)]번 게송이다.
207. 한역의 [90. (1-90)]번 게송이다.

[93. (1-93)]

如識處無形　無邊遍一切　　여식처무형　무변편일체
此中地等大　一切皆滅盡　　차중지등대　일체개멸진

> '흙과 물과 불과 바람
> 길고 짧은 것, 미세하고 거친 것[208]과
> 선(善) 그 자체 등(을) 의식[識] 속에서
> 남김없이 한다.'고 부처님[能人][209]께서는 말씀하셨습니다.[210]

[94. (1-94)]

རྣམ་ཤེས་བསྟན་མེད་མཐའ་ཡས་པ།། rnam shes bstan med//
ཀུན་ཏུ་བདག་པོ་དེ་ལ་ནི།། kun tu bdag po de la ni//
ས་དང་ཆུ་དང་མེ་དང་ནི།། sa dang chu dang me dang ni//
རླུང་གིས་གནས་ཐོབ་འགྱུར་མ་ཡིན།། rlung gis gnas thob 'gyur ma yin//

[94. (1-94)]

於此無相智　短長善惡業　　어차무상지　단장선악업
名色及諸陰　如此滅無餘　　명색급제음　여차멸무여

> 의식[識]은 의지하지 않(고) 변화하지 않는[無轉]
> 일체의 주인된 자이니 바로 그것에
> 흙과 물과 불과
> 바람은 (그) 머물 곳을 얻을 수 없습니다.[211]

---

208. 한역에서는 그냥 대소(大小)로 옮기고 있다.
209. 능인(能仁)은 석가모니(釋迦牟尼, Śākyamuni)의 한문 이명(異名) 가운데 하나다.
210. 한역의 [91. (1-91)]번 게송이다.
211. 한역의 [92. (1-92)]번 게송이나 영역도 모두 조금씩 차이가 난다. 5대와 달리 식(識)의

[95. (1-95)]

འདིར་ནི་རིང་དང་ཐུང་བ་དང་།།
ཕྲ་སྦོམ་དགེ་དང་མི་དགེ་དང་།།
འདིར་ནི་མིང་དང་གཟུགས་དག་ཀྱང་།།
མ་ལུས་པར་ནི་འགག་པར་འགྱུར།།

'dir ni ring ding thung ba dang//
phra sbom dge dang mi dge dang//
'dir ni ming dang gzugs dag kyang//
ma lus par ni 'gag par 'gyur//

[95. (1-95)]

如此等於識　由無明先有　　여차등어식　유무명선유
於識若起智　此等後皆盡　　어식약기지　차등후개진

> 바로 이것[212]에서 길고 짧음과
> 미세하고 거친 것, 선(善)과 불선(이 사라지게 됩니다.)[213]
> 바로 이것에서 이름[名]과 형색[色]들 역시
> 남김없이[無餘] 사라지게 됩니다.[214]

[96. (1-96)]

གང་མ་ཤེས་ཕྱིར་རྣམ་ཤེས་ལ།།
སྔོན་ཆད་བྱུང་བ་དེ་ཀུན་ནི།།
དེ་ཤེས་ཕྱིར་ན་རྣམ་ཤེས་སུ།།
ཕྱིས་ནི་དེ་ལྟར་འགག་པར་འགྱུར།།

gang ma shes phyir rnam shes la//
sngon chad byung ba de kun ni//
de shes phyir na rnam shes su//
phyis ni de ltar 'gag par 'gyur//

[96. (1-96)]

如是等世法　是然識火薪　　여시등세법　시연식화신

독자성을 이야기하고 있다.
212. 영역 주석서에는 '공성을 직접적으로 깨달을 수 있는 수행에 의한 적정의 측면에서(in the face of meditative equipoise directly realizing emptiness)'라고 적어두고 있다.
213. 4행과 이어지는 의미라 같이 옮길 수 있겠으나 문장 구조에 따라 첨언하였다.
214. 한역의 [93. (1-93)]번 게송이다.

由實量火光　世識薪燒盡　　　유실량화광　세식신소진

> 무엇인지 이해하지 못하였기 때문에 의식[識]에
> 이전에 발생했던 그 모든 것, 바로 그것은[215]
> 그것을 이해했기 때문에 (바로 그) 의식[識][216]에서
> 이후에 그와 같이 사라지게 됩니다.

[97. (1-97)]

རྣམ་ཤེས་མེ་ཡི་བུད་ཤིང་འདོད།། rnam she me yi bud shing 'dod//
འགྲོ་ཆོས་འདི་ཀུན་ཡིན་པར་འདོད།། 'gro chos 'di kun yin par 'dod//
དེ་དག་ཇི་བཞིན་རབ་འབྱེད་པའི།། de dag ji bzhin rab 'byed pa'i//
འོད་དང་ལྡན་པས་བསྲེགས་ནས་ཞི།། 'od dang ldan pas bsregs nas zhi//

[97. (1-97)]

由癡別有無　後簡擇眞如　　　유치별유무　후간택진여
尋有旣不得　無云何可得　　　심유기부득　무운하가득

> 의식[識]은 불이 장작을 바라는 것과 (같이)
> 이 세간의 법(法=현상) 모두가 존재하기를 바랍니다.
> 그것들은 이와 같이 자세히 관찰해(보면 알 수 있는)
> 불(꽃)에 의지한 것이 타들어가 적정(=소멸)[217]에 (이르는 것과 같습니다).

....
215. 이 게송에 대해서 영역에서는 티벳어 각주를 달아두었다. 'gdod nas grub pa'i rang bzhin gyis skye ba med pa' don'으로 '이전에 이루어진 자성에 의해 발생하지 않은 일(또는 대상)'이라는 뜻이다.
216. 영역에서는 "phags pa'i mnyam gzhag gi gzigs ngor', 즉 '바른(正 또는 聖) 명상에서 관(觀)할 수 있는 측면' 정도 된다. 영역으로는 'in the face of perceptive by a Superior's meditative equipoise', 즉 '위대한 명상 수행의 적정에 의한 인지적(통찰적) 측면' 정도 된다.

[98. (1-98)]

མི་ཤེས་པས་ནི་སྔོན་བརྟགས་པ།།   mi shes pas ni sngon brtags pa//
ཕྱིས་ནི་དེ་ཉིད་ངེས་པ་དང་།།   phyis ni de nyid nges pa dang//
གང་ཚེ་དངོས་པོ་མི་རྙེད་པ།།   gang tshe dngos po mi rnyed pa//
དེ་ཚེ་དངོས་མེད་ག་ལ་འགྱུར།།   de tshe dngos med ga la 'gyur//

[98. (1-98)]

由無色所成　故空但名字　　유무색소성　고공단명자
離大何爲色　故色亦唯名　　이대하위색　고색역유명

> 알지 못함[痴]으로 이전에 관찰했던 (것들을)
> (그) 이후에(라도) 그 자체로 정확(하게 이해하시기 바랍니다.)[218]
> (어떤) 한 사태(事態)[219]를 파악하여 알 수 없을 때
> 그때[220] 그 사태는 없는 것이니, (그것을) 어찌 (알 수 있겠습니까)?

[99. (1-99)]

གཟུགས་ཀྱི་དངོས་པོ་མིང་ཙམ་ཕྱིར།།   gzugs kyi dngos po ming tsam phyir//
ནམ་མཁའ་ཡང་ནི་མིང་ཙམ་མོ།།   nam mkha' yang ni ming tsam mo//
འབྱུང་མེད་གཟུགས་ལྟ་ག་ལ་ཡོད།།   'byung med gzugs lta ga la yod//
དེ་ཕྱིར་མིང་ཙམ་ཉིད་ཀྱང་ཡིན།།   de phyir ming tsam nyid kyang yin//

....

217. 티벳어 원문에 '쉬(zhi)'만 쓰여 있는데 티벳어 원문마다 약간 달라 이것에 종결형 어미를 첨언한 경우도 있다. 영문 주석서, p. 99 참조. 여기서는 '쉬와(zhi ba)', 적정의 약자로 보고 풀었다. 이것은 열반의 원래 정의인 '욕망의 불꽃을 끈다.'는 것을 은유적으로 표현한 것이다.
218. 한역 [97. (1-97)]번 게송의 '後簡擇眞如;', 즉 '이후에 진실로 그 여여한 (모습)을 간택하십시오.'도 이해하기 쉽다.
219. '뇌뽀(dngos po)'가 쓰였는데 여기서는 '사태'로 옮겼다. 한역은 '유무(有無)'로 적고 있고 영역에서는 'a thing'으로 적고 있다.
220. 3, 4행의 어두에 '강체 데체(gang tshe~ de tshe~)'가 쓰여 있다. '~을 할 때 그때~'라는 뜻이다.

[99. (1-99)]

受想行及識　應思如四大　　수상행급식　응사여사대
四大如我虛　六界非人法　　사대여아허　육계비인법

> 형태[色]의 사태는 (다만 허망한) 이름²²¹뿐이기 때문에
> 허공[空界] 역시 이름뿐인 것입니다.
> 발생하지 않는 형태[色]를 보는 것이 어찌 가능하겠습니까?
> 그렇기 때문에 (허공) 자체 역시 (마찬가지인 것)입니다.

[100. (1-100)]

ཚོར་དང་འདུ་ཤེས་འདུ་བྱེད་དང་།། tshor dang 'du shes 'du 'byed dang//
རྣམ་ཤེས་འབྱུང་བ་ལྟ་བུ་དང་།། rnam shes 'byung ba lta bu dang//
བདག་བཞིན་དུ་ནི་བསམ་བྱ་སྟེ།། bdag bzhin du ni bsam bya ste//
དེ་ཕྱིར་ཁམས་དྲུག་བདག་མེད་དོ།། de phyir khams drug bdag med do//

> 수(受)와 상(想), 행(行)과
> 식(識)의 발생 같은 것과
> 자기 스스로와 다른 것[自他]을 생각하는 바의 대상(으로 삼으면)²²²
> 그러면 육계(六界)는 '나[我, ātman]'가 없는 것[無我]²²³이 됩니다.

།།རིན་པོ་ཆེའི་ཕྲེང་བ་ལས། མཐོན་པར་མཐོ་བ་དང་ངེས་པར་ལེགས་པ་བསྟན་པ་སྟེ་ལེའུ་དང་པོའོ།།

『보행왕정론』, 「제1 선취안락품」

---

221. '밍참(ming tsam)'은 허망된 가설인 것으로 그 이름만 있는 것을 가리킨다.
222. 말미에 쓰인 '떼(ste)'와 4행의 어두에 쓰인 '데칠(de phyir)'이 쌍을 이루고 있어 여기서는 옮기지 않았다. 여기서도 '학쩨(lhag bcad)'의 기능을 하고 있다.
223. '무자성'으로 읽으려 해도 '무아'라고 명확하게 적혀 있으며 한역에서는 비인법(非人法)이라고 적고 있다.

제2 잡품雜品[224]

[101. (2-1)]

ཇི་ལྟར་ཆུ་ཤིང་ཡན་ལག་དག།   ji ltar chu shing yan lag dag//
མ་ལུས་བཅས་ཏེ་བཤིག་བྱས་ནས།།   ma lus bcas te bshig byas nas//
ཅི་ཡང་མེད་ལྟར་སྐྱེས་བུ་ཡང་།།   ci yang med ltar skyes bu yang//
ཁམས་བཅས་བཤིག་ན་དེ་དང་འདྲ།།   khams bcas bshig na de dang 'dra//

[99. (2-1)]

如分分拆蕉　無餘盡不有   여분분석초　무여진불유
約六界拆人　盡空亦如是   약육계탁인　진공역여시

> 바나나 나무줄기들을[225]
> 남김없이 나눠보아도[226] (그) 나눠진 것으로부터
> 어느 것도 (찾을 수) 없는 것처럼 사람 역시
> (그 6) 계(界)를 나눠보아도 그와 같습니다.[227]

---

224. ||རིན་པོ་ཆེའི་ཕྲེང་བ་ལས། སྤེལ་མ་ཞེས་བྱ་བ་སྟེ་ལེའུ་གཉིས་པའོ།།
//rin po che'i phreng ba las/ spel ma zhes bya ba ste le'u gnyis pa'o//

한역의 제목에 따라 「잡품(雜品)」으로 적었으며 영역의 제목은 'The Interwoven'이다. 티벳역의 제목인 '뺄말 뙨빠(spel mar ston pa)'는 '(여러 가지가) 섞여 있는 가르침' 정도 된다. 앞에서 이어지는 논의를 정리하고 다른 논의를 진행하고 있기에 이와 같은 제목이 붙어 있는 듯싶다. 『중론』의 요지를 반복 설명한 뒤 후반부에서는 부처님의 32상에 대한 공덕의 인과에 대해서 세심하고 설명하고 있다.

한역은 품이 나누어져 있으나 게송 번호가 없어 2품 1게에서부터 그대로 옮겼으므로 1품과는 별개로 괄호 안에 새로 번호를 매겼으며 티벳역과의 대조를 위해서 전체 게송 번호에 따랐다.

[102. (2-2)]

ཆོས་རྣམས་ཐམས་ཅད་བདག་མེད་ཅེས།། chos rnams thams cad bdag med ces//
དེ་ཕྱིར་རྒྱལ་བ་རྣམས་ཀྱིས་གསུངས།། de phyir rgyal ba rnams kyis gsungs//
ཁམས་དྲུག་དེ་ཀུན་བདག་མེད་པར།། khams drug de kun bdag med par//
ཁྱོད་ལ་གཏན་ལ་ཕབ་པ་ཡིན།། khyod la gtan la phab pa yin//

[100. (2-2)]

是故佛正說　一切法無我　　시고불정설　일체법무아
但六界名法　決判實無我　　단육계명법　결판실무아

"일체의 법들은 무아(無我)이다."라고
그렇기 때문에 (모든) 승자(勝者)들은 (이와 같이) 말씀하셨습니다.[228]
그 육계(六界) 모든 (법의) 무아(無我)를
그대를 위해 (자세히) 설명하도록 하겠습니다.[229]

[103. (2-3)]

དེ་ལྟར་བདག་དང་བདག་མེད་པར།། de ltar bdag dang bdag med par//
ཡང་དག་ཇི་བཞིན་དམིགས་སུ་མེད།། yang dag ji bzhin dmigs su med//

225. 문장의 어두에 '이와 같이'를 뜻하는 '지딸 ~(ji ltar ~)'이 쓰여 있으나 새로운 장이 시작되기 때문에 '~처럼'으로 옮겼다.
226. 한가운데 쓰인 '떼(te)'는 전형적인 '학쩨(lhag bcad)'이다.
227. 이 게송을 이해하기 위해서는 바나나 나무에 대한 이해가 필요한데, 불교의 경론에 등장하는 바나나 나무는 그 실체를 찾을 수 없는 대상을 가리킨다. 나무는 보통 뿌리, 몸통, 줄기, 잎으로 구성되어 있으나 바나나 나무는 나무가 아니라 풀 종류이기 때문에 그것을 나누어 보아도 아무것도 찾을 수 없다는 상징으로 자주 사용된다. 이 바나나 나무는 관상용 식물인 파초(芭蕉)로 널리 알려져 있는데 바나나 나무는 열매를 맺으면 죽는다고 하는 것과 달리 파초는 열매를 맺지 않는 관상용 식물이기에 파초 대신에 이렇게 옮겼다.
228. '이와 같이 말씀하셨습니다.'라고 옮길 수 있을 터이지만 문장 구조에 따라 첨언하여 직역했다.
229. TT의 '뗀라 팝빠인(gtan la phab pa yin)'에 'ascertained, to resolve' 등의 뜻이 있고 뒤따라 나오는 게송들의 설명에 대한 도입부라서 이렇게 운문하여 옮겼다.

བདག་དང་བདག་མེད་ལྟ་བ་དག། bdag dang bdag med lta ba dag//
དེ་ཕྱིར་ཐུབ་པ་ཆེན་པོས་བཟློག། de phyir thub pa chen pos bzlog//

[101. (2-3)]

我無我二義　如實撿不得　　아무아이의　여실검부득
是故如來遮　我無我二邊　　시고여래차　아무아이변

> 그와 같이 아(我)와 무아(無我)를[230]
> 진실로 있는 그대로[如實] 살펴보면 (아무 것도) 없습니다.
> 아(我)와 무아(無我)의 (양) 견(見)들을,
> 그 때문에 대능인[大能仁＝붓다]께서는 (이를) 제지하셨습니다.

[104. (2-4)]

མཐོང་དང་ཐོས་སོགས་ཐུབ་པ་ཡིས།། mthong dang thos sogs thub pa yis//
བདེན་མིན་བརྫུན་པ་མིན་པར་གསུངས།། bden min brdzun pa min par gsungs//
ཕྱོགས་ལས་མི་མཐུན་ཕྱོགས་འགྱུར་ན།། phyogs las mi mthun phyogs 'gyur na//
དེ་ནི་གཉི་ག་དོན་དུ་མིན།། de ni gnyi ga don du min//

[102. (2-4)]

見聞覺知言　佛説無實虛　　견문각지언　불설무실허
二相待成故　此二如實無　　이상대성고　차이여실무

> 듣고 보는 것들로 얻은

---

230. 여기서 무아(無我)는 불교의 무아이론이 아닌 형이상학적인 질문들인 상견, 단견의 양견에 대한 논의에 대해서 침묵하신 붓다에 대한 가르침을 의미한다. '14난의 두 번째 항인 존재하는가? 존재하지 않는가?'를 아(我)에 적용한 경우다.
    다음 게송도 양견에서 벗어나기 위한 같은 형식으로 이어진 것이다.

> 진실된 것도 아니고 허망한 것도 아니라고 말씀하셨습니다.
> (한) 쪽에서부터 위배되는 것이라면
> 그 양쪽은 (모두) 실제로 존재하지 않는 것입니다.

[105. (2-5)]

དེ་ལྟར་དམ་པའི་དོན་དུ་ན།།　　de ltar dam pa'i don du na//
འཇིག་རྟེན་འདོ་ནི་བདེན་བརྫུན་འདས།།　'jig rten 'do ni bden brdzon 'das//
དེ་ཉིད་ཕྱིར་ན་ཡང་དག་ཏུ།།　　di nyid phyir na yang dag tu//
ཡོད་ཅེས་མེད་ཅེས་ཞལ་མི་བཞེས།།　yod ces med ces zhal mi bzhes//

[103. (2-5)]

如實撿世間　過實亦過虛　　여실검세간　과실역과허
則世間依實　故墮於有無　　즉세간의실　고타어유무

> 그와 같이 진제의 (영역)은[231]
> 이 세간의 참과 거짓을 건넌 것입니다.[232]
> 왜냐하면 그 자체는 진실로
> "있다[有]."거나 "없다[無]."고 말할 수 없는 것이기 때문입니다.[233]

---

231. 말미의 '나(na)'를 '학쩨(lhag bcad)'로 보고, '담빼 돈두(dam pa'i don du)'를 '된담빼(don dam pa)'의 변형으로 보고 옮겼다.
232. 접속사들이 생략되어 있어 의미를 명확하게 하기 위해서 윤문하여 옮겼는데 직역하면 다음과 같다.

    그와 같이 진제의 (영역)에서
    이 세간은 참과 거짓을 건넌 것입니다.

233. '있다'와 '없다'에 모두 '~라고 말하다'는 뜻을 지닌 '쩨(ces)'가 사용되어 있으나 우리말에 맞게 윤문하여 옮겼다.

[106. (2-6)]

དག་ཞིག་དེ་ལྟར་རྣམ་ཀུན་ཏུ།། dag zhig de ltar rnam kun tu//
ཡོད་མིན་དེ་ནི་ཀུན་མཁྱེན་གྱིས།། yod min de ni kun mkhyen gyis//
མཐའ་ཡོད་མཐའ་མེད་གཉི་ག་དང་།། mtha' yod mtha' med gnyi ga dang//
གཉིས་མ་ཡིན་ཞེས་ཇི་སྐད་བསྟན།། gnyis ma yin zhes ji skad bstan//

[104. (2-6)]

若法遍不如　云何佛得説　　약법편불여　운하부득설
有邊及無邊　有二與無二　　유변급무변　유이여무이

(있고 없고의) 양자(거나) (있거나 없거나의) 하나, 그와 같은 것은 언제나 바로 그 유무(有無)의 (兩邊에 갇히기 때문에) 일체지자께서는 "1) 유변(有邊), 2) 무변(無邊), 3) 이 양자가 (있다는 것)과 4) 이 양자가 없다."라고 하는 (4구에 대해서) 이와 같이 가르치셨습니다.[234]

[107. (2-7)]

སངས་རྒྱས་གྲངས་མེད་གཤེགས་དེ་བཞིན།། sang rgyas grangs med gshegs de bzhin//
འབྱོན་འགྱུར་པ་དང་ད་ལྟར་བཞུགས།། 'byon 'gyur pa dang da ltar bzhugs//
སེམས་ཅན་རྣམས་ནི་བྱེ་བར་འགྱུར།། sems can rnams ni bye bar 'gyur//
དེ་ལས་དུས་གསུམ་གནས་པ་དགོངས།། de las dus gsum gnas pa dgongs//

[105. (2-7)]

過去佛無量　現來過算數　　과거불무량　현래과산삭

---

234. 14난의 원형인 4구의 그 의미를 명확하게 하기 위해 첨언하여 직역하였다. [115. (2-15)]번 게송에서 이 문제를 다시 자세히 다루고 있다.

　　'이와 같이 가르치셨습니다.'는 '쇨(zhol)'판에 따라 '지딸뗀(ji ltar bstan)'으로 보고 쉽게 옮겼는데 본문의 '지께뗀(ji skad bstan)'을 해자해보면, '그와 같은 말씀으로 가르치셨습니다.' 정도 된다.

過數眾生邊　三世由佛顯　　　과삭중생변　삼세유불현

> 헤아릴 수 없이 많은[無量] 부처님들께서 (과거에도) 오셨고, 그와 같이 (미래에도) 오실 것이고 (지금) 현재에도 머무르실 것입니다.
> (모든) 유정들은 억천만[俱胝][235]이나 될 것이니
> 그러니[236] 삼세(三世)에 머물기를 바라실 것입니다.

[108. (2-8)]

འཇིག་རྟེན་འཕེལ་བའི་རྒྱུ་མེད་ལ།།　　'jig rten 'phel ba'i rgyu med la//
ཟད་པ་དུས་གསུམ་དུ་སྲིད་ན།།　　zad pa dus gsum du srid na//
ཐམས་ཅད་མཁྱེན་པས་ཇི་ལྟར་དེའི།།　　thams cad mkhyen pas ji ltar de'i//
སྔོན་མཐའ་ལུང་མ་བསྟན་པར་མཛད།།　　sngon mtha' lung ma bstan par mdzad//

[106. (2-8)]

世間無長因　此際約世顯　　　세간무장인　차제약세현
世間過有無　云何佛記邊　　　세간과유무　운하불기변

> 세간이 늘어날 원인[因]이 없어
> 영원히 끝날[永盡] 삼세(三世)로 존재한다면[237]
> 일체지자(一切智者)께서는 어찌 그것의
> 시작과 끝을 경전에서 가르치지 않으셨겠습니까?[238]

---

235. 셀 수 없이 아주 많다는 뜻이다.
236. 여기에 쓰인 '데레(de les)'는 특별한 의미가 있기보다는 두 문장을 이어주는 구실을 하며 끊어주는 역할을 하는 듯싶다. 영역에서는 'And in addition'이라고 옮겼는데 '그러니 더 나아가' 정도 된다.
237. '시빼(srid pa)'를 '가능하다'로 풀어보려 했으나 '있다(有)'가 나을 듯싶어 이렇게 풀었다.
238. 한역이나 영역 모두 붓다의 14난(難)에 대한 침묵의 첫 번째 4개항에 대해서 적고 있으나 그 번역은 의역에 가까워 직역하였다. 영역에서는 이 질문이 외도의 질문에 대해 적혀

제2 잡품　95

[109. (2-9)]

སོ་སོའི་སྐྱེ་བོ་ལ་གསང་བ།། so so'i skye bo la gsang ba//
གང་ཡིན་དེ་ནི་ཟབ་མོའི་ཆོས།། gang yin de ni zab mo'i chos//
འཇིག་རྟེན་སྒྱུ་མ་ལྟ་བུ་ཉིད།། 'jig rten sgyu ma lta bu nyid//
སངས་རྒྱས་བསྟན་པ་བདུད་རྩི་ཡིན།། sangs rgyas bstan pa bdud rtsi yin//

[107. (2-9)]

由法如此深　於凡秘不說　　유법여차심　어범비불설
說世如幻化　是佛甘露教　　설세여환화　시불감로교

> 평범한 중생[239]에게 비밀로 (하신)
> '무엇이 있다, (없다.)' 등(의 논파), 바로 그것은 심오한 법(法)입니다.
> '세간은 허깨비[幻]와 같다'는 것 자체는
> 부처님 가르침의 감로(甘露)입니다.[240]

[110. (2-10)]

ཇི་ལྟར་སྒྱུ་མའི་གླང་པོ་ལ།། ji ltar rgyu ma'i glang po la//
སྐྱེ་དང་འཇིག་པ་ཉིད་སྣང་ཡང་།། skye dang 'jig pa nyid snang yang//
དེ་ལ་དོན་གྱི་ཡང་དག་ཏུ།། de la don gyi yang dag tu//
སྐྱེ་དང་འཇིག་པ་ཉིད་མེད་ལྟར།། skye dang 'jig pa nyid med ltar//

[108. (2-10)]

譬如幻化像　生滅尚可見　　비여환화상　생멸상가견

있다. 14난과 같은 형이상학적 질문의 요지는 이를 통해서 마음의 어떤 평온도 가져올 수 없다는 것이다.
239. '각각의 중생', '중생 각각' 등으로도 옮길 수 있겠으나 '소쉬 께보(so so'i skye bo)'에 '평범한 중생'이라는 관용적인 표현이 있어 이에 따라 옮겼다.
240. 14난에 대해서 왜 붓다가 침묵하였는지에 대한 설명이다.

此像及生滅　實義撿非有　　차상급생멸　실의검비유

> 허깨비[幻] 같은 코끼리에게
> 생겨나고 사라지는 것[生滅]²⁴¹ 자체가 출현하는 것처럼²⁴²
> (세간) 그것에 (출현한) 외경(外境)의 진실에는²⁴³
> 생겨나고 사라지는 것[生滅] 자체는 없는 것과 같습니다.

[111. (2-11)]

དེ་བཞིན་སྒྱུ་འདྲའི་འཇིག་རྟེན་ལ།།   de bzhin sgyu 'dra'i 'jig rten la//
སྐྱེ་དང་འཇིག་པ་ཉིད་སྣང་ཡང་།།   skye dang 'jig pa nyid snang yang//
དམ་པའི་དོན་དུ་སྐྱེ་བ་དང་།།   dam pa'i don du skye ba dang//
འཇིག་པ་ཉིད་ནི་ཡོད་མ་ཡིན།།   'jig pa nyid ni yod ma yin//

[109. (2-11)]

世間如幻化　生滅可見爾　　세간여환화　생멸가견이
世間及生滅　約實義皆虛　　세간급생멸　약실의개허

> 그와 같이 허깨비[幻] 같은 세간에
> 생겨나고 사라지는 것[生滅]²⁴⁴ 자체가 출현하는 것처럼
> 승의의 (경계)에서는²⁴⁵ 생겨나는 것[生]과
> 사라지는 것[滅] 자체가 존재하지 않습니다.

---

241. 티벳어 원문은 두려워하다의 '직빠('jigs pa)'가 쓰였으나 이것은 4행의 '직빠('jig pa)'의 오자가 명백하여 원문 자체를 고쳐서 옮겼다.
242. 1행의 '~와 같이'라는 뜻을 지닌 '지딸(ji ltar)'을 1, 2행 모두 받는 것으로 보고 풀었다.
243. 한역은 '실의(實義)'라고 된기 양닥(don gyi yang dag)'을 풀어 썼는데 이 또한 보기 좋다. 여기서는 앞의 게송에서 이어지는 것으로 보고 '어떤 사건의 객관적 실제성'에 대한 문제로 해석했다.
244. 티벳어 원문은 '두려워하다'의 '직빠('jigs pa)'가 쓰였으나 이것은 4행의 '직빠('jig pa)'의

[112. (2-12)]

ཇི་ལྟར་སྐྱུ་མའི་གླང་པོ་ནི།།   ji rtar skyu ma'i glang po ni//
གང་ནས་མ་འོངས་གར་མི་འགྲོ།།   gang nas ma 'ongs gar mi 'gro//
སེམས་རྨོངས་ཙམ་དུ་ཟད་པས་ན།།   sems rmongs tsam du zad pas na//
ཡང་དག་ཉིད་དུ་གནས་པ་མེད།།   yang dag nyid du gnas pa med//

[110. (2-12)]

| 幻像無從來 | 去亦無有處 | 환상무종래 | 거역무유처 |
| 但迷衆生心 | 由實有不住 | 단미중생심 | 유실유불주 |

> 이와 같은 허깨비[幻] 코끼리가[246]
> 어디로부터 (왔고 어디로) 가는지, 어디에 가지 않는지(에 대한 의문으로부터 생겨난)
> 어리석은 마음[迷惑心][247]이 다하지[永盡] 않으면
> 진실 그 자체에 머물 수 없습니다.

[113. (2-13)]

དེ་བཞིན་སྐྱུ་འདྲའི་འཇིག་རྟེན་ནི།།   de bzhin skyu 'dra'i 'jig rten ni//
གང་ནས་མ་འོངས་གར་མི་འགྲོ།།   gang nas ma 'ongs gar mi 'gro//
སེམས་རྨོངས་ཙམ་དུ་ཟད་པས་ན།།   sems rmongs tsam du zad pas na//
ཡང་དག་ཉིད་དུ་གནས་པ་མེད།།   yang dag nyid du gnas pa med//

오자가 명백하여 원문 자체를 고쳐서 옮겼다.

245. '담빼 돈빼(dam pa'i don pa)'가 승의를 뜻하는 '돈담빼(don dam pa)'의 변형으로 옮기고 첨언하였다.
246. 계속되는 '~와 같은'의 '지딸(ji rtar ~)'의 용법과 신기루와 세간에 대한 비유를 티벳어 원문에서는 운율의 반복을 위해 사용하고 있으나 우리말로 직역하기 어려워 첨언하여 윤문하여 옮겼다. 여기서는 다음 게송의 '데쉰(de bzhin)'과 쌍을 이루며 사용되고 있다.
247. 티벳어 원문에 '유식파(唯識派)'를 뜻하는 '쎔짬빼(sems tsam pa)' 사이에 '어리석음'을 뜻하는 '몽(rmongs)'이 들어 있어 티벳어로 읽는 묘미를 더해주고 있다.

[111. (2-13)]

世體過三世　若爾世何實　　　세체과삼세　약이세하실
誰言說有無　有無實無義　　　수언설유무　유무실무의

> 그와 같은 허깨비[幻]인 바로 (이) 세간이
> 어디로부터 (왔고 어디로) 가는지, 어디에 가지 않는지(에 대한 의문으로
> 부터 생겨난)
> 어리석은 마음[迷惑心]이 다하지[永盡] 않으면
> 진실 그 자체에 머물 수 없습니다.[248]

[114. (2-14)]

དེ་ལྟར་དུས་གསུམ་འདས་བདག་ཉིད།།　　de ltar dus gsum 'das bdag nyis//
ཐ་སྙད་གདགས་པ་མ་གཏོགས་པ།།　　　tha snyad gdags pa ma gtogs pa//
གང་ཞིག་ཡོད་དམ་མེད་འགྱུར་བའི།།　　gang zhig yod dam med 'gyur ba'i//
འཇིག་རྟེན་དོན་དུ་ཅི་ཞིག་ཡོད།།　　　'jig rten don du ci zhig yod//

[112. (2-14)]

故佛約四句　不記說世間　　　고불약사구　불기설세간
由有無皆虛　此虛不虛故　　　유유무개허　차허불허고

> 그와 같은 삼세(三世)를 건너는 것 그 자체의 본질[249]은
> 세속의 언설[世間言說]로 가립된 것이기에 (승의에) 포함된 것이 아닙니다.
> 어떤 것이 있게 또는 없게 되는 것의
> 세간의 일에 무엇이 있겠습니까?[250]

---

248. 바로 앞의 게송 1행의 '코끼리(랑뽀, glang po)'가 '세간(직뗀, 'jig rten)'으로 바뀌었을 뿐, 같은 단어를 사용한 것은 게송 작법에 있어 용수의 특징이다.

[115. (2-15)]

སངས་རྒྱས་ཀྱིས་ནི་རྒྱུ་འདི་ལས།། sangs rgyas kyis ni rgyu 'di las//
མཐའ་ཡོད་པ་དང་མཐའ་མེད་དང་།། mtha' yod pa dang mtha' med dang//
གཉིས་དང་གཉིས་མིན་རྣམ་པ་བཞི།། gnyis dang gnyis min rnam pa bzhi//
ལུང་བསྟན་མ་མཛད་གཞན་ལས་མིན།། lung bstan ma mdzad gzhan las min//

[113. (2-15)]

是身不淨相　麤證智境界　시신부정상　추증지경계
恒數數所見　尚不入心住　항삭수소견　상불입심주

부처님께서는 이와 같은 이유 때문에
1) (있다는) 유변(有邊)과 2) (없다는) 무변(無邊)과
3) (있기도 하고 없기도 한) 둘과 4) (있는 것도 아니고 없는 것도 아닌)
이 둘이 아닌 (이) 네 가지 종류[四句]에 대해서
경전의 가르침(에서) (침묵을 지키시며 말씀하지) 않으신 것이라 그밖에
(다른 것은) 없는 것입니다.[251]

[116. (2-16)]

རེ་ཞིག་ལུས་འདི་མི་གཙང་ཉིད།། re zhig lus 'di mi gtsang nyid//
རགས་ཤིང་མངོན་སུམ་སྤྱོད་ཡུལ་བ།། rags shing mngon sum spyod yul ba//
རྟག་ཏུ་སྣང་བའང་གང་གི་ཚེ།། rtag tu snang ba'ang gang gi tshe//
སེམས་ལ་གནས་པ་གང་ཡིན་པ།། sems la gnas pa gang yin pa//

249. 원문은 '닥니(bdag nyid)'가 쓰여 있다. 이것은 '자성(自性)'을 뜻하는 '랑신(rang bzhin)'과 같은 의미로도 쓰이는데 여기서는 '랑신'과 구분하기 위해서 '그 자체의 본질'로 옮겼다.
250. 한역은 확실하게 의역이고 영역은 3, 4행의 문장을 둘러 나누어 옮겨 그다지 명확하지 않다. 다시 한역의 변화가 오고 있다.
251. 직역하였는데 한역의 [112. (2-14)]번 게송의 2행의 '세간법에 대해 언급할 수 없다 설하신 것[不記說世間]'이나 영역의 '침묵을 지키는 것 이외에 말하신 바 전혀 없다(except for keeping silent, said nothing)' 등도 의역한 것으로 보인다.

[114. (2-16)]

| 況正法微細　甚深無依底 | 황정법미세　심심무의저 |
| 難證於散心　云何可易入 | 난증어산심　운하가이입 |

> 한때 머무는 이 몸은 부정한 것 자체라
> 조잡하고 감각적으로나마 알 수 있는 대상(일 뿐이니)²⁵²
> 항상 느끼거나²⁵³ 언제나
> 마음에 품고 있을 그 무엇이 있겠습니까?²⁵⁴

[117. (2-17)]

དེ་ཚེ་དམ་ཆོས་གནས་མེད་པ།།	de tshe dam chos gnas med pa//
ཕྲ་རབ་མངོན་སུམ་མ་ཡིན་པ།།	phra rab mngon sum ma yin pa//
ཟབ་མོ་དེ་ཀོ་ཇི་ལྟ་བུར།།	zab mo de ko ji lta bur//
སེམས་ལ་བདེ་བླགས་འཇུག་པར་འགྱུར།།	sems la bde blags 'jug par 'gyur//

[115. (2-17)]

| 故佛初成道　捨説欲涅槃 | 고불초성도　사설욕열반 |
| 由見此正法　甚深故難解 | 유견차정법　심심고난해 |

> 그와 같이 정법[=聖法]은 그 근거를 찾기 어렵고²⁵⁵
> 아주 미세하고 감각적으로 알 수 있을 만한 것이 아니고²⁵⁶
> 심오합니다.²⁵⁷ 그럴진대²⁵⁸ 어찌

....
252. '논숨 죄율와(mngon sum spyod yul ba)'는 불교 논리학에서 '현실의 경계, 실제 존재하고 느낄 수 있는 사물'이라는 뜻이 있지만 여기서는 부정적인 의미로 사용되어 있어, 원래의 뜻대로 해자하여 옮겼다.
253. 동사 '낭와(snang ba)'가 쓰였는데 여기서는 '마음에 떠오르는 것', 즉 현량에 의한 직접적인 인식으로 느끼는 것으로 보고 풀었다.
254. 이 게송은 영역이나 한역의 [113. (2-15)]번 게송 모두 약간의 차이가 난다.

제2 잡품 101

마음속에 쉽게 들어올 수 있겠습니까?[259]

[118. (2-18)]

ཆོས་འདི་ཟབ་ཕྱིར་སྐྱེ་བོ་ཡིས།། chos 'di zab phyir skye bo yis//
ཤེས་པར་དཀའ་བར་ཐུགས་ཆུད་དེ།། shes par dka' bar thugs chud de//
དེས་ན་ཐུབ་པ་སངས་རྒྱས་ནས།། des na thub pa sangs rgyas nas//
ཆོས་བསྟན་པ་ལས་ལོག་པར་གྱུར།། chos bstan pa las log par gyur//

[116. (2-18)]

若法非正了　卽害不聰人　약법비정료　즉해불총인
由不如執此　墮邪見穢坑　유불여집차　타사견예갱

이 법은 심오하기 때문에 중생(들)이
알기 어려우니 통달해야 합니다. 왜냐하면[260]
이런 연고로 능인(能仁)께서는 (첫) 깨달음의 길[初成道]을 (얻으신 후에도)[261]
(이) 법을 가르치시는 것으로부터 후퇴하셨습니다.[262]

....
255. '네메빠(gnas med pa)'는 불합리하다는 뜻도 있는데 여기서는 어두의 시간을 나타내는 '데체(de tshe)'와 격을 이루며 받을 수도 있겠으나 일단 이렇게 받았다.
256. 앞의 '논숨(mngon sum)'이 다시 쓰이고 있다.
257. 정법의 총 4개의 특징을 설명하는 것으로 영역에서는 'most subtle, profound, baseless, and not manifest'로 옮겨져 있다. 한역의 [114. (2-16)]번 게송에도 이 특징은 1. 미세, 2. 심오, 무의저(無依底), 증명하기 어렵다로 되어 있다. 1행에 '머물 곳이 없다'로 옮긴 '네메빠(gnas med pa)'는 대개 부정적으로 쓰이는데 여기서는 긍정적인 의미로 보고 옮겼다.
258. 행의 한가운데 쓰인 '꼬(ko)'는 강조사[Emp.] '니(ni)'와 같은 용법으로 쓰인다. 그러나 티벳어 게송에서 좀처럼 보기 어려운 경우다.
259. 한역의 [114. (2-16)]번 게송이다.
260. 말미에 '데(de)'가 쓰였으나 '학쩨(lahg bcad)'로 보고 옮길 수도 있겠으나 직역하였다.
261. 3행의 어두에 쓰인 '데나(des na)'는 '그러므로, 어떤 연고로, 그 때문에' 등의 어떤

[119. (2-19)]

ཆོས་འདི་ལོག་པར་ཤེས་གྱུར་ན།། chos 'di log par shes gyur na//
མི་མཁས་རྣམས་ནི་ཆུད་ཀྱང་ཟ།། mi mkhas rnams ni chud kyang za//
འདི་ལྟར་མེད་པར་ལྟ་བ་ཡི།། 'di ltar med par lta ba yi//
མི་གཙང་དེར་ནི་བྱིང་བར་འགྱུར།། mi gtsang der ni bying bar 'gyur//

[117. (2-19)]

人識法不明　由自高輕法　　인식법불명　유자고경법
起謗壞自身　下首墮地獄　　기방괴자신　하수타지옥

> 이 법을 그릇되게 이해한다면
> 현명하지 못한 것들에 바로 빠질 것입니다.[263]
> 이와 같은 것은 단견(斷見=邪見)의
> 바로 그 부정한 (생각들을 일으켜 마음을) 어지럽힙니다.[264]

[120. (2-20)]

གཞན་ཡང་དེ་ནི་ལོག་བཟུང་ནས།། gzhan yang de ni log bzung nas//
བླུན་པོ་མཁས་པའི་ང་རྒྱལ་ཅན།། blun po mkhas pa'i nga rgyal can//

....

　　　의미를 지녔기보다는 두 문장이 떨어져 있는 것을 가리킨다고 보고 옮겼다.
262.　전체적으로 문장에 축약된 접속사가 뜻하는 바를 우리말로 첨언하여 직역하였다. TT에
　　　'록빠귤(log par gyur)'은 대개 'wrong, wrongly, mistaken, mistakenly' 등의 뜻으로
　　　쓰이나 'contrary to'의 뜻이 있어 이에 따라 옮겼다.
　　　한역의 [115. (2-17)]번 게송이다.
263.　말미에 '취 꺙 자(chud kyang za)'의 '자(za)'는 '먹다'는 뜻이 아닌 동사를 만드는 첨언으로
　　　보고 풀었다.
264.　'마음을 어지럽힌다'라고 옮긴 '징와(bying ba)'는 혼침이라는 뜻도 있다. 참고로 혼침의
　　　사전적 정의는,
　　　　[BD] 혼침(惛沈): 【범】styāna 75법의 하나. 또 100법의 하나. 심소(心所)의 이름. 마음으로
　　　하여금 어둡고 답답하게 하는 정신 작용. 모든 오염된 마음에서 일어나는 심소의 하나로
　　　마음이 푹 꺼짐을 뜻함.
　　　한역의 [116. (2-18)]번 게송이다.

제2 잡품　103

སྤོང་བས་མ་རུང་བདག་ཉིད་ཅན།། spong bas ma rung bdag nyid can//
མནར་མེད་པར་ནི་སྤྱིའུ་ཚུགས་འགྲོ།། mnar med par ni spyi'u tshugs 'gro//

[118. (2-20)]

譬如勝飮食　偏用遭危害　　비여승음식　편용조위해
若如理量食　得壽力強樂　　약여리량식　득수력강락

> 더 나아가 바로 그것을 그릇되게 이해하는 것으로부터
> 어리석은 자는 현자가 (된 것처럼) 교만(하게 행동하는) 자가 (되고)
> (성법을) 거절하니 옳지 않은 이상에 사로잡힌 자가 (되고)[265]
> (죽은 후에는) 아비지옥[266]에 빠진 자가 되어 거꾸로 매달리러 갑니다.[267]

[121. (2-21)]

ཇི་ལྟར་ཁ་ཟས་བཟའ་ཉེས་པས།། ji ltar kha zas bza' nyes pas//
ཕུང་བ་དག་ཏུ་འགྱུར་བ་དང་།། phung ba dag tu 'gyur ba dang//
བཟའ་ལེགས་ཚེ་དང་ནད་མེད་དང་།། bza' legs tshe dang nad med dang//
སྟོབས་དང་བདེ་བར་འགྱུར་བ་ལྟར།། stobs dang bde bar 'gyur ba ltar//

[119. (2-21)]

若偏解正法　遭苦亦如此　　약편해정법　조고역여차
若能如理解　感樂及菩提　　약능여리해　감락급보리

> 이와 같은 (빼어난) 성찬을 (잘못 먹는) 과실을 저지른 자는

....

265. '닥니첸(bdag nyid can)'은 '자기 자신을 갖춘 자'라는 뜻이라 이렇게 옮겼다.
266. [BD] 아비지옥(阿鼻地獄): 무간지옥. 팔열(八熱) 지옥의 하나이며 지옥 가운데서도 가장 고통이 심한 제일 밑의 지옥.
267. 한역의 [117. (2-19)]번 게송이다.

> (자신을) 망치는 것들에 (빠지게) 되지만[268]
> (그렇지 않을 경우는 길고) 좋은 수명과 병 없음과
> 강맹하고 안락하게 되는 것과 같습니다.[269]

[122. (2-22)]

དེ་བཞིན་ལོག་པར་བཟང་བ་དེས།།　　de bzhin log parbzang ba des//
ཕུང་བ་དག་ནི་ཐོབ་འགྱུར་ཞིང་།།　　phung ba dag ni thob 'gyur zhing//
ལེགས་པར་ཤེས་པས་བདེ་བ་དང་།།　　legs par shes pas bde ba dang//
བྱང་ཆུབ་བླ་ན་མེད་པ་ཐོབ།།　　byang chub bla na med ba thob//

[120. (2-22)]

智人於正法　捨謗及邪執　　지인어정법　사방급사집
於正智起用　故成如意事　　어정지기용　고성여의사

> 그와 같이 그릇된 것을 좋다고 (섭취할 때면) 그로 인해
> 바로 (자신을) 망치는 것들을 얻게 됩니다. 그러나
> 올바르게 이해하면 안락과
> 더할 나위 없는[270] 깨달음을 얻게 됩니다.[271]

[123. (2-23)]

དེ་ཕྱིར་འདི་ལ་སྤོང་བ་དང་།།　　de phyir 'di la spong ba dang//
མེད་པའི་ལྟ་བ་སྤངས་ནས་ནི།།　　med pa'i lta ba spangs nas ni//

---

268. '자신을 망치고'로 옮겨도 보기 좋을 것이지만 문장에 사용된 '풍와닥(phung ba dag)', 즉 '망치는 것들'을 살리기 위해서 이렇게 옮겼다.
269. 문장의 말미에 '딸(ltar)'이 단독적으로 쓰인 보기 어려운 경우다. 한역의 [118. (2-20)]번 게송이다.
270. '더할 나위 없는'으로 옮긴 '라나 메빼(bla na med ba)'처럼 티벳의 고승들을 부를 때 '라마(bla ma)'라고 부르는 것은 '무량한 (지혜와 복덕을 갖춘) 자'라는 뜻이다.
271. 한역의 [119. (2-21)]번 게송이다.

དོན་ཀུན་སྒྲུབ་ཕྱིར་ཡང་དག་པའི།། don kun sgrub phyir yang dag pa'i//
ཤེས་ལ་ནན་གཏན་མཆོག་མཛོད་ཅིག། shes la nan gtan mchog mdzod cig/

[121. (2-23)]

由不了此法　人起長我見　　유불료차법　인기장아견
因此造三業　次生善惡道　　인차조삼업　차생선악도

> 그러므로 이것을 버리고
> 바로 이 단견(斷見=邪見)을 포기하는 것으로부터
> 모든 일을 성취하기 위해 진실한
> 앎을 최고의 성심으로 (추구)하십시오.[272]

[124. (2-24)]

ཆོས་འདི་ཡོངས་སུ་མ་ཤེས་ན།། chos 'di yongs su ma shes na//
ངར་འཛིན་པ་ནི་རྗེས་སུ་འཇུག། ngar 'dzin pa ni rjes su 'jug//
དེ་ལས་དགེ་དང་མི་བདེའི་ལས།། de las dge dang mi bde'i las//
དེ་ལས་སྐྱེ་བ་བཟང་དང་ངན།། de las skye ba bzang dang ngan//

[122. (2-24)]

乃至未證法　能除滅我見　　내지미증법　능제멸아견
恒敬起正勤　於戒施忍等　　항경기정근　어계시인등

> 이 법을 완전히 깨닫지 못한다면
> '내가 있다'는 (견해)[人我執]에 완전히 (빠져) 들어갑니다.
> 그로부터 선과 불선(不善=惡)의 업(業)(이 생겨나고)[273]

---

272. 한역의 [120. (2-22)]번 게송이다.

| 그로부터 좋고 나쁜 생(生)이 (생겨납니다.)[274] |

[125. (2-25)]

ཏེ་ཕྱིར་ཇི་སྲིད་ངར་འཛིན་པ།།	de phyir ji srid ngar 'dzin pa//
སེལ་བའི་ཆོས་འདི་མ་ཤེས་པ།།	sel ba'i chos 'di ma shes pa//
དེ་སྲིད་སྦྱིན་དང་ཚུལ་ཁྲིམས་དང་།།	de srid sbyin dang tshul khrims dang//
བཟོད་པའི་ཆོས་ལ་གུས་པར་མཛོད།།	bzod ba'i chos la gus par mdzod//

[123. (2-25)]

作事法爲先　及法爲中後　　작사법위선　급법위중후
謂無虛眞理　現來汝不沈　　위무허진리　현래여부침

| 그러므로 '내가 있다'는 (견해)[人我執]를
| 없애는 이 법을 이해하지 못할 때
| 그동안에는[275] 보시와 지계와
| 인욕의 법[276]을 공경해야 합니다.[277] |

[126. (2-26)]

ལས་རྣམས་སྔོན་དུ་ཆོས་གཏོང་ཞིང་།།	las rnams sngon du chos gtong zhing//
བར་དུ་ཆོས་ལྡན་ཐ་མར་ཡང་།།	bar du chos ldan tha mar yang//
ཆོས་ལྡན་སྒྲུབ་པའི་ས་བདག་ནི།།	chos ldan sgrub pa'i sa bdag ni//
འདི་དང་གཞན་དུ་གནོད་མི་འགྱུར།།	'di dang gzhan du gnod mi 'gyur//

....

273. 한역에서는 3업(三業)으로 되어 있다. 아마도 불선불악(不善不惡)인 심소도 포함하고 있는 듯싶다.
274. 한역에서는 선악도(善惡道)라고 옮기고 있다. 한역의 [121. (2-23)]번 게송이다.
275. 1행에 '지시(ji srid)'와 쌍을 이루는 '데시(de srid)'가 쓰여, '~하는 동안, ~ 그동안 ~'이라는 관용어가 쓰였다.
276. 6바라밀다를 가리킨다.
277. 한역의 [122. (2-24)]번 게송이다.

[124. (2-26)]

因法現好名　樂臨死無怖　　　인법현호명　낙임사무포
來生受富樂　故應恒事法　　　내생수부락　고응항사법

> 업들을 이전에도 법에 따라 행하였고[278]
> 지금도 법을 갖추고 이후에도
> 법을 갖추고 수행하는 바로 이 땅의 주인은[279]
> 이곳이나 저곳에서 해침을 당하지 않습니다.[280]

[127. (2-27)]

ཆོས་ཀྱིས་འདིར་གྲགས་བདེ་བ་དང་།　　chos kyis 'dir grags bde ba dang//
འདི་དང་འཆི་ཀར་འཇིགས་པ་མེད།　　'di dang 'chi kar 'jigs pa med//
འཇིག་རྟེན་གཞན་དུ་བདེ་ན་རྒྱས།　　'jig rten gzhan du bde na rgyas//
དེ་བས་རྟག་ཏུ་ཆོས་བསྟེན་མཛོད།　　de bas rtag tu chos bsten mdzod//

[125. (2-27)]

唯法是正治　因法天下愛　　　유법시정치　인법천하애
若主感民愛　現來不被誑　　　약주감민애　현래불피광

> 법에 의해 여기 (금생)에서는 명예와 안락이 (있고)
> 지금과 임종 시에도 두려움이 없습니다.
> 다른 세상에서도 안락이 충만할 것입니다.
> 그러므로 항상 법에 의지해야 됩니다.[281]

---

278. '똥와(gtong)'가 쓰였으나 '하다'의 '제와(byad ba)'의 유사어로 보고 풀었다.
279. '싸닥(sa bdag)'에는 '토지신, 족장, 지주'라는 뜻도 있는데 여기서는 의미를 명확하게 하기 위하여 풀어서 썼다.
280. 한역의 [123. (2-25)]번 게송이다.

[128. (2-28)]

ཆོས་ནི་ལུགས་ཀྱི་དམ་པ་སྟེ།།　　　chos ni lugs kyi dam pa ste//
ཆོས་ཀྱིས་འཇིག་རྟེན་མངོན་དགར་འགྱུར།།　chos kyis 'jig rten mngon dgar 'gyur//
འཇིག་རྟེན་དགའ་བར་འགྱུར་པས་ཀྱང་།།　'jig rten dga' bar 'gyur pas kyang//
འདི་དང་གཞན་དུ་བསླུས་མི་འགྱུར།།　　'di dang gzhan du bslus mi 'gyur//

[126. (2-28)]

若非法治化　主遭臣厭惡　　약비법치화　주조신염악
由世間憎惡　現來不歡喜　　유세간증오　현래불환희

> 바로 (이) 법체(法體)[282]의 수승(殊勝)[283]함은
> 법에 의해 세간이 기뻐하게 되기 때문입니다.[284]
> 세간에 환희가 될 뿐만 아니라
> 지금과 다른 (세간에서도) 기만하지 않습니다.[285]

[129. (2-29)]

ཆོས་མིན་པས་ནི་ལུགས་འདོད་གང་།།　　chos min pas ni lugs 'dod gang//
དེ་ཡིས་འཇིག་རྟེན་མི་དགར་འགྱུར།།　　de yis 'jig rten mi dgar 'gyur//
འཇིག་རྟེན་མི་དགའ་ཉིད་ཀྱི་ཕྱིར།།　　'jig rten mi dga' nyid kyi phyir//
འདི་དང་གཞན་དུ་དགའ་མི་འགྱུར།།　　'di dang gzhan du dga' mi gyur//

---

281. 한역의 [124. (2-26)]번 게송이다.
282. 영역에서는 법을 뜻하는 '최(chos)'를 '수행(practice)'으로 옮기고 있다. '법의 체계'라는 뜻이라 한역처럼 법치로 옮길 수도 있고 그냥 법으로 옮겨도 보기 좋을 듯하다.
283. '담빼(dam pa)'를 '수승함'으로 옮겼는데 '최고', '빼어남' 또는 '진리'라는 뜻도 있다.
284. 1행의 말미에 쓰인 '학쩨(lhag bcad)'의 '떼(sta)'를 다음 문장에 이유를 설명하는 것으로 받고 풀었다.
285. 한역의 [125. (2-27)]번 게송이다.

[127. (2-29)]

王法欺誑他　是大難惡道　　왕법기광타　시대난악도
惡智邪命論　云何説爲正　　악지사명론　운하설위정

> 법이 없는 체계가 바라는 것이 무엇이 되었든
> 그것으로 세간이 버티어낼 수 없습니다.
> 세간에 기쁨(환희)이 없는 그 자체가 될 것이기에
> 지금과 다른 (세간에서도) 환희가 없게 됩니다.[286]

[130. (2-30)]

དོན་མེད་རིག་པ་ངན་འགྲོའི་ལམ།།　　don med rig pa ngan 'gro'i lam//
གཞན་བསླུ་ལྷུར་ལེན་མི་བཟད་པ།།　　gzhan bslu lhur len mi bzad pa//
ཤེས་རབ་འཆལ་བ་རྣམས་ཀྱིས་ནི།།　　shes rab 'chal ba rnams kyis ni//
ཇི་ལྟར་དོན་གྱི་རིག་པར་བྱས།།　　ji ltar don gyi rig par byas//

[128. (2-30)]

若人專誑他　云何説正事　　약인전광타　운하설정사
因此於萬生　恒遭他欺誑　　인차어만생　항조타기광

> (의미 없이) 헛된[287] 지식은 악도(惡道)로 빠지게 하고
> 다른 (사람을) 기만하려고 애쓰고 (그들의 의견을 받아들이는 데) 참을성을 없게 합니다.[288]
> (정법의) 지혜를 훼손하는 바로 (이와 같은 것을)[289]
> 어찌 뜻 있는 앎이라 하겠습니까?[290]

---

286. 바로 앞의 게송의 주요 어휘들을 이용하여 그렇지 않은 경우에 대해 설명하고 있다. 한역의 [126. (2-28)]번 게송이다.

[131. (2-31)]

ཕ་རོལ་བསླུ་བ་ལྷུར་ལེན་པ།།   pha rol bslu ba lhur len pa//
དོན་དུ་ཇི་ལྟར་ལུགས་ལྡན་ཡིན།།   don du ji ltar lugs ldan yin//
དེས་ནི་ཚེ་རབས་སྟོང་ཕྲག་ཏུ།།   des ni tshe rabs stong phrag tu//
བདག་ཉིད་ཁོ་ན་བསླུ་བར་འགྱུར།།   bdag nyid kho na bslu bar 'gyur//

[129. (2-31)]

若欲使怨憂　捨失取其德　　약욕사원우　사실취기덕
己利由此圓　卽令怨憂惱　　기리유차원　즉령원우뇌

> 다른 (사람을) 기만하려고 애쓰는
> 일에 어찌 (해탈을 위한 올바른) 방법이 생기겠습니까?
> 바로 그것은 (수) 천 번의 생애에 걸쳐서라도
> 오직 자기 자신을 속이는 것이 됩니다.[291]

[132. (2-32)]

དགྲ་ལ་གནོད་པ་བྱ་ན་ཡང་།།   dgra la gnod pa bya na yang//
སྐྱོན་རྣམས་བཏང་སྟེ་ཡོན་ཏན་བསྟེན།།   skyon rnams btang ste yon tan bsten//
དེས་ནི་ཁྱོད་ཀྱིས་རང་ཕན་འཐོབ།།   des ni khyod kyis rang phan 'thob//
དགྲ་བོ་ཡང་ནི་མི་དགར་འགྱུར།།   dgra bo yang ni mi dgar 'gyur//

---

287. '된메(don med)'는 '의미 없음', '헛됨'을 모두 가리키는데 여기서는 강조하기 위해서 이렇게 옮겼다.
288. 본문에 쓰인 '렌미 제빼(len mi bzad pa)'를 해자(解字)해보면, '답하다, 받아들이다, 수긍하다' 등의 '렌(len)'에 '참을성이 없다'는 '미제빼(mi bzad pa)'와 결합된 것이라 보고 첨언하여 옮겼다. 영역이나 한역 모두 의역을 하고 있다.
289. (이와 같은 것을) 뜻하는 '지딸(ji ltar)'이나 4행의 '어찌'를 뜻하는 '지딸'이나 같은 어휘. 여기서 티벳어는 같은 어휘를 두 번 해석하게 하는 묘미를 발휘하고 있다.
290. 한역의 [127. (2-29)]번 게송이다.
291. 한역의 [128. (2-30)]번 게송이다.

[130. (2-32)]

約施及愛語　利行與同利　　약시급애어　이행여동리
願汝攝世間　因此弘正法　　원여섭세간　인차홍정법

> 적(敵)에게 해를 가하고자 할 때라도
> 과실(過失)들을 사절하고²⁹² 공덕에 의지하십시오.²⁹³
> 바로 그와 같이 (행하여) 그대는 자신의 이익을 얻으십시오.
> (그러면 바로 그) 적은 (더욱) 즐겁지 않게 될²⁹⁴ 것입니다.²⁹⁵

[133. (2-33)]

སྦྱིན་དང་སྙན་པར་སྨྲ་བ་དང་།། 　　sbyin dang snyan par smra ba dang//
ཕན་དང་དོན་གཅིག་སྤྱོད་པ་སྟེ།། 　　phan dang don gcig spyod pa ste//
དེ་དག་རྣམས་ཀྱིས་འཇིག་རྟེན་དང་།། 　　de dag rnams kyis 'jig rten dang//
ཆོས་ཀྱང་བསྡུ་ན་ཉིད་དུ་མཛོད།། 　　chos kyang bsdu na nyid du mdzod//

[131. (2-33)]

王若一實語　如生民堅信　　왕약일실어　여생민견신
此如尊妄語　不起他安信　　차여존망어　불기타안신

> 보시와 상냥하게²⁹⁶ 말하는 것과
> (타인에게) 이익을 베푸는 것은 같은 뜻(을 지닌) 행위입니다. 왜냐하면
> 그것들은 (이) 세간과
> 법(法)²⁹⁷을 (하나로) 모이게 하는 것이기 (때문입니다.)²⁹⁸

---

292. '땅와(btang ba)'는 대개 '보내다, 자유롭게 해주다'는 뜻으로 주로 쓰인다.
293. '뗀빠(bsten pa)'에도 '얻다'라는 뜻이 있으나 다음 행을 위해서 이렇게 옮겼다.
294. '즐겁지 않다(미깔, mi dga'+ar)'가 '미깔(mi dgar)'로 축약된 좀처럼 보기 어려운 경우다.
295. 한역의 [129. (2-31)]번 게송이다.

[134. (2-34)]

རྒྱལ་པོ་དག་ལ་ཇི་ལྟ་བུ།། rgyal po dag la ji lta bu//
བདེན་གཅིག་ཡིད་ཆེས་བརྟན་བསྐྱེད་པ།། bden gcig mid ches brtan bskyed pa//
དེ་བཞིན་དེ་ལ་བརྫུན་པ་ནི།། de bzhin de la brdzun pa ni//
ཡིད་མི་ཆེས་པར་བྱེད་པའི་མཆོག།། yid mi ches par byed pa'i mchog//

[132. (2-34)]

實意起無違　流靡能利他　　실의기무위　유미능리타
是説名實語　翻此爲妄言　　시설명실어　번차위망언

> 왕들에게 이와 같은
> 단 하나의 진리[一諦](만) 있어도 그 위대함으로 (백성들에게서) 믿음이 생겨납니다.[299]
> 그렇지 않고[300] 그것[法]을 다만 거짓된 말로 (행한다면)
> 불신은 최고가 (되어 백성들에게) '행위의 최고!'라 (불릴 것입니다.)[301]

[135. (2-35)]

སླུ་བ་མེད་ལྡན་བདེན་མིན་ཏེ།། slu po med ldan bden min te//
སེམས་པས་བསྒྱུར་བ་དོན་དུ་མིན།། sems pas bsgyur ba don du min//

---

296. 원문은 '듣기 좋은'을 뜻하는 '녠빠(snyan pa)'가 쓰였다.
297. 영역에서는 'religous'라고 옮겼다.
298. 의역했는데, 직역했을 경우 여러 불필요한 첨언들이 눈에 거슬리기 때문이다. 한역의 [130. (2-32)]번 게송이다.
299. 직역하였는데 영역은 'firm trust'라고 하나로 보고 풀었다. '크다', '위대하다'의 뜻을 지닌 '체(che)'의 도구격[ins.] 's'를 무시한 경우이기도 하지만 관용적으로 쓰이는 '체(ches)'를 그대로 옮긴 경우다. 한역을 바탕으로 옮겼다.
300. 보통 '그와 같이'로 옮기는 '데진(de bzhin)'에 부정 접속사의 기능이 있어 이렇게 옮겼다. 영역에서는 '그러므로(so)'로 받았다.
301. 불신이 최고의 행위가 된다는 이 게송은 반어법적인 표현이다. 전체적으로 문장의 조사에 맞게 직역하였다. 한역의 [131. (2-33)]번 게송이다.

제2 잡품 113

གཞན་ལ་གཅིག་ཏུ་ཕན་པས་བདེན།། gzhan la gcig tu phan pas bden//
མི་ཕན་ཕྱིར་ནི་ཅིག་ཤོས་བརྫུན།། mi phan phyir ni cig shos brdzun//

[133. (2-35)]

一捨財若明　如能隱王失　　일사재약명　여능은왕실
如此主吝賄　能害王衆德　　여차주린회　능해왕중덕

> 속이지 않는 것에 의지하는 것보다 (더한) 진실은 없습니다. 왜냐하면[302] 마음속에는 (억지로) 생겨나게 하는 일이 없기 (때문입니다).[303]
> (이것은 자기 자신뿐만 아니라) 다른 (사람들에게) 한결같이 이익이 되는 것이니 진리입니다.
> 이익이 되지 않게 하는 것은 반대로 거짓된 것입니다.[304]

[136. (2-36)]

ཇི་ལྟར་རྒྱལ་པོའི་ཉེས་པ་དག། ji ltar rgyal po'i nyes pa dag//
སྦྱིན་གསལ་གཅིག་གིས་སྦེད་པ་ལྟར།། sbyin gsal gcig gis sbed pa ltar//
དེ་བཞིན་འཇུངས་པའང་དེ་དག་གི། de bzhin 'jungs pa'ang de dag gi//
ཡོན་ཏན་བདོག་པ་ཐམས་ཅད་འཇོམས།། yon tan bdog pa thams cad 'joms//

[134. (2-36)]

若王靜諸惡　德深人愛重　　약왕정제악　덕심인애중
因此教明王　故應事寂靜　　인차교명왕　고응사적정

> 이와 같은 왕의 과실(過失)들은

---

302. '떼(te)'의 용법을 이유를 설명하는 것으로 보고 풀었다.
303. 의역한 영역에 따라 옮겼다.
304. 한역에서는 '거짓말(妄言)'로 되어 있다. 한역의 [132. (2-34)]번 게송이다.

> 보시, 오직 이 하나만으로도 광명이 되어 (다른 것을) 덮습니다.
> (그렇지만) 인색함 같은 것은 역시 그것[보시]들의
> 공덕(으로부터 생긴) 모든 재물들을 없앱니다.[305]

[137. (2-37)]

ཉེ་བར་ཞི་བ་ཟབ་པའི་ཕྱིར།།　　nye bar zhi ba zab pa'i phyir//
མཆོག་ཏུ་གུས་པ་བྱེད་པར་འགྱུར།།　mchog tu gus pa byed par 'gyur//
གུས་པས་བརྗིད་ལ་བཀའ་ཡང་བཙན།།　gus pas brjid la bka' yang btsan//
དེ་བས་ཉེ་བར་ཞི་བ་སྟེན།།　　de bas nye bar zhi ba sten//

[135. (2-37)]

由智王難動　自了不信他　　　유지왕난동　자료불신타
永不遭欺誑　故決應修智　　　영불조기광　고결응수지

> 적정(寂靜, 평온한 방법)은 심오한 것이기 때문에[306]
> 최고로 존경하며 (이에 따라) 행해야 됩니다.[307]
> (이런) 존경은 광영스러운 것으로 (왕의) 명령이나 권위[308]보다 (낫습니다.)
> 그러므로 적정에 의지하십시오.[309]

---

305. 전체적으로 게송이 매끄럽지 않다. 한역의 [133. (2-35)]번 게송이다.
306. 말미에 쓰인 소유격[Gen.] '이('i)'와 결합된 '칠(phyir)'은 'since', 'for the reason that' 등이 있어 이어 따라 옮겼다.
307. 영역은 'In peace there is profundity. From profundity the highest respect arises.'라고 되어 있다.

　　　'적정에는 심오함이 있습니다.
　　　이 심오함으로부터 최상의 공경이 생겨납니다.'

　　그러나 원래의 문장 구조를 살펴보았을 때, 이렇게 옮길 수 있는지 의문이다.
308. '(왕)의 명령이나 권위'로 옮긴 '까당쩬(bka' yang btsan)'에서 '까(bka')'는 가르침을,

제2 잡품　**115**

[138. (2-38)]

ཤེས་རབ་ལྡན་པས་བློ་མི་འཕྲོགས།།	shes rab ldan pas blo mi 'phrogs//
གཞན་གྱི་དྲིང་མི་འཇོག་ཅིང་བརྟན།།	gzhan gyi dring mi 'jog cing brtan//
སླུ་བས་མི་ཚུགས་རྒྱལ་པོ་སྟེ།།	slu bas mi tshugs rgyal po ste//
དེ་བས་ཤེས་རབ་ལྷུར་བླངས་མཛོད།།	de bas shes rab lhur blangs mdzod//

[136. (2-38)]

依諦捨靜智　王則具四善　　의제사정지　왕즉구사선
如四德正法　人天所讚歎　　여사덕정법　인천소찬탄

> 지혜를 갖춘 자는 (사사로운 일에) 마음을 빼앗기지 않습니다.[310]
> 다른 (사람의) 나쁜 영향에 빠져들거나 믿지 않고
> 속이려 해도 (이에) 물들지 않습니다. (그러므로 오,) 왕이시여!
> 그러므로 지혜를 (갖추기 위해) 애써 노력하십시오.[311]

[139. (2-39)]

བདེན་གཏོང་ཞི་དང་ཤེས་རབ་སྟེ།།	bden gtong zhi dang shes rab ste//
བཟང་པོ་བཞི་ལྡན་མི་དབང་ནི།།	bzang po bzhi ldan mi dbang ni//
ཆོས་བཟང་རྣམ་པ་བཞི་ལྟ་བུར།།	chos bzang rnam lta bur//
ལྷ་མི་རྣམས་ཀྱིས་བསྟོད་པར་འགྱུར།།	lha mi rnams kyis bstod par 'gyur//

[137. (2-39)]

能伏說清淨　由智悲無垢　　능복설청정　유지비무구

....
그리고 '쩬(btsan)'은 티벳 국왕을 나타내는 '쩬뽀(btsan po)'에서처럼 그 권위를 나타내는 것으로 보고 풀었다.

309. 전체적으로 사용된 어휘들이 특이하고 문법적 구조가 일반적인 예가 아니라 이 구조에 맞추어 직역했다. 영역이나 한역은 모두 의역이다. 한역의 [134. (2-36)]번 게송이다.
310. 영역은 '흔들림이 없다(unshakable)'이나 한역은 '흔들리기 어렵다[難動]'로 옮겼다.
311. 한역의 [135. (2-37)]번 게송이다.

恒共智人集　王法智生長　　　항공지인집　왕법지생장

> 진리, 베풂, 적정, 지혜, 이것들은
> 네 가지 존귀한 것[勝妙]³¹²이니 (만) 백성의 왕이
> (이) 4종의 존귀한 법[勝妙法]처럼 (행하면)
> 천신과 인간들이 (이를) 칭송할 것입니다.³¹³

[140. (2-40)]

ཕེབས་པར་སྨྲ་ཞིང་དག་གྱུར་པ།།　　phebs par smra zhing dag gyur pa//
ཤེས་རབ་སྙིང་རྗེ་དྲི་མེད་དང་།།　　shes rab snying rdze dri med dang//
ལྷན་ཅིག་འགྲོགས་ན་རྟག་ཏུ་ཡང་།།　　lhan cig 'grogs na rtag tu yang//
ཤེས་རབ་དང་ནི་ཆོས་ཀྱང་འཕེལ།།　　shes rab dang ni chos kyang 'phel//

[138. (2-40)]

善説人難得　聽善言亦難　　　선설인난득　청선언역난
第三人最勝　能疾行善教　　　제삼인최승　능질행선교

> (이와 같이) 논의한 바[談論]들 대로 된다면³¹⁴
> 지혜(와) 자비와 순수함[無垢]을 (갖춘 자와)
> 함께 (하는) 벗이 될 것이니 항상
> 지혜와 법 역시 증장될 것입니다.³¹⁵

---

312. 한역에서는 '장뽀(bzang po)'를 '선(善)'과 '정(正)'으로 옮기고 있다.
313. 한역의 [136. (2-38)]번 게송이다.
314. '된다면'이라고 옮긴 '꿀빠(gyur pa)'에는 소인(所引)이라는 명사형도 있으나 여기서는 '~이 되다'는 동사 '꿀빠('gyur pa)'의 과거형으로 보고 풀고 가정법을 덧붙였다.
315. 굳이 '사람'을 넣고 옮긴 것은 영역 주석에 따른 것이다. 한역의 [137. (2-39)]번 게송이다.

[141. (2-41)]

ཕན་པར་སྨྲ་བ་དཀོན་པ་སྟེ།། phan par smra ba dkon pa ste//
ཉན་པར་བྱེད་པ་ཤིན་ཏུ་དཀོན།། nyan par byed pa shin tu dkon//
དེ་དག་བས་ཀྱང་མི་སྙན་ཡང་།། de dag bas kyang mi snyan yang//
ཕན་པའི་རྗེས་སུ་བྱེད་པ་དཀོན།། phan pa'i rjes su byed pa dkon//

[139. (2-41)]

若善非所愛　已知應疾修　　약선비소애　이지응질수
如藥味雖苦　樂差應强服　　여약미수고　낙차응강복

> 이익 되는 말씀[善說]을 하는 자는 드물고
> (그것을) 경청하여 듣고 행하는 자는 더욱[316] 드뭅니다.[317]
> 그것[善說]들은 또한 귀에 거슬리고[318]
> (이로 인해 그) 이익 되게 완전히 행하는 자는 (더욱) 드뭅니다.[319]

[142. (2-42)]

དེ་ལྟ་བས་ན་མི་སྙན་ཡང་།། de lta bas na mi snyan yang//
ཕན་པར་མཁྱེན་ནས་མྱུར་དུ་སྤྱོད།། phan par mkhyen nas myur du spyod//
ནད་གསོའི་དོན་དུ་བདག་བྱམས་པ།། nad gso'i don du bdag byams pa//
མི་བཟད་ང་བའི་སྨན་ཡང་འཐུང་།། mi bzad nga ba'i sman yang 'thung//

---

316. '매우'를 뜻하는 '쒼두(shin du)'가 쓰였는데 '더욱'으로 옮겼다.
317. 이 게송은 『선설보장론』의 [169. (5-25)]번 게송의 1, 2행과 닮았다. 싸꺄 빤디따가 1행을 그대로 차용하고 쓰고 있다. 졸역, 싸꺄 빤디따, 『선설보장론』, p. 119 참조.

> 도움 되는 말을 하는 자는 드물고
> 그들보다도 듣는 자는 (더욱) 드물다.
> 현명한 의사를 얻기는 힘들고
> 그의 말에 따라 행하는 자는 (더욱) 적다.

318. '듣기 좋지 않다'는 뜻을 지닌 '미녠(mi snyan)'이 쓰였다.
319. 영역이나 한역은 3, 4행 모두 의역이다. 한역의 [138. (2-40)]번 게송이다.

[140. (2-42)]

壽無病王位　恒應思無常　　수무병왕위　항응사무상
次生厭怖想　後專心行法　　차생염포상　후전심행법

> 그러므로 귀에 거슬릴지라도
> 이익이 되는 것임을 알아 (하루라도) 빨리 수행하십시오.
> (마치) 병을 치료하는 일을 (할 때) 자신(에 대한) 자비로운 마음으로
> 순하지 않은 독한 약이라도 들이키듯.[320]

[143. (2-43)]

སྲོག་དང་ནད་མེད་རྒྱལ་སྲིད་དག། srog dang nad med rgyal srid dag//
མི་རྟག་ཉིད་དུ་རྟག་དགོངས་ཏེ། mi rtag nyid du rtag dgongs te//
དེ་ནས་ཡང་དག་བརྩོན་ལྡན་པར། de nas yang dag brtson ldan par//
ཆོས་ལ་གཅིག་ཏུ་ནན་ཏན་མཛོད། chos la gcig tu nan tan mdzad//

[141. (2-43)]

見決定應死　死從惡見苦　　견결정응사　사종악견고
智人爲現樂　故不應作罪　　지인위현락　고불응작죄

> 목숨과 병 없음[無病][321]과 왕국 등이
> 무상한 것 그 자체임을 항상 생각하십시오.
> 그리고 참된 노력으로[322]
> 법을 한결같이 절실하게 행하십시오.[323]

---

320. 한역의 [139. (2-41)]번 게송이다.
321. 그냥 무병장수로 옮겨도 좋을 듯싶다.
322. 원문은 '양닥 쬔덴빨(yang dag brtson ldan par)'로 '진실된 노력을 갖춘'이란 뜻으로

[144. (2-44)]

གདོན་མི་ཟ་བར་འཆི་འགྱུར་ཞིང་།།　　gdon mi za bar 'chi 'gyur zhing//
ཤི་ནས་སྡིག་པས་སྡུག་བསྔལ་བ།།　　shi nas sdig pas sdug bsngal ba//
གཟིགས་ཏེ་ཕྲལ་དུ་བདེ་ན་ཡང་།།　　gzigs te phral du bde na yang//
སྡིག་པ་བགྱི་བར་མི་རིགས་སོ།།　　sdig pa bgyi bar mi rigs so//

[142. (2-44)]

見一念無怖　若見後時畏　　견일념무포　약견후시외
若一念心安　云何後不畏　　약일념심안　운하후불외

> 예외 없이 죽어야 된다는 것과
> 죽을 때 (온갖) 악행의 고통을
> 직시하십시오. 그러면 순간의 쾌락일지라도
> 악행으로 부적절한 것입니다.[324]

[145. (2-45)]

ལ་ལར་འཇིགས་པ་མེད་མཐོང་ཞིང་།།　　la lar 'jigs pa med mthong zhing//
དུས་འགར་འཇིགས་པ་མཐོང་འགྱུར་བ།།　　dus 'gar 'jigs pa mthong 'gyur ba//
གལ་ཏེ་གཅིག་ལ་ཡིད་རྟོན་ན།།　　gal te gcig la yid rton na//
གཅིག་ལ་ཁྱོད་ཀོ་ཅིས་མི་འཇིགས།།　　gcig la khyod ko cis mi 'jigs//

[143. (2-45)]

由酒遭他輕　損事減身力　　유주조타경　손사감신력
由癡行非事　故智人斷酒　　유치행비사　고지인단주

　　'덴빠'를 축약하여 옮겼다.
323.　영역은 문장 구조보다 뜻에 맞게 수행을 하라고 했으며, 한역의 3행은 첨언에 가깝다.
　　　한역의 [140. (2-42)]번 게송이다.
324.　문장구조에 따라 직역하였다. 한역의 [141. (2-43)]번 게송이다.

> 어떨 때는 두려움 없이 보다가
> 또 어떤 때는 두려움을 가지고 봅니다.
> 만약 (두 측면을 가진 이것이) 하나임을 인정한다면
> 이 하나를 바로 그대가 무엇 때문에 두려워하겠습니까?[325]

[146. (2-46)]

chang gis 'jig rten brnyas 'gyur zhing//
don yal nor yang zad par 'gyur//
rmongs pas bya ba ma yin byed//
de bas chang ni rtag tu spongs//

[144. (2-46)]

圍棋等嬉戲　生貪瞋憂諂　위기등희희　생탐진우첨
誑妄惡口因　故應恒遠離　광망악구인　고응항원리

> 술은 세상 (일)을 깔보게 하고
> (그대의) 일을 망치게 (하고) 재물 역시 없앱니다.
> (그리고 또한) 어리석음으로 (어떤) 일을 (적절하게) 하지 못하게 합니다.
> 그러므로 술을 항상 멀리하십시오.[326]

[147. (2-47)]

rgyan po chags dang mi dga' dang//
zhe sdang gyo sgyu rgod pa'i gnas//
brdzun dang kyal ba tshig rtsub rgyu//

---

325. 한역이나 영역 모두 안심이나 만족을 뜻하는 'comfort'를 썼으나 승인, 인정, 믿음 등을 뜻하는 '이뙨(yid rton)'을 살려 옮겼다. 한역의 [142. (2-44)]번 게송이다.
326. '멀리하십시오'라고 옮긴 '뽕와(spongs ba)'에는 '끊다'라는 뜻이 있다. 바로 앞에 나오는 '항상(딱뚜, rtag tu)' 때문에 이렇게 옮겼다. 한역의 [143. (2-45)]번 게송이다.

དེ་བས་རྟག་ཏུ་སྤང་བར་མཛོད།།   de bas rtag tu spang bar mdzod//

[145. (2-47)]

婬逸過失生　由想女身淨　　음일과실생　유상여신정
尋思女身中　實無一毫淨　　심사여신중　실무일호정

도박은 욕심(의 원인이 되)고 (승부에서 지면) 불쾌함과
성냄, (이기기 위한) 교활함의 원인(이 되고 마음을) 도거(掉擧)에 머물게
하고[327]
거짓말과 빈말, 불쾌한 말[惡口]의 원인(이 되니)
그러므로 항상 멀리하십시오.[328]

[148. (2-48)]

བུད་མེད་ཆགས་པ་ཕལ་ཆེར་ནི།།   bud med chags pa phal cher ni//
བུད་མེད་གཟུགས་གཙང་སེམས་ལས་བྱུང་།།   bud med gzugs gtsang sems las byung//
བུད་མེད་ལུས་པ་དོན་དུ་ནི།།   bud med lus pa don du ni//
གཙང་བ་ཅུང་ཟད་ཡོད་མ་ཡིན།།   gtsang ba cung zad yod ma yin//

[146. (2-48)]

女口涎唾器　齒舌垢臭穢　　여구연타기　치설구취예
鼻臭由洟流　目淚種類處　　비취유이류　목루종류처

(젊은) 여자에 대한 음욕은 대개

---

327. 축약된 어휘들이 많이 삽입하여 옮겼다.
328. 노름, 즉 도박의 병폐를 이야기하고 이를 금하기를 바라는 내용인데, 한역의 1행은 '위기등희희(圍碁等嬉戲)', 즉 바둑과도 같이 즐거이 노는 놀이라는 뜻이다. 진제는 확실히 중국 문화에 대해서 적응하기 어려웠던 모양이다. 한역의 [144. (2-46)]번 게송이다.

122

> (그) 여자의 깨끗한 겉모습[色]에 대한 마음으로부터 일어납니다.
> (젊은) 여자의 몸은 실제로
> 조금도 깨끗하지 않습니다.[329]

[149. (2-49)]

ཁ་ནི་ཁ་ཆུལ་པ་དང་།།   kha ni kha chu rul pa dang//
སོ་སྐྱག་མི་གཙང་སྣོད་ཡིན་ཏེ།།   so skyag mi gtsang snod yin te//
སྣ་ནི་རྣག་སྣབས་སྣ་ཆུའི་སྣོད།།   sna ni rnag snabs sna chu'i snod//
མིག་ནི་མིག་རྡུལ་མཆི་མའི་སྣོད།།   mig ni mig rdul mchi ma'i snod//

[147. (2-49)]

腹屎尿腸器　餘身骨肉聚　　복시뇨장기　여신골육취
癡人迷可厭　故貪著此身　　치인미가염　고탐저차신

> 입은 냄새나는[330] 침과
> 이빨 사이에 깨끗하지 않은 게 (끼어 있는) 그릇이고
> 코는 고름, 점액, 콧물들의 그릇이고
> 눈은 눈곱[331]과 눈물의 그릇(입니다.)[332]

[150. (2-50)]

ལྟོ་བའི་ཁོང་ནི་བཤང་གཅི་དང་།།   lto ba'i khong ni bshang gci dang//
གློ་བ་མཆིན་སོགས་སྣོད་ཡིན་པར།།   glo ba mchin sogs snod yin par//

---

329. 음욕에 대한 이야기는 왕과 같은 절대 권력자뿐만 아니라 승속이 모두 새겨들어야 할 이야기여서 그런지 용수의 다른 편지글인 『권계왕송』에서도 비슷한 이야기를 언급하고 있다. 한역의 [145. (2-47)]번 게송이다.
330. 원문에는 '룰빠(rul pa)'가 쓰였는데 '부패한' 또는 '썩은'이라는 뜻이다.
331. 원문은 '눈에 (낀) 작은 가루'라는 '믹둘(mig rdul)'이 쓰여 있다.
332. 한역의 [146. (2-48)]번 게송이다.

རྡོངས་པས་བུད་མེད་མ་མཐོང་བས།། rmongs pas bud med ma mthong bas//
དེ་ཡི་ལུས་ལ་ཆགས་པར་བྱེད།། de yi lus la chags par byed//

[148. (2-50)]

根門最臭穢　是厭惡身因　　근문최취예　시염악신인
於中若生愛　何緣得離欲　　어중약생애　하연득리욕

> 배의 안은 똥, 오줌(이 가득 찬 내장)과
> 허파, 간 등의 그릇임에도
> 어리석은 자는 (젊은) 여자를 (제대로) 보지 못하기 때문에
> 그(녀)의 몸에 욕정을 가지는 것입니다.[333]

[151. (2-51)]

མི་ཤེས་འགའ་ཞིག་མི་གཙང་བའི།། mi shes 'ga' zhig mi gtsang ba'i//
བུམ་པ་བརྒྱན་ལ་ཆགས་པ་ལྟར།། bum pa brgyan la chags pa ltar//
འཇིག་རྟེན་མི་ཤེས་རྨོངས་པ་ཡིས།། 'jig rten mi shes rmongs pa yis//
བུད་མེད་རྣམས་ལ་དེ་བཞིན་ནོ།། bud med rnams la de bzhin no//

[149. (2-51)]

譬如屎尿器　豬好在中戲　　비여시뇨기　저호재중희
於身不淨門　多欲戲亦爾　　어신부정문　다욕희역이

> (이런 것을 알지 못하는) 어떤 무지한 자가 깨끗하지 않은
> 그릇의 장식에 애착을 가지는 것처럼
> 세간을 알지 못하는 어리석은 자는

---

333. 영역이나 한역은 그 의미에 따라 의역하고 있다. 한역의 [147. (2-49)]번 게송이다.

(젊은) 여성들에게 그와 같이 (애착을 가지는 것입니다.)³³⁴

[152. (2-52)]

ལུས་ཡུལ་ཤིན་ཏུ་དྲི་ང་བ།། lus yul shin tu dri nga ba//
ཆགས་བྲལ་རྒྱུ་ནི་གང་ཡིན་པ།། chags bral rgyu ni gang yin pa//
དེ་ལའང་འཇིག་རྟེན་ཆེས་ཆགས་ན།། de la'ang 'jig rten ches chags na//
གང་གིས་འདོད་ཆགས་བྲལ་བར་བཀྲི།། gang gis 'dod chags bral bar bkri//

[150. (2-52)]

此門所以生　爲棄身土穢　　차문소이생　위기신토예
癡人邪愛著　不顧己善利　　치인사애저　불고기선리

(이런) 몸이라는 대상은 (이와 같이 바로 알면) 매우 악취를 풍기는 것이라서
애착에서 멀어지는 바로 그 원인이 (되니) 그 무슨 (애착이 남아) 있겠습니까?
(이와 같은 자세는) 더 나아가 세간에 큰 애착이 있다면
그 무슨 탐욕[貪]이 되었든 (그것에서) 멀어지게 인도해 줄 것입니다.³³⁵

[153. (2-53)]

ཇི་ལྟར་བཤང་དང་གཅི་གཞི་ལ།། ji ltar bshang dang gci gzhi la//
ངན་སྐྱུགས་ཕག་རབ་ཆགས་པ་ལྟར།། ngan skyugs phag rab chags pa ltar//
དེ་བཞིན་བཤད་དང་གཅི་གཞི་ལ།། de bzhin bshad dang gci gzhi la//
འདོད་ལྡན་ངན་སྐྱུགས་ཕག་རྣམས་ཆགས།། 'dod ldan ngan skyugs phag rnams chags//

---

334. 한역의 [148. (2-50)]번 게송이다.
335. 전체적으로 윤문하여 옮겼다. 영역은 그럭저럭 원래의 의미를 따라가겠으나 한역의 경우는 완전히 다른 예를 들어 옮기고 있다.

[151. (2-53)]

汝自見一分　屎尿等不淨　　　여자견일분　시뇨등부정
此聚說名身　云何汝生愛　　　차취설명신　운하여생애

> 이와 같이 똥구덩이와 오줌통 (같은) 자리에서
> 토한 것을 돼지가 제일 좋아하듯[336]
> 그와 같이 똥구덩이와 오줌통 (같은) 자리를
> 원하는 자는 토한 것을 돼지들(처럼) 좋아하는 것(입니다).[337]

[154. (2-54)]

ལུས་ཀྱི་གྲོང་ཁྱེར་མི་གཙང་བ།།　　lus kyi grong khyer mi gtsang ba//
འབྱུང་བའི་བུ་ག་དོད་པ་གང་།།　　'byung ba'i bu ga dod pa gang//
དེ་ནི་སྐྱེ་པོ་བླུན་པོ་ཡིས།།　　de ni skye po blun po yis//
དགའ་བའི་དོན་དུ་ཉེ་བར་བརྟགས།།　　dga' ba'i don du nye bar brtags//

[152. (2-54)]

赤白爲生種　廁汁所洟養　　　적백위생종　측즙소발양
如知身不淨　何意苦生愛　　　여지신부정　하의고생애

> (이와 같은) 몸의 도시[338]는 깨끗하지 않은 것(들)이
> 생겨나는 구멍(들로 이루어져 있고 여기서 바로) 무엇이든지 나옵니다.
> 그것을 어리석은 중생(들)은
> (바로 이것을) 좋은 것이라고 보는 것[339]입니다.

---

336. 원문은 앞에서도 '애착'으로 옮긴 '착빠(chags pa)'가 쓰였다.
337. 전체적으로 반복된 어휘를 사용하여 운율을 맞추고 있다. 한역과 완전히 달라졌는데 한역의 [149. (2-51)]번 게송에 해당한다.

[155. (2-55)]

ཁྱོད་བདག་ཉིད་ཀྱིས་བཤང་གཅི་སོགས།།
སོ་སོར་མིག་གཙང་མཐོང་ནས་ནི།།
དེ་འདུས་ལུས་ལ་ཇི་ལྟ་བུར།།
ཡིད་དུ་འོང་བ་ཉིད་དུ་གྱུར།།

khyod bdag nyid kyis bshang gci sogs//
so sor mig gtsang mthong nas ni//
de 'dus lus la ji lta bur//
yid du 'ong ba nyid du gyur//

[153. (2-55)]

穢聚可憎惡　臭濕皮纏裏　　예취가증오　취습피전과
若能處中臥　則愛著女身　　약능처중와　즉애저여신

> (오, 왕이시여!) 그대 자신께서 똥오줌 등(이 흘러나오는)
> 각각의 구멍들을 깨끗한 것이라고 보고
> 그(것)들이 모인 몸을 어찌
> 매력적인 것[340] 자체가 된다고 (하시겠습니까?)[341]

[156. (2-56)]

ཁྲག་དང་ཁུ་བ་འདྲེས་པ་ཡི།།
ས་བོན་མི་གཙང་སྙིང་པོས་བསྐྱེད།།
མི་གཙང་དངོ་བོར་ཤེས་བཞིན་དུ།།
འདི་ལ་འདོད་ཅན་གང་གིས་ཆགས།།

khrag dang khu ba 'dres pa yi//
sa bon mi gtsang snying pos bskyed//
mi gtsang ngo bor shes bzhin du//
'di la 'dod can gang gis chags//

[154. (2-56)]

若可愛可憎　衰老及童女　　약가애가증　쇠로급동녀

---

338. 원문의 '꽁켈(grong khyer)'을 직역하였다.
339. 원문은 '자세히 관찰하다'라는 '녜빨똑(nye bar brtags)'이 쓰였다. 한역의 [150. (2-52)]번 게송에 해당한다.
340. 원문 '이두 옹와(yid du 'ong ba)'를 직역하면 '마음에 오는 것' 정도 된다.
341. 한역의 [151. (2-53)]번 게송이다.

女身皆不淨　汝何處生欲　　여신개부정　여하처생욕

> 피와 정액이 뒤섞인
> 씨앗은 깨끗하지 않은 정화(핵심)에서 생겨난 것입니다.
> (이) 깨끗하지 않은 본성(실체)을 뻔히 알고서도
> 이것을 좋아하여 어찌 탐(할 수 있겠습니까?)[342]

[157. (2-57)]

མི་གཙང་ཕུང་པོ་དེའི་རླན་གྱིས།།   mi gtsang phung po de'i rlan gyis//
བརླན་པའི་པགས་པས་གཡོགས་པར་གང་།།   brlan pa'i pags pas g.yogs par gang//
ཉལ་བ་དེ་ནི་བུད་མེད་ཀྱི།།   nyal ba de ni bud med kyi//
ཆུ་སོའི་ཁོངས་ན་ཉལ་བར་ཟད།།   chu so'i khongs na nyal bar zad//

[155. (2-57)]

設糞聚好色　軟滑相端正　　설분취호색　연활상단정
起愛則不應　愛女身亦爾　　기애즉불응　애녀신역이

> 깨끗하지 않은 그 모인 것[縕]의 습한 것은
> 축축한 피부가 싸고 있는 그 무엇으로
> 그것이 놓여 있는[343] (곳이) (젊은) 여자의
> 방광의 가운데[344]로, 다만 (거기에) 놓여 있습니다.[345]

....

342. 한역과 다르지만 [152. (2-54)]번 게송에 해당한다.
343. '놓여 있다'라고 옮긴 '녤와(nyal ba)'가 3, 4행에 반복적으로 쓰이고 있는데 이것은 주로 '자다, 눕다, 휴식하다, 기대다' 등으로 쓰인다. 여기서는 여자의 성기를 뜻하는 것으로 보고 옮겼다.
344. 영역에서는 '위(top)'로 옮겼다. 강조사[Emp.] '니(ni)'가 쓰였는데 문장을 끊어주는 '학쩨(lhag bcad)'의 역할을 하는 것으로 보고 옮겼다.
345. 한역의 [153. (2-55)]번 게송이다.

[158. (2-58)]

གཟུགས་བཟང་བ་དང་གཟུགས་ངན་རྣམས།།
རྒན་རྣམ་ཡང་ན་གཞོན་ཡང་རུང་།།
བུད་མེད་གཟུགས་ཀུན་མུ་གཙང་ན།།
ཁྱོད་ཆགས་ཁྱད་པར་གང་ལ་བསྐྱེད།།

gzugs bzang ba dang gzugs ngan nam//
rgan nam yang na gzhon yang rung//
bud med gzugs kun mu gtsang na//
khyod chags khyad par gang la bskyed//

[156. (2-58)]

內臭極不淨　外皮所覆藏　　내취극부정　외피소복장
是死屍種性　云何見不知　　시사시종성　운하견부지

> 예쁜 몸매[色]거나 못생긴 몸매거나
> 늙거나 젊거나
> (젊은) 여자의 몸이 모두 깨끗하지 않다면
> 그대에게 특별한 애착이 어찌 생기겠습니까?[346]

[159. (2-59)]

གལ་ཏེ་མི་གཙང་ཁ་དོག་བཟང་།།
ཤིན་ཏུ་གསར་ལ་དབྱིབས་ལེགས་ཀྱང་།།
དེ་ལ་ཆགས་པར་མི་འོས་ལྟར།།
བུད་མེད་གཟུགས་ལའང་དེ་བཞིན་ནོ།།

gal te mi gtsang kha dog bzang//
shin tu gsar la dbyibs legs kyang//
de la chags par mi 'os ltar//
bud med gzugs la'ang de bzhin no//

[157. (2-59)]

皮不淨如衣　不可暫解浣　　피부정여의　불가잠해완
云何穢聚皮　可權時汰淨　　운하예취피　가권시태정

---

346. 한역의 [154. (2-56)]번 게송이다.

> 만약 깨끗하지 않은 (똥의)[347] 색깔이 좋아
> 매우 신선한 것이라 좋은 모양을 갖추었어도
> 그것에 애착할 가치가 없는 것처럼
> (젊은) 여자의 몸도 그와 같습니다.[348]

[160. (2-60)]

ཁོང་རུལ་ཕྱི་རོལ་པགས་པས་གཡོགས།།　khong rul phyi rol pags pas gyogs//
རོ་མྱགས་འདི་ཡི་རང་བཞིན་ནི།།　ro myags 'di yi rang bzhin ni//
ཤིན་ཏུ་མི་བཟད་སྣང་བཞིན་དུ།།　shin tu mi bzad snang bzhin du//
ཇི་ལྟ་བུར་ན་མཐོང་མི་འགྱུར།།　ji lta bur na mthong mi gyur//

[158. (2-60)]

畵瓶滿糞穢　外飾若汝憎　　화병만분예　외식약여증
此身穢種滿　云何汝不厭　　차신예종만　운하여불염

> 부패한 (것)의 겉이 피부로 덮여져 (있어도)
> 이 썩은 시체의 본래 모습[自性]은
> 매우 깨끗하지 않은 것과 같으니
> 어찌 보아서 모를 수 있겠습니까?[349]

---

347. 한역에 따라 첨언하였다. 영역에는 없다.
348. 한역의 [155. (2-57)]번 게송이다.
349. 이 4행은 한역, 운하견부지(云何見不知)에 따라 옮겼는데 영역은 '두렵지 않겠습니까?' 정도 된다.

> Not to be seen when it looks
> So very terrible?

한역의 [156. (2-58)]번 게송이다.

[161. (2-61)]

པགས་པ་འདི་ཡང་མི་གཙང་མིན།།
རལ་ག་བཞིན་དུ་འདུག་ཅེ་ན།།
མི་གཙང་ཕུང་པོའི་པགས་པ་ལྟར།།
ཇི་ལྟ་བུར་ན་གཙང་མར་འགྱུར།།

pags pa 'di yang mi gtsang min//
ral ga bzhin du 'dug ce na//
mi gtsang phung po'i pags pa ltar//
ji lta bur na gtsang mar 'gyur//

[159. (2-61)]

若汝憎不淨　云何不惡身　　약여증부정　운하불악신
香華鬘飮食　本淨而能汚　　향화만음식　본정이능오

> "이 피부는 더러운 것[350]이 아닙니다.
> 옷[351]과 같은 것입니다."라고 말한다면
> 깨끗하지 않은 것(들)이 모인 것을 (숨기고 있는)[352] 피부 같은 것이
> 어찌 더럽지 않다고 (말할 수 있겠습니까?)[353]

[162. (2-62)]

མི་གཙང་གང་བའི་བུམ་པ་ནི།།
ཕྱི་རོལ་བཀྲ་ཡང་སྨད་པ་ཡིན།།
མི་གཙང་བ་ཡི་རང་བཞིན་ལུས།།
མི་གཙང་གང་བ་ཅིས་མི་སྨད།།

mi gtsang gang ba'i bum pa ni//
phyi rol bkra yang smad pa yin//
mi gtsang ba yi rang bzhin lus//
mi gtsang gang ba cis mi smad//

[160. (2-62)]

如汝倂憎惡　於自他糞穢　　여여병증오　어자타분예

---

350. 앞에서 부정형인 '깨끗하지 않은 것'으로 옮긴 '미짱(mi gtsang)'을 뒤따라오는 부정형과 어울리게 '더러운 것'이라는 하나의 단어로 옮겼다.
351. 영역에서는 '장신구(garment)'로 옮겼다.
352. 영역에 따라 첨언했다.
353. 한역의 [157. (2-59)]번 게송이다.

云何汝不厭　自他不淨身　　　운하여불염　자타부정신

> 깨끗하지 않은 (똥 같은) 것(들)로 (채워진) 그릇은
> (그) 겉을 (화려하게) 치장했어도 비방할 수 있습니다.[354]
> 깨끗하지 않은 자신과 타인의 몸이
> 깨끗하지 않은 것이라면 무엇 때문에 비방하지 않겠습니까?[355]

[163. (2-63)]

གལ་ཏེ་ཁྱོད་ནི་མི་གཙང་སྨོད།།　　gal te khyod ni mi gtsang smod//
དྲི་དང་ཕྲེང་བ་བཟའ་བཏུང་ནི།།　　dri dang phreng ba bza' btung ni//
གཙང་མའང་མི་གཙང་བྱེད་པ་གང་།།　　gtsang ma'ang mi gtsang byed pa gang//
ལུས་འདི་ཅི་ཡི་ཕྱིར་མི་སྨད།།　　lus 'di ci yi phyir mi smad//

[161. (2-63)]

如女身不淨　自身穢亦爾　　　여녀신부정　자신예역이
是故離欲人　於內外相稱　　　시고리욕인　어내외상칭

> 만약 그대가 깨끗하지 않은 것을 비방한다면
> 향수와 장신구, 먹고 마시는 것으로
> 깨끗하게 (보이는 것)일지라도 깨끗하지 않은 그 무엇인
> 이 몸을 어찌 비방하지 않겠습니까?[356]

[164. (2-64)]

ཇི་ལྟར་རང་ངམ་གཞན་དག་གི།　　ji ltar rang ngam gzhan dag gi//

---
354. 전체적으로 4행의 구조에 맞게 윤문하여 옮겼다.
355. 한역의 [158. (2-60)]번 게송이다.
356. 한역의 [159. (2-61)]번 게송이다.

མི་གཙང་སྨད་པར་བྱ་བ་ལྟར།།　　mi gtsang smad par bya ba ltar//
དེ་བཞིན་རང་དང་གཞན་དག་གི།　　de bzhin rang dang gzhan dag gi//
མི་གཙང་གཟུགས་ཀོ་ཅིས་མི་སྨད།།　　mi gtsang gzugs ko cis mi smad//

[162. (2-64)]

九門流不淨　自證自浣濯　　구문류부정　자증자완탁
若不知不淨　而造愛欲論　　약부지부정　이조애욕론

> 이와 같이 자신 또는 타인들의
> 깨끗하지 않은 것을 비방하는 것처럼
> 그와 같이 자신 또는 타인들의
> 깨끗하지 않은 형색[色]을 어찌 비방하지 않겠습니까?[357]

[165. (2-65)]

ཇི་ལྟར་བུད་མེད་གཟུགས་མི་གཙང་།།　　ji ltar bud med gzugs mi gtsang//
ཁྱོད་ཀྱི་རང་ལུས་དེ་དང་འདྲ།།　　khyod kyi rang lus de dang 'dra//
དེ་བས་ཕྱི་དང་ནང་ཉིད་ལ།།　　de bas phyi dang nang nyid la//
འདོད་ཆགས་བྲལ་བར་རིགས་མིན་ནམ།།　　'dod chags bral bar rigs min nam//

[163. (2-65)]

希有極無知　無慚及輕他　　희유극무지　무참급경타
於最不淨身　何方利益汝　　어최부정신　하방리익여

> 이와 같이 (젊음) 여자의 몸[色]은 깨끗하지 않습니다.
> 그대 자신의 몸도 그와 같으니

---

357. 한역의 [160. (2-62)]번 게송이다.

제2 잡품 133

> 그러므로 밖과 안 자체에 대한
>
> 탐욕[貪]에서 멀어지는 게 (어찌) 합당하지 않겠습니까?[358]

[166. (2-66)]

རྨ་དགུ་དག་ནས་འཛག་པ་ཅན།།	rma dgu dag nas 'dzag pa can//
བདག་ཉིད་མངོན་སུམ་འཁྲུ་བྱེད་ཀྱང་།།	bdag nyid mngon sum 'khru byed kyang//
ལུས་མི་གཙང་བར་མི་རྟོགས་ན།།	lus mi gtsang bar mi rtogs na//
ཁྱོད་ལ་བཤད་པས་ཅི་ཞིག་ཕན།།	khyod la bshad pas ci zhig phan//

[164. (2-66)]

多眾生因此 無明覆其心	다중생인차 무명복기심
爲塵欲結怨 如狗鬪爭糞	위진욕결원 여구투쟁분

> 아홉 개의 구멍[359]들에서 (무언가가) 새는 것인
>
> 자기 자신을 바로 알아차리시고[360] 그리고
>
> 몸(이라는 것)은 더러운 것이라고 생각하지 않는다면
>
> 그대에게 (이와 같은) 설명이 무슨 이득이 (있겠습니까?)[361]

[167. (2-67)]

གང་དག་མི་གཙང་ལུས་འདི་ལ།།	gang dag mi gtsang lus 'di la//
སྟེག་ཆོས་སྙན་དངགས་བྱེད་པ་ནི།།	steg chos snyan dngags byed pa ni//
ཨེ་མའོ་གཟུ་ལུམ་ཨེ་མའོ་བླུན།།	e ma'o gzu lum e ma'o blun//
ཨེ་མའོ་སྐྱེ་བོས་ཁྲེལ་དུ་རུང་།།	e ma'o skye bos khrel du rung//

---

358. 한역의 [161. (2-63)]번 게송이다.
359. 티벳어 원문은 '상처'를 뜻하는 '마(rma)'가 쓰였다. 한문에서는 '문(門)'으로 옮겼다.
360. 현량(現量)을 뜻하는 '논숨(mngon sum)'이 쓰였다.
361. 한역의 [162. (2-64)]번 게송이다.

[165. (2-67)]

如搔癢謂樂　不癢最安樂　　여소양위락　불양최안락
如此有欲樂　無欲人最樂　　여차유욕락　무욕인최락

> 누구라도 이 깨끗하지 않은 몸에 대해서
> (그) 일어난 자태[法=현상]를 듣기 좋은 (시 등을) 짓는다면
> 아이고[362] 거짓이어라! 아이고 어리석어라!
> 아이고 (저) 중생은 (현자 앞에서) 얼마나 부끄러우랴![363]

[168. (2-68)]

མི་ཤེས་མུན་པས་བསྒྲིབས་པ་ཡི།།　　gmi shes mun pas bsgribs pa yi//
སེམས་ཅན་འདིར་ནི་ཕལ་ཆེར་ཡང་།།　　sems can 'dir ni phal cher yang//
འདོད་པའི་དོན་དུ་རྩོད་འབྱུང་བ།།　　'dod pa'i don du rtsod 'byung ba//
མི་གཙང་དོན་དུ་ཁྱི་རྣམས་བཞིན།།　　mi gtsang don du khyi rnams bzhin//

[166. (2-68)]

若汝思此義　離欲不得成　　약여사차의　이욕부득성
由思欲輕故　不遭婬逸過　　유사욕경고　불조음일과

> 알지 못하여 생긴 어둠[無知蒙昧]에 덮인
> 이 유정(들)에게 크나큰 이익과
> 욕망의 본질을 (일러주려고 해도) 논쟁만 일으키는 것은
> (마치) 깨끗하지 않은 것을 (탐하는) 개와 같습니다.[364]

---

362. 이 계송에 쓰인 감탄사 '에뫼(e ma'o)'의 용법은 좀처럼 보기 어려운 것이다. 영역에 의존하여 옮겼다.
363. 한역의 [163. (2-65)]번 게송이 되어야 마땅하지만 명확하지 않다.
364. 한역의 [164. (2-66)]번 게송이다.

[169. (2-69)]

གཡན་པ་ཕྲུགས་ན་བདེར་གྱུར་པ།། gyan pa phrugs na bder gyur pa//
དེ་བས་གཡན་པ་མེད་ན་བདེ།། de bas g.yan pa med na bde//
དེ་བཞིན་འཇིག་རྟེན་འདོད་ལྡན་བདེ།། de bzhin 'jig rten 'dod ldan bde//
འདོད་པ་མེད་པ་དེ་བས་བདེ།། 'dod pa med pa de bas bde//

[167. (2-69)]

從獵感短壽　怖苦重逼惱　　　종렵감단수　포고중핍뇌
未來決受此　故應堅行悲　　　미래결수차　고응견행비

> 종기는 긁으면 좋고
> 더 나아가[365] 종기는 긁지 않아도 좋습니다.
> 그와 같이 세간의 욕망도 좋지만
> (이런) 욕망이 없는 것이 그보다 더 좋습니다.[366]

[170. (2-70)]

གལ་ཏེ་དེ་ལྟར་བརྟགས་ན་ཁྱོད།། gal te de ltar brtags na khyod//
འདོད་ཆགས་བྲལ་བར་མ་གྲུབ་ཀྱང་།། 'dod chags bral bar ma grub kyang//
འོན་ཀྱང་འདོད་ཆགས་བསྲབས་པ་ཡིས།། 'on kyang 'dod chags bsrabs pa yis//
བུད་མེད་ཆགས་པར་མི་འགྱུར་རོ།། bud med chags par mi 'gyur ro//

[168. (2-70)]

何人若他見　生彼極驚怖　　　하인약타견　생피극경포
譬糞穢汚身　流出毒惡蛇　　　비분예오신　유출독악사

....
365.　'데베(de bas)'를 비교격[Comp.]으로 보고 옮겼다.
366.　한역의 [165. (2-67)]번 게송이다.

만약 그와 같이 관찰한다면 (오, 왕이시여!) 그대는
탐심[貪心]에서 (약간이나마) 멀어지는 것을 성취하실 수 있을 것입니다.
그리고
비록 탐심[貪心]을 (완전히) 가라앉히는 것이 (불가능하더라도)
(젊은) 여자들에 대한 욕망[367]은 일어나지 않을 것입니다.[368]

[171. (2-71)]

ཚེ་ཐང་འཇིགས་དང་སྡུག་བསྔལ་དང་།། tshe thang 'jigs dang sdug bsngal dang//
དམྱལ་བའི་རྒྱུ་ནི་མི་བཟད་པ།། dmyal ba'i rgyu ni mi bzad pa//
རི་དྭགས་ལིངས་ཏེ་དེ་ལྟར་བས།། ri dwags lings te de ltar bas//
རྟག་ཏུ་གསོད་མེད་བརྟན་པོར་མཛོད།། rtag tu gsod med brtan por mdzod//

[169. (2-71)]

是人若至彼　衆生得安樂　　시인약지피　중생득안락
譬夏月大雲　田夫見欲雨　　비하월대운　전부견욕우

단명(短命), 두려움, 고통과
지옥(생)의 원인이 바로 감화되지 않는
경기가 사냥이니 그러므로
항상 불살생을 (확고하게) 견지하십시오.[369]

[172. (2-72)]

ཡན་ལག་ཐམས་ཅད་མི་གཙང་བས།། yan lag thams cad mi gtsang bas//

---
367. '탐심(貪心)'으로 옮긴 '도착('dod chags)'은 탐진치(貪瞋癡) 3독 가운데 탐심을 가리킨다. 그리고 '욕망'이라고 옮긴 '착빠(chags pa)' 역시 이와 같은 탐심을 가리키지만 젊은 여자에 대한 탐심이라 보고 '욕망'으로 옮겼다.
368. 한역의 [166. (2-68)]번 게송이다.
369. 한역의 [167. (2-69)]번 게송이다.

བསྐུས་པའི་སྦྲུལ་གདུག་འཇིགས་པ་ལྟར།། bskus pa'i sbrul gdug 'jigs pa ltar//
གང་ལ་བསྟེན་ནས་ལུས་ཅན་རྣམས།། gang la bsten nas lus can rnams//
སྐྲག་པར་འགྱུར་པ་དེ་རེ་ངན།། skrag par 'gyur pa de re ngan//

[170. (2-72)]
故汝捨惡法　決心修善行　고여사악법　결심수선행
爲自他俱得　無上菩提果　위자타구득　무상보리과

> (신체의) 모든 부분이 깨끗하지 않은 것으로
> 물든 독사가 두려움을 (불러일으키는) 것처럼
> 그와 같은 것[370]에 의지하려고 하는 것으로부터 중생은
> 두려움[371]에 (빠지게) 됩니다. 그 옳지 못한 의도[372] (때문에!)[373]

[173. (2-73)]
ཆར་སྤྲིན་ཆེན་པོ་ལངས་པ་ན།། char sprin chen po langs pa na//
ཞིང་པ་རྣམས་ནི་ཇི་ལྟར་བར།། zhing pa rnams ni ji ltar bar//
གང་ལ་བརྟེན་ནས་ལུས་ཅན་རྣམས།། gang la brten nas lus can rnams//
དགའ་བར་འགྱུར་བ་དེ་རེ་བཟང་།། dga' bar 'gyur ba de re bzang//

[171. (2-73)]
是菩提根本　心堅如山王　시보리근본　심견여산왕
因十方際悲　及無二依智　인시방제비　급무이의지

──────────
370.　원문은 '강라(gang la)'가 쓰였는데 '누구든지, 그와 같은 이에게로', 또는 '무엇이든, 그와 같은 것에게'로 받는 게 더 정확하겠다.
371.　원문은 '딱빼(skrag pa)'로 2행에 쓰인 '둘(sbrul)'과 같은 뜻이다. '공포'로도 옮길 수 있으나 행이 매끄럽지 않아 우리말로 같이 '두려움'으로 옮겼다.
372.　'옳지 못한 의도'로 옮긴 '레낸(re ngan)'은 '나쁜 심보'를 뜻하는데 영역은 'malevolent'를 쓰고 있다. '레낸'에는 'evil, malicious intent, scheme, plan, conspiracy' 등의 뜻이 있다.
373.　문장 구조에 따라 직역하였다. 한역의 [168. (2-70)]번 게송이다.

> 커다란 비구름이 몰려오면
> 농부들이 (기뻐하게 되는 것처럼) 이와 같이
> (정법은) 그것에 의지하려고 하는 것으로부터 중생은
> 기쁘게 됩니다. 그 좋은 기대[374] (때문에!)[375]

[174. (2-74)]

དེ་བས་ཆོས་མིན་སྤང་བྱ་སྟེ།།　　de bas chos min spang bya ste//
གཡེལ་བ་མེད་པར་ཆོས་ལ་བརྟེན།།　gyel ba med par chos la brten//
བདག་ཉིད་དང་ནི་འཇིག་རྟེན་འདིས།།　bdag nyid dang ni 'jig rten 'dis//
བླ་མེད་བྱང་ཆུབ་ཐོབ་འདོད་ན།།　　bla med byang chub thob 'dod na//

[172. (2-74)]

大王汝諦聽　此因我今説　　대왕여제청　차인아금설
感三十二相　能莊嚴汝身　　감삼십이상　능장엄여신

> 그러므로 법이 아닌 것을 (멀리) 버리시고
> (마음을) 산만하게 하지 않는 법에 의지하십시오.
> 자기 자신과 이 세간에서
> 더할 나위 없는 (깨닫고자 하는) 보리심을 바라신다면[376]

[175. (2-75)]

དེ་ཡི་རྩ་བ་བྱང་ཆུབ་སེམས།།　　de yi rtsa ba byang chub sems//
རི་དབང་རྒྱལ་པོ་ལྟར་བརྟན་དང་།།　ri dbang rgyal po ltar brtan dang//

---

374. '좋은(장, bzang)', '희망(레와, re ba)'이 쓰여 있다.
375. 바로 앞의 게송과 전형적인 대구를 이루고 있으나 우리말로 옮기기에 한계가 있어 이와 같이 옮겼다. 한역의 [169. (2-71)]번 게송이다.
376. 영역과 한역은 매우 다르다. 한역의 [171. (2-72)]번 게송이다.

ཕྱོགས་མཐས་གཏུགས་པའི་སྙིང་རྗེ་དང་༎
གཉིས་ལ་མི་བརྟེན་ཡེ་ཤེས་ལགས༎

phyogs mthas gtugs pa'i snying rje dang//
gnyis la mi brten yi shes lags//

[173. (2-75)]

支提聖尊人　供養恒親侍　　지제성존인　공양항친시
手足寶相輪　當成轉輪王　　수족보상륜　당성전륜왕

> 그것의 근간(뿌리)은 (깨닫고자 하는 마음인) 보리심이니
> 산들의 왕인 (수미산처럼 이에) 견고하게 머무시고
> 온 사방에 닿을 수 있는 자비심과
> (상견, 단견의) 이 둘에 의지하지 않는 지혜를 갖추십시오.[377]

[176. (2-76)]

རྒྱལ་པོ་ཆེན་པོ་སྐྱེ་ཆེན་གྱི༎
མཚན་ནི་སུམ་ཅུ་རྩ་གཉིས་ཀྱིས༎
ཇི་ལྟར་ཁྱོད་སྐུ་བརྒྱན་གྱུར་པ༎
དེ་ལྟ་བུ་དག་གསན་པར་མཛོད༎

rgyal po chen po skye chen gyi//
mtshan ni sum cu rtsa gnyis kyis//
ji ltar khyod sku brgyan gyur pa//
de lta bu dag gsan par mdzod//

[174. (2-76)]

手足滑柔軟　身大七處高　　수족활유연　신대칠처고
由施美飮食　於他等豊足　　유시미음식　어타등풍족

> (오) 위대한 왕이시여! 위대한 분[378]의
> 32상[379]은
> 마치 이와 같이 그대 몸을 장식하게 될 것이니

---

377. 원문에는 '락(lags)'이 쓰였는데 이것은 일반적으로 '이다(is)'의 존칭어로 쓰인다. 여기서는 문장의 의미에 맞게 윤문하여 옮겼다. 한역은 완전히 다르지만 [172. (2-73)]번 게송이다.

> 그와 같은 것들을 (새겨) 들으시기 바랍니다.[380]

378. 붓다를 가리킨다.
379. 32상의 사전적 정의는 다음과 같다.
    [BD] 32상(三十二相): 서른두 가지의 현저한 신체적 특징. 부처님이나 전륜성왕과 같은 위인이 갖춘 서른두 가지의 상서로운 신체적 특징. 부처님의 신체에 갖추어진 32종의 상호(相好). 원래는 전륜성왕에게 갖추어져 있다고 믿어 온 것을 부처님의 신체에 전용한 것. 이것은 불상을 조성할 때 고려되어 불상의 특색이 된다. 삼십이상호(三十二相好), 삼십이대장부상(三十二大丈夫相), 삼십이대인상(三十二大人相). 경전에 따라 차이가 있으나 대지도론에 의하면 다음과 같다. 1. 발바닥이 평평하여 지면에 골고루 닿는 족안평상(足安平相). 2. 발바닥에 수레바퀴의 표시가 있는 족천폭륜상(足千輻輪相). 또는 손과 발에 그것이 있다고 하여 천폭륜상(千輻輪相)이라고도 한다. 3. 손가락이 긴 수지직장상(手指纖長相) 또는 지직장상(指纖長相). 4. 손과 발이 유연한 수족유연상(手足柔軟相) 또는 수족세연상(手足細軟相). 5. 손가락과 발가락에 물갈퀴가 붙어 있는 수족만강상(手足縵綱相) 또는 수족강만상. 6. 발꿈치가 풍만한 족근만족상(足跟滿足相) 또는 족근원장상(足跟圓長相). 7. 발등이 높고 유연한 족부고상(足趺高相) 또는 족부단후상(足趺端厚相). 8. 정강이와 장단지가 사슴의 다리처럼 섬세하고 원만한 천여녹왕상(腨如鹿王相). 사슴의 이름인 아이네야(ai eya)를 음역하여 예니야박상(翳泥耶膊相)이라고 한다. 9. 똑바로 서 있을 때는 손이 무릎까지 내려올 정도로 팔이 긴 수과슬상(手過膝相) 또는 입수미슬상(立手靡膝相). 10. 남근이 신체 내부에 감추어져 있는 마음장상(馬陰藏相) 또는 세봉장밀상(勢峯藏密相). 11. 양팔을 편 길이가 머리끝에서 발끝까지의 길이와 같은 신종광상(身縱廣相). 신분원만상(身分圓滿相) 또는 신광홍직상(身廣洪直相)이라고도 한다. 12. 털구멍마다 청색의 털을 낳는 모공생청색상(毛孔生靑色相). 13. 털끝이 오른쪽으로 돌아 위쪽을 향하여 구부러지는 신모상미상(身毛上靡相) 또는 신모우선상(身毛右旋相). 14. 신체의 색깔이 황금과 같은 신금색상(身金色相). 15. 항상 몸으로부터 사방으로 1장 길이의 빛을 발하는 상광일장상(常光一丈相) 또는 상광일심상(常光一尋相). 16. 피부가 매끄러운 피부세활상(皮膚細滑相). 17. 양손, 양발, 양어깨, 정수리가 충만하고 유연한 칠처평만상(七處平滿相) 또는 칠처충만상(七處充滿相). 18. 양쪽 겨드랑이에 살이 충만하여 오목한 곳이 없는 양액만상(兩腋滿相). 19. 신체가 사자처럼 엄숙하고 평정한 위의를 갖춘 신여사자상(身如獅子相). 20. 신체가 단정한 신단직상(身端直相). 21. 어깨가 매우 둥글고 풍만한 견원만상(肩圓滿相) 또는 견박원만상(肩膊圓滿相). 22. 일반인보다 8개가 많은 40개의 이빨을 가진 사십치상(四十齒相). 23. 이빨이 깨끗하고 고르며 조밀한 치백제밀상(齒白齊密相) 또는 치제평밀상(齒齊平密相). 24. 네 개의 이빨이 가장 하얗고 큰 사아백정상(四牙白淨相) 또는 아치선백유광명상(牙齒鮮白有光明相). 25. 양쪽 뺨이 사자의 뺨처럼 두툼하게 나온 협거여사자상(頰車如獅子相) 또는 사자협거상(獅子頰車相). 26. 인후에 항상 고여 있는 침으로 음식으로부터 최상의 맛을 얻는 인중진액득상미상(咽中津液得上味相) 또는 득최상미상(得最上味相). 27. 혀가 넓고 길면서도 엷고 유연하여, 길게 펴면 얼굴을 덮고 머리털 부근에까지 이르는 광장설상(廣長舌相) 또는 설부면지발제상(舌覆面至髮際相). 28. 음성이 절묘하고 청정하여 멀리서 들을 수 있는 범음심원상(梵音深遠相) 또는 범음성상(梵音聲相). 29. 눈동자가 짙은 하늘색인 안색여감청상(眼色如紺靑相) 또는 목감청상(目紺靑相). 30. 속눈썹이 소의 눈과 같은 안첩여우왕상(眼睫如牛王相). 31. 미간에 하얀 털이 있고, 이것이 오른쪽으로 돌아 항상 빛을 발하는 미간백호상(眉間白毫相). 32. 머리 정수리의 살이 상투처럼 솟아 있는 정상육계상(頂

[177. (2-77)]

མཆོད་རྟེན་མཆོད་བྱ་འཕགས་པ་དང་༎	mchod rten mchod bya 'phags pa dang//
རྒན་རབས་རྣམས་ནི་ལེགས་བཀུར་བས༎	rgan rabs rnams ni legs bkur bas//
དཔལ་ལྡན་ཕྱག་ཞབས་འཁོར་ལོ་ཡིས༎	dpal ldan phyag zhabs 'khor lo yis//
མཚན་པའི་འཁོར་ལོས་སྒྱུར་བར་འགྱུར༎	mtshan pa'i 'khor los sgyur bar 'gyur//

[175. (2-77)]

身圓滿端直　指足跟圓長　　　신원만단직　지족근원장
汝當感長壽　由悲濟死囚　　　여당감장수　유비제사수

> 불탑, 숭상할 대상, 성현과
> 노인들을 잘 봉양하면
> 빼어난 손과 발은 바퀴[輪]가
> 장식된 전륜성왕 (같이) 될 것입니다.[381]

[178. (2-78)]

རྒྱལ་པོ་ཆོས་ལ་རྟག་པར་ནི༎	rgyal po chos la rtag par ni//
ཡང་དག་བླངས་པ་བརྟན་པར་མཛོད༎	yang dag blangs pa brtan par mdzad//
དེས་ནི་ཤིན་ཏུ་ཞབས་གནས་པའི༎	des ni shin tu zhabs gnas pa'i//
བྱང་ཆུབ་སེམས་དཔར་འགྱུར་བ་ལགས༎	byang chub sems dpar 'gyur ba lags//

[176. (2-78)]

大王堅持法　令淸淨久住　　　대왕견지법　영청정구주

　　　上肉髻相). 무견정상(無見頂相), 오슬니사상(烏瑟膩沙相)이라고도 한다.
380.　한역의 [172. (2-74)]번 게송이다.
381.　영역과 약간 차이가 난다. 32상 가운데 '2. 발바닥에 수레바퀴의 표시가 있는 족천폭륜상(足千輻輪相). 또는 손과 발에 그것이 있다고 하여 천폭륜상(千輻輪相)이라고도 한다.'에 해당한다. 한역의 [173. (2-75)]번 게송이다.

由此足安平　當得成菩薩　　　　유차족안평　당득성보살

> (오) 왕이시여, 법을 항상
> 올곧게 섭수하는 것에 확신을 가지고 행하십시오.
> 그러면 매우 (보기 좋은) 발바닥은
> 보살처럼 될 것입니다.[382]

[179. (2-79)]

སྦྱིན་དང་སྙན་པའི་ཚིག་དང་ནི།	sbyin dang snyan pa'i tshig dang ni//
ཕན་དང་དོན་གཅིག་སྤྱོད་པ་ཡིས།	phan dang don gcig spyod pa yis//
དཔལ་ལྡན་ཕྱག་སོར་དྲ་བ་ཡིས།	dpal ldan phyag sor dra ba yis//
འབྲེལ་བའི་ཕྱག་རིས་ཅན་དུ་འགྱུར།	'brel ba'i phyag ris can du 'gyur//

[177. (2-79)]

行布施愛語　利行及同利　　　　행포시애어　이행급동리
由此指網密　手足八十文　　　　유차지망밀　수족팔십문

> 보시와 (거칠지 않은) 듣기 좋은 말과
> 좋은 뜻을 가진[383] 그리고 한뜻으로 행하는 것을[384]
> 빼어난 손과 손가락 (사이에) 그물 같은 것이
> 연결된 손금을 가진 자가 되게 할 것입니다.[385]

---

382. 32상 가운데 첫 번째인 '1. 발바닥이 평평하여 지면에 골고루 닿는 족안평상(足安平相)'이다. 한역과 차이가 심하다. 한역의 [174. (2-76)]번 게송이다.
383. 원문에는 '펜(phan)'이 쓰였는데 보시가 1행에서 언급되어 있어 이렇게 옮겼다.
384. 이 행을 영문은 'Purposeful behavior and concordant behavior'라고 되어 있는데 이에 따라 운문하여 옮겼다.
385. 32상 가운데 '5. 손가락과 발가락에 물갈퀴가 붙어 있는 수족만강상(手足縵綱相) 또는 수족강만상'에 해당한다. 한역의 [175. (2-77)]번 게송과는 거의 상관이 없어 보인다.

[180. (2-80)]

བཟའ་བ་དང་ནི་བཏུང་བའི་མཆོག།	bza' ba dang ni btung ba'i mchog//
རབ་ཏུ་མང་པོ་བྱིན་པ་ཡིས།།	rab tu mang po byin pa yis//
དཔལ་ལྡན་ཕྱག་དང་ཞབས་མཉེན་ཞིང་།	dpal ldan phyag dang zhabs mnyen zhing//
སྐུ་ཆེ་བདུན་དག་མཐོ་བར་འགྱུར།།	sku che bdun dag mtho bar 'gyur//

[178. (2-80)]

脚趺高可愛　旋毛端向上　　각부고가애　선모단향상
由長不棄背　本所受持法　　유장불기배　본소수지법

> 먹을 것과 마실 것의 제일 좋은 것을
> 매우 많이 주는 것은
> 빼어난 손과 발을 유연하게 하고[386]
> 몸이 커지고 칠처(七處)들을 증장하게 합니다.[387]

[181. (2-81)]

འཚོ་མེད་གསད་པ་ཐར་བྱས་པས།།	'tshe med gsad pa thar byas pas//
སྐུ་མཛེས་དྲང་ཞིང་ཆེ་བ་དང་།	sku mdzes drang zhing che ba dang//
ཆེ་རིང་སོར་མོ་རིང་བ་དང་།	che ring sor mo ring ba dang//
རྟིང་པ་ཡངས་པ་དག་ཏུ་འགྱུར།།	rting pa yangs pa dag tu 'gyur//

---

386. 32상 가운데 '4. 손과 발이 유연한 수족유연상(手足柔軟相) 또는 수속세연상(手足細軟相)'을 가리킨다.
387. 32상 가운데 '17. 양손, 양발, 양어깨, 정수리가 충만하고 유연한 칠처평만상(七處平滿相) 또는 칠처충만상(七處充滿相)'에 해당한다. 영문에서는 이 일곱 개의 신체 부위를 모두 적어두고 있는데 두 손(1, 2), 두 발(3, 4), 양쪽 어깨(5, 6) 그리고 목덜미(7)를 꼽고 있다. 마지막인 정수리와 목덜미에서 차이가 나는데 한역에는 이 칠처를 언급하는 게송이 없다.

[179. (2-81)]

由恭敬施受　明處及工巧　　　유공경시수　명처급공교
故得鹿王膊　及聰明大智　　　고득록왕전　급총명대지

> 해(害)를 입히지 않고 방생(放生)하는 것[388]은
> 몸을 아름답게 (하고) 곧추 세우고, (몸집을) 늘리고
> (키를) 키우고 손가락, 발가락을 길게 하고[389]
> 발꿈치를 편안하게 합니다.[390]

[182. (2-82)]

ཡང་དག་བླངས་པའི་ཆོས་རྣམས་ནི།།　　yang dag blangs pa'i chos rnams ni//
སྤེལ་བས་དཔལ་ལྡན་མདོག་བཟང་ཞིང་།།　spel bas dpal ldan mdog bzang zhing//
ཞབས་ཀྱི་ལོང་བུ་མི་མངོན་དང་།།　　zhabs kyi long bu mi mngon dang//
བ་སྤུ་གྱེན་དུ་ཕྱོགས་མཚན་འགྱུར།།　　ba spu gyen du phyogs mtshan 'gyur//

[180. (2-82)]

他求自有物　我疾能惠施　　　타구자유물　아질능혜시
由此臂傭大　得爲世化主　　　유차비용대　득위세화주

> 올바르게 받아들인 법들을
> 전파하는 것은 (그대의) 빼어난 (피부)색을 아름답게 하고[391]
> 발목의 복사뼈를 튀어나오지 않게 하고[392]
> 몸에 난 털이 선 게 위쪽[393]인 (분이라) 불리게 됩니다.[394]

---

388. 원문은 '쎼빠 탈제빠(gsad pa thar byas pas)'로 '죽을 것을 자유롭게 하는 것은'이라는 뜻이다.
389. 32상 가운데 '3. 손가락이 긴 수지직장상(手指織長相) 또는 지직장상(指織長相)'에 해당한다.
390. 32상 가운데 '6. 발꿈치가 풍만한 족근만족상(足跟滿足相) 또는 족근원장상(足跟圓長相)'에 해당한다.

[183. (2-83)]

རིག་དང་བཟོ་ལ་སོགས་པའི་གནས།། rig dang bzo la sogs pa'i gnas//
གུས་པས་ལེན་དང་སྦྱིན་པས་ཁྱོད།། gus pas len dang sbyin pas khyod//
ཨེ་ན་ཡ་ཡི་བྱིན་པ་དང་།། e na ya yi byin pa dang//
ཡིད་རྣོ་ཤེས་རབ་ཆེན་པོར་འགྱུར།། yid rno shes rab chen por 'gyur//

[181. (2-83)]

| 親愛若別離 菩薩令和集 | 친애약별리　보살령화집 |
| 此感陰藏相 恒服慚羞衣 | 차감음장상　항복참수의 |

> 학문과 예술 등이 머무는 곳에[395]
> (자신을 낮춰) 공경으로 받들고 베푼다면 그대는
> 사슴의 다리와 (같이) 장단지와[396]
> 총명한 마음과 지혜를 갖춘 위대한 자[397]가 됩니다

[184. (2-84)]

རང་གི་ནོར་བདོག་བླངས་གྱུར་ན།། rang gi nor bdog blangs gyur na//
མྱུར་དུ་གཏང་བའི་བརྟུལ་ཞུགས་ཀྱིས།། myur du gtang ba'i brtul zhugs kyis//
ཕྱག་རྒྱས་བདེ་དང་འདིག་རྟེན་གྱི།། phyag rgyas bde dang 'dig rten gyi//

---

391. 32상 가운데 '16. 피부가 매끄러운 피부세활상(皮膚細滑相)'을 가리킨다.
392. 32상 가운데 '7. 발등이 높고 유연한 족부고상(足趺高相) 또는 족부단후상(足趺端厚相)'으로 보인다.
393. 32상 가운데 '12. 털구멍마다 청색의 털을 낳는 모공생청색상(毛孔生靑色相)'으로 보인다.
394. 한 악의 [1/8. (2-80)]민 개송이다.
395. 원문은 소유격[Gen.] '이('i)'와 '머물다' 또는 '장소'를 뜻하는 '네(gnas)'만 쓰여 있다.
396. 32상 가운데, '8. 정강이와 장딴지가 사슴의 다리처럼 섬세하고 원만한 천여녹왕상(腨如鹿王相). 사슴의 이름인 아이네야(ai eya)를 음역하여 예니야박상(翳泥耶膞相)이라고 한다.'를 가리킨다.
397. 영역에서는 'A sharp mund, and great wisdom'이라고 되어 있으나 문장 구조와 격이 좀 맞지 않는 듯하다.

རྣམ་པར་འདྲེན་པ་ཉིད་དུ་འགྱུར།།   rnam par 'dres pa nyid du 'gyur//

[182. (2-84)]

常施樓殿具　細軟可愛色　　상시루전구　세연가애색
故感天色身　潤滑光微妙　　고감천색신　윤활광미묘

> (만약 다른 사람이 바라던) 자신의 귀중한 보물과 재물을 주었다면
> (이런) 빨리 주는 것의 청정한 행위는
> 팔이 커지고 좋게 (보이고)[398] 세상의
> 지도자가 됩니다.[399]

[185. (2-85)]

མཉེན་ཤེས་ཕན་ཚུན་བྱེ་བ་དག།   mnyen shes phan tshun bye ba dag//
ཡང་དག་བསྡུམ་པར་བྱས་པ་ཡིས།།   yang dag bsdum par byas pa yis//
དཔལ་ལྡན་འདོམས་ཀྱི་སྦ་བ་ནི།།   dpal ldan 'doms kyi sba ba ni//
སྦུབས་སུ་ནུབ་པའི་དམ་པར་འགྱུར།།   sbubs su nub pa'i dam par 'gyur//

[183. (2-85)]

由施無上護　如理順尊長　　유시무상호　여리순존장
感一孔一毛　白毫端嚴面　　감일공일모　백호단엄면

> 온화하게 잘 알아 (친구들) 서로 간에 (도움 되는) 행위들을 한 것들은
> 진실되게 (싸우는 친구들을) 화해시키는 행위이니
> 빼어난 생식기를

---

398. 32상 가운데 '9. 똑바로 서 있을 때는 손이 무릎까지 내려올 정도로 팔이 긴 수과슬상(手過膝相) 또는 입수미슬상(立手䯝膝相)'에 해당한다.
399. 한역의 [180. (2-82)]번 게송에 해당한다.

감출 능력[400]의 최고가 되게 합니다.[401]

[186. (2-86)]

ཁང་བཟང་གདིང་བ་རྒྱན་དག་ནི།།	khang bzang gding ba rgyan dag ni//
བདེ་ཞིང་བཟང་བ་རབ་བྱིན་པས།།	bde zhing bzang ba rab byin pas//
གསེར་ནི་བཙོ་མ་དྲི་མེད་པ།།	gser ni btso ma dri med pa//
ཤིན་ཏུ་འཇམ་པའི་མདོག་འདྲར་འགྱུར།།	shin tu 'jam pa'i mdog 'drar 'gyur//

[184. (2-86)]

常說善愛語　又能順正教　　상설선애어　우능순정교
上身如獅子　頸圓喩甘浮　　상신여사자　경원유감부

> 좋은 집과 장엄한 방석 (같은) 것들을
> 기쁘고 어질게 선뜻 주는 것은
> (그 피부를) 황금빛 순금처럼 티 없이
> 매우 부드러운 색처럼 되게 합니다.[402]

[187. (2-87)]

བླ་ན་མེད་པའི་དབང་བྱིན་ཞིང་།།	bla na med pa'i dbang byin zhing//
རིགས་པར་བླ་མའི་རྗེས་འཇུག་པས།།	rigs par bla ma'i rjes 'jug pas//
དཔལ་ལྡན་བ་སྤུ་ཉག་རེ་དང་།།	dpal ldan ba spu nyag re dang//
ཞལ་ནི་མཛོད་སྤུས་བརྒྱན་པར་འགྱུར།།	zhal ni mdzod spus brgyan par 'gyur//

---

400. 32상 가운데 '10. 남근이 신체 내부에 감추어져 있는 마음장상(馬陰藏相) 또는 세봉장밀상(勢峯藏密相)'이다.
401. 한역의 [181. (2-83)]번 게송이다.
402. 32상 가운데 '14. 신체의 색깔이 황금과 같은 신금색상(身金色相)'을 가리킨다. 한역의 [182. (2-84)]번 게송이다.

[185. (2-87)]

看病給醫藥　或令他養護　　간병급의약　혹령타양호
故得腋下滿　千脈別百味　　고득액하만　천맥별백미

> 더할 나위 없는[無上] 힘을 베풀고[보시]
> 일족의 존장⁴⁰³을 (잘) 따르는 것은
> 빼어난 터럭 하나하나와⁴⁰⁴
> 얼굴의 눈썹 사이[眉間]를 장엄하게 합니다.⁴⁰⁵

[188. (2-88)]

སྙན་ཅིང་དགའ་བར་སྨྲས་པ་དང་།།　snyan cing dga' bar smras pa dang//
ལེགས་པར་སྨྲས་དང་མཐུན་བྱས་པས།།　legs par smras dang mthun byas pas//
ཁྱོད་ནི་དཔུང་མགོ་ཟླུམ་པ་དང་།།　khyod ni dpung mgo zlum pa dang//
རོ་སྟོད་སེང་གེའི་འདྲ་བར་འགྱུར།།　ro stod seng ge'i 'dra bar 'gyur//

[186. (2-88)]

於自他法事　常能爲端首　　어자타법사　상능위단수
頂骨鬱尼沙　橫豎頰匿瞿　　정골울니사　횡수협닉구

> 듣기 좋고 유쾌한 말과
> 교훈적인 말[善說]과 화해시키는 (말을) 하는 것은
> 그대의 어깨를 둥글게 하고
> 상반신을 사자처럼 되게 할 것입니다.⁴⁰⁶

....
403. 영역은 '라마(lba ma)'를 '스승(teacher)'으로 옮겼으나 앞에 나오는 '릭빠(rigs pa)'가 일족을 뜻하기 때문에 어딘지 모르게 어색해 보인다.
404. 32상 가운데 '12. 털구멍마다 청색의 털을 낳는 모공생청색상(毛孔生靑色相)'을 가리킨다.
405. 32상 가운데 '31. 미간에 하얀 털이 있고, 이것이 오른쪽으로 돌아 항상 빛을 발하는 미간백호상(眉間白毫相)'이다. 한역의 [183. (2-85)]번 게송이다.

제2 잡품　149

[189. (2-89)]

ནས་པ་རྣམས་ལ་རིམ་གྲོ་དང་།། nas pa rnams la rim gro dang//
གསོས་པས་ཐལ་གོང་རྒྱས་པ་དང་།། gsos pas thal gong rgyas pa dang//
བདག་ཉིད་རྣལ་དུ་གནས་དང་།། bdag nyid rnal du gnas dang//
རོ་བྲོ་བ་ཡི་མཆོག་ཏུ་འགྱུར།། ro bro ba yi mchog tu 'gyur//

[187. (2-89)]

由長時巧說　實美滑善言　　유장시교설　실미활선언
得八相梵音　及舌根脩廣　　득팔상범음　급설근수광

> 병자들을 (약을 써서) 보살피고[407]
> (재물을 써서) 양육(養育)하면 어깨 관절[408]이 넓어지고[409]
> 자기 자신을 안온하게 머물게 하고
> 입맛을 최고로 (잘 알게) 해줄 것입니다.[410]

[190. (2-90)]

ཆོས་དང་མཐུན་པའི་བྱ་བ་ལ།། chos dang mthun pa'i bya ba la//
ཐོག་དྲངས་ཁྲོད་ཀྱི་དབུ་གཙུག་ཏོར།། thog drangs khrod kyi dbu gtsug tor//

---

406. 32상 가운데 '19. 신체가 사자처럼 엄숙하고 평정한 위의를 갖춘 신여사자상(身如獅子相)'이다.
　　한역의 [184. (2-86)]번 게송이다.
407. '보살피다'로 옮긴 '림도(rim gro)'는 원래 '(어른들을) 공경하다'라는 뜻을 가지고 있다.
408. 바로 앞의 게송에 '어깨'로 옮긴 '뿡고(dpung mgo)'와 달리, '어깨 관절'로 옮긴 '텔공(thal gong)'은 어깨를 지탱하는 뼈[견관절(肩關節), 견갑골과 상박골 사이에 있는 구관절(球關節)]를 가리킨다. 한역 [185. (2-87)]번 게송의 3행에 따르자면 이것은 32상 가운데 '18. 양쪽 겨드랑이에 살이 충만하여 오목한 곳이 없는 양액만상(兩腋滿相)'에 해당한다.
409. 32상 가운데 '21. 어깨가 매우 둥글고 풍만한 견원만상(肩圓滿相) 또는 견박원만상(肩膊圓滿相)'에 해당한다. 원문 그대로를 해석했으나 '어깨가 당당하게 펴지고' 정도로 의역할 수 있겠다.
410. 32상 가운데 '26. 인후에 항상 고여 있는 침으로 음식으로부터 최상의 맛을 얻는 인중진액득상미상(咽中津液得上味相) 또는 득최상미상(得最上味相)'이다. 한역의 [185. (2-87)]번 게송에 해당한다.

150

ལེགས་གནས་ཉ་གྲོ་དྷ་ལྟ་བུར།། legs gnas nya gro dha lta bur//
ཆུ་ཞིང་གབ་པ་དག་ཏུ་འགྱུར།། chu zhing gab pa dag tu 'gyur//

[188. (2-90)]

已知事實利　數數爲他説　　이지사실리　삭수위타설
得好如獅子　面門方可愛　　득호여사자　면문방가애

> 법과 조화롭게 행하는 것으로는
> 우두머리(의 상징이) 그대의 정수리 끝에 펼쳐질 것입니다.[411]
> 옳게 머무르는 것으로는 냐그로다 나무[412]처럼 (굳건한 몸은)[413]
> 바나나 나무처럼 균형이 (잘) 잡히게 될 것입니다.[414]

[191. (2-91)]

ཚིག་ནི་བདེན་པ་འཇམ་པོ་དག། tshig ni bden pa 'jam po dag//
ཡུན་རིང་དུས་སུ་བརྗེས་པ་ཡིས།། yun ring dus su brjes pa yis//
མི་ཡི་དབང་པོ་ལྗགས་ཡངས་ཤིང་།། mi yi dbang po ljags yangs shing//
ཚངས་པ་ཡི་ནི་དབྱངས་ལྡན་འགྱུར།། tshangs pa yi ni dbyangs ldan 'gyur//

----

411. [데게판] 본문에는 '톨(tor)'이 쓰였는데 이 단어를 찾을 수 없어 날탕판과 [북경판]에 따라 '톨(gtor)'로 보고 옮겼다. 이 단어는 흩어지다, 산개하다, 빛나다 등의 뜻이 있다. 32. 32상 가운데 '머리 정수리의 살이 상투처럼 솟아 있는 정상육계상(頂上肉髻相). 무견정상(無見頂相), 오슬니사상(烏瑟膩沙相)이라고도 한다.'를 가리킨다.

412. 영역에서는 그저 잘 머무르는 것이라 하여 'Will stand out well'로 되어 있다. 한역 [186. (2-88)]번 게송에는 그저 '무성하다[鬱]'고만 되어 있다. 여기서는 '냐그로다 (nyagrodha)'는 사전마다 그 정의가 약간 다르다. 음차 '냐그로따(nyagrota)'의 변형으로 볼 경우, '미구루 나무는 남 아세아 지구에서 많이 나는 한 가지 향료 과일나무. 이 나무의 종자는 겨자의 4분의 1에 상당하고 매년 약 250자 자라며 왕성하게 자란다.'고 한다. 한편 [BD]에 따르면 이 나무는 남인도에서 주로 자라는 '아르주나(arjuna)' 나무, 즉, '용수(龍樹)'라고 한다.

413. 이것이 32상 가운데 정확하게 무엇을 표현하기 위한 것인지, 아니면 수식인지 불분명하다. 여기서는 수식으로 보고 풀었다.

414. 32상 가운데 '20. 신체가 단정한 신단직상(身端直相)'에 해당한다. 한역 186. (2-88)번과 정확하게는 일치하지 않는다.

[189. (2-91)]

由尊他不輕　隨順行正理　　유존타불경　수순행정리
齒白齊必勝　譬若眞珠行　　치백제필승　비약진주행

> (하는) 말이 진실되고 온후(부드러움)한 것들로
> 오랫동안 (하면) 바뀌는 것은
> (오) 사람(들)의 왕이시여! (그것은 그대의) 혀를 크게 하고[415]
> 브라흐만의 (목)소리[梵音]를 갖추게 할 것입니다.[416]

[192. (2-92)]

རྟག་ཏུ་རྒྱུན་མི་ཆད་པ་རུ།།　　rtag tu rgyun mi chad pa ru//
བདེན་པའི་ཚིག་ནི་བརྗོད་པ་ཡིས།།　　bden pa'i tshig ni brjod pa yis//
འགྲམ་པ་སེང་གེའི་ལྟ་བུ་དང་།།　　'gram pa seng ge'i lta bu dang//
དཔལ་ལྡན་ཐུབ་པར་དཀའ་བར་འགྱུར།།　　dpal ldan thub par dka' bar 'gyur//

[190. (2-92)]

由數習此言　謂實不兩舌　　유삭습차언　위실불량설
故具四十齒　平滑堅道淨　　고구사십치　평활견주정

> 항상 그침 없이
> 진실된 언어로 말하는 것으로는
> 두 볼이 사자의 (볼)처럼
> 빼어나고 이기기[417] 어렵게 됩니다.[418]

---

415. 보통 '길게 하다'지만 원문 '양(yangs)'에 따라 옮겼다. 한역도 이와 같다. 32상 가운데 '27. 혀가 넓고 길면서도 엷고 유연하여, 길게 펴면 얼굴을 덮고 머리털 부근에까지 이르는 광장설상(廣長舌相) 또는 설부면지발제상(舌覆面至髮際相)'을 가리킨다.
416. 32상 가운데 '28. 음성이 절묘하고 청정하여 멀리서 들을 수 있는 범음심원상(梵音深遠相) 또는 범음성상(梵音聲相)'을 가리킨다. 한역의 [187. (2-89)]번 게송이다.

[193. (2-93)]

ལྷག་པར་གུས་དང་བཀུར་སྟི་དང་།།   lhag par gus dang bkur sti dang//
ཇི་ལྟར་རིགས་པར་རྗེས་འཇུག་པས།།   ji ltar rigs par rjes 'jug pas//
ཚིགས་ནི་ཤིན་ཏུ་དཀར་བ་དང་།།   tshigs ni shin tu dkar ba dang//
མདོག་ལྡན་མཉམ་པའི་ཚིམས་སུ་འགྱུར།།   mdog ldan mnyam pa'i tshims su 'gyur//

[191. (2-93)]

由瞻視衆生　滑無貪瞋癡   유첨시중생　활무탐진치
眼珠青滑了　瞼睫如牛王   안주청활료　검첩여우왕

> 특별히 (타인을) 공경하고 섬기고
> 무슨 일이든 합리적으로 행하는 것으로는
> 이빨(들)을 매우 하얗게 하고
> (황금) 빛과 같아 (마음을) 충족하게 해줍니다.[419]

[194. (2-94)]

བདེན་དང་ཕྲ་མ་མེད་པ་ཡི།།   dbyen dang phra ma med pa yi//
ཚིག་ནི་ཡུན་རིང་གོམས་པ་ཡིས།།   tshig ni yun ring goms pa yis//
དཔལ་ལྡན་ཚིགས་ནི་བཞི་བཅུ་ཚང་།།   dpal ldan tshigs ni bzhi bcu tshang//
མཉམ་པར་ཐགས་ཀྱང་བཟང་བར་འགྱུར།།   mnyam par thags kyang bzang bar 'gyur//

[192. (2-94)]

由如此略説　大人相及因   유여차략설　대인상급인

---

417. 원문은 깨달은 자를 뜻하는 '툽(thub)'이 쓰였다.
418. 32상 가운데 '25. 양쪽 뺨이 사자의 뺨처럼 두툼하게 나온 협거여사자상(頰車如獅子相) 또는 사자협거상(獅子頰車相)'이다. 한역의 [184. (2-86)]번 게송이다.
419. 32상 가운데 '24. 네 개의 이빨이 가장 하얗고 큰 사아백정상(四牙白淨相) 또는 아치선백유광명상(牙齒鮮白有光明相)'을 가리킨다. 한역의 [189. (2-91)]번 게송이다.

轉輪王菩薩　美飾汝應知　　전륜왕보살　미식여응지

> 진실되고[420] 이간질하지 않는
> 말을 오랫동안 습관적으로 하는 것으로는
> 빼어난 치아 40개를 갖추게 되고
> (그것은) 균일한 (치)열 역시 (보기) 좋게 됩니다.[421]

[195. (2-95)]

ཆགས་དང་སྡང་དང་རྨོངས་མེད་ཅིང་།།　　chags dang sdang dang rmongs med cing//
བྱམས་པས་སེམས་ཅན་བལྟས་པ་ཡིས།།　　byams pas sems can bltas pa yis//
སྤྱན་ནི་བཀྲག་ཅན་མཐོན་མཐིང་ལ།།　　spyan ni bkrag can mthon mthing la//
རྫི་མ་བ་ཡི་ལྟ་བུར་འགྱུར།།　　rdzi ma ba yi lta bur 'gyur//

[193. (2-95)]

隨相有八十　從慈悲流生　　수상유팔십　종자비류생
大王我不說　爲避多文辭　　대왕아불설　위피다문사

> 탐심[貪]과 성냄[瞋]과 어리석음[癡]이 없는
> 자비스런 마음으로 중생을 보살피는[422] 것으로는
> 눈이 광채 나는 것이 (되고) 짙은 하늘색으로 (되고)[423]
> 눈초리는 황소처럼 됩니다.[424]

---

420. 티벳역에서는 '쇨(zhol)'판에서 '진실(뒤, bden)'이 쓰였고 나머지 판본들은 '젠(dbyen)'이 쓰였다고 하나, 이것은 뒤따라 나오는 '타마(phra ma)'와 유사어라 '쇨'판에 따라 옮겼다. 영역도 같으며 한역도 이를 따르고 있다.
421. 32상 가운데 '22. 일반인보다 8개가 많은 40개의 이빨을 가진 사십치상(四十齒相)'을 가리킨다. 한역의 [190. (2-92)]번 게송이다.
422. 원문은 '보다'라는 뜻을 가진 '따빼(bltas pa)'가 쓰였다.
423. 32상 가운데 '29. 눈동자가 짙은 하늘색인 안색여감청상(眼色如紺靑相) 또는 목감청상(目紺

154

[196. (2-96)]

དེ་ལྟར་མདོར་ན་རྒྱུར་བཅས་པའི།།　　de ltar mdor na rgyur bcas pa'i//
སུམ་ཅུ་རྩ་གཉིས་དེ་དག་ནི།།　　　　sum cu tsa gnyis de dag ni//
སྐྱེ་བུ་སེང་གེ་ཆེན་པོ་ཡི།།　　　　　skye bu seng ge chen po yi//
མཚན་རྣམས་ལེགས་པར་མཁྱེན་པར་མཛོད།།　mtshan rnams legs par mkhyen par mdzod//

[194. (2-96)]

雖諸轉輪王　同有此相好　　수제전륜왕　동유차상호
淨明及可愛　終不逮如來　　정명급가애　종불체여래

> 그와 같이 간추리니 그 원인[因]의
> 32(상) 그것들이
> (모든) 생명의 (왕) 위대한 사자[425]의
> 징표[相](들)임을 잘 아시기 바랍니다.[426]

[197. (2-97)]

དཔེ་བྱད་བཟང་པོ་བརྒྱད་ཅུ་ནི།།　　dpe byad bzang po brgyad cu ni//
བྱམས་པའི་རྒྱུ་མཐུན་ལས་བྱུང་བ།།　　byams pa'i rgyu mthun las byung ba//
གཞུང་ནི་མངས་སུ་དོགས་པ་ཡིས།།　　gzhung ni mangs su dogs pa yis//
རྒྱལ་པོ་ཁྱོད་ལ་མ་བཤད་དོ།།　　　　rgyal po khyod la ma bshad do//

[195. (2-97)]

從菩薩善心　一念中一分　　종보살선심　일념중일분

....
　　　　青相)'을 가리킨다.
424.　32상 가운데 '30. 속눈썹이 소의 눈과 같은 안첩여우왕상(眼睫如牛王相)'이다. 한역의
　　　[191. (2-93)]번 게송이다.
425.　붓다를 가리킨다.
426.　여기까지 하여 32상에 대한 설명이 모두 끝났다. 한역에서는 [192. (2-94)]번 게송이
　　　되어야 마땅하나 이에 대한 설명이 매우 다르다.

제2 잡품　155

輪王相好因　尚不能等此　　　윤왕상호인　상불능등차

80종호(八十種好)[427]는

자비심의 등류(等流)[428]로부터 생겨난 것입니다.

그 논의들은 (더욱) 늘어난 것이라 (32상보다) 경외감[429]으로 (대하시면 될 것입니다. 그러므로)

왕이시여! (여기서는) 그대에게 (일일이) 설명하지 않겠습니다.[430]

[198. (2-98)]

འཁོར་ལོས་སྒྱུར་བ་ཐམས་ཅད་ལ།།　　'khor los sgyur ba thams cad la//
འདི་དག་ཡོད་པར་འདོད་མོད་ཀྱི།།　　'di dag yod par 'dod mod kyi//
དག་དང་མཛེས་དང་གསལ་བ་ནི།།　　dag dang mdzes dang gsal ba ni//
སངས་རྒྱས་རྣམས་ཀྱི་ཆར་མི་ཕོད།།　　sangs rgyas rnams kyi char mi phod//

[195. (2-97)]

從菩薩善心　一念中一分　　　종보살선심　일념중일분
輪王相好因　尚不能等此　　　윤왕상호인　상불능등차

모든 전륜성왕들에게 (갖추어졌던)

---

427. 팔십종호(八十種好): 부처님의 신체에 갖추어진 80종의 부차적인 작은 특징. 부처님이 일반 사람과는 다르다는 점을 나타내는 신체상의 이상적인 특색을 세분한 것. 상징적인 명칭이 많고, 32상(相)과 중복되는 것도 있다. 이 때문에 32상을 다시 80종으로 세분한 것이라고도 한다. 팔십미묘종호(八十微妙種好), 팔십소상(八十小相), 팔십수호(八十隨好), 팔십수형호(八十隨形好), 팔십종묘호(八十種妙好).
428. 동류원인: 종자, 싹, 줄기, 잎, 꽃과 과실, 앞의 순서는 뒤의 원인이다. 한류에 속하기에 동류원인이라 한다. 불경에서는 등류라 번역하였다. 등류(等流): 【범】niḥṣyanda 등(等)은 비슷한 것. 유(流)는 같은 종류. 같은 무리가 상속하는 것을 말함.
429. '경외감'으로 옮긴 '독빼(dogs pa)'는 보통 '의심, 두려움'을 뜻한다. 여기서는 긍정적인 의미로 보고 옮겼다.
430. 한역의 [193. (2-95)]번 게송이다.

> 이것들이 (두루 갖추어져) 있기를 바랍니다. 그렇지 않으면[431]
> 청정함[淨]과 아름다움[愛]과 영광[明] (등을 두루 갖춘)[432]
> (모든) 부처님의 (장엄함에) 조금도 미치지 못할 것입니다.[433]

[199. (2-99)]

'khor los sgyur ba'i mtshan dang ni//
dpe byad bzang po gang dag gcig//
thub dbang po la sems dang ba'i//
yan lag gcig las 'byung ba bshad//

[195. (2-97)]

從菩薩善心　一念中一分　　종보살선심　일념중일분
輪王相好因　尚不能等此　　윤왕상호인　상불능등차

> (32상의) 전륜성왕의 징표[相]와
> (80)종호는 그 무엇이 되었든 (오직 이) 하나
> 부처님에 대한 순수한 마음
> (이) 한 가지로부터 생겨난다고 말해집니다.[434]

[200. (2-100)]

bskal ba bye ba rgya phrag ni//
gcig tu bsags pa'i dge bas kyang//
sangs rgyas ba spu nyag gcig kyang//

---

431. [31. (1-31)]번 게송에서와 같은 매우 특이한 접속사 '되기(mod kyi)'가 쓰였다. '~이다. 그러나' 또는 '그렇지만'이라는 뜻으로 쓰인다.
432. 한자는 한역에 따라 첨언하였다.
433. 한역의 [194. (2-96)]번 게송이다.
434. 한역의 [195. (2-97)]번 게송이다.

བསྐྱེད་པར་བྱེད་པ་མ་ཡིན་ནོ།། bskyed par byed pa ma yin no//

[196. (2-98)]

一人萬億劫　修善根生長　　　　일인만억겁　수선근생장
於佛一毛相　此因亦不感　　　　어불일모상　차인역불감

> (사람이) 만억 겁에 (걸쳐)
> 하나가 되게 쌓은 선행이라 할지라도
> 부처님의 (몸에 난) 털 하나[435]
> 생겨나게 행한 (그 공덕)보다 작습니다.[436]

ཉི་མ་རྣམས་ཀྱི་འོད་བྱེད་པ།། nyi ma rnams kyi 'od byed pa//
མེ་ཁྱེར་རྣམས་དང་བག་འདྲ་ལྟར།། me khyed rnams dang bag 'dra ltar//
སངས་རྒྱས་རྣམས་ཀྱི་མཚན་ཡང་ནི།། sangs rgyas rnams kyi mtshan yang ni//
འཁོར་ལོས་བསྒྱུར་བ་རྣམས་དང་འདྲ།། 'khor los bsgyur ba rnams dang 'dra//

[197. (2-99)]

諸佛與輪王　相中一分等　　　　제불여륜왕　상중일분등
譬如螢與日　於光微有似　　　　비여형여일　어광미유사

> 태양들의 빛나는 것(에 비하자면)
> 반딧불들(의) (빛이) 아주 작은 것과 같이
> 부처님들의 징표[相]에 비하자면

---

435. 2, 3행의 말미에 모두 '깡(kyang)'이 쓰였는데 3행에서는 비교격[Comp.]으로 받아 4행에 첨언하였다.
436. '작습니다'로 의역하는 게 더 보기 좋을 듯하다. 원문은 '아니다' 또는 '없다'를 뜻하는 '마인(ma yin)'이다. 한역의 [196. (2-98)]번 게송이다.

> 전륜성왕들의 (징표)도 이와 같습니다.[437]

||རིན་པོ་ཆེའི་ཕྲེང་བ་ལས། སྐྱེ་ལ་གཞེན་བྱ་བ་སྟེ་ལེའུ་གཉིས་པའོ།།

『보행왕정론』, 「제2 잡품」[438]

---
437. 전체적으로 의역했다. 한역의 [197. (2-99)]번 게송이다.
438. 티벳역은 실제로 101개의 게송으로 되어 있다. 영역은 이 품을 100개로 만들기 위해 후반의 두 게송을 하나로 간주하고 있어 이것을 따랐다. 한역은 99개 게송으로 되어 있다.

제3 보리자량품 菩提資糧品[439]

[201. (3-1)]

བསོད་ནམས་བསམ་གྱིས་མི་ཁྱབ་ལས།། bsod nams bsam gyis mi khyab las//
ཇི་ལྟར་སངས་རྒྱས་མཚན་འབྱུང་བ།། ji rtar sangs rgyas mtshan 'byung ba//
ཐེག་པ་ཆེན་པོའི་ལུང་ཆེན་ལས།། theg pa chen po'i lung chen las//
རྒྱལ་པོ་ཆེན་པོ་དེ་བཞིན་གསོན།། rgyal po chen po de bzhin gson//

[198. (3-1)]

| 諸佛大相好　從難思福生 | 제불대상호　종난사복생 |
| 我今爲汝說　依大乘阿舍 | 아금위여설　의대승아사 |

---

439. ‖རིན་པོ་ཆེའི་ཕྲེང་བ་ལས། བྱང་ཆུབ་ཀྱི་ཚོགས་བསྡུས་པ་ཞེས་བྱ་བ་སྟེ་ལེའུ་གསུམ་པའོ།‖
//rin po che'i phreng ba las/ byang chub kyi tshogs bsdus pa zhes bya ba ste le'u gsum pa'o//

한역에 따라 「보리자량품(菩提資糧品)」으로 옮겼으며 영역의 제목은 'Collection for Enlightenment'이다. 각 게송들마다 번호 순서가 다르다. 영역은 201번부터 시작하니 이전 품의 게송 하나가 누락된 것이고 티벳역은 전체 게송 번호를 붙이지 않고 있으니 3-1로 시작한다. 한역은 전체 게송 번호와 품의 게송 번호를 같이 적기로 한다.

제목을 해자해보면, '보리(菩提)'는 '보디(bodhi)'의 음차이니 깨달음이 되겠고 자량은 '쌓음(축, tshogs bsdus)'이니 '깨달음을 얻기 위해 행해야 할 일' 정도 되겠다. 자량(資糧)의 사전적 정의는 다음과 같다.

[BD] 자량(資糧): 1. 자재(資財)와 식량(食糧). 보살 수행의 5위(位) 가운데 첫 번째를 자량위라 함. 이것은 보리·열반에 이르기 위하여 여러 가지 선근 공덕의 자량을 모으기 때문임. 2. 티벳어로는 tshogs(축)이라고 한다. 자량에는 두 가지가 있다. 즉 깨달음을 성취하는 밑거름으로 성불의 길을 가는 데에 필요한 노자 돈과 식량과 같은 역할을 하는 공덕 자량과 수행을 성취할 수 있는 힘이 되는 지혜 자량을 의미한다. 공덕자량을 쌓기 위해서는 만다라 공양 같은 수행이 도움이 된다고 한다. 이 품에서는 앞에서 이어진 부처님의 80종호에 대해서 약술한 후 왕의 지위에 있으면서 중생들을 두루 살피는 보시에 대해서 강조하며 그 지위에서 기본적으로 지켜야 할 계율에 대해서 다시 강조하고 있다.

> 불가사의한 복덕으로부터
> 이와 같은 부처님의 징표[相][440]가 생겨납니다.
> 대승의 위대한 경론[441]들에 (적힌 말씀들을)
> (오,) 왕이시여! 그와 같이 새겨들으시기 바랍니다.[442]

[202. (3-2)]

རང་སངས་རྒྱས་ཀུན་ལས་བྱུང་དང་།།   rang sangs rgyas kun las byung dang//
སློབ་དང་མི་སློབ་ལས་བྱུང་དང་།།   slob dang mi slob las byung dang//
འཇིག་རྟེན་མ་ལུས་ཀུན་བསོད་ནམས།།   'jig rten ma lus kun bsod nams//
འཇིག་རྟེན་བཞིན་དུ་དཔག་མེད་གང་།།   'jig rten bzhin du dpag med gang//

[199. (3-2)]

一切緣覺福　有學無學福　　일체연각복　유학무학복
及十方世福　福如世難量　　급시방세복　복여세난량

> 스스로 깨달으신[獨覺] 모든 이들로부터 생겨나고
> 배운 이들과 배우지 못한 이들로부터 생겨나고
> 세간 일체의 모든 (것으로 생겨난) 복덕들은
> (이) 세간처럼 무량한 것(입니다.)[443]

[203. (3-3)]

དེ་བཅུར་བསྒྲེས་པར་གྱུར་བ་ཡིས།།   de bcur bsgres par gyur ba yis//

---

440. 원문에는 탈격[Abl.] '레(las)'가 쓰였는데 이것은 주로 경론을 인용할 때, '그 책에 따르자면 ~'이라고 쓸 때 사용한다. 이에 따라 첨언하였다.
441. 원문인 '룽(lung)'은 『아함경』을 가리킨다. 한역은 이에 따랐는데 『아함경』은 기본적으로 소승의 경전이다. 영역은 'the great scriptures'라고 옮겼는데 이것이 더 올바르다고 보고 이에 따라 옮겼다.
442. 한역의 [198. (3-1)]번 게송이다.
443. 한역의 [199. (3-2)]번 게송이다.

བ་སྤུའི་བུ་ག་གཅིག་འགྲུབ་སྟེ།། ba spu'i bu ga gcig 'grub ste//
སངས་རྒྱས་བ་སྤུའི་བུ་ག་ནི།། sang rgyas ba spu'i bu ga ni//
ཐམས་ཅད་དེ་དང་འདྲ་བས་འབྱུང་།། thams cad de dang 'dra bas 'byung//

[200. (3-3)]

此福更十倍　感佛一毛相　　차복갱십배　감불일모상
九萬九千毛　一一福皆爾　　구만구천모　일일복개이

> 그것의 열배를 곱하면[444]
> (부처님) 몸에 난 털 한 올이 되고
> 부처님 몸의 털들
> 모두는 그와 같이 생겨난 것입니다.[445]

[204. (3-4)]

བ་སྤུའི་བུ་ག་ཐམས་ཅད་ནི།། ba spu'i bu ga thams cad ni//
སྐྱེད་པར་བྱེད་པའི་བསོད་ནམས་གང་།། skyed par byed pa'i bsod nams gang//
དེ་དག་བརྒྱར་ནི་བསྒྱུར་བ་ཡིས།། de dag brgyar ni bsgyur ba yis//
དཔེ་བྱད་བཟང་པོ་གཅིག་ཏུ་བཞེད།། dpe byad bzang po gcig tu bzhed//

[201. (3-4)]

如此衆多福　生佛一切毛　　여차중다복　생불일체모
復更百倍增　方感佛一好　　부갱백배증　방감불일호

> (그) 몸에 난 털 모두가
> (이전에) 행한 복덕들 (때문인) 것입니다.

....
444. 도구격[ins.] '이(yis)'는 원인을 나타낸다.
445. 한역의 [200. (3-3)]번 게송이다.

> 그것들의 1백배를 곱한 것이
> 80종호의 하나로 간주됩니다.[446]

[205. (3-5)]

བསོད་ནམས་དེ་སྙེད་དེ་སྙེད་ཀྱིས།།　　bsod nams de snyed de snyed kyis//
རྒྱལ་པོ་དཔེ་བྱད་བཟང་པོ་ནི།།　　rgyal po dpe byad bzang po ni//
གཅིག་མཐར་ཕྱིན་ཏེ་དེ་ལྟ་བུར།།　　gcig mthar phyin te de lta bur//
བརྒྱད་ཅུའི་བར་དུ་འབྱུང་བར་འགྱུར།།　　brgyad cu'i bar du 'byung bar 'gyur//

[202. (3-5)]

如是如是多　一一好得成　　여시여시다　일일호득성
乃至滿八十　隨飾一大相　　내지만팔십　수식일대상

> (그) 복덕들이 그렇게 많이 많이[447] (모인 것이)
> (오,) 왕이시여! (그것이) 바로 그 (80)종호입니다.
> 그 하나를 마쳐 그와 같은
> 80(종호들)이 생겨나게 되는 것입니다.[448]

[206. (3-6)]

དཔེ་བྱད་བཟང་པོ་བརྒྱད་ཅུ་དག།　　dpe byad bzang po brgyad cu dag//
གྲུབ་པའི་བསོད་ནམས་ཚོགས་གང་ཡིན།།　　grub pa'i bsod nams tshogs gang yin//
དེ་དག་བརྒྱར་ནི་བསྒྱུར་བ་ཡིས།།　　de dag brgyar ni bsgyur ba yis//
སྐྱེས་བུ་ཆེན་པོའི་མཚན་གཅིག་གོ།།　　skyes bu chen po'i mtshan gcig go//

446. 한역의 [201. (3-4)]번 게송이다.
447. '그렇게 많다'라는 뜻을 지닌 '데네(de snyed)'가 두 차례 쓰여 강조를 하고 있다.
448. 한역의 [202. (3-5)]번 게송이다.

[203. (3-6)]

如是福德聚　能感八十好　　여시복덕취　능감팔십호
合更百倍增　感佛一大相　　합갱백배증　감불일대상

> 80종호들을
> 성취한 복덕의 자량은 (그와 같은) 것입니다.
> 그것들의 백배를 곱한 것이
> 대장부[=붓다][449]의 징표[相]의 하나입니다.[450]

[207. (3-7)]

མཚན་ནི་སུམ་ཅུ་འགྲུབ་པའི་རྒྱུ།། mtshan ni sum cu 'grub pa'i rgyu//
བསོད་ནམས་རྒྱ་ཆེན་གང་ཡིན་པ།། bsod nams rgya chen gang yin pa//
དེ་དག་སྟོང་དུ་བསྒྱུར་བ་ཡིས།། de dag stong du bsgyur ba yis//
ཟླ་བ་ཉ་འདྲའི་མཛོད་སྤུའོ།། zla ba nya 'dra'i mdzod spu'o//

[204. (3-7)]

如是多福德　能感三十相　　여시다복덕　능감삼십상
復更百倍增　感毫如滿月　　부갱백배증　감호여만월

> (바로 그) 30가지 징표[相](들)은 (이전에) 성취한 원인[因](인)
> (그와 같은) 큰 복덕인 것이 있었기 (때문입니다).[451]
> 그것들의 천배[452]를 곱한 것이
> 보름달과 같은 눈썹 사이의 흰 털[眉間白毫][453]입니다.[454]

---

449. 붓다의 이명 중의 하나다.
450. 한역의 [203. (3-6)]번 게송이다.
451. 전체적으로 윤문하여 옮겼다.

[208. (3-8)]

མཛོད་སྤུ་ཡི་ནི་བསོད་ནམས་དག། mdzod spu yi ni bsod nams dag//
སྟོང་ཕྲག་བརྒྱར་ནི་བསྡོམས་པ་ཡིས། stong phrag brgyar ni bsdoms pa yis//
སྤྱི་གཙུག་བལྟར་ནི་མི་སྣང་བ། spyi gtsug bltar ni mi snang ba//
སྐྱོབ་པའི་གཙུག་ཏོར་སྐྱེད་པར་བྱེད། skyob pa'i gtsug tor skyed par byed//

[205. (3-8)]

能感白毫福　復更千倍增　　능감백호복　부갱천배증
此福感難見　頂上鬱尼沙　　차복감난견　정상울니사

(이) 눈썹 사이의 흰 털[眉間白毫]의 공덕들을
백천(배)을 묶은 것이
바로 (그) 정수리의 왕관 같은 보이지 않는
보호자(=부처님)의 오슬니사(烏瑟膩沙)[455]를 생겨나게 하는 것입니다.[456]

[209. (3-9)]

གཙུག་ཏོར་བསོད་ནམས་བྱེ་བ་ནི། gtsug tor bsod nams bye ba ni//
འབུམ་ཕྲག་བརྒྱར་ནི་བསྒྱུར་བ་ལས། 'bum phrag brgyar ni bsgyur ba las//
སྟོབས་བཅུ་མངའ་བའི་ཆོས་ཀྱི་དུང་། stobs bcu mnga' ba'i chos kyi dung//
གཅིག་འབྱུང་བར་ནི་ཤེས་པར་བྱ། gcig 'byung bar ni shes par bya//

---

452. 한역에서는 백배로 되어 있다.
453. 32상 가운데 '31. 미간에 하얀 털이 있고, 이것이 오른쪽으로 돌아 항상 빛을 발하는 미간백호상(眉間白毫相)'을 가리킨다.
454. 한역의 [204. (3-7)]번 게송이다.
455. 32상 가운데 '32. 머리 정수리의 살이 상투처럼 솟아 있는 정상육계상(頂上肉髻相).. 무견정상(無見頂相), 오슬니사상(烏瑟膩沙相)이라고도 한다.'를 가리킨다.
456. 한역의 [205. (3-8)]번 게송이다.

제3 보리자량품 165

[206. (3-9)]

如此無量福　方便說有量　　여차무량복　방편설유량
於一切十方　如說十倍世　　어일체시방　여설십배세

> (이) 오슬니사(烏瑟膩沙)(가 생겨나기) 위해 행했던 바로 (그) 복덕(들)
> 백만을 곱한 것으로부터
> 10력(力)[457]을 갖춘 법라(法螺)[458](와 같은 부처님의 목젖)[459]
> 하나가 생겨나는 것을 아십시오.[460]

[210. (3-10)]

དེ་ལྟར་བསོད་ནམས་ཚད་མེད་ཀྱང་།། 　de ltar bsod nams tshad med kyang//
ཇི་ལྟར་འཇིག་རྟེན་ཕྱོགས་དེ་དག། 　ji ltar 'jig rten phyogs de dag//
བཅུར་བསྒྲེས་མ་ལུས་བརྗོད་པ་ལྟར།། 　bcur bsgres ma lus brjod pa ltar//

---

457. [BD] 십력(十力): ① 부처가 갖추고 있는 열 가지 힘. 소승(小乘)에서는 18불공법(不共法)의 하나로, 대승에서는 140불공법의 하나로 꼽는다. 처비처지력(處非處智力), 업이숙지력(業異熟智力), 정려해탈등지등지력(靜慮解脫等持等至智力), 근상하지력(根上下智力), 종종승해지력(種種勝解智力), 종종계지력(種種界智力), 편취행지력(遍趣行智力), 숙주수념지력(宿住隨念智力), 사생지력(死生智力), 누진지력(漏盡智力) 등. 보살이 갖추고 있는 열 가지 힘. 심심(深心), 심신(深信), 대비(大悲), 대자(大慈), 총지(總持), 변재(辯才), 바라밀(波羅蜜), 대원(大願), 신통(神通), 가지(加持) 등. 다만 문헌에 따라 그 내용은 상이하다. 예컨대 심심력(深心力), 증상심심력(增上深心力), 방편력(方便力), 지력(智力), 원력(願力), 행력(行力), 승력(乘力), 신변력(神變力), 보리력(菩提力), 전법륜력(轉法輪力) 등이 열거되기도 함. … 이는 『구사론(俱舍論)』 제27권, 『순정리론(順正理論)』 제75권 등에 의함. (2) 보살에게 있는 열 가지 지력(智力). ① 심심력(深心力). ② 증상심심력(增上深心力). ③ 방편력. ④ 지력. ⑤ 원력. ⑥ 행력. ⑦ 승력(乘力). ⑧ 신변력. ⑨ 보리력. ⑩ 전법륜력(轉法輪力). 『화엄경(華嚴經)』 제39권, 『신역화엄경』 제56권에 있음.
458. [BD] 법라(法螺): 수험도(修驗道)에 쓰는 1종의 악기. 지름은 10㎝, 높이는 약5㎝의 사미라(梭尾螺) 껍데기에 금속으로 만두 취구(吹口)를 단 것 경행(經行)·법회 때에 사용. 전진(戰陣)에서 쓰는 것은 이와 구별하여 진패(陣貝)라 함.
459. 원래 이 법라에 붓다의 목젖을 뜻하기도 하여 이렇게 옮겼다. 32상 가운데 이에 해당하는 것은 '28. 음성이 절묘하고 청정하여 멀리서 들을 수 있는 범음심원상(梵音深遠相) 또는 범음성상(梵音聲相)' 정도 된다.
460. 이 게송은 한역과 영역 모두 일치하지 않고 있다. 영역의 경우, 그전에 게송 하나가 더 들어 있는 것을 원문으로 삼았고, 한역은 법라에 대한 설명 등이 빠져 있다.

ཚད་དང་ལྡན་པར་བག་ཙམ་བརྗོད།།   tshad dang ldan par bag tsam brjod//

[207. (3-10)]

諸佛色身因　尚如世無量　　제불색신인　상여세무량
況佛法身因　而當有邊際　　황불법신인　이당유변제

> '그와 같이 헤아릴 수 없는[無量] (色身의) 복덕(들)이라 할지라도 이와 같은[461] (것들은) 세간 쪽에서 (보자면) 그것들(의) 10배수라도 (법신에 비하자면) 아무것도 아니다.'라고 말해지듯 그것을 헤아려보면 하찮은 것이라고 말할[462] (수 있습니다).[463]

[211. (3-11)]

གང་ཚེ་སངས་རྒྱས་གཟུགས་སྐུ་ཡི།།   gang tshe sangs rgyas gzugs sku yi//
རྒྱུ་ཡང་དེ་ལྟར་འཇིག་རྟེན་བཞིན།།   rgyu yang de ltar 'jig rten bzhin//
གཞལ་མེད་དེ་ཚེ་ཆོས་སྐུ་ཡི།།   gzhal med de tshe chos sku yi//
རྒྱུ་ལྟ་ཇི་ལྟར་གཞལ་དུ་ཡོད།།   rgyu lta ji ltar gzhal du yod//

[208. (3-11)]

世間因雖小　若果大難量　　세간인수소　약과대난량
佛因旣無量　果量云何思　　불인기무량　과량운하사

> 어느 때나[464] 부처님의 색신(色身)이
> (생겨난) 원인[因]이 그와 같이 세간에서 (보기 힘든 것)처럼

---

461. '지딸(ji ltar)'이 사용되어 있다. 1행의 '데딸(de ltar)'과 어울려, '그와 같이 ~, 이와 같이 ~'로 옮겼으나 영역에서는 의문형으로 옮겼다.
462. 3행에서와 같이 '죄빠(brjod pa)'가 쓰였다.
463. 전체적으로 간접 인용의 문장부호를 첨언하여 의역했다. 다음 게송을 참조하고 한역과 영역에 따라 색신과 법신을 첨언하였다.
464. 1행의 '강쩨(gang tshe)'는 3행의 '데쩨(de tshe)'와 격을 맞춰 '~할 때 바로 그때~'를

제3 보리자량품 167

> 무량(無量)할 그때 (이와 비교할 수 없는)⁴⁶⁵ 법신(法身)이
> (생겨난) 원인[因]을 보는 것을 어찌 가늠할 수 있겠습니까?⁴⁶⁶

[212. (3-12)]

ཐམས་ཅད་ཀྱི་ནི་རྒྱུ་ཆུང་ལས།།   thams cad kyi ni rgyu chung las//
འབྲས་བུ་རྒྱ་ཆེན་སྐྱེད་འགྱུར་ན།།   'bras bu rgya chen skyed 'gyur na//
སངས་རྒྱས་རྒྱུ་ནི་དཔག་མེད་ལས།།   sangs rgyas rgyu ni dpag med las//
འབྲས་བུ་དཔག་ཡོད་བསམ་ཐག་ཆད།།   'bras bu dpag yod bsam thag chad//

[209. (3-12)]

| 諸佛有色身 | 皆從福行起 | 제불유색신 | 개종복행기 |
| 大王佛法身 | 由智慧行成 | 대왕불법신 | 유지혜행성 |

> (선업을 쌓는) 일체의 작은 원인[因]으로부터(도)
> 커다란 (좋은) 결과[果]가 생겨난다면
> 부처님이 (쌓았던) 무량한 (공덕의) 원인[因]으로부터
> (생겨난) 결과의 양을 상상하는 것은 (아예) 멈추시기 (바랍니다.)⁴⁶⁷

[213. (3-13)]

སངས་རྒྱས་རྣམས་ཀྱི་གཟུགས་སྐྱ་ནི།།   sangs rgyas rnams kyi gzugs skya ni//
བསོད་ནམས་ཚོགས་ལས་བྱུང་བ་སྟེ།།   bsod nams tshogs las byung ba ste//
ཆོས་ཀྱི་ནུ་མདོར་བསྡུ་ན།།   chos kyi nu mdor bsdu na//
རྒྱལ་པོ་ཡེ་ཤེས་ཚོགས་ལས་འཁྲུང་།།   rgyal po ye shes tshogs las 'khrung//

뜻하며, 산스끄리뜨어 '야다 ~, 따다 ~(yadā ~, tadā ~)'의 티벳식 표현이다.
465. 문장의 의미를 명확하게 하기 위해 첨언하였다.
466. 한역이나 영역에서는 인(因)과 과(果)를 두루 쓰고 있다.
467. 전체적으로 첨언하여 의역하였다. 한역은 다음 게송과 함께 이어져 있다.

[210. (3-13)]

故佛福慧行　是菩提正因　　고불복혜행　시보리정인
故願汝恒行　菩提福慧行　　고원여항행　보리복혜행

> 부처님들의 바로 그 색신은
> (전생에) 쌓은 복덕으로부터 생겨난 것이니
> 법(신)[468]의 원인을 간략하게 (말하자면)
> (오,) 왕이시여! 쌓은 지혜로부터 생겨난 것입니다.[469]

[214. (3-14)]

དེ་ལྟ་བས་ན་ཚོགས་འདི་གཉིས།།　　de lta bas na tshogs 'di gnyis//
སངས་རྒྱས་ཉིད་ནི་ཐོབ་པའི་རྒྱུ།།　　sangs rgyas nyid ni thob ba'i rgyu//
དེ་ལྟ་མདོར་ན་བསོད་ནམས་དང་།།　　de lta mdor na bsod nams dang//
ཡེ་ཤེས་འདི་ནི་རྟག་བསྟེན་མཛོད།།　　ye shes 'di ni rtag bsten mdzod//

[211. (3-14)]

於成菩提福　汝莫墮沈憂　　어성보리복　여막타침우
有理及阿舍　能令心安信　　유리급아사　능령심안신

> 그러므로 이 둘을 쌓는 것은
> 깨달음[붓다] 자체를 성취하는 원인[因]이니
> 이를 간략하게 (말하자면) 복덕과
> 지혜(이니) 바로 이것에 항상 의지하시기 바랍니다.

---

468. 영역과 한역의 [209. (3-12)]번 게송에 따라 첨언하였다.
469. 앞에서 이어진 이 색신과 법신의 의미를 총합해 보면 다음 게송에서 이에 대해서 자세히 설명하고 있듯 색신은 복덕 자량의 결과로, 그리고 법신은 지혜 공덕의 결과로 이루어진 것임을 알 수 있다. 한역의 다음 게송과 이어져 있다.

[215. (3-15)]

rigs pa dang ni lung bstan pa'i//
dbugs 'byin byed pa'i rgyu 'di yis//
byang chub bsgrub pa'i bsod nams ni//
'di la sgyid lug mi bya'o//

[212. (3-15)]

如十方無邊　空及地水火
有苦諸衆生　彼無邊亦爾

여시방무변　공급지수화
유고제중생　피무변역이

> (스스로 생각한 올바른) 이치와 (부처님이 교시하신) 경전[470]에 의지한 (확고한) 믿음에 (따라 행한) 행위, 이 원인[因]이
> 깨달음을 성취하는 복덕입니다.
> (그러므로) 이것을 (닦는 데) 게을리하지 마십시오.[471]

[216. (3-16)]

phyogs rnams kun tu nam 'khar dang//
sa dang chu dang me dang rlung//
ji ltar mtha' yas de bzhin du//
sdug bsngal sems can mtha' yas 'dod//

[213. (3-16)]

此無邊衆生　菩薩依大悲
從苦而拔濟　願彼般涅槃

차무변중생　보살의대비
종고이발제　원피반열반

---

470. 한역에서는 아함(阿含)이라고 적고 있다.
471. 한역의 [211. (3-14)]번 게송의 3, 4행이다.

시방(十方)[472](에 걸쳐) 공(空)과

지(地)와 수(水)와 화(火)와 풍(風)[473]

이것들이 무한한 것처럼

고통에 빠진 유정들 (또한) 무한하다고 볼 수 있습니다.[474]

[217. (3-17)]

། སེམས་ཅན་མཐའ་ཡས་དེ་དག་ནི།།	sems can mtha' yas de dag ni//
བྱང་ཆུབ་སེམས་དཔའི་སྙིང་བརྩེ་བས།།	byang chub sems dpa'i snying brtse bas//
སྡུག་བསྔལ་དག་ལས་དྲངས་བྱས་ཏེ།།	sdug bsngal dag las drangs byas te//
སངས་རྒྱས་ཉིད་ལ་འགོད་པར་ངེས།།	sangs rgyas nyid la 'god par nges//

[214. (3-17)]

從發此堅心　行住及臥覺　　종발차견심　행주급와각
或時小放逸　無量福恒流　　혹시소방일　무량복항류

그 무량한 유정들(에 대한)[475]

보살의 연민은

(그들을) 고통[苦]들로부터 (벗어나게) 이끌어주고

(그들을) 깨달음 자체에 안착하게 (확실하게) 정해줍니다.[476]

---

472. 원문은 '모든 방향'을 뜻하는 '촉남 꾼뚜(phyogs rnams kun tu)'이나, 한역에 따라 '시방'으로 옮겼다.
473. 순서가 약간 다르지만 5大를 가리킨다.
474. 여기에 사용된 동사는 되빼('dod pa)로, 명사형으로 탐욕을 뜻하며 동사형도 이와 유사한 뜻으로 자주 쓰인다. TT의 'is considered'에 따라 옮겼다. 한역의 [212. (3-15)], [213. (3-16)]번 게송에 이어져 있다.
475. 원문에는 격이 생략되어 있다.
476. 한역의 [213. (3-16)], [214. (3-17)]번 게송에 이어져 있다. 한역과 차이가 좀 난다.

[218. (3-18)]

དེ་ལྟར་བརྟན་པར་གནས་དེ་ནི།།
མི་ཉལ་བའམ་ཉལ་ཡང་རུང་།།
ཡང་དག་བླངས་པ་ནས་བཟུང་སྟེ།།
བག་མེད་གྱུར་ཀྱང་སེམས་ཅན་རྣམས།།

de ltar brtan par gnas de ni//
mi nyal ba'am nyal yang rung//
yang dag blangs pa nas bzung ste//
bag med gyur kyang sems can rnams//

[215. (3-18)]

福量如衆生　恒流無間隙　　복량여중생　항류무간극
因果旣相稱　故菩提不難　　인과기상칭　고보리불난

> 그러므로 확고하게 머물 바로 그 자리[깨달음에 이르는 길]를
> 잠을 자지 않거나 잠들어 있을 때에도
> 정확하게 받아들여 지키십시오
> 방만(放漫)[477]해 (보일)지라도 유정들이[478]

[219. (3-19)]

མཐའ་ཡས་ཕྱིར་ན་སེམས་ཅན་བཞིན།།
བསོད་ནམས་མཐའ་ཡས་རྟག་སོགས་འགྱུར།།
མཐའ་ཡས་དེས་ན་སངས་རྒྱས་ཉིད།།
མཐའ་ཡས་ཐོབ་མི་དཀའི་ཞེས་བྱ།།

mtha' yas phyir na sems can bzhin//
bsod nams mtha' yas rtag sogs 'gyur//
mtha' yas des na sangs rgyas nyid//
mtha' yas thob mi dka'i zhes bya//

[216. (3-19)]

時節及衆生　菩提與福德　　시절급중생　보리여복덕
由此四無量　菩薩堅心行　　유차사무량　보살건심행

477.　원문의 '게메(bgas med)'는 '박메(bag med)'의 오자다. '박메'에는 방탕의 뜻이 강하지만 여기서는 '맺고 끊는 데가 없이 제멋대로 풀어져 있다'는 사전적 정의처럼, '체계적으로 보이지 않을지라도'라는 뜻으로 보고 첨언하여 옮겼다.

478.　문장 구조가 완결된 형태가 아니라 다음과 이어져 있다. 한역과는 완전히 달라졌다.

> 무량한 것이기 때문에 유정처럼
> 복덕 등도 항상 무량한 것이 됩니다.[479]
> '(복덕 또한[480]) 무량하다면 이런 연유로 깨달음 자체도
> 무량하니 (그) 성취도 어렵지 않다.'고 말해집니다.[481]

[220. (3-20)]

གང་ཞིག་དཔག་མེད་དུས་གནས་ཏེ།།	gang zhig dpag med dus gnas te//
ལུས་ཅན་དཔག་ཏུ་མེད་དོན་དུ།།	lus can dpag tu med don du//
བྱང་ཆུབ་དཔག་ཏུ་མེད་འདོད་ཅིང་།།	byang chub dpag tu med 'dod cing//
དགེ་བ་དཔག་ཏུ་མེད་བྱེད་པ།།	dge ba dpag tu med byed pa//

[217. (3-20)]

菩提雖無量　因前四無量　　보리수무량　인전사무량
修福慧二行　云何難可得　　수복혜이행　운하난가득

> 어떤 이[482]가 헤아릴 수 없는 시간 동안
> 몸 받은 이[483]가 되어 헤아릴 수 없는 일에
> 보리(심과 행을) 헤아릴 수 없을 만큼 원하고
> 선행을 헤아릴 수 없을 만큼 행(한다면)[484]

---

479. 문장의 구조가 조금 이상하여 우리말에 맞게 윤문하여 옮겼다. 직역하면 '복덕 (또한) 무량한 항상하는 것 등이 됩니다.' 정도 된다.
480. 영역에서는 'the causes', 즉 그 인(因)도 무량하다고 보고 옮기고 있다.
481. 전체적으로 반복된 운율을 살려 의역했다. 한역의 [218. (3-18)]번 게송이다.
482. 영역에서는 보살의 행위를 언급하기 위해 'Bodhisattva'를 첨언하고 있다.
483. '몸을 갖춘 자'를 뜻하는 '루짼(lus can)'이 쓰여 있다. 유정(有情)과 동의어다.
484. 문장 구조가 다음 게송과 이어져 있다. 한역의 [216. (3-19)]번 게송이다.

[221. (3-21)]

དེས་ཀོ་བྱང་ཆུབ་དཔག་མེད་ཀྱང་།།
དཔག་ཏུ་མེད་པ་རྣམ་བཞི་ཡི།།
ཚོགས་གྱིས་རིང་པོ་མི་ཐོགས་པར།།
ཅི་ཡི་ཕྱིར་ན་འཐོབ་མི་འགྱུར།།

des ko byang chub dpag med kyang//
dpag tu med pa rnam bzhi yi//
tshogs gyis ring po mi thogs par//
ci yi phyir na 'thob mi 'gyur//

[218. (3-21)]

福慧二種行　如此無邊際　　복혜이종행　여차무변제
菩薩身心苦　故疾得消除　　보살신심고　고질득소제

> 그로 인한 헤아릴 수 없는 보리(심과 행)와
> 사무량[485]의
> 자량(資糧)이 (그) 오랜 시간 동안
> 어찌 성취되지 않겠습니까?[486]

[222. (3-22)]

བསོད་ནམས་མཐའ་ཡས་ཞེས་པ་དང་།།
ཡེ་ཤེས་མཐའ་ཡས་ཞེས་པ་དེས།།
ལུས་དང་སེམས་ཀྱི་སྡུག་བསྔལ་དག།
མྱུར་བ་ཉིད་དུ་སེལ་བར་བྱེད།།

bsod nams mtha' yas zhes pa dang//
ye shes mtha' yas zhes pa des//
lus dang sems kyi sdug bsngal dag//
myur ba nyid du sel bar byed//

[219. (3-22)]

惡道飢渴等　身苦惡業生　　악도기갈등　신고악업생
菩薩永離惡　行善苦不生　　보살영리악　행선고불생

....
485.　앞의 [24. (1-24)]번 게송 각주 참조.
486.　한역의 [217. (3-20)]번 게송이다.

> (그렇기 때문에) 무량한 복덕이라 일컫고
> 무량한 지혜라 일컫는 것이니 이는
> 몸과 마음의 고통들을
> 재빨리 제거해줍니다.[487]

[223. (3-23)]

སྡིག་པས་ངན་འགྲོར་ལུས་ཀྱི་ནི།།   sdig pas ngan 'gror lus kyi ni//
སྡུག་བསྔལ་བཀྲེས་སྐོམ་ལ་སོགས་འབྱུང་།།   sdug bsngal bkres skom la sogs 'byung//
དེས་སྡིག་མ་བྱས་བསོད་ནམས་ཀྱིས།།   des sdig ma byas bsod nams kyis//
སྲིད་པ་གཞན་ན་དེ་མེད་དོ།།   srid pa gzhan na de med do//

[220. (3-23)]

欲瞋怖畏等　心苦從癡生　　욕진포외등　심고종치생
由依無二智　菩薩離心苦　　유의무이지　보살리심고

> 악행(惡行)은 악도(중생의) 육체의
> 고통인 배고픔과 목마름 등을 일으킵니다.
> 그러므로 악행을 짓지 않는 복덕으로
> 다른 윤회에서 그런 (육체적인 고통을) 없게 하십시오.[488]

[224. (3-24)]

རྨོངས་པས་ཡིད་ཀྱི་སྡུག་བསྔལ་ནི།།   rmongs pas yid kyi sdug bsngal ni//
ཆགས་སྡང་འཇིགས་དང་འདོད་ལ་སོགས།།   chag sdang 'jigs dang 'dod la sogs//
དེས་རྟེན་མེད་པའི་ཤེས་པ་ཡིས།།   des rten med pa'i shes pa yis//
དེ་ནི་མྱུར་བ་ཉིད་དུ་སྤོང་།།   de ni myur ba nyid du spong//

---

487. 한역의 [218. (3-21)]번 게송이다.
488. 전체적으로 다음 게송과 이어지게 운문하여 옮겼다. 한역의 [219. (3-22)]번 게송이다.

[221. (3-24)]

有苦時若促　難忍何況多　　　유고시약촉　난인하황다
無苦時長遠　有樂云何難　　　무고시장원　유락운하난

> 무지[癡]는 마음의 고통인
> 탐욕, 성냄, 두려움 그리고 욕망 등을 (일으킵니다.)
> 그러므로 의지할 필요 없는[無所依]⁴⁸⁹ 지혜로
> 그것을 빨리 버리십시오.⁴⁹⁰

[225. (3-25)]

ལུས་དང་ཡིད་ཀྱི་སྡུག་བསྔལ་གྱིས།།　　lus dang yid kyi sdug bsngal gyis//
དེ་ལྟར་ཤིན་ཏུ་མ་སྨས་ན།།　　de ltar shin tu ma smas na//
གལ་ཏེ་འཇིག་རྟེན་མཐས་གཏུགས་པར།།　　gal te 'jig rten mthas gtugs par//
འཇིག་རྟེན་འདྲེན་ཀྱང་ཅི་སྟེ་སྐྱོ།།　　'jig rten 'dren kyang ci ste skyo//

[222. (3-25)]

身苦永不有　假說有心苦　　　신고영불유　가설유심고
悲世間二苦　故恒住生死　　　비세간이고　고항주생사

> 육체와 마음의 고통이
> 그렇게 매우 괴롭지 않다고 해도⁴⁹¹
> 세간이 끝날 때까지
> (이) 세간을 (살며 그것들에) 끌려 다닌다면 얼마나 슬프겠습니까?⁴⁹²

---

489. 영역에서는 'baseless'로 옮기고 있다.
490. 한역의 [223. (3-23)]번 게송이다.
491. 2행의 말미에 쓰인 '니(na)'와 3행의 어두에 쓰인 '겔떼(gal te~)'는 모두 '만약 ~한다면'이라

[226. (3-26)]

སྡུག་བསྔལ་བ་ལ་ཡུན་ཐུང་ཡང་། །　　sdug bsngal ba la yun thung yang//
བཟོད་དཀའ་ཡུན་རིང་སྨོས་ཅི་དགོས། །　　bzod dka' yun ring smos ci dgos//
སྡུག་བསྔལ་མེད་ཅིང་བདེ་བ་ལ། །　　sdug bsngal med cing bde ba la//
མཐའ་ཡས་དུས་ཀྱང་ཇི་ཞིག་གནོད། །　　mtha' yas dus kyang ji zhig gnod//

[223. (3-26)]

故菩提長時　智人心不沈　　고보리장시　지인심불침
爲滅惡生善　是時無間修　　위멸악생선　시시무간수

> 짧은 기간 동안의 고통도
> 참기 어려운데 그 오랜 세월의 괴로움(에 대해서) 무슨 말이 필요하겠습니까!
> 고통이 없는 안락을[493]
> 무량한 세월 동안 (누리는데) 무엇이 해를 가하겠습니까?[494]

[227. (3-27)]

དེ་ལ་ལུས་ཀྱི་སྡུག་བསྔལ་མེད། །　　de la lus kyi sdug bsngal med//
ཡིད་ཀྱི་སྡུག་བསྔལ་ག་ལ་ཡོད། །　　yid kyi sdug bsngal ga la yod//
དེ་ནི་སྙིང་རྗེས་འཇིག་རྟེན་སྡུག །　　de ni snying rjes 'jig rten sdug//
དེ་ཉིད་ཀྱིས་ནི་ཡུན་རིང་གནས། །　　de nyid kyis ni yun ring gnas//

는 뜻으로 보통 역순으로 쓰인다.
492. 전체적으로 의미가 불분명하여 의역했다. 한역의 [221. (3-24)]번 게송이다.
493. 영역에서는 '고통이 없는 자가 안락을 누린다(To happy being who have no suffering)'라고 되어 있다.
494. 한역의 [225. (3-25)]번 게송에 해당되지만 차이가 많이 난다.

[224. (3-27)]

貪瞋及無明　願汝識捨離　　탐진급무명　원여식사리
無貪等衆善　知應恭敬修　　무탐등중선　지응공경수

> 그[그런 보살]에게는 육체적인 고통이 없으니
> 마음의 고통이 어찌 있겠습니까?
> (그러나) 그는 자비심으로 세간의 고통을 (대하기에)
> 그 스스로 (이 세상에) 오랫동안 머무는 것입니다.[495]

[228. (3-28)]

de bas sangs rgyas ring thogs zhes//
blo dang ldan pa sgyid mi lug//
nyes zad yon tan don du ni//
'di la rtag tu 'bad par bya//

[225. (3-28)]

由貪生鬼道　由瞋墮地獄　　유탐생귀도　유진타지옥
由癡入畜生　翻此感人天　　유치입축생　번차감인천

> 그러므로 "부처님(깨달음)은 멀리 (있다.)"고 예단하여 말하고
> (이런) 생각에 무릎 꿇지 마시기 바랍니다.[496]
> (그리고) 과실[497]을 없애고 공덕(을 쌓는) 일 바로
> 이것을 항상 애써 이루시기 바랍니다.

---

495. 한역의 [223. (3-26)]번 게송에 해당한다.
496. 원래의 단어 뜻에 맞춰 의역했는데 깨달음, '부처님이 멀리 있다'는 이런 생각을 내지 말라는 이야기다.

[229. (3-29)]

ཆགས་དང་ཞེ་སྡང་བཏི་མུག་དག། chags dang zhe sdang bti mug dag//
ཉེས་པར་མཁྱེན་ནས་ཡོངས་སུ་སྤོངས།། nyes par mkhyen nas yongs su spongs//
མ་ཆགས་མི་སྡང་གཏི་མུག་མེད།། ma chags mi sdang gti mug med//
ཡོན་ཏན་མཁྱེན་ནས་གུས་པར་བསྟེན།། yon tan mkhyen nas gus par bsten//

[225. (3-29)]

由貪生鬼道　由瞋墮地獄　　유탐생귀도　유진타지옥
由癡入畜生　翻此感人天　　유치입축생　번차감인천

> 탐욕[貪]과 성냄[瞋,] 어리석음[癡]들은
> 그릇된 것[過失]임을 알아 완전히 버리십시오.
> 무욕과 성내지 않음, 어리석지 않음을
> 완전히 알아 (이를) 공경하며 의지하십시오.[498]

[230. (3-30)]

ཆགས་པས་ཡི་དྭགས་འགྲོ་བར་འགྲོ།། chags pas yi dwags 'gro bar 'gro//
ཞེ་སྡང་གིས་ནི་དམྱལ་བར་འཕེན།། zhe sdang gis ni dmyal bar 'phen//
རྨོངས་པས་ཕལ་ཆེར་དུད་འགྲོར་འགྲོ།། rmongs pas phal cher dud 'gror 'gro//
བཟློག་པས་ལྷ་དང་མི་ཉིད་དོ།། bzlog pas lha dang mi nyid do//

[227. (3-30)]

佛像及支提　殿堂幷寺廟　　불상급지제　전당병사묘
最勝多供具　汝應敬成立　　최승다공구　여응경성립

....
497. 원문의 '네(nad)'는 '네(nas)'의 오자이다.
498. 한역의 [224. (3-27)]번 게송이다.

> 탐욕으로 인해 아귀생으로 가고
> 성냄으로 인해 지옥생으로 떨어지고
> 어리석음으로 인해 대부분 축생으로 가고
> (이것들을) 그치는 것을 통해 천신과 비천(非天, 아수라)생으로 갑니다.[499]

[231. (3-31)]

སྐྱོན་སྤངས་ཡོན་ཏན་འཛིན་པ་ནི།། skon spangs yon tan 'dzin pa ni//
མངོན་པར་མཐོ་བ་པ་ཡི་ཆོས།། mngon par mtho ba pa yi chos//
ཤེས་པས་འཛིན་པ་ཡོངས་ཟད་པ།། shes pas 'jin pa yongs zad pa//
ངེས་པར་ལེགས་པ་པ་ཡི་ཆོས།། nges par legs pa pa yi chos//

[228. (3-31)]

坐寶蓮花上　好色微妙畵　　좌보연화상　호색미묘화
一切金寶種　汝應造佛像　　일체금보종　여응조불상

> 과실을 버리고 공덕을 갖추는 바로 (이것이)
> 상계의 법(입니다).
> (이것을) 남김없이 완전히 이해하는 것이[500]
> 영원한 안락[解脫]을 얻는 자의 법(입니다.)[501]

[232. (3-32)]

སངས་རྒྱས་སྐུ་བཞུགས་མཆོད་རྟེན་དང་།། sangs rgyas sku bzugs mchod rten dang//
གཙུག་ལག་ཁང་དག་གུས་ཚུལ་དུ།། gtsug lag khang dag gus tshul du//
ཤིན་ཏུ་རྒྱ་ཆེན་གནས་མལ་སོགས།། shin tu rgya chen gnas mal sogs//

---

499. 한역의 [225. (3-28)]번 게송이다.
500. 문장의 의미를 '이해하는 것'을 수식하는 것이 뒤에 위치한 것으로 보고 풀었다.
501. 한역의 [225. (3-29)]번 게송이지만 의미가 약간 다르다.

རྒྱ་ཆེན་ཕྱུག་པ་བསྒྲུབ་པར་མཛོད།། rgya chen phyug pa bsgrub par mdzod//

[229. (3-32)]

正法及聖衆　以命色事護 정법급성중　이명색사호
金寶網縐蓋　奉獻覆支提 금보망산개　봉헌복지제

> 불상, 불탑과
> 절들을 공경하고 지키며[502]
> 매우 큰 거주지 등을 (베푸는 것은)
> 큰 재물을 성취하는 것입니다.[503]

[233. (3-33)]

རིན་ཆེན་ཀུན་ལས་བགྱིས་པ་ཡི།　rin chen kun las bgyis pa yi//
སངས་རྒྱས་སྐུ་བཞུགས་དབྱིབས་མཛེས་ཤིང་།།　sangs rgyas sku bzugs dbyibs mdzes shing//
ལེགས་པར་བྲིས་པ་པདྨ་ལ།།　legs par bris pa padma la//
བཞུགས་པ་དག་ཀྱང་བགྱིད་དུ་སྩོལ།།　bzhugs pa dag kyang bgyid du stsol//

[230. (3-33)]

金銀衆寶花　珊瑚琉璃珠 금은중보화　산호유리주
帝釋靑大靑　金剛貢支提 제석청대청　금강공지제

> 온갖 진귀한 것으로 지은
> 부처님의 형상[佛像]을 장식하고[504]
> 빼어난 연화좌(蓮花座)에
> 모시기 바랍니다.[505]

---

502. 원문에는 라둔이 사용되어 있으나, 여기서는 다음과 이어지게 옮겼다.
503. 한역의 [227. (3-30)]번 게송이다.

제3 보리자량품 **181**

[234. (3-34)]

དམ་ཆོས་དགེ་སློང་དགེ་འདུན་དག། dam chos dge slong dge 'dun dag//
ནན་ཏན་ཀུན་གྱིས་བསྐྱང་བར་མཛོད།། nan tan kun gyis bskyang bar mdzod//
གསེར་དང་རིན་ཆེན་དྲ་བ་དག། gser dang rin chen dra ba dag//
ཉིད་ཀྱིས་མཆོད་རྟེན་རྣམས་ལ་ཐོགས།། nyid kyis mchod rten rnams la thogs//

[231. (3-34)]

能說正法人　以四事供養　　능설정법인　이사사공양
六和敬等法　常應勤修行　　육화경등법　상응근수행

> 성법(聖法), 스님, 승가(僧家)들을
> 모든 성실함으로 돌보시기 바랍니다.
> 금과 희귀한 보물들
> 바로 그것으로 불탑들을 높이 받드십시오.[506]

[235. (3-35)]

གསེར་དང་དངུལ་གྱི་མེ་ཏོག་དང་།། gser dang dngul gyi me tog dang//
རྡོ་རྗེ་བྱི་རུ་མུ་ཏིག་དང་།། rdo rje byi ru mu tig dang//
ཨཉྫཉིལ་དང་བོ་དུརྻ།། andarnyila dang bodurya//
མཐོན་ཀ་ཆེན་པོས་མཆོད་རྟེན་མཆོད།། mthon ka chen pos mchod rten mchod//

[232. (3-35)]

於尊恭敬聽　勤事而侍護　　어존공경청　근사이시호
菩薩必應行　亡後亦供養　　보살필응행　망후역공양

---

504. 원문에서는 짓는다는 '제빠(mdzes pa)'가 사용되었다.
505. 한역의 [228. (3-31)]번 게송이다.
506. 여기에 사용된 동사는 '톡빠(thogs pa)'로 '높이 들어 올리다'는 뜻을 지니고 있어 이에 따랐다. 한역의 [229. (3-32)]번 게송이다.

> 황금과 은의 꽃과
> 금강석(다이아몬드), 산호, 진주와
> 녹옥(綠玉, 에메랄드)과 흑묘석(黑猫石)
> 커다란 청옥(靑玉, 사피이어)으로 불탑을 공경하십시오.[507]

[236. (3-36)]

དམ་ཆོས་སྨྲ་ལ་མཆོད་པ་ནི།།	dam chos smra la mchod pa ni//
རྙེད་དང་བཀུར་སྟི་དང་ལྡན་པ།།	rnyed dang bkur sti dang ldan pa//
དགའ་བར་འགྱུར་བ་རྣམས་བགྱི་ཞིང་།།	dga' bar 'gyur ba rnams bgyi zhing//
ཆོས་དྲག་གུས་པར་བསྟེན་པར་མཛོད།།	chos drag gus par bsten par mdzod//

[233. (3-36)]

| 於天外道衆　不應親事禮 | 어천외도중　불응친사례 |
| 因無知邪信　莫事惡知識 | 인무지사신　막사악지식 |

> 성법을 설하시는 분(들)을[508] 공경하시고
> (그 법을) 얻어 받고 상찬하며
> 좋아하는 것 등을 행하시고
> 최상의 법을 겸손하게 의지(수행)하십시오.[509]

[237. (3-37)]

བླ་མར་རིམ་འགྲོ་གུས་ཉན་དང་།།	bla mar rim 'gro gus nyan dang//
ཞམ་རིང་དང་ནི་མདོངས་གསོལ་དང་།།	zham ring dang ni mdongs gsol dang//
བྱང་ཆུབ་སེམས་དཔའ་རྣམས་ལ་ཡང་།།	byang chub sems dpa' rnams la yang//

---

507. 한역의 [230. (3-33)]번 게송이다.
508. 원문에는 '나(smra)'만 쓰여 있으나 축약된 것으로 보고 옮겼다.
509. 영역에서는 '확고하게(firmly)'로 옮기고 있다. 한역의 [231. (3-34)]번 게송이다.

རྟག་ཏུ་གུས་པས་མཆོད་པར་མཛོད།། rtag tu gus pas mchod par mdzod//

[234. (3-37)]

佛阿舍及論　書寫讀誦施
亦惠紙筆墨　汝應修此福

불아함급론　서사독송시
역혜지필묵　여응수차복

> 스승[510]을 공경하여 겸손하게 섬기고
> 시봉하고 바로 일러 여쭙고[511]
> 보살들에게도 역시
> 항상 겸손하게 공경하십시오.[512]

[238. (3-38)]

མུ་སྟེགས་གཞན་ལ་གུས་པ་ཡིས།། mu steg gzhan la gus pa yis//
མཆོད་དང་ཕྱག་ཀྱང་མི་བགྱི་སྟེ།། mchod dang phyag kyang mi bgyi ste//
མི་ཤེས་པ་རྣམས་དེའི་རྐྱེན་གྱིས།། mi shes pa rnams de'i rkyen gyis//
སྐྱོན་དང་བཅས་ལ་ཆགས་འགྱུར་གདའ།། skyon dang bcas la chags 'gyur gda'//

[235. (3-38)]

於國起學堂　雇師供學士
興建永基業　汝行爲長慧

어국기학당　고사공학사
흥건영기업　여행위장혜

> 다른 외도(의 스승들을) 겸손하게

---

510. 스승, 즉 '구루(guru)'를 뜻하는 '라마'가 쓰였다. 이 단어는 '경계[라, (bla)]'가 '없다[마, (ma)]'는 뜻이다. 지혜와 복덕, 그 공덕이 끝이 없다는 의미로 '라마교'의 어원은 여기서 왔다.
511. 원문은 '동쑐(mdongs gsol)'로 '얼굴로 말하다', 즉, '거짓을 고하지 않는다' 정도로 의역할 수 있다. 영역에서는 '기쁘게 하다(please)'로 되어 있다.
512. 한역의 [232. (3-35)]번 게송이다.

> 공양하고 배례(절)하는 것을 하지 마시기 바랍니다. 왜냐하면
> 저 무지한 자들의 영향[513]은
> 과실(過失)로 (가득 찬 것이) 되기 때문입니다.[514]

[239. (3-39)]

ཐུབ་དབང་གསུང་དང་དེས་བྱུང་བའི།། thub dbang gsung dang des byung ba'i//
གཞུང་རྣམས་བྲི་དང་གླེགས་བམ་ནི།། gzhung rnams bri dang glegs bam ni//
སྣག་ཚ་དག་དང་སྨྱུ་གུ་དག། snag tsha dag dang smyu gu dag//
སྔོན་དུ་འགྲོ་བ་སྦྱིན་པར་མཛོད།། sngon du 'gro ba sbyin par mdzod//

[236. (3-39)]

解醫巧曆數　皆爲立田疇　　해의교역삭　개위립전주
潤老小病苦　於國有濟益　　윤노소병고　어국유제익

> 능인왕[515](=붓다)의 말씀과 그로 인해 나타난[現起]
> (다른) 말씀들을[516] [사경(寫經)할] 작은 (공)책이나 (큰) 경전을 (옮길 수 있는)
> 먹물들과 필기구들을
> 사전에 준비하여 주시기 바랍니다.[517]

---

513. 보통 원인, 이유를 뜻하는 '껜(rkyen)'이 쓰였다.
514. 4행의 문장에 사용된 '당 쩨라 착귤다(dang bcas la chags 'gyur gda')'는 억지로 자수를 늘린 느낌이다. 한역의 [233. (3-36)]번 게송이다.
515. [BD] 능인(能人): 남을 교화하여 이롭게 하는 사람. 부처님은 다른 이를 교화하여 이롭게 하는 사람이란 뜻으로, 부처님을 능인이라 한다.
　　여기서는 이 능인에 왕을 뜻하는 '왕뽀(dbang po)'의 '왕'을 축약하여 쓰고 있다.
516. 영역도 이 구조를 따라 옮기며 각주를 달아 두었다.
517. 지필묵을 준비해 주라는 이야기다. 한역의 [234. (3-37)]번 게송이다.

[240. (3-40)]

ཡུལ་དུ་ཡི་དེའི་གྲྭ་ཁང་དུ།། yul du yi de'i grwa khang du//
སློབ་དཔོན་འཚོ་བའི་བྱ་བ་དག། slob dpon 'tsho ba'i bya ba dag//
ཞིང་བསྩལ་བ་ཡི་ངེས་པ་ནི།། zhing bstsal ba yi nges pa ni//
ཡེ་ཤེས་སྤེལ་བའི་སླད་དུ་མཛོད།། ye shes spel ba'i slad du mdzod//

[237. (3-40)]

起諸道伽藍　園塘湖亭屋　　기제도가람　원당호정옥
於中給生具　草蓐飲食薪　　어중급생구　초욕음식신

> (어느) 곳에 학교가 있다면 그곳의[518]
> 스승(들의) 생활에 필요한 물품들과
> 복전(福田, 땅)을 하사하는 결정을 내려
> 지혜를 증장하게 하시기 바랍니다.[519]

[241. (3-41)]

རྒན་དང་བྱིས་པ་ནད་པ་དང་།། rgan dang byis pa nad pa dang//
སེམས་ཅན་སྡུག་བསྔལ་བསལ་སླད་དུ།། sems can sdug bsngal bsal slad du//
ཡུལ་དུ་སྨན་པ་འདྲེག་མཁན་དག། yul du sman pa 'dreg mkhan dag//
ཞིང་གིས་བརྔན་པ་འཇོག་ཏུ་སྩོལ།། zhing gis brngan pa 'jog tu stsal//

[238. (3-41)]

於小大國土　應起寺亭館　　어소대국토　응기사정관
遠路乏水漿　造井池施飮　　원로핍수장　조정지시음

---

518. 의역인데, 원문을 직역하면 '(어느) 곳(나라, 지역, 율, yul), (그곳)의(yi), 그의 학교에' 정도 된다.
519. 1행 때문에 전체적으로 의역했다. 한역의 [235. (3-38)]번 게송이다.

노인과 어린아이,[520] 병자와

(다른) 유정(들의) 고통을 없애기 위해

왕국[521] 안에 병원과 이발소들을 (세우고)

복전으로 (그 일을 하는 이들의) 노임이 되게[522] 하사하십시오.[523]

[242. (3-42)]

འགྲོན་གནས་ཀུན་དགའ་ཆུ་ལོན་དང་༎	'gron gnas kun dga' chu lon dang//
རྫིང་དང་འདུན་ཁང་ཆུ་ར་དག༎	rdzing dang 'dun khang chu ra dag//
མལ་ཟས་རྩྭ་དང་ཤིང་ལྡན་པ༎	mal zas rtswa dang shing ldan pa//
ཤེས་རབ་བཟང་པོ་བགྱིད་དུ་སྩོལ༎	shes rab bzang po bgyid du stsol//

[239. (3-42)]

病苦無依貧	下姓怖畏等	병고무의빈	하성포외등
依慈悲攝受	勤心安立彼	의자비섭수	근심안립피

모든 이들이 좋아할 (만한) 여행자를 위한 쉼터, 다리와

우물과 숙소, 물병[524]과

침대, 먹거리, 이부자리[525]와 화목 (등을 준비하여)

(여행 중에 있는 이들이) 좋은 지혜를 이룰 수 있도록 하사하십시오.[526]

---

520. '지빼(byis pa)'는 1~8세 아동을 가리킨다.
521. 앞의 게송에서와 같은 '율(yul)'이 쓰였다.
522. 원문의 '족빼('jog pa)'는 '두다, 저축하다'는 뜻이 있으나 여기서는 그냥 '되게'로 옮겼다.
523. 한역의 [236. (3-39)]번 게송이다.
524. 영역에서는 '물병(water vessel)'으로 옮기고 있다. 원래 '강둑'이라는 뜻으로도 쓰인다.
525. 숙소에 장만된 이부자리로 옮겼다. 원문은 '푹신한 풀' 정도의 뜻이다.
526. 한역의 [237. (3-40)]번 게송이다.

[243. (3-43)]

གྲོང་དང་གཙུག་ལག་ཁང་དག་དང་།། grong dang gtsug lag khang dag dang//
གྲོང་ཁྱེར་ཀུན་ཏུ་འདུན་ཁང་དང་།། grong khrer kun tu 'dun khang dang//
ཆུ་དཀོན་ལམ་རྣམས་ཐམས་ཅད་དུ།། chu dkon lam rnams thams cad du//
ཆུ་ར་དག་ནི་བགྱིད་དུ་སྩོལ།། chu ra dag ni bgyid du stsol//

[240. (3-43)]

隨時新飮食　果菜及新穀　　수시신음식　과채급신곡
大衆及須者　未施莫先用　　대중급수자　미시막선용

> 마을과 절들과
> 모든 도시들에는 숙소를,
> 물이 귀한 모든 도로 옆에는
> 우물을 하사하시기 바랍니다.[527]

[244. (3-44)]

ནད་པ་མགོན་མེད་སྡུག་བསྔལ་གྱིས།། nad pa mgon med sdug bsngal gyis//
ཉམས་ཐག་དམན་དང་ངན་པ་དག། nyams thag dman dang ngan pa dag//
སྙིང་རྗེས་རྟག་ཏུ་ཡོངས་བཟུང་ཞིང་།། snying rjes rtag tu yongs bzung zhing//
དེ་དག་གསོ་ཕྱིར་གུས་བསྟེན་མཛོད།། de dag gso phyir gus bsten mdzod//

[241. (3-44)]

屣繖瓶鉤鑷　針綖及扇等　　사산병구섭　침연급선등
筌提寢息具　應施寺亭館　　전제침식구　응시사정관

---

527. 한역의 [238. (3-41)]번 게송이다.

> 병자와 보호자가 없는 이의 고통은
> 무력하게 비참하고[528] 나쁜 것들이니
> 연민으로 항상 완전히 이해하고
> 그들을 돌보기 위해 애쓰시기 바랍니다.[529]

[245. (3-45)]

དུས་སུ་འབྱུང་བའི་ཟས་སྐོམ་དང་།།　　dus su 'byung ba'i zas skom dang//
བཅའ་བ་འབྲུ་དང་ཤིང་ཏོག་དག།　　bca' ba 'bru dang shing tog dag//
དགེ་སློང་སློང་བའི་སྐྱེ་བོ་ལ།།　　dge slong slong ba'i skye bo la//
མ་བསྩལ་བར་དུ་གསོལ་མི་རིགས།།　　ma bstsal bar du gsol mi rigs//

[242. (3-45)]

| 三果及三辛　蜜糖酥眼藥 | 삼과급삼신　밀당소안약 |
| 恒應安息省　書咒及藥方 | 항응안식성　서주급약방 |

> 철마다 나는 먹고 마실 거리와
> 부식품, 곡류와 과일들을
> 스님과 빌어먹는 사람(들)에게
> 하사하기 전에는 이를 알리지 마시기 바랍니다.[530]

[246. (3-46)]

ལྷམ་དང་གདུགས་དང་ཆུ་ཚགས་དང་།།　　lham dang gdugs dang chu tshags dang//
ཚེར་མ་དབྱུང་བའི་ཆ་སྟ་དང་།།　　tsher ma dbyung ba'i cha sta dang//
ཁབ་དང་སྐུད་དང་བསིལ་ཡབ་དག།　　khab dang skud dang bsil yab dag//

---

528. 원문은 '냠탁멘(nyams thag dman)'으로 우리말에 적당한 게 없어 이렇게 옮겼다.
529. 원문은 '헌신하시기 바랍니다' 정도 된다. 한역의 [239. (3-42)]번 게송이다.
530. 한역의 [240. (3-43)]번 게송이다.

ཆུ་ར་ཡི་ནི་གནས་སུ་གཞག། chu ra yi ni gnas su gzhag//

[243. (3-46)]

塗首身藥油　澡盤燈糗果　　도수신약유　조반등구과
水器及刀斧　應給亭館中　　수기급도부　응급정관중

> 신발과 우산과 여과포(濾過布)[531]와
> 왕관을 벗기기 위한 족집게[532]와
> 바늘과 실과 부채를
> 물그릇이 놓인 자리에 내려두십시오.[533]

[247. (3-47)]

འབྲས་བུ་གསུམ་དང་ཚ་བ་གསུམ།།　'bras bu gsum dang tsha ba gsum//
མར་དང་སྦྲང་རྩ་མིག་སྨན་དང་།།　mar dang sbrang rtsa mig sman dang//
དུག་སེལ་ཆུ་རར་གཞག་བགྱི་ཞིང་།།　dug sel chu rar gzhag bgyi zhing//
གྲུབ་པའི་སྨན་དང་སྔགས་ཀྱང་བྲི།།　grub pa'i sman dang sngags kyang bri//

[244. (3-47)]

米穀麻飲食　糖膏等相應　　미곡마음식　당고등상응
恒置陰涼處　及淨水滿器　　항치음량처　급정수만기

> 3종의 약재[534]와 3종의 해열약[535]
> 버터와 꿀, 안약과

---

531. 이 여과포(濾過布)는 오늘날로 치면 '휴대용 필터' 정도 되는데 물 안의 곤충들을 여과시키는 천주머니로 율장에서 말하는 출가자가 지녀도 되는 물건 중의 하나를 가리킨다. 여기서는 당대의 일상 용품 가운데 하나를 뜻한다.
532. 정확히 무엇인지 알 수 없으나, 왕의 머리를 손댈 수 없어 사용한 도구로 추측된다.
533. 한역의 [241. (3-44)]번 게송이 되어야 마땅하지만 내용이 좀 다르다.

> 해독제를 물그릇 안에 놓아두시고
> 성취자(붓다)의 약전(藥箋)[536]과 만뜨라를 적으십시오.[537]

[248. (3-48)]

ལུས་དང་རྐང་པ་མགོ་བསྐུ་དང་།།　　lus dang rkang pa mgo bsku dang//
བྱིས་པའི་ཁྲིའུ་སྐྱོ་མ་དང་།།　　byis pa'i khri'u skyo ma dang//
བུམ་པ་ཟངས་དང་དགྲ་སྟ་སོགས།།　　bum pa zangs dang dgra sta sogs//
ཆུ་ར་དག་ཏུ་འཇོག་ཏུ་སྩོལ།།　　chu ra dag tu 'jog tu stsol//

[245. (3-48)]

| 於蟻鼠穴門　飮食穀糖等 | 어의서혈문　음식곡당등 |
| 願令可信人　日日分布散 | 원령가신인　일일분포산 |

> 몸통과 다리, 머리와
> 어린아이의 변기통 (같은 작은 용기에 곡물 가루로 만든) 반죽과
> 물병과 구리솥과 도끼 등과
> 물그릇들을 (가지런히) 놓아 하사하십시오.[538]

[249. (3-49)]

ཏིལ་དང་འབྲས་དང་འབྲུ་དང་ཟས།།　　til dang 'bras dang 'bru dang zas//
བུ་ལམ་སྣུམ་དང་ལྡན་པ་ཡི།།　　bu lam snum dang ldan pa yi//
ཆུ་ར་ཆུང་དུ་བསིལ་གྲིབ་ཏུ།།　　chu ra chung ngu bsil grib tu//

---

534. 원문은 과일(데부, 'bras bu)이라는 뜻이지만, 영역이나 주석서에는 '약재(medicinal fruit)'로 나와 있다. 한역에서는 과일로 되어 있다. 꾸루라, 하리따끼, 암라끼 등의 약용 과일을 가리킨다.
535. 생강, 마늘, 후추를 뜻한다.
536. 원문에는 '약(멘, sman)'만 적혀 있으며 한역에는 약방(藥方)으로 되어 있다.
537. 한역의 [242. (3-45)]번 게송이다.
538. 한역의 [243. (3-46)]번 게송이다.

제3 보리자량품　191

རུང་བའི་ཆུས་བཀང་བགྱིད་དུ་སྩོལ།། rung ba'i chus bkang bgyid du stsol//

[246. (3-49)]

| 如意前後食 | 恒施於餓鬼 | 여의전후식 | 항시어아귀 |
| 狗鼠鳥蟻等 | 願汝恒施食 | 구서조의등 | 원여항시식 |

> 참깨와 쌀, (다른) 곡물과 먹거리와
> 당밀을 갖춘 (뒤에)
> 물그릇(들)에 물을 (부어) 서늘한 곳에
> 적당하게 채워 놓아두어 하사하십시오.[539]

[250. (3-50)]

གྲོག་སྦུར་ཚང་གི་སྒོ་དག་ཏུ།། grog sbur tshang gi sgo dag tu//
ཟས་དང་ཆུ་དང་བུ་རམ་དང་།། zas dang chu dang bu ram dang//
འབྲུ་ཡི་ཕུང་པོ་རྟག་པར་ནི།། 'bru yi phung po rtag par ni//
ཐུགས་བརྟན་མི་རྣམས་བགྱིད་དུ་སྩོལ།། thugs brtan mi rnams bgyid du stsol//

[247. (3-50)]

| 災疫飢餓時 | 水旱及賊難 | 재역기아시 | 수한급적난 |
| 國敗須濟度 | 願汝恒拯恤 | 국패수제도 | 원여항증휼 |

> 개미굴의 구멍[540]들에
> 먹거리와 물과 설탕가루와
> 곡식뭉치를 (놓아두는 것을) 항상
> 믿을 만한 사람들로 행하게 하사하십시오.[541]

....
539. 한역의 [244. (3-47)]번 게송이다.

192

[251. (3-51)]

བཤོས་གསོལ་སྔོན་དང་འོག་དག་ཏུ།། bshos gsol sngon dang 'og dag tu//
ཡི་དྭགས་ཁྱི་དང་གྲོག་སྦར་དང་།། yi dwags khyi dang grog sbar dang//
བྱ་ལ་སོགས་པ་ཅི་བདེ་བར།། bya la sogs pa ci bde bar//
རྟག་ཏུ་ཟས་དག་བསྩལ་བར་མཛོད།། rtag tu zas dag bstsal bar mdzod//

[248. (3-51)]

田夫絶農業　願給糧種具　　전부절농업　원급량종구
隨時蠲租税　輕微受調斂　　수시견조세　경미수조렴

> 음식을 먹기 전이나 후나[542]
> 아귀, 개와 개미와
> 새 등에게 모두 기쁘게 (하기 위해)
> 항상 음식들을 하사하시기를 (바랍니다.)[543]

[252. (3-52)]

གཅེས་པ་དང་ནི་ལོ་ཉེས་དང་།། gtses pa dang ni lo nyes dang//
གནོད་པ་དང་ནི་ཡམས་ནད་དང་།། gnod pa dang ni yams nad dang//
ཕམ་གྱུར་ཡུལ་དུ་འཇིག་རྟེན་པ།། pham gyur yul du 'jig rten pa//
རྗེས་སུ་བཟུང་བ་རྒྱ་ཆེན་མཛོད།། rjes su bzung ba rgya chen mdzod//

[249. (3-52)]

施物濟貧債　出息不長輕　　시물제빈채　출식부장경
直防許休偃　以時接賓客　　직방허휴언　이시접빈객

---

540. 원문에는 문을 뜻하는 '고(sgo)'가 쓰였다.
541. 한역의 [245. (3-48)]번 게송이다.
542. 원문에는 일반적으로 양수(兩數, dual)를 뜻하는 '닥(dag)'이 쓰여 있다.
543. 한역의 [246. (3-49)]번 게송이다.

> 박해받는 이와 흉작으로 (괴로운 이)와
> 상처 입은 이와 전염병에 시달리는 이와
> 패전지의 보통 사람들에게
> 큰 구휼을 베푸시기 바랍니다.[544]

[253. (3-53)]

ཞིང་པ་ཉམ་ཐག་གྱུར་རྣམས་ལ།།   zhing pa nyam thag gyur rnams la//
ས་བོན་ཟས་ཀྱིས་རྗེས་སུ་གཟུང་།   sa bon zas kyis rjes su gzung//
ནན་གྱིས་དཔྱ་ཁྲལ་བཏང་བ་དང་།   nan gyis dpya khral btang ba dang//
ཤས་རྣམས་ཀྱང་ནི་བསྐྱུང་བ་དང་།   shas rnams kyang ni bskyung ba dang//

[250. (3-53)]

| 境内外劫盜　方便斷令息 | 경내외겁도　방편단령식 |
| 隨時遺商侶　平物價鈞調 | 수시유상려　평물가균조 |

> (자연 재해 등을 당해 생계가) 막막한 농부들에게는
> 씨앗과 먹거리로 구휼을 베푸시고
> 확실하게 (수확이 줄어든 만큼) 세액을 없애주시고
> 나머지 부분들에 대해서도 감세해 주시기 바랍니다. 그리고[545]

[254. (3-54)]

ཆགས་ཉེན་པ་ལས་ཡངས་བསྐྱབ་དང་།   chags nyen pa las yangs bskyab dang//
ཤོ་གམ་བཏང་དང་ཤོ་གམ་དབྲི།   sho gam btang dang sho gam dbri//
དེ་དག་སྒོ་ན་སྡོད་པ་ཡི།   de dag sgo na sdod pa yi//
ཉོན་མོངས་ལས་ཀྱང་བཟློག་པར་མཛོད།   nyon mongs las kyang bzlog par mdzod//

---

544. 한역의 [247. (3-50)]번 게송이다.
545. 한역의 [248. (3-51)]번 게송이다. 문장을 약간 의역했다.

[251. (3-54)]

八座等判事　自如理觀察　　　　팔좌등판사　자여리관찰
事能利萬姓　恒恭敬修行　　　　사능리만성　항공경수행

> 재물을 탐하는 고통으로부터 (자유롭지 못한 이들이라도) 널리 지켜주고
> 세금을 없애거나 세금을 감면해 주어
> 그들이 문 앞에 (서 있다)면 (들어와 편히) 머물 자리를 주어
> 번뇌로 인해 (생겨난 그런 생각을) 바꿀 수 있게 하십시오.[546]

[255. (3-55)]

རང་གི་ཡུལ་དང་ཡུལ་གཞན་གྱི།།　　rang gi yul dang yul gzhan gyi//
ཆོམ་རྐུན་རྣམས་ཀྱང་ཞི་བ་མཛོད།།　　chom rkun rnams kyang zhi ba mdzod//
དབྱིག་གི་སྤོགས་ནི་མཉམ་པ་དང་།།　　dbyig gi spogs ni mnyam pa dang//
རིན་ཐང་རིགས་པར་བགྱིད་དུ་སྩོལ།།　　rin thang rigs par bgyid du stsol//

[252. (3-55)]

應作何自利　如汝恒敬思　　　　응작하자리　여여항경사
利他云何成　如此汝急思　　　　리타운하성　여차여급사

> 자기 나라와 다른 나라의
> 도둑들을 평정하시기 바랍니다.
> 귀중한 자원에서 (얻은) 이익도 공평하게 하시고
> 가격은 합리적으로 되게 하십시오.[547]

---

546. 한역의 [249. (3-52)]번 게송이다.
547. 앞에서 '하사하'로 옮긴 '쫄(stsol)'을 명령형으로 받았다. 한역의 [250. (3-53)]번 게송이다.

[256. (3-56)]

བློན་པོས་ཅི་དང་ཅི་གསོལ་བ།། blon pos ci dang ci gsol ba//
ཉིད་ཀྱིས་ཀུན་ཏུ་མཁྱེན་མཛད་ནས།། nyid kyis kun tu mkhyen mdzad nas//
འཇིག་རྟེན་སྨན་པ་གང་དང་གང་།། 'jig rten sman pa gang dang gang//
དེ་དང་དེ་ཀུན་རྟག་ཏུ་མཛོད།། de dang de kun rtag tu mdzod//

[253. (3-56)]

地水風火等　草藥及野樹　　지수풍화등　초약급야수
如此或暫時　受他無礙策　　여차혹잠시　수타무애책

> 신하들이 무엇이든 요청하면
> 스스로 모두 알아
> 세상에 이익[548]이 되는 것(이라면) 무엇이든
> 바로 그것들을 항상 행하십시오.[549]

[257. (3-57)]

བདག་ཕན་ཅི་དང་ཅི་བྱ་ཞེས།། bdag phan ci dang ci bya zhes//
ཇི་ལྟར་ཁྱེད་ལ་གུས་ཡོད་པ།། ji rtar khyed la gus yod pa//
གཞན་ཕན་ཅི་དང་ཅི་བྱ་ཞེས།། gzhan phan ci dang ci bya zhes//
དེ་བཞིན་ཁྱོད་ནི་གུས་པར་མཛོད།། de bzhin khyod ni gus par mdzod//

[254. (3-57)]

七步頃起心　爲捨內外財　　칠보경기심　위사내외재
菩薩福德成　難量如虛空　　보살복덕성　난량여허공

---

548. 보통 '약'으로 쓰는 '멘(sman)'이 쓰였다.
549. 어려운 단어가 없으나 반복되는 형태를 계속 사용한 것이 산스끄리뜨어 원문을 그대로 옮기려는 흔적으로 보인다. 한역의 [251. (3-54)]번 게송이다.

> "자신에게 이익 되는 일은 무엇이든 행하리라!"
> 이와 같은 (생각을) 그대에게 스스로 가지게 하십시오
> "타인에게 이익 되는 일은 무엇이든 행하리라!"
> 그와 같은 (생각을) 그대 스스로에게 가지십시오.[550]

[258. (3-58)]

	sa dang chu dang med dang rlung//
	sman dang nags kyi shing bzhin du/
	bdag nyid yud tsam gcig tu yang//
	'dod dgur spyad pa nyid du mdzod//

[255. (3-58)]

童女好色嚴　惠施求得者　　동녀호색엄　혜시구득자
故獲陀羅尼　能持一切法　　고호다라니　능지일체법

> (모두에게 유용한) 땅과 물과 불과 바람
> 약과 숲처럼
> 자기 스스로를 단 한순간만일지라도
> (다른 이) 모두가 바라는 바를 행할 수 있는 자 자체로 만드십시오.[551]

[259. (3-59)]

	gom pa bdun pa'i dus su yang//
	bdog pa kun gtong sems 'chang ba'i//
	byang chub sems dpa' rnams ba'i//
	bsod nams mkha' 'dra dpag med skye//

---

550. 2, 4행의 지나친 반복을 위해서 약간 변형하고 있다. 한역의 [252. (3-55)]번 게송이다.
551. 4행은 문장의 뜻에 맞게 의역하였다. 한역의 [253. (3-56)]번 게송이다.

[256. (3-59)]

| 愛色具莊嚴　幷一切生具 | 애색구장엄　병일체생구 |
| 施八萬童女　釋迦佛昔時 | 시팔만동녀　석가불석시 |

> 다만 일곱 걸음을 걸을 때에도
> 모든 재물을 주고자 하는 마음을 견지하는
> 보살들의
> 하늘 같이 끝없는 복덕이 생겨나게 하십시오.[552]

[260. (3-60)]

བུ་མོ་གཟུགས་མཛེས་ལེགས་བརྒྱན་པ།།	bu mo gzugs mdzes legs brgyan pa//
དེ་དོན་གཉེར་བ་རྣམས་བརྩལ་ན།།	de don gnyer ba rnams brtsal na//
དེས་ནི་དམ་ཆོས་ཡོངས་འཛིན་པའི།།	des ni dam chos yongs 'dzin pa'i//
གཟུངས་ནི་སོ་སོར་ཐོབ་པར་འགྱུར།།	gzungs ni so sor thob par 'gyur//

[257. (3-60)]

| 光明種種色　衣服莊嚴具 | 광명종종색　의복장엄구 |
| 花香等應施　依悲惠求者 | 화향등응시　의비혜구자 |

> 젊은 여자들이 몸을 아름답게 꾸미기 위해 치장하는 것
> 그 같은 것을 바라기[553]에 (화장을 신경 써서) 하는 것처럼[554]
> 그와 같이 성법을 완전히 움켜쥐어
> 외우고 익히는 것[다라니]을[555] 스스로 이루십시오.[556]

---

552. 한역의 [254. (3-57)]번 게송이다.
553. 원문은 복수형으로 되어 있다.
554. 원문에는 '만약 ~를(을) 한다면'을 뜻하는 가정법의 '나(na)'가 쓰여 있으나 윤문하여

[261. (3-61)]

རྒྱན་རྣམས་ཀུན་དང་ལྡན་པ་ཡི།། rgyan rnams kun dang ldan pa yi//
བུ་མོ་སྟོང་ཕྲག་བརྒྱད་ཅུ་དག། bu mo stong phrag brgyad cu dag//
ཡོ་བྱད་ཀུན་དང་ལྷན་ཅིག་ཏུ།། yo byad kun dang lhan cig tu//
ཐུབ་པ་ཡིས་ནི་སྔོན་བསྩལ་ཏོ།། thub pa yis ni sngon bstsal to//

[258. (3-61)]

若人離此緣　於法無安行　　약인리차연　어법무안행
則應施與之　過此後莫惠　　즉응시여지　과차후막혜

> 온갖 장식품을 갖춘
> 8만의 젊은 여인들이 (두른)
> 모든 패물을 다 합친 것을
> 승자(勝者=붓다)께서 이전에 이미 하사하셨습니다.[557]

[262. (3-62)]

སྣ་ཚོགས་པ་དང་འོད་གསལ་བའི།། sna tshogs pa dang 'od gsal ba'i//
བགོ་བ་དག་དང་རྒྱན་རྣམས་དང་།། bgo ba dag dang rgyan rnams dang//
དྲི་དང་ཕྲེང་བ་ལོངས་སྤྱོད་དག། dri dang phreng ba longs spyod dag//
སློང་བ་རྣམས་ལ་རྩེ་བས་སྩོལ།། slong ba rnams la rtse bas stsol//

[259. (3-62)]

毒亦許施彼　若此能利他　　독역허시피　약차능리타
甘露不許施　若此損害他　　감로불허시　약차손해타

옮겼다.
555.　한역에서는 대개 '주문'을 뜻하는 '다라니(陀羅尼)'로 옮기고 있다.
556.　한역의 [255. (3-58)]번 게송이다.
557.　한역의 [256. (3-59)]번 게송이다.

제3 보리자량품　199

> 다양하고 찬란한
> 의복들과 장식품들과
> 향료와 화환 (같은) 재물들을
> 바라는 자[558]들에게 자비롭게[559] 하사하셨습니다.[560]

[263. (3-63)]

གང་ལ་ཆོས་དོན་གང་མེད་ན།།   gang la chos don gang med na//
ཤིན་ཏུ་ཉམ་ཐག་གྱུར་པ་དེ།།   zhin tu nyam thag gyur pa de//
དེ་ཡི་མོད་ལ་བདེ་བསྩལ་ན།།   de yi mod la bde bstsal na//
དེ་ལས་སྦྱིན་མཆོག་མ་མཆིས་སོ།།   de las sbyin mchog ma mchis so//

[260. (3-63)]

| 若蛇嚙人指　佛亦聽則除 | 약사교인지　불역청즉제 |
| 或佛敎利他　逼惱亦可行 | 혹불교리타　핍뇌역가행 |

> 누군가 불법을 (행할) 것을 갖추지 못하였다면
> (그는) 매우 비참하게 된 것이니
> 그에게[561] 없는 것을 기쁘게 하사한다면
> 그로부터 (생겨난) 보시(의 공덕은) 비할 바가 없을 것입니다.[562]

[264. (3-64)]

གང་ལ་དག་ནི་ཕན་འགྱུར་ན།།   gang la dag ni phan 'gyur na//

---

558. 영역에서는 '거지들(beggars)'이라고 원문의 다양한 뜻 가운데 대표적인 뜻에 따라 옮겼으나 한역에 따라 옮겼다.
559. 본문에는 '자비(닝제, snying rje)'의 '제'만 쓰여 있다.
560. 한역의 [257. (3-60)]번 게송이다.
561. 원문에는 소유격[Gen.] '이('i)'가 사용되었다.
562. 한역의 [258. (3-61)]번 게송이다.

དེ་ལ་དུག་ཀྱང་སྦྱིན་པར་བགྱི།།	de la dug kyang sbyin par bgyi//
ཁ་ཟས་མཆོག་ཀྱང་མི་ཕན་ན།།	kha zas mchog kyang mi phan na//
དེ་ལ་དེ་ནི་སྦྱིན་མི་བགྱི།།	de la de ni sbyin mi bgyi//

[261. (3-64)]

固謹持正法　及能說法人	고근지정법　급능설법인
恭敬聽受法　或以法施他	공경청수법　혹이법시타

> 누군가에게 순수하게 도와주고 (싶다)면
> 그에게는 독이라도 주시기 바랍니다.
> 최고의 먹거리[甘露]라도 (순수하게) 도와주고 (싶지) 않는다면
> 그에게는 그 (어떤 것도) 주지 마십시오.[563]

[265. (3-65)]

སྦྲུལ་གྱིས་ཟིན་ལ་ཇི་ལྟ་བུར།།	sbrul gyis zin la ji lta bur//
སོར་མོ་བཅད་ན་ཕན་བཤད་པ།།	sor mo bcad na phan bshad pa//
དེ་བཞིན་ཐུབ་པས་གཞན་ཕན་པ།།	de bzhin thub pas gzhan phan pa//
མི་བདེ་བ་ཡང་བྱ་བར་གསུངས།།	mi bde ba yang bya bar gsungs//

[262. (3-65)]

莫愛世讚歎　恒樂出俗法	막애세찬탄　항락출속법
如立自體德　於他亦如此	여립자체덕　어타역여차

> '독사에게 물린[564] 어느[565]
> 손가락을 자른다면 이익이다.'고 말해지듯

---

563. 영역은 의미가 불투명하고 한역은 의미가 약간 다르다. 한역의 [259. (3-62)]번 게송이다.

그와 같이 능인(能仁=붓다)은 다른 이에게 이익이 (된다면)
불쾌한 일도 말씀하셨습니다.[566]

[266. (3-66)]

དམ་པའི་ཆོས་དང་ཆོས་སྨྲ་ལ།།   dam pa'i chos dang chos smra la//
ཉིད་ཀྱི་བཀུར་སྟི་མཆོག་དང་ནི།།   nyid kyi bkur sti mchog dang ni//
གུས་པར་བྱས་ཏེ་ཆོས་ཉན་ཞིང་།།   gus par byas te chos nyan zhing//
ཆོས་ཀྱི་སྦྱིན་པ་དག་ཀྱང་མཛོད།།   chos kyi sbyin pa dag kyang mdzod//

[263. (3-66)]

於聞莫知足　及思修實義　　어문막지족　급사수실의
於師報恩施　應敬行莫吝　　어사보은시　응경행막린

성스런 법과 법을 설하는 이에게
(오, 왕이시여! 그대) 자신의 최고의 존경을 (표하시고)
정성을 다해 그 법을 들으시고
(타인에게) 법보시 또한 행하십시오.[567]

[67. (3-67)]

འཇིག་རྟེན་གཏམ་ལ་དགའ་མ་མཛོད།།   'jig rten gtam la dga' ma mdzod//
འཇིག་རྟེན་འདས་ལ་དགྱེས་པར་མཛོད།།   'jig rten 'das la dgyes par mdzod//
བདག་ལ་ཇི་ལྟར་དེ་བཞིན་དུ།།   bdag la ji ltar de bzhin du//
གཞན་ལ་ཡོན་ཏན་བསྐྱེད་པར་མཛོད།།   gzhan la yon tan bskyed par mdzod//

---

564. 원문은 '잡다'라는 뜻을 지닌 '진빼(zin pa)'가 사용되었다.
565. '지딸불(ji lta bur)'은 '~와 같은 것'으로 주로 사용된다.
566. 한역의 [260. (3-63)]번 게송이다.
567. 한역의 [261. (3-64)]번 게송이다.

[264. (3-67)]

莫讀外邪論　但起諍慢故　　막독외사론　단기쟁만고
不應讚自德　怨德亦可讚　　불응찬자덕　원덕역가찬

> 세간 이야기에 기뻐하지 마시고
> 출세간(出世間) (이야기)를 좋아하십시오.
> 자신에게 이것을 그와 같이[568] (행하시고)
> 다른 사람에게 공덕이 생겨나는 것을 기뻐하십시오.[569]

[268. (3-68)]

གསན་པའི་ཆོས་ཀྱིས་མི་ངོམས་ཤིང་།། gsan pa'i chos kyis mi ngoms shing//
དོན་གཟུང་རྣམ་པར་དབྱེ་བ་དང་།། don gzung rnam par dbye ba dang//
བླ་མ་དག་ལ་ཡོན་དབུལ་བ།། bla ma dag la yon dbul ba//
རྟག་ཏུ་གུས་པར་མཛོད་དུ་གསོལ།། rtag tu gus par mdzod du gsol//

[265. (3-68)]

莫顯他密事　及惡心兩舌　　막현타밀사　급악심량설
自於他有過　如理觀悔露　　자어타유과　여리관회로

> 들은 법으로(만) 만족하지 마시고
> (그) 의미를 이해하고 구체적으로 행하시고
> (법을 가르쳐주신) 스승들에게 선물하는 것을
> 항상 겸손하게 행하시기 바랍니다.[570]

---

568. 원문은 '지딸 데진두(ji ltar de bzhin du)'로 산스끄리뜨어 문장 구조의 특성과 그 영향을 그대로 보여주고 있다.
569. 한역의 [262. (3-65)]번 게송이다.

제3 보리자량품　203

[269. (3-69)]

འཇིག་རྟེན་རྒྱང་ཕན་སོགས་མི་གདོན།།　　'jig rten rgyang phan sogs mi gdon//
ང་རྒྱལ་དོན་དུ་རྩོད་པ་སྤང་།།　　　　nga rgyal don du rtsod pa spang//
རང་གི་ཡོན་ཏན་མི་བསྔགས་ཤིང་།།　　rang gi yon tan mi bsngags shing//
དགྲ་ལའང་ཡོན་ཏན་བརྗོད་པར་མཛོད།།　dgra la'ang yon tan brjod par mdzod//

[266. (3-69)]

若由此過失　智者訶責他　　약유차과실　지자가책타
自須離此失　有能拔濟他　　자수리차실　유능발제타

순세외도(順世外道)[571] 등의 (그릇된 이론을) 독송하지 마십시오.
자신을 잘난 척하는[傲慢] 하게 하는 논쟁은 버리십시오.
자신의 공덕을 찬양하지 마시고
원수라도 공덕을 짓게 행하십시오.[572]

[270. (3-70)]

གནད་ལ་དབབ་པར་མི་བགྱི་ཞིང་།།　　gnad la dbab par mi bgyi zhing//
གཞན་རྣམས་ལ་ནི་ངན་སེམས་ཀྱིས།།　　gzhan rnams la ni ngan sems kyis//
གླེང་བར་མི་བགྱི་བདག་ཉིད་ཀྱི།།　　gleng bar mi bgyi bdag nyid kyi//
འཁྲུལ་བ་སོ་སོར་བརྟག་པར་བྱ།།　　'khrul ba so sor brtag par bya//

[267. (3-70)]

他辱己莫瞋　卽觀宿惡業　　타욕기막진　즉관숙악업

....
570.　반복되는 비슷한 어휘들을 축약하여 옮겼다. 한역의 [263. (3-66)]번 게송이다.
571.　[BD] 순세외도(順世外道, Lokāyata=Cārvāka): 인도의 한 학파. 로가야다(路歌夜多)라 음역. 기원(起源)은 늦어도 6세기 이전. 보통 쨔르바카(Cārvāka)라 함은 이 학파의 시조의 이름인 듯함. 지(地)・수(水)・화(火)・풍(風) 4원소의 존재만을 인정하고, 정신을 부정하여 육체적 욕망만을 만족함으로써 목적을 삼는 극단의 쾌락주의의 1파.
572.　한역의 [267. (3-67)]번 게송이다.

莫報對他惡　爲後不受苦　　　막보대타악　위후불수고

> (논쟁을 할 때에도) 감정이 상하지 않게 하시고[573]
> 다른 이들에게 악심으로
> 말하지 말고 스스로
> 실수가 (있나) 각각을 살펴보시기 바랍니다.[574]

[271. (3-71)]

nyes pa gang gis gzhan dag la//
mkhas pas rtag tu kha bya ba//
de ni rang gis yongs spang zhing//
nus pas gzhan yang bzlog par mdzod//

[268. (3-71)]

於他應作恩　莫希彼報答　　어타응작은　막희피보답
唯自應受苦　共求衆受樂　　유자응수고　공구중수락

> 무슨 잘못이 되었든 상대방에게는
> 항상 이해하려 하고
> 그것을 자신에게는 완전히 버리시고
> 할 수 있는 만큼 상대방 역시 바꾸게 하십시오.[575]

[272. (3-72)]

gzhan gyis gnod pa bgyis pa la//

---

573. 전체적으로 의미를 명확하게 하기 위하여 의역하였다.
574. 한역의 [265. (3-68)]번 게송이다.
575. 전체적으로 의역했다. 한역의 [266. (3-69)]번 게송이다.

སྔོན་གྱི་ལས་དགོངས་ཁྲི་མི་བགྱི།།　　sngon gyi las dgongs khri mi bgyi//
སྡུག་བསྔལ་ཡང་འབྱུང་མི་འགྱུར་བར།།　　sdug bsngal yang 'byung mi 'gyur bar//
རང་གི་ཉེས་པ་མེད་པར་བགྱི།།　　rang gi nyes pa med par bgyi//

[269. (3-72)]

若得大富貴　自高不應作　　약득대부귀　자고불응작
遭枉如餓鬼　莫起下悲行　　조왕여아귀　막기하비행

> 다른 사람이 해를 입히더라도
> 이전의 업(業)이라 생각하고 화를 내지 마십시오.
> (그러면) 고통이 생겨나지 않아
> 자신의 과실이 없게 됩니다.[576]

[273. (3-73)]

ལན་ལ་རེ་བ་མ་མཆིས་པར།།　　lan la re ba ma mchis par//
གཞན་དག་ལ་ནི་ཕན་པར་མཛོད།།　　gzhan dag la ni phan par mdzod//
སྡུག་བསྔལ་གཅིག་པུས་མནག་བགྱི་ཞིང་།།　　sdug bsngal gcig pus mnag bgyi zhing//
བདེ་བ་སློང་དང་ལྷན་ཅིག་སྤྱད།།　　bde ba slong dang lhan cig spyad//

[270. (3-73)]

假設失王位　或死由實言　　가설실왕위　혹사유실언
亦恒說此語　無實利默然　　역항설차어　무실리묵연

> (무언가를) 받을 기대를 하지 마시고
> 다른 이들에게 (무언가를 항상) 이익을 (베풀도록) 하십시오.

---

576. 한역의 [267. (3-70)]번 게송이다.

고통은 혼자 참아내시고

안락(기쁨)을 갈구하는 이[거지들]⁵⁷⁷와 함께 하십시오.⁵⁷⁸

[274. (3-74)]

ལྷ་ཡི་ཕུན་སུམ་ཚོགས་པས་ཀྱང་།།   lha yi phun sum tshogs pas kyang//
ཁེངས་པ་ཉིད་དུ་མི་བྱ་ཞིང་།།   khengs pa nyid du mi bya zhing//
ཡི་དྭགས་བཞིན་དུ་དབུལ་བ་ཡི།།   yi dwags bzhin du dbul ba yi//
རྒུད་པས་ཀྱང་ནི་ཞུམ་མི་བགྱི།།   rgud pas kyang ni zhum mi bgyi//

[271. (3-74)]

如言如此行　願汝堅行善　　　여언여차행　원여견행선
因此好名遍　自在成勝量　　　인차호명편　자재성승량

천신의 삼원만(三圓滿)⁵⁷⁹도

(그 스스로의) 교만 자체로 이뤄지지 않고

아귀의 부족한

결핍 또한 (그 스스로) 위축되지 않았습니다.⁵⁸⁰

---

577. 한역에서는 중생으로 옮겨져 있다.
578. 한역의 [268. (3-71)]번 게송인데, 영역과 한역 각자가 원문과 조금 차이가 난다.
579. 삼원만(三圓滿)은 티벳어로 '퓐쑴촉(phun sum tshogs은)'이라고 하는데 티벳불교에서 빼놓을 수 없는 어휘다. 원어는 '퓐촉쑴(phun tshogs gsum)' 혹은 '퓐촉 쑴덴(phun tshogs gsum ldan)'으로 부르는데, '3가지가 원만한 것', 즉 '두루 갖추어진 것'을 가리키는데, 불법승 삼보를 두루 갖추는 것부터, 인과, 경제적인 이익 등을 갖추는 것 혹은 자, 타 그리고 이 자타가 모두 성취된 것에 사용된다. '푼쑴(원만)'은 티벳 경전에 널리 사용되고 있을 뿐만 아니라 사람 이름을 지을 때도 사용되는 등 일상생활에도 두루 쓰인다. 예를 들어 신년 인사로 우리의 '새해 복 많이 받으십시오!'를 티벳인들은 "따쉬 데렉 퓐쑴촉!"이 라고 한다.
580. 한역의 [269. (3-72)]번 게송이다.

제3 보리자량품 207

[275. (3-75)]

བདེན་པ་གང་གིས་རང་དོན་ལ།། bden pa gang gis rang don la//
འཆི་བའམ་ཡང་ན་རྒྱལ་པོའི་སྲིད།། 'chi ba'am yang na rgyal po'i srid//
ཉམས་འགྱུར་དེ་ནི་རྟག་བརྗོད་ཅིང་།། nyams 'gyur de ni rtag brjod cing//
དེ་ལས་གཞན་དུ་བརྗོད་མི་བགྱི།། de las gzhan du brjod mi bgyi//

[272. (3-75)]

應作熟簡擇　後則依理行　　응작숙간택　후즉의리행
莫由信他作　須自了實義　　막유신타작　수자료실의

> (오, 왕이시여!) 어떤 일이든 (오직) 진실된 (말로 통치자로서) 자신의 일을
> 죽음이 (닥치더라도 행하십시오.) 그렇지 않으면 왕국은
> 쇠퇴될 것입니다. 바로 그것을 항상 선언하십시오 그리고
> 그렇지 않다면 (아예) 말씀을 하지 마십시오.[581]

[276. (3-76)]

ཇི་སྐད་གསུངས་པ་དེ་བཞིན་དུ།། ji skad gsungs pa de bzhin du//
མཛད་པའི་རྟུལ་ཞུགས་རྟག་བསྟེན་མཛོད།། mdzad pa'i rtul zhugs rtag bsten mdzod//
དེས་ནི་དཔལ་ལྡན་ས་སྟེང་དུ།། des ni dpal ldan sa steng du//
ཚད་མ་ཡི་ནི་དམ་པར་འགྱུར།། tshad ma yi ni dam par 'gyur//

[273. (3-76)]

若依理行善　好名遍十方　　약의리행선　호명편시방
王侯續不斷　王富樂轉大　　왕후속부단　왕부락전대

---

581. 문장 구조와 원래 이 서간집이 가진 의미를 보태 직역하였다. 한역의 [270. (3-73)]번 게송이지만 의미가 약간 다르다.

(앞에서 말씀드린) 이와 같은 말씀들, 그것처럼

(어떤) 일이든 항상 애써 행하십시오.[582]

그것으로 오 영광스러운 이여![583] (그대는) 땅 위에서

진실된[584] 성인이 될 것입니다.[585]

[277. (3-77)]

khyod ni rtag tu thams cad la//
legs par brtags te mdzad pa dang//
yang dag ji bzhin don gzigs pas//
gzhan gyi dring mi 'jog par mdzod//

[274. (3-77)]

死緣百一種　壽命因不多　　사연백일종　수명인불다
此因或死緣　故恒應修善　　차인혹사연　고항응수선

(오, 왕이시여!) 그대는 항상 모든 것을

(행하기 전에) 주의 깊게 관찰하는 것 그것을 행하시고

올바르게 그 자체의 뜻을 살펴보아

(옳지 않은) 다른 길로 들어가지 마시기 바랍니다.[586]

[278. (3-78)]

chos las rgyal srid bde ba dang//

---

582. '하다'는 동사가 반복되어 우리말에 맞게 의역했다.
583. 영역에 따라 끊어서 옮겼는데 '영광스러운 땅 위에'로 다음 어휘와 붙여서 옮길 수도 있다.
584. 논리학에서 '양(量, 논리)'을 뜻하는 '체마(tshad ma)'가 쓰였다.
585. 한역의 [271. (3-74)]번 게송이다.
586. 한역과 영역 모두 차이가 나지만 문장 구조에 따라 직역하였다. 한역의 [272. (3-75)]번 게송이다.

제3 보리자량품　209

ཕྱོགས་རྣམས་ཀུན་ཏུ་གྲགས་པ་ཡི། །
བླ་རེ་རྒྱ་ཆེན་འབྱུང་འགྱུར་ཞིང་། །
བློན་པོ་རྣམས་ཀྱང་ཀུན་ཏུ་འདུད། །

phyogs rnams kun tu grags pa yi//
bla re rgya chen 'byung 'gyur zhing//
blon po rnams kyang kun tu 'dud//

[275. (3-78)]

| 若人恒行善 | 是所得安樂 | 약인항행선 | 시소득안락 |
| 於自他若等 | 此善樂圓足 | 어자타약등 | 차선락원족 |

> 법에[587] (다스리는) 왕국은 안락하고
> 온 세상에 두루 걸쳐 명성으로
> 하늘을 크게 덮을 것이고
> 대신들도 모두 무릎을 꿇을 것입니다.[588]

[279. (3-79)]

འཆི་བའི་རྒྱུན་ནི་མང་བ་སྟེ། །
གསོན་པ་ཡི་ནི་ཉུང་ཟད་ཅིག །
དེ་དག་ཉིད་ནི་འཆི་བའི་ཡང་། །
དེ་བས་རྟག་ཏུ་ཆོས་མཛོད་ཅིག །

'chi ba'i rgyen ni mang ba ste//
gson pa yi ni nyung zad cig//
de dag nyid ni 'chi ba'i yang//
de bas rtag tu chos mdzod cig//

[276. (3-79)]

| 依法爲性人 | 臥覺常安樂 | 의법위성인 | 와각상안락 |
| 夢中見善事 | 由內無過惡 | 몽중견선사 | 유내무과오 |

> 죽음의 원인은 많고
> (오랫동안) 살아 있는 것은 드뭅니다.

---

587. 원문에는 탈격[Abl.] '레(las)'가 쓰였다. 이 탈격은 이유, 원인 등도 나타낸다.
588. 예경한다는 뜻이다. 한역의 [273. (3-76)]번 게송이다.

> 그것들 자체가 또한 죽음의 (원인이 되니)
> 그러므로 항상 법을 행하십시오.[589]

[280. (3-80)]

བདེ་ལྟར་རྟག་ཏུ་ཆོས་མཛད་ན།།	'di ltar rtag tu chos mdzad na//
འཇིག་རྟེན་ཀུན་དང་བདག་ཉིད་ལ།།	'jig rten kun dang bdag nyid la//
ཉམས་བདེར་འགྱུར་བ་གང་ལགས་པ།།	nyams bder 'gyur ba gang lags pa//
དེ་ཉིད་རེ་ཞིག་ལྟོག་མོ་ལགས།།	de nyid re zhig ltog mo lags//

[277. (3-80)]

若人養父母　恭奉自家尊　　약인양부모　공봉자가존
恭善人用財　忍辱有大度　　공선인용재　인욕유대도

> 이처럼 항상 법에 따라 행하시면
> 모든 세간과 자기 자신에게
> 마음이 편해지니 어찌하여
> 그 자체를 잠깐 동안이나마 멀리할 수 있겠습니까?[590]

[281. (3-81)]

ཆོས་ཀྱིས་བདེ་བར་གཉིད་ལོག་ཅིང་།།	chos kyis bde bar gnyid log cing//
བདེ་བར་སད་པ་དག་ཏུ་འགྱུར།།	bde bar sad pa dag tu 'gyur//
ནང་གི་བདག་ཉིད་སྐྱོད་མེད་པས།།	nang gi bdag nyid skyod med pas//
རྨི་ལམ་དག་ཀྱང་བདེ་བ་མཐོང་།།	rmi lam dag kyang bde ba mthong//

---

589. 한역의 [274. (3-77)]번 게송이다.
590. 원문의 구조에 따라 직역하였는데 한역이나 영문과 약간 다르다. 한역의 [275. (3-78)]번 게송이다.

[278. (3-81)]

軟語不兩舌　實言同止樂	연어불량설　실언동지락
此九天帝因　盡壽應修行	차구천제인　진수응수행

> 법(法)으로 안락한 수면에 (들게 되)고
> 잠에게 깨어났을 때에도 안락하게 됩니다.[591]
> 내면의 본성[592]에 움직임이 없으니
> 꿈속에서라도 안락을 보게 됩니다.[593]

[282. (3-82)]

ཕ་མ་སྲི་ཞུ་ལྷུར་ལེན་དང་།།	pha ma sri zhu lhur len dang//
རིགས་ཀྱི་གཙོ་ལ་རིམ་གྲོ་དང་།།	rigs kyi gtso la rim gro dang//
ལོངས་སྤྱོད་ལེགས་སྤྱོད་བཟོད་གཏོང་དང་།།	longs spyod legs spyod bzod gtong dang//
ཚིག་འཇམ་ཕྲ་མ་མེད་བདེན་པའི།།	tshig 'jam phra ma med bden pa'i//

[279. (3-82)]

由昔行九法　天主感帝位	유석행구법　천주감제위
時時處法堂　至今恒説此	시시처법당　지금항설차

> 부모님 봉양하길 애쓰시고
> 일족의 존장을 공경하시고
> 재물로는 선행을 (행하시고), 인내, 베풂[594]과
> 부드러운 말투, 이간질하지 않는 진실된 (말로 타인을 대하십시오.)[595]

---

591. 영역에 따라 문장 구조를 약간 바꾸었다. '쎄빠(sag pa)'는 꿈에서 깨어난 상태로 본문에서는 복수로 받고 있다.
592. '자성'이나 '성품'을 뜻하는 '닥니(bdag nyid)'가 쓰였으나 '본성'으로 옮겼다.
593. 한역의 [276. (3-79)]번 게송이다.

[283. (3-83)]

བརྟུལ་ཞུགས་ཚེ་གཅིག་བྱས་པ་དེས།།	brtul zhugs tshe gcig byas pa des//
ལྷ་ཡི་དབང་པོ་ཉིད་ཐོབ་ནས།།	lha yi dbang po nyid thob nas//
ད་དུང་དུ་ཡང་ལྷ་དབང་བགྱིད།།	da dung du yang lha dbang bgyid//
དེ་བས་དེ་འདྲའི་ཆོས་བསྟེན་མཛོད།།	de bas de 'dra'i chos bsten mdzod//

[280. (3-83)]

| 一日三時施　美食三百器 | 일일삼시시　미식삼백기 |
| 福不及刹那　行慈百分一 | 복불급찰나　행자백분일 |

> (이와 같은) 청정행[禁行]을 금생에 한해 행하면 이로써
> 제천성왕이 되는 것을 성취하고[596]
> 더 나아가면 (모든) 천신들의 왕(으로서) 행동(할 수 있습니다.)
> 그러니 그와 같이 법에 의지하십시오.[597]

[284. (3-84)]

རྫེའུ་ཚོས་སུམ་བརྒྱའི་ཁ་ཟས་དག།།	rdze'u tshos sum brgya'i kha zas dag//
ཉིན་རེ་དུས་གསུམ་སྦྱིན་པ་བས།།	nyin re dus gsum sbyin pa bas//
བྱམས་པ་ཡུད་ཚམ་ཐང་ཅིག་གི།	byams pa yud tsam thang cig gi//
བསོད་ནམས་དག་ལ་ཆར་མི་ཕོད།།	gsod nams dag la char mi phod//

---

594. 한역에서는 이 부분을 축약하여 옮기고 있는데 영문에 따라 옮겼다. 동사로 '~를 하다, 보내주다'는 뜻을 지난 '똥(gtong)'이 쓰였다.
595. 원문 자체가 소유격[Gen.]으로 끝난 매우 보기 힘든 경우다. 한역의 [277. (3-80)], [278. (3-81)]번 게송에 걸쳐 옮겨져 있다.
596. 2행의 말미에 쓰인 '네(nas)'는 탈격[Abl.]이 아니라 시간의 경과 전후를 나타내는 용법으로 보고 풀었다.
597. 한역의 [278. (3-81)]번 후반과 [279. (3-82)]번 게송 전반에 해당한다. 한역에는 첨언이 되어 이 게송을 마친다.

[281. (3-84)]

天人等愛護　日夜受喜樂　　　천인등애호　일야수희락
免怨火毒杖　是行慈現果　　　면원화독장　시행자현과

> 조그만 그릇⁵⁹⁸ 3백 개에 담긴 음식들을
> 매일 세 차례 공양 올리는 것에 비해
> 찰나지간의⁵⁹⁹ 자비심의
> 복덕들에게는 빗방울 (하나처럼) 비교할 수 없습니다.⁶⁰⁰

[285. (3-85)]

རྫེའུ་ཕོར་པ་སུམ་བརྒྱ་བ་དང་།།　　rdze'u tshos sum brgya'i kha zas dag//
ཉིན་རེ་དུས་གསུམ་སྦྱིན་པ་བས།།　　nyin re dus gsum sbyin pa bas//
བྱེད་དགུང་ཉི་བསྲུང་བ་དང་།།　　byams pa yud tsam thang cig gi//
དགའ་དང་མཚོན་གྱིས་གནོད་མི་དང་།།　　gsod nams dag la char mi phod//

[282. (3-85)]

無功用獲財　後生於色界　　　무공용획재　후생어색계
得慈十功德　若人未解脱　　　득자십공덕　약인미해탈

> (그러면) 천신과 인간들이 자비롭게 되고
> 그들 역시 (그대를) 보살펴주고
> 마음⁶⁰¹ 또한 보살펴 주고

---

598. 원래는 '옹기'라는 뜻으로 인도에서 '뿌자(puja, 축제)' 때 공양에 올리는 작은 질그릇을 뜻한다.
599. 원문은 '위짬 탕찍(yud tsam thang cig)'으로 매우 짧은 시간을 나누고 있으나 우리말에 이해하기 쉬운 '찰나'로 옮겼다.
600. 한역이나 영역 모두 이 부분을 의역하고 있다. 의미를 명확하게 하기 위하여 첨언하여 옮겼다. 한역의 [280. (3-83)]번 게송에 해당한다.

독이나 (창)칼도 해를 입히지 못하게 되고[602]

[286. (3-86)]

འབད་པ་མེད་པར་དོན་འཐོབ་དང་།།　　'bad pa med par don 'thob dang//
ཚངས་པའི་འཇིག་རྟེན་སྐྱེ་འགྱུར་ཏེ།།　　tshangs pa'i 'jig rten skye 'gyur te//
གལ་ཏེ་གྲོལ་བར་མ་གྱུར་ཀྱང་།།　　gal te grol bar ma gyur kyang//
བྱམས་ཆོས་ཡོན་ཏན་བརྒྱད་འཐོབ་བོ།།　　byams chos yon tan brgyad 'thob bo//

[283. (3-86)]

| 敎一切衆生　堅發菩提心 | 교일체중생　견발보리심 |
| 菩薩德如山　菩提心牢固 | 보살덕여산　보리심뢰고 |

애써 행하지 않더라도 (행하는) 일이 이뤄지고
범천(梵天, 브라흐만)의 세계에 태어나게 되니
비록 해탈을 이루지 못한다 할지라도
자비로운 법에 의해 팔유가(八有暇)[603]를 이루게 됩니다.[604]

[287. (3-87)]

སེམས་ཅན་རྣམས་ནི་བྱང་ཆུབ་ཏུ།།　　sems can rnams ni byang chub tu//

---

601. 원문은 복수형으로 되어 있다.
602. 한역의 [281. (3-84)]번 게송에 해당하지만 계속 이어져 있고 영역도 마찬가지다.
603. 팔무가(八無暇)의 반대다. 팔무가는 팔난(八難)의 다른 말이다. [BD] 팔난(八難): [1] 부처님을 보고 법을 듣는 데 여덟 가지 장애. 재지옥난(在地獄難)·재축생난(在畜生難)·재아귀난(在餓鬼難) (이 세 곳은 고통이 심해서 불법을 듣지 못한다). 재장수천난(在長壽天難)·재울단월난(在鬱單越難)(이 두 곳은 즐거움이 너무 많아서 불법을 듣지 않는다)·농맹음아난(聾盲瘖瘂難)·불전불후난(佛前佛後難). [2] 수계(受戒)·자자(自恣) 등을 행할 때에 줄여서 간단히 함을 허락하는 8가지 곤란한 일. 왕난(王難)·적난(賊難)·화난(火難)·수난(水難)·병난(病難)·인난(人難)·비인난(非人難)·독충난(毒蟲難).
604. 한역의 [282. (3-85)]번 게송이지만 '특자십공덕(得慈十功德)'으로 나와 있다. 팔난에 대해서는 다음 게송에 나와 있다.

སེམས་བསྐྱེད་བཅུག་ཅིང་བརྟན་བྱས་ན། །
རི་དབང་རྒྱལ་པོ་ལྟར་བརྟན་པའི། །
བྱང་ཆུབ་སེམས་ནི་རྟག་ཏུ་འཐོབ། །

sems bskyed bcug cing brtan byas na//
ri dbang rgyal po ltar brtan pa'i//
byang chub sems ni rtag tu 'thob//

[284. (3-87)]

由信離八難　因戒生善道　　유신리팔난　인계생선도
數修眞如空　得善無放逸　　삭수진여공　득선무방일

> 유정들이 깨닫고자 하는 마음[菩提, 깨달음]을,
> 마음속에 생겨난 (바로 그것을) 계속 지키고 의지한다면
> 수미산처럼 견고한
> 보리심[깨닫고자 하는 마음]을 언제나 얻게 됩니다.[605]

[288. (3-88)]

དད་པས་མི་ཁོམ་འགྲོ་མི་འགྱུར། །
ཁྲིམས་ཀྱིས་འགྲོ་བ་བཟང་པོར་འགྲོ། །
སྟོང་པ་ཉིད་ལ་གོམས་པ་ཡིས། །
ཆོས་རྣམས་ཀུན་ལ་ཆགས་མེད་འཐོབ། །

dad pas mi khom 'gro mi 'gyur//
khrims kyis 'gro ba bzang por 'gro//
stong pa nyid la goms pa yis//
chos rnams kun la chags med 'thob//

[285. (3-88)]

無諂得念根　恒思得慧根　　무첨득념근　항사득혜근
恭敬得義理　護法感宿命　　공경득의리　호법감숙명

> (이에 대한) 믿음[信]으로 팔무가(八無暇)[606]로 가지 않게 됩니다.
> (계)율(戒律)로는 선취(善趣)[607]로 갑니다.

---

605. 한역의 [283. (3-86)]번 게송에 해당한다.

> 공성을 습득하는 것으로는
> 모든 현상[法]들에 대한 무착(無着)을 얻게 됩니다.[608]

[289. (3-89)]

གཡོ་མེད་པས་ནི་དྲན་ལྡན་འཐོབ།།	gyo med pas ni dran ldan 'thob//
སེམས་པར་བྱེད་པས་བློ་གྲོས་འཐོབ།།	sems par byed pas blo gros 'thob//
བཀུར་སྟི་བྱེད་པས་དོན་རྟོགས་ལྡན།།	bkur sti byed pas don rtogs ldan//
ཆོས་སྲུང་ཤེས་རབ་ཅན་དུ་འགྱུར།།	chos srung shes rab can du 'gyur//

[286. (3-89)]

| 布施聽聞法　或不障他聞 | 포시청문법　혹부장타문 |
| 疾得如所愛　與佛相値遇 | 질득여소애　여불상치우 |

> 확고부동한 마음[無諂]으로는 (정)념(正念)[609]을 갖춰 얻습니다.
> 마음 써서 살피는 것[思]으로는 지혜를 얻습니다.
> 공경으로는 (어떤) 일이든 통달하는
> 호법(護法)의 지혜를 갖춘 자[610]가 됩니다.[611]

[290. (3-90)]

| ཆོས་མཉན་པ་དང་སྦྱིན་པ་དག། | chos mnyan pa dang sbyin pa dag// |

---

606. 앞의 게송에 나온 '팔유가(원뗀 게, yon tan brgyad)'의 반대로 '미쿔(mi khom)'으로 축약되어 있다.
607. [BD] 선취(善趣): ↔ 악취(惡趣). 좋은 업인(業因)에 대한 과보로 중생이 태어나는 곳. 6취중의 인간·천상의 2취(趣). 혹은 아수라·인간·천상의 3취를 들기도 함.
608. 한역의 [284. (3-87)]번 게송이다.
609. [BD] 정념(正念): 8정도(正道)의 하나. 그릇된 생각을 버리고, 항상 수행하기에 정신을 집중하는 것.
610. 한역에서는 숙명통(宿命通)을 얻는다고 되어 있다.
611. 한역의 [285. (3-88)]번 게송이다.

སྒྲིབ་པ་མེད་པར་བྱས་པ་ཡིས།། sgrib pa med par byas pa yis//
སངས་རྒྱས་རྣམས་དང་འགྲོགས་པ་ཉིད།། sangs rgyas rnams dang 'grogs pa nyid//
འདོད་པ་མྱུར་དུ་འཐོབ་པར་འགྱུར།། 'dod pa myur du 'thob par 'gyur//

[287. (3-90)]

無貪作事成　不慳財物長　　　무탐작사성　불간재물장
離慢招上品　法忍得總持　　　이만초상품　법인득총지

> 법을 듣고 보시하는 것들은
> 장애가 없는 행위(입니다.) 왜냐하면[612]
> 부처님들과 함께하는 것 자체이기 (때문입니다.)
> (그러므로) 바라는 바를 빨리 얻게 됩니다.[613]

[291. (3-91)]

མ་ཆགས་པས་ནི་དོན་འགྲུབ་སྟེ།། ma chags pas ni don 'grub ste//
སེར་སྣ་མེད་པས་ལོངས་སྤྱོད་འཕེལ།། ser sna med pas longs spyod 'phel//
ང་རྒྱལ་མེད་པས་གཙོ་བོར་འགྱུར།། nga rgyal med pas gtso bor 'gyur//
ཆོས་ལ་བཟོད་པས་གཟུངས་འཐོབ་བོ།། chos la bzod pas gzungs 'thob bo//

[288. (3-91)]

由行五實施　及惠無怖畏　　　유행오실시　급혜무포외
非諸罵能辱　故感大勝力　　　비제매능욕　고감대승력

> 탐욕이 없으니[無貪] (법의) 의미를 성취하고
> 인색함이 없으니 재물은 늘어나고

612. 도구격[ins.] '이(yis)'를 원인, 이유 등을 뜻하는 접속사로 보고 풀었다.
613. 한역과 의미가 다른데 여기서는 영역을 참조했다. 한역의 [286. (3-89)]번 게송이다.

> 오만함이 없으니 우두머리가 됩니다.
> 법을 (지키는) 인내로는 총지(總持)[614]를 얻습니다. [(그러므로) 바라는 바를 빨리 얻게 됩니다.][615]

[292. (3-92)]

སྙིང་པོ་ལྔ་རྣམས་བྱིན་པ་དང་།། snying po lnga rnams byin pa dang//
འཇིགས་ལ་མི་འཇིགས་བྱིན་པ་ཡིས།། 'jigs la mi 'jigs byin pa yis//
བདུད་རྣམས་ཀུན་གྱིས་མི་ཚུགས་ཤིང་།། bdud rnams kun gyis mi tshugs shing//
སྟོབས་པོ་ཆེ་ཡི་མཆོག་ཏུ་འགྱུར།། stobs po che yi mchog tu 'gyur//

[289. (3-92)]

| 支提列燈行 | 幽闇秉火燭 | 지제렬등행 | 유암병화촉 |
| 布施續明油 | 故得淨天眼 | 보시속명유 | 고득정천안 |

> 다섯 가지 필수품[616]을 주고
> 두려워하는 이를 두렵지 않게 해주는 것은
> 모든 악귀들이 침범할 수 없게 해주고
> 힘센 자 가운데 최고가 되게 해줍니다.[617]

[293. (3-93)]

མཆོད་རྟེན་མར་མེ་ཕྲེང་བ་དང་།། mchod rten mar me phreng ba dang//
མུན་པ་དག་ཏུ་སྒྲོན་མ་དང་།། mun pa dag tu sgron ma dang//

---
614. [BD] 총지(總持): 많은 법의 어휘의 의미를 오래 잊지 않는 염력과 지력을 체성으로 선법을 접수하고 지키고 불선법을 막는 것.
615. 한역과 의미가 다른데 여기서는 영역을 참조했다. 한역의 [287. (3-90)]번 게송에 해당한다.
616. 생활에 필요한 설탕, 당밀, 꿀, 참기름, 소금이라고 영역에서는 언급하고 있으나, 인도의 풍토상 참기름이 아닌 유채기름이 아닌가 싶다.
617. 한역의 [288. (3-91)]번 게송이다.

མར་མེ་འབྲུ་མར་བྱིན་པ་ཡིས།། mar me 'bru mar byin pa yis//
ལྷ་ཡི་མིག་ནི་འཐོབ་པར་འགྱུར།། lha yi mig ni 'thob par 'gyur//

[290. (3-93)]

供養支提時　卽設鼓聲樂　　공양지제시　즉설고성락
蠡角等妙音　故獲淨天耳　　려각등묘음　고획정천이

> 불탑에 (연)등을 거는[618] 것과
> 어두울 때[619] 불을 밝히는 것과
> 등에 (쓸) 기름을 보시하는 것으로는
> 천안통(天眼通)[620]을 얻게 해줍니다.[621]

[294. (3-94)]

མཆོད་རྟེན་མཆོད་པར་རོལ་མོ་དང་།། mchod rten mchod par rol mo dang//
དྲིལ་བུ་དག་ནི་ཕུལ་བ་དང་།། dril bu dag ni phul ba dang//
དུང་དང་རྔ་ནི་རབ་ཕུལ་བས།། dung dang rnga ni rab phul bas//
ལྷ་ཡི་རྣ་བ་འཐོབ་པར་འགྱུར།། lha yi rna ba 'thob par 'gyur//

[291. (3-94)]

於他失默然　不談人德闕　　어타실묵연　부담인덕궐

....
618. 원문을 티벳 식으로 옮기면 불탑에 버터 램프를 빙 돌려서 올리는 것을 가리킨다.
619. 원문은 복수형으로 되어 있다.
620. 이하 [298. (3-98)]번 게송까지 육신통에 대한 설명이 나온다.
　　　[BD] 육통(六通): 육종신통력(六種神通力)·육신통(六神通)이라고도 함. 6종의 신통력. 부사의한 공덕 작용. (1) 천안통(天眼通). 육안으로 볼 수 없는 것을 보는 신통. (2) 천이통(天耳通). 보통 귀로는 듣지 못할 음성을 듣는 신통. (3) 타심통(他心通). 다른 사람의 의사를 자유자재로 아는 신통. (4) 숙명통(宿命通). 지나간 세상의 생사를 자유자재로 아는 신통. (5) 신족통(神足通). 또는 여의통(如意通). 부사의하게 경계를 변하여 나타내기도 하고 마음대로 날아다니기도 하는 신통. (6) 누진통(漏盡通). 자유자재로 번뇌를 끊는 힘.
621. 한역의 [289. (3-92)]번 게송이다.

隨順護彼意　故得他心智　　수순호피의　고득타심지

> 불탑을 공양하기 위한 악기와
> 종들을 올리는 것과
> 소라(法螺)와 북을 올리는 것은
> 천이통(天耳通)을 얻게 해줍니다.[622]

[295. (3-95)]

གཞན་གྱི་འཁྲུལ་པ་མི་གླེང་ཞིང་།།　　gzhan gyi 'khrul pa mi gleng zhing//
ཡན་ལག་ཉམས་པ་རྣམས་མི་བརྗོད།།　　yan lag nyams pa rnams mi brjod//
སེམས་ནི་རྗེས་སུ་བསྲུང་པས་ན།།　　sems ni rjes su bsrung pas na//
གཞན་གྱི་སེམས་ནི་ཤེས་པ་འཐོབ།།　　gzhan gyi sems ni shes pa 'thob//

[292. (3-95)]

由施徒舟乘　運致羸乏人　　유시사주승　운치리핍인
恭謹瞻尊長　故獲如意通　　공근첨존장　고획여의통

> 다른 이의 실수를 (재미 삼아) 떠들지 않고
> 지체장애자들을 놀리지 않고[623]
> (그들을) 진심으로[624] 보호해 준다면
> 타심통(他心通)을 얻게 됩니다.[625]

---

622. 한역의 [290. (3-93)]번 게송이다.
623. 원문을 직역하면 '절름발이들에 대해서 말하다'이다. 한역의 이 부분은 불분명하다.
624. 영역은 '그들의 마음을 보호해 준다'고 되어 있다.
625. 한역의 [291. (3-94)]번 게송이다.

[296. (3-96)]

ལྷམ་དང་བཞོན་པ་བྱིན་པ་དང་།།	lham dang bzhon pa byin pa dang//
ཉམ་ཆུང་བཀུར་བ་བྱས་པ་དང་།།	nyam chung bkur ba byas pa dang//
བཞོན་པས་བླ་མ་བཀུར་བ་ཡིས།།	bzhon pas bla ma bkur ba yis//
མཁས་པས་རྫུ་འཕྲུལ་ཐོབ་པར་འགྱུར།།	mkhas pas rdzu 'phrul thob par 'gyur//

[293. (3-96)]

令他憶法事　及正法句義　　영타억법사　급정법구의
或淨心施法　故感宿命智　　혹정심시법　고감숙명지

> 신발과 탈 것과
> (걸을) 힘조차 없는 이들이 (움직일 수 있도록) 도와주는 것과
> 탈 것으로 스승을 봉양하는 것으로는
> 신족통(神足通)을 얻게 됩니다.[626]

[297. (3-97)]

ཆོས་ཀྱི་ཆེད་དང་དེ་བཞིན་དུ།།	chos kyi ched dang de bzhin du//
ཆོས་གཞུང་དོན་དག་དྲན་པ་དང་།།	chos gzhung don dag dran pa dang//
ཆོས་ཀྱི་སྦྱིན་པ་དྲི་མེད་པས།།	chos kyi sbyin pa dri med pas//
ཚེ་རབས་དྲན་པ་འཐོབ་པར་འགྱུར།།	tshi rabs dran pa 'thob par 'gyur//

[294. (3-97)]

由知眞實義　謂諸法無性　　유지진실의　위제법무성
故得第六通　最勝是流盡　　고득제육통　최승시류진

---

626. 한역의 [292. (3-95)]번 게송이다.

> 법(法)을 위해 (절을 짓고 어려움을 참아내는)[627] 그와 같은 것과
> 법구(法句)의 의미를 기억하는 것과
> (한 점의) 때도 없는[淸淨] 법의 보시로는[628]
> 숙명통(宿命通)을 얻습니다.[629]

[298. (3-98)]

dngos rnams ngo bo nyid med par//
yang dag ji bzhin yongs shes pas//
mngon shes drug pa zag pa kun//
zad pa mchog ni 'thob par 'gyur//

[295. (3-98)]

| 平等悲相應　由修如實智 | 평등비상응　유수여실지 |
| 故自得成佛　恒解脫衆生 | 고자득성불　항해탈중생 |

> 사태[630]들이 무자성(無自性)임을
> 진실로 여여(如如)[631]한 그것을 완전히 아는 것으로는
> 여섯 번째 신통인 (누진통(漏盡通)을) 빠짐없이 모두 (알아)
> (번뇌를) 완전히 (끊은) 최상의 (위(位)를) 이루게 됩니다.[632]

627. 영역에 따라 첨언하였다. 원문 자체가 첨언이 없으면 이해하기 힘든 구조라 한역도 첨언하고 있으나 내용이 다르다.
628. '때 없는, 순수한'이란 뜻을 지닌 '디메빠(dri med pa)'를 법을 수식하는 것으로 보고 뒤에서부터 풀었다.
629. 한역의 [293. (3-96)]번 게송이다.
630. 사태라고 옮긴 '뇌뽀(dnogs po)'는 감각 기관으로 포착된 대상(法)을 가리킨다.
631. [BD] 여여(如如): 만유 제법의 실상(實相)을 가리키는 말. 우주 만유의 본체, 또는 있는 그대로의 진실한 모습을 뜻함. 본래 여(如)라는 말은 '같다'는 의미의 술어에 불과하지만 불교의 용례상으로는 사물의 진수(眞髓)를 가리키는 주어이자 명사로서 쓰이게 된 것이다.
632. 한역의 [294. (3-97)]번 게송이다.

[299. (3-99)]

སེམས་ཅན་ཐམས་ཅད་སྒྲོལ་བའི་ཕྱིར།།	sems can thams cad sgrol ba'i phyir//
དེ་བཞིན་ཉིད་ཤེས་མཉམ་ལྡན་པ།།	de bzhin nyid shes mnyam ldan pa//
སྙིང་རྗེས་བརླན་པ་བསྒོམས་པ་ཡིས།།	snying rjes brlan pa bsgoms pa yis//
རྣམ་པའི་མཆོག་ལྡན་རྒྱལ་བར་འགྱུར།།	rnam pa'i mchog ldan rgyal bar 'gyur//

[296. (3-99)]

由種種淨願　故佛土清淨　　유종종정원　고불토청정
衆寶獻支提　故放無邊光　　중보헌지제　고방무변광

일체 중생을 구제[633]하기 위해

그 여여함 자체를 똑같이 이해하는 것을 갖추고

연민[大悲]으로 젖어들게 수행하는 것으로는

(일체) 종상(種相)의 최고를 갖춘 승자(勝者=붓다)로 됩니다.[634]

[300. (3-100)]

སྨོན་ལམ་སྣ་ཚོགས་དག་པ་ཡིས།།	smon lam sna tshogs dag pa yis//
སངས་རྒྱས་ཞིང་ནི་དག་པར་འགྱུར།།	sangs rgyas zhing ni dag par 'gyur//
ཐུབ་དབང་རིན་ཆེན་ཕུལ་བ་ཡིས།།	thub dbang rin chen phul ba yis//
མཐའ་ཡས་འོད་ནི་རྣམ་པར་འཕྲོ།།	mtha' yas 'od ni rnam par 'phro//

[297. (3-100)]

如此業及果　已知義相應　　여차업급과　이지의상응
故應修利他　卽菩薩自利　　고응수리타　즉보살자리

---

633. '구제'라고 옮긴 '졸와(sgrol ba)'에는 해탈이라는 뜻도 있다. 영역이나 한역은 이를 따르고 있다.
634. 한역의 [295. (3-98)]번 게송이다.

> 온갖 종류의 발원(=기도)으로
>
> 불국토(佛國土=서방정토)⁶³⁵로 (가게) 됩니다.
>
> 능인(能仁=붓다)에게 진귀한 것을 올리는 것으로는
>
> 바로 무량광(無量光佛=아미타불)⁶³⁶이 (되어 삼세를) 두루 비춥니다.⁶³⁷

[301. (3-101)]

དེ་བས་དེ་ལྟར་ལས་འབྲས་དག།	de bas de ltar las 'bras dag//
མཐུན་པར་མཁྱེན་མཛད་དོན་དུ་ནི།	mthun par mkhyen mdzad don du ni//
འགྲོ་ལ་ཕན་པ་རྟག་ཏུ་མཛོད།	'gro la phan pa rtag tu mdzod//
དེ་ཉིད་ཁྱོད་ལ་ཕན་པ་ལགས།	de nyid khyod la phan pa lags//

[297. (3-101)]

如此業及果　己知義相應　　여차업급과　이지의상응

---

635. 본문은 복수형으로 되어 있다. 본문의 내용상 서방정토를 가리킨다.
     [BD] 서방정토(西方淨土): 아미타불의 정토, 곧 극락세계. 서방에는 다른 여러 나라도 있거니와『아미타경』에 "여기서 서쪽으로 10만억 국토를 지나서 한 세계가 있으니, 이름을 극락이라 한다" 한 데서 말미암아 특히 아미타불의 국토를 서방정토라 함. 서방정토(西方淨土): ①서방에 있는 수많은 정토의 총칭. 아미타불의 극락정토를 가리킴. 안락정토(安樂淨土).
     극락(極樂): 불교의 이상향. 수카바티는 지극히 즐겁고 안락하다는 뜻을 지닌다. 오직 기쁨만이 넘치고 고통은 전혀 없는 땅이 극락이다. 극락은 곳곳에 연꽃이 가득 피어 있고, 극락조가 노래하며, 모든 번뇌와 고통은 그림자조차 없는 빛의 세계이다. 극락세계는 우리가 살고 있는 사바세계에서 서쪽으로 십만억 불토(佛土)를 지난 곳에 있는 청정한 세계로서, 일찍이 아미타불의 전신이었던 법장(法藏) 비구의 염원이 그대로 실현된 곳이다. 경전에서는 공덕 수행을 통해서 극락왕생을 실현할 수 있다고 한다. 예컨대 서방 극락정토를 주재하는 아미타불을 염송하면 임종하는 자리에 아미타불이 마중 나와서 극락까지 데려다 주리라는 희원(希願)이 바로 정토 신앙의 요체이다. 수가마제(須呵摩提), 수마제(須摩提), 수마제(須摩提), 안양(安養), 안락(安樂), 무량수불토(無量壽佛土), 무량광명토(無量光明土), 무량청정토(無量淸淨土), 연화장세계(蓮華藏世界), 밀엄국(密嚴國), 밀엄정토(密嚴淨土), 청태국(淸泰國).
636. [BD] 무량광(無量光): 아미타불에서 발하는 밝은 광명. 삼세를 비춰 끝이 없다고 함.
     무량광(無量光): 12광(光)의 하나. 아미타비(阿彌陀婆, Amitābha)의 번역. 아미타불의 광명은 그 수가 극히 많아, 수량으로써 헤아릴 수 없다는 데서 이름한 것. 또 그 이익은 한이 없어 과거·현재·미래의 삼세에 이르도록 끝이 없으므로 이같이 말한다.
637. 한역의 [296. (3-99)]번 게송이다.

故應修利他　卽菩薩自利　　　고응수리타　즉보살자리

> 그러므로 그와 같은 업(業)과 과보(果)들에
> 상응하는 것을 알아 행하는 일로
> (다른) 중생들에게 이익이 되는 (일을) 항상 행하는
> 그 자체가 그대에게도 (역시) 이익이 됩니다.[638]

༎རིན་པོ་ཆེའི་ཕྲེང་བ་ལས། བྱང་ཆུབ་ཀྱི་ཚོགས་བསྒྲུབ་པ་ཞེས་བྱ་བ་སྟེ་ལེའུ་གསུམ་པའོ༎

『보행왕정론』,「제3 보리자량품」[639]

---

638. 한역의 [297. (3-100)]번 게송이다.
639. 티벳역은 실제로 101개의 게송으로 되어 있다. 영역은 이 품을 100개로 만들기 위해 후반의 두 게송을 하나로 간주하고 있고 한역은 99개 게송으로 되어 있다. 다음 품부터 한역 게송 수가 증가하는 특징이 있어 원래 티벳어 게송의 숫자를 따르도록 하겠다.

제4 정교왕품 正教王品[640]

[302. (4-1)]

གང་ཕྱིར་བཟོད་དམ་མི་བཟོད་པ།། gang phyir bzod dam mi bzod pa//
ཤེས་པར་དཀའ་བས་རྒྱལ་པོ་ནི།། shes par dka' bas rgyal po ni//
ཆོས་མིན་རིགས་པ་མིན་སྤྱོད་ཀྱང་།། chos min rigs pa min spyod kyang//
རྗེས་སུ་འཚོ་བ་ཕལ་ཆེར་བསྟོད།། rjes su 'tsho ba phal cher bstod//

[298. (4-1)]

| 王若行非法 | 或作非道理 | 왕약행비법 | 혹작비도리 |
| 事王人亦讚 | 故好惡難知 | 사왕인역찬 | 고호악난지 |

> 어떤 이유로든[641] 참아야 할 것[忍]과 참지 말아야 할 것
> (이것을) 알기 어려워[642] 왕이
> 법이 아닌 것[非法]의 도리를 (알지 못해 정법을) 행하지 못하였어도
> 대부분 뒤따르는 사람들은 칭송합니다.[643]

---

640. ༄༅རིན་པོ་ཆེའི་ཕྲེང་བ་ལས། རྒྱལ་པོའི་ཚུལ་བསྟན་པ་སྟེ་ལེའུ་བཞི་པའོ།།
//rin po che'i phreng ba las/ rgyal po'i tshul le'u bstan pa ste le'u bzhi pa'o//

한역에 따라 「정교왕품(正敎王品)」으로 옮겼으며 영역의 제목은 'Royal Policy'이다. 각 게송들마다 번호 순서가 다르다. 영역은 302번부터 시작하니 이전 품의 게송 하나가 누락된 것이고 티벳역은 전체 게송 번호를 붙이지 않고 4-1로 시작한다.

비록 당대의 패자(霸者)인 국왕에게 하는 충고이지만 재가자에 대한 언급이라는 점에서 지도자의 덕목뿐만 아니라 재가 신자들이 갖추어야 할 여러 덕목들에 대한 자세한 언급들이 게송들에 반복된다.

641. 일반적으로 '이유, 원인, 왜' 등으로 옮길 수 있는 '강칠(gang phyir)'이 나왔는데 어순을 바꾸지 않고 옮기기 위해 '어떤 이유로든'이라고 옮겼다.
642. 도구격[ins.] 's'를 원인을 가리키는 경우로 받았다.

[303. (4-2)]

རེ་ཞིག་གཞན་སུའང་རུང་འང་།།	re zhig gzhan su'ang rung 'ang//
མི་སྙན་ཕན་པ་བརྗོད་དཀའ་ན།།	mi snyan phan pa brjod dka' na//
ས་ཆེན་མངའ་བའི་རྒྱལ་ཁྱོད་ལ།།	sa chen mnga' ba'i rgyal khyod la//
དགེ་སློང་བདག་ལྟ་སྨོས་ཅི་དགོས།།	dge slong bdag lta smos ci dgos//

[299. (4-2)]

亦有世間人　非愛善難教　　역유세간인　비애선난교
何況大國王　能受善人語　　하황대국왕　능수선인어

> 한때(라도) 다른 이가 (일러주는)
> 귀에 거슬리지만 이익 되는 말이 (듣기) 어렵다면
> (천하의) 대지를 (모두) 정복한 왕, 그대에게
> 비구인 저(와 같은 이가) 무슨 말을 하겠습니까?[644]

[304. (4-3)]

ཁྱོད་ཀྱིས་དགྱེས་པར་མཛད་སླད་དང་།།	khyod kyis dgyes par mdzad slad dang//
འགྲོ་བ་ལ་ཡང་བརྩེ་སླད་དུ།།	'gro ba la yang brtse slad du//
ཁྱོད་ལ་མི་སྙན་ཡང་སྨན་པར།།	khyod la mi snyan yang sman par//
བདག་ལྟ་གཅིག་པུས་ཏེ་པོར་གསོལ།།	bdag lta gcig pus te por gsol//

---

643. 영역에서는 다음 게송의 일부와 같이 합쳐서 번역했는데 이것 또한 한 방법일 수 있겠으나 문장 구조를 살펴보면 이 게송만으로도 충분히 옮겨진다. 의미가 명확하게 와 닿지 않은 영역과 달리, 한역은 더 명확하다.

　　　왕이 만약 비법을 행하고
　　　도리가 아닌 것을 짓더라도
　　　왕이 하는 일은 칭송받습니다.
　　　왜냐하면 (대부분) 좋고 나쁜 (일을) 알기 어렵기 때문입니다.

644. 영역이나 한역은 의역으로 되어 있다. 전체적으로 운문하여 옮겼다.

[300. (4-3)]

我今愍念汝　及悲諸世間　　　아금민념여　급비제세간
故我善敎汝　實益若非愛　　　고아선교여　실익약비애

> (그러나 오, 왕이시여!) 그대는 (자기 자신을) 즐겁게 하는 일과
> 중생 역시 연민으로 (보살피는 일을 해야 됩니다.)
> (그래서 저는) 그대를 즐겁게 하지 않지만 (약처럼) 이롭게 하는[645]
> (국왕으로서 갖추어야 할 법을) 엄중하게 알려드리겠습니다.

[305. (4-4)]

བདེན་འཇམ་དོན་ལྡན་འཕྲོད་པ་ནི།།　　bden 'jam don ldan 'phrod pa ni//
བརྩེ་བས་དུས་སུ་སློབ་མ་ལ།།　　brtse bas dus su slob ma la//
བརྗོད་པར་བྱ་ཞེས་བཅོམ་ལྡན་གསུང་།།　　brjod par bya zhes bcom ldan gsung//
དེ་ལྟ་བས་ན་དེ་སྐད་བརྗོད།།　　de lta bas na de skad brjod//

[301. (4-4)]

眞滑有義利　依時由慈悲　　　진활유의리　의시유자비
佛令敎弟子　故我爲汝説　　　불령교제자　고아위여설

> '진리란 부드럽고 의미를 갖추고 유익한 것이니
> 연민심으로 적절한 때 제자(들)에게
> 강설(講說)해라.'라고 세존께서 말씀하셨습니다.
> 그러므로 그런 이야기를 드린 것입니다.

---

645. 원문에는 '약'을 뜻하는 '멘(sman)'이 쓰였다.

[306. (4-5)]

བརྟན་པ་ཁྲོ་བ་མེད་པ་ཡི།། brtan pa khro ba med pa yi//
བདེན་པའི་ཚིག་ནི་བསྒྲགས་པ་ན།། bden pa'i tshig ni bsgrags pa na//
ཁྲུས་བྱེད་བཟང་པོའི་ཆུ་བཞིན་དུ།། khrus byed bzang po'i chu bzhin du//
མཉན་འོས་ཡོངས་སུ་ལེན་པར་བགྱི།། mnyan 'os yongs su len par bgyi//

[302. (4-5)]

若聽聞實語　應住於無瞋　　약청문실어　응주어무진
可取必須受　如浴受淨水　　가취필수수　여욕수정수

> (오 대지처럼) 굳건하신 이여! 화내지 말고
> 진리의 말씀을 큰 소리로 말씀드릴 때
> 목욕할 때 (쓰는) 맑은 물처럼 (청량하게 여기시고)
> 주의 깊게 들어 완전히 받아들이시기 바랍니다.

[307. (4-6)]

ཁྱོད་ལ་བདག་གིས་འདི་དང་ནི།། khyod la bdag gis 'di dang ni//
གཞན་དུ་ཕན་པ་བརྗོད་བགྱིད་པ།། gzhan du phan pa brjod bgyid pa//
མཁྱེན་པར་མཛོད་དེ་བདག་ཉིད་དང་།། mkhyen par mdzod de bdag nyid dang//
གཞན་ལ་སྨན་པར་འགྱུར་དེ་མཛོད།། gzhan la sman par 'gyur de mdzod//

[304. (4-7)]

由昔施貧苦　故今感富財　　유석시빈고　고금감부재
因貪不知恩　廢施無更得　　인탐부지은　폐시무갱득

> (오, 왕이시여!) 그대에게 자신이 (행하여 이익 되는) 바로 이것과
> 다른 이에게(도) 이익 되는 것을 (지금) 말하겠습니다.

> 그것을 스스로 이해하시고
> 다른 이에게 (약과 같이) 유용한 것이 되게 그것을 행하십시오.

[308. (4-7)]

slong la sngon chad sbyin bgyis pas//
don brnyes gyur nas mi sbyin na//
byas mi gzo dang chags pa yis//
phyi nas don rnams 'thob mi 'gyur//

[304. (4-7)]

由昔施貧苦　故今感富財　　유석시빈고　고금감부재
因貪不知恩　廢施無更得　　인탐부지은　폐시무갱득

> (재물을) 바라는 이에게 이전에 (얻은 재물을) 주는 것은
> (그) 재물[646]이 증득(證得)이 되는 것이기에 만약 주지 않는다면
> (그런) 보답하지 않는 짓과 (재물에 대한) 애착 때문에[647]
> 이후에 (다른) 재물들을[648] 얻을 수 없게 됩니다.

[309. (4-8)]

'jig rten 'di na las byed pa//
bla med lam brgyags khyer mi btub//
slong ba dman pa ma brngan par//
phyi ma'i tshe na brgya 'gyur khyer//

---

646. '뜻, 의미, 일' 등으로 쓰이는 '된(don)'을 여기서는 '재물'로 보고 풀었다.
647. 도구격[ins.] '이(yis)'를 원인, 이유로 보고 옮겼다.
648. 한역은 확실히 의역이다.

[305. (4-8)]

世間唯路糧　不雇無人負　　세간유로량　불고무인부
由施供下品　未來荷百倍　　유시공하품　미래하백배

> 이 세간에서[649] (모든) 업(業)을 짓는 자는
> 비할 것 없는[無上][650] 길의 양식을 나를 수 없습니다.
> (그러나) 하찮은 거지나 임금도 (받지) 못하는 자들에게 (베풀면)
> 후생에서 (쓸 양식의) 백배나 되는 것을 나르는 (것과 같습니다.)

[310. (4-9)]

རྟག་ཏུ་ཐུགས་རྒྱ་ཆེན་པོ་དང་།།　　rtag tu thugs rgya chen po dang//
མཛད་པ་རྒྱ་ཆེན་ལ་དགྱེས་མཛོད།།　　mdzad pa rgya chen la dgyes mdzod//
རྒྱ་ཆེན་ལས་ལས་འབྲས་བུ་ནི།།　　rgya chen las las 'bras bu ni//
ཐམས་ཅད་རྒྱ་ཆེན་འབྱུང་བར་འགྱུར།།　　thams cad rgya chen 'byung bar 'gyur//

[306. (4-9)]

願汝發大心　恒興建大事　　원여발대심　항흥건대사
若行大心事　是人得大果　　약행대심사　시인득대과

> 항상 기품 있는 광대한[651] 마음과
> 기품 있는 행실로 (어떤 일이든) 즐겁게 행하십시오.
> 기품 있는 업(業)으로부터 (생겨난) 바로 그 결과[果]로
> 일체의 기품 있는 것이 생겨나게 됩니다.

----

649. [데게판처럼 강조사[Emp.] '니(ni)'로 쓸 경우, '바로 이 세간으로부터 행하는 것은'이라는 뜻이 된다.
650. 원문 각주에 나오는 '라메(bla med)'로 보고 풀었다. 원문에 나오는 '라메(gla med)'는 '무임금'이라는 뜻이다.
651. 원문의 '갸첸뽀(rgya chen po)'는 '큰 크기'라는 뜻이지만 영역의 'exalted'를 따라 옮겼다.

후생에서 (쓸 양식의) 백배나 되는 것을 나르는 (것과 같습니다.)

[311. (4-10)]

རྒྱལ་པོ་དམན་པ་རྣམས་ཀྱིས་ནི།།   rgyal po dman pa rnams kyis ni//
ཡིད་ལའང་བསམས་པར་མ་གྱུར་པའི།།   yid la'ang bsams par ma gyur pa'i//
ཆོས་གཞི་དཀོན་མཆོག་གསུམ་གྱི་རྟེན།།   chos gzhi dkon mchog gsum gyi rten//
གྲགས་པ་དཔལ་དང་ལྡན་པར་མཛོད།།   grags pa dpal dang ldan par mdzod//

[307. (4-10)]

小意陜劣王　心願未曾觸　　소의협렬왕　심원미증촉
好名吉祥事　三寶依應作　　호명길상사　삼보의응작

> 졸렬한 왕들은
> 진심으로는 고사하고 (얕은) 생각도 못하지만[652]
> 법의 근본인 (즉 불・법・승의) 삼원만[653]으로 (이뤄진) 의지처,
> (그) 거룩한 명성이 (항상)할 수 있도록 하십시오.

[312. (4-11)]

ཆོས་གཞི་གང་ཞིག་ཀུན་འབྱོར་བའི།།   chos gzhi gang zhig kun 'byor ba'i//
རྒྱལ་པོ་བ་སྤུ་མི་ལྡང་བ།།   rgyal po ba spu mi ldang ba//
ཤི་ནའང་སྙན་པར་མི་འགྱུར་བས།།   shi na'ang snyan par mi 'gyur bas//
རྒྱལ་པོ་དེ་ནི་མ་བྱས་བླ།།   rgyal po de ni ma byas bla//

한역에서는 '클 대(大)'로 옮기고 있다.
652. 원문에는 소유격[Gen.] '이('i)'로 받고 있으나 여기서는 '생각도 못하는 것이지만'이 축약된 것으로 보고 풀었다.
653. 삼원만에 대해서는 [275. (3-75)]번 게송 참조.

[308. (4-11)]

| 望王后等毛　若事非汝法 | 망왕후등모　약사비여법 |
| 死亦起惡名　王不作最勝 | 사역기악명　왕부작최승 |

> 어떤 것이라도 법의 근간에 모두 부합되는
> 왕이시여! (죽고 나면) 몸에 난 털 (하나도 제대로) 서지 않습니다.
> 게다가 죽고 나면 (다른) 명성이 사라지는 것에 비해[654]
> (오,) 왕이시여! (법에 부합한 명성) 그것은 일부러 하지 않더라도 더 높아집니다.[655]

[313. (4-12)]

རྒྱ་རབ་ཆེ་ཕྱིར་རྒྱ་ཆེན་རྣམས།།　　rgya rab che phyir rgya chen rnams//
སྙེམས་བྲལ་སྤྲོ་བ་སྐྱེད་བྱེད་ཅིང་།།　　snyems bral spro ba skyed byed cing//
དམན་རྣམས་སྤྲོ་བ་འཇོམས་བྱེད་པ།།　　dman rnams spro ba 'joms byed pa//
བདོག་པ་ཐམས་ཅད་གཏུགས་དེ་མཛོད།།　　bdog pa thams cad gtugs de mdzod//

[309. (4-12)]

| 廣大事能起　大人希有用 | 광대사능기　대인희유용 |
| 能障下人願　以命成此事 | 능장하인원　이명성차사 |

> 최고로 빼어난 것을 (성취하기) 위해서는 (재물 등) 광대한 것들을
> 겸손하게 (보시하는 것에서) 기쁨이 생겨나게 해야 하고
> 하찮은 자들도 기뻐(할 수 있게 보시하는 것으로) 없애는
> 모든 재물과 조우할 수 있는 그것을 행하십시오

---

654. 도구격[ins.] 's'를 도구격의 용법 가운데 하나인 비교격[Comp.]으로 받았다.
655. 문장 구조에 맞춰 직역하며 첨언하였다.

[314. (4-13)]

ཁྱོད་ནི་བདོག་པ་ཀུན་བོར་ནས།། khyod ni bdog pa kun bor nas//
དབང་མེད་ག་ཤེད་གཤེགས་འཚལ་བས།། dbang med ga shed gshegs 'tshal bas//
ཆོས་ཀྱི་སླད་དུ་སྤྱད་པ་ཀུན།། chos kyi slad du spyad pa kun//
ཁྱོད་ཀྱི་མདུན་དུ་འོང་བ་ཉིད།། khyod kyi mdun du 'ong ba nyid//

[310. (4-13)]

無自在棄物　隻身入未來　　무자재기물　척신입미래
若於法安財　前至逆相待　　약어법안재　전지역상대

> 그대는 자신이 (가진) 모든 것을 버리는 것으로부터
> (아무런) 힘도 없이 (어디로) 가는지도 모르는 (죽음으로) 가는 (준비를) 하는 것으로써
> 법을 추구하기 위해 모든 보시를 (행해야 합니다.)
> (그러면) 그대 앞에 오는 것은 (선업) 자체입니다.[656]

[315. (4-14)]

མི་དབང་སྔ་མའི་བདོག་པ་ཀུན།། mi dbang snga ma'i bdog pa kun//
གསར་པ་ཡི་ནི་དབང་གྱུར་ན།། gsar pa yi ni dbang gyur na//
སྔ་མའི་ཆོས་སམ་བདེ་བ་འམ།། snga ma'i chos sam bde ba 'am//
གྲགས་པ་དག་ཏུ་འགྱུར་རམ་ཅི།། grags pa dag tu 'gyur ram ci//

[311. (4-14)]

先帝諸産業　棄本屬新王　　선제제산업　기본속신왕
能爲前王生　法樂好名不　　능위전왕생　법락호명불

---

656. 전체적으로 생략된 부분이 많아 의미에 따라 첨언하였다.

제4 정교왕품 235

> 선왕의 모든 재물이
> 새로운 왕의 (것이) 되었을 때[657]
> (그러나) 이전의 법과 선(업) 또는
> 명성들은 누구의 것이 되겠습니까?

[316. (4-15)]

ནོར་སྤྱད་ཡིས་འདི་ལ་བདེ།། nor spyad yis 'di la bde//
བྱིན་པས་གཞན་དུ་བདེ་བར་འགྱུར།། byin pas gzhan du bde bar 'gyur//
མ་སྤྱད་མ་བྱིན་ཆུད་ཟོས་པས།། ma spyad ma byin chud zos pas//
སྡུག་བསྔལ་འབའ་ཞིག་ག་ལ་བདེ།། sdug bsngal 'ba' zhig ga la bde//

[312. (4-15)]

用財受現喜　若施感來樂　　용재수현희　약시감래락
非此二唐失　唯生苦無歡　　비차이당실　유생고무환

> 재물을 보시하는 것은 이번 (생)에서도 기쁨(이고)
> 주었던 (그것)은 다른 곳(후생)에서(도) 안락[658]이 됩니다.
> (베풀어) 보시하거나 주지 않고 낭비해 버리는 것에는
> (오직) 고통만 (있을) 뿐이니 어디에 기쁨이 있겠습니까?

[317. (4-16)]

འཆི་ཁར་བློན་པོ་རྗེས་ངན་ཅན།། 'chi khar blon po rjes ngan can//
གཅེས་པར་མི་འཛིན་རྒྱལ་པོ་གསར།། gces par mi 'dzin rgyal po gsar//
བྱམས་པར་འདོད་པ་རྣམས་ཀྱིས་ནི།། byams par 'dod pa rnams kyis ni//

---

657. '만약 ~한다면'이라는 가정법의 '나(na)'가 쓰였다. 이 용법은 시간의 '조건'을 나타낸다고 풀었다.
658. 원문 모두 '데와(bde ba)'가 쓰였다.

དབང་མེད་བྱས་པས་སྦྱིན་མི་སྤྱོད།། dbang med byas pas sbyin mi spyod//

[313. (4-16)]

將終欲行施　臣礙失自在　　장종욕행시　신애실자재
祚絶故捨愛　隨新王樂欲　　조절고사애　수신왕락욕

> 죽음이 닥쳤을 때 신하들은 (이미) (죽을) 중병에 걸린 (그대를) 좋아하지 않고 새로운 왕에게
> 깊은 애착 등을 가지니 이 때문에[659]
> (이미) 힘이 없어 하고자 해도 보시를 할 수 없습니다.

[318. (4-17)]

དེ་བས་རྣལ་གནས་མྱུར་དུ་ནི།། de bas rnal gnas myur du ni//
བདོག་པ་ཀུན་གྱིས་ཆོས་གཞི་མཛོད།། bdog pa kun gyis chos gzhi mdzod//
འཆི་བདག་རྐྱེན་གྱི་ནང་གནས་པ།། 'chi bdag rkyen gyi nang gnas pa//
རླུང་དམར་ནང་འདུག་མར་མེ་བཞིན།། rlang dmar nang 'dug mar me bzhin//

[314. (4-17)]

若捨一切物　汝今安弘法　　약사일체물　여금안홍법
亦常在死緣　譬如風中燈　　역상재사연　비여풍중등

> 그러므로 (건강 등이) 좋은 상태일 때
> 모든 재물로 법의 근간을 (지키도록) 하십시오.
> 죽음의 신이 (이런저런) 이유로 (집) 안에 (들어와 그대 곁에) 머물 (때는)
> (보시를 하려고 해도 그대 목숨은) 바람 앞의 등불과 같습니다.[660]

---

659. 도구격[ins.] 's'를 원인, 이유로 풀었다.

[319. (4-18)]

སྔོན་གྱི་རྒྱལ་པོས་ཆོས་ཀྱི་གཞི།། sngon gyi rgyal pos chos kyi gzhi//
ལྷ་ཁང་ལ་སོགས་གཞན་བགྱིས་པ།། lha khang la sogs gzhan bgyis pa//
གང་དག་ལགས་པ་དེ་དག་ཀྱང་།། gang dag lags pa de dag kyang//
སྔ་ལུགས་བཞིན་དུ་སྐྱོང་བར་མཛོད།། snga lugs bzhin du skyong bar mdzod//

[315. (4-18)]

先諸王所起　平等功德處　　선제왕소기　평등공덕처
謂天神廟堂　願如本修理　　위천신묘당　원여본수리

> 이전의 왕들이 법의 근간인
> 사원 등을 (이전에) 따로 만들어 (두었다면)
> 무엇으로든[661] 그것들을 잘 (보존하시고) 또한
> 이전의 좋은 전통을 (잘) 지키시기 바랍니다.

[320. (4-19)]

དེ་དག་འཚེ་མེད་དགེ་སྤྱོད་ཅིང་།། de dag 'tshe med dge spyod cing//
བརྟུལ་ཞུགས་ལ་གནས་གློ་བུར་བྱམས།། brtul zhugs la gnas glo bur byams//
བདེན་བཟོད་འཐབ་གྲོལ་མ་མཆིས་པ།། bden bzod 'thab grol ma mchis pa//
རྟག་ཏུ་བརྩོན་རྣམས་སྤྱོད་དུ་གསོལ།། rtag tu brtson rnams spyod du gsol//

[316. (4-19)]

離殺常行善　持戒愛容舊　　이살상행선　지계애용구
巧增財無諍　勤力恒修善　　교증재무쟁　근력항수선

---

660. 풍전등화(風前燈火)의 티벳어 정도 되는데 직역하면, '폭풍 가운데 있는 등불과 같다.' 정도 된다.
661. 본문에는 복수형으로 쓰였다.

그것들을 손상됨이 없게 (두고) 안락하게 행동하시고
(청정한) 금행(禁行=持戒)으로 머물며 새로 생기는[662] 자비심으로
진실(과) 인내(를 갖춘) 싸우지 않는 자가[663] 되어
항상 정진 등을 행하시기를 권해드립니다.

[321. (4-20)]

ལོང་བ་ནད་དམན་པ་དང་།། long ba nad dman pa dang//
མགོན་མེད་སྡུག་འཕོངས་ཡན་ལག་ཉམས།། mgon med sdug 'phongs yan lag nyams//
དེ་དག་ཀྱང་ནི་ཟས་དང་སྐོམ།། de dag kyang ni zas dang skom//
དགག་པ་མེད་པར་སྙོམས་ཐོབ་མཛོད།། dgag pa med par snyoms thob mdzod//

[317. (4-20)]

| 清淨無積聚　不捨於他事 | 청정무적취　불사어타사 |
| 安立爲導首　受彼功德藏 | 안립위도수　수피공덕장 |

장님, 질병에 걸린 이, 비천한 이와
보호자가 없는 이, 불구자
그들 또한 먹고 마시는 것을 (구할 때)
차별하지 않고 동등하게 얻게 하십시오.

[322. (4-21)]

ཆོས་ལྡན་དོན་དུ་མི་གཉེར་བ།། chos ldan don du mi gnyer ba//
རྒྱལ་པོ་གཞན་ཡུལ་གནས་རྣམས་ལའང་།། rgyal po gzhan yul gnas rnams la'ang//
རྗེས་སུ་གཟུང་བར་བགྱིད་བ་དག། rjes su gzung bar bgyid ba dag//
ཅི་རིགས་པ་ནི་རབ་ཏུ་མཛོད།། ci rigs pa ni rab tu mdzod//

---
662. 원문의 '로불(glo bur)'은 '뜻밖에, 갑자기'로 주로 쓰인다.
663. 원문의 '탑뙬('thab krol)'은 '탑뙬('thab grol)'의 오자다. 주석의 날탕판에 따라 고쳤다.

[318. (4-21)]

盲病根不具　可悲丐無依　　맹병근불구　가비개무의
於廟不得遮　平等與彼食　　어묘부득차　평등여피식

> 법이 가진 의미를 (제대로) (찾아) 구하지 못하는
> 다른 나라 왕의 땅에 사는 자들이라도
> (믿고) 따를 수 있는 것들이
> 무슨 종류가 되었든 다양하게 만드시기 바랍니다.

[323. (4-22)]

chos kyi gzhi ni thams cad du//
chos 'khor sna bo mi gyel ba//
mi gzan mkhas shing chos mthun pa//
de dag rnams la mi gnod skos//

[319. (4-22)]

道德無求人　或住餘王界　　도덕무구인　혹주여왕계
供事亦相似　應作無此彼　　공사역상사　응작무차피

> 모든 법의 근거지에서
> 법륜을 굴릴 수 있는 자[스승]는 (마음이) 산만하지 않고
> 탐욕스럽지 않은[664] 슬기를 갖춘 자이자 법에 부합해야 (합니다.)
> (오, 왕이시여! 그대는) 그와 같은 이들을 해(害)가 없게 보호해 주셔야 합니다.

---

664. 원문의 '미잔(mi gzan)'은 '짜증이나 분노를 내지 않는다'는 뜻이지만 영역과 한역 모두 '탐욕스럽지 않은'으로 옮기고 있어 이에 따랐다.

[324. (4-23)]

ལུགས་ཤེས་ཆོས་དང་ལྡན་ལ་འཇམ།།　　lugs shes chos dang ldan la 'jam//
གཙང་ཞིང་སྙིང་ཉེ་མུ་སྡར་བ།།　　gtsang zhing snying nye mu sdar ba//
རིགས་བཟང་དང་ཚུལ་ཕུན་སུམ་ཚོགས།།　　rigs bzang ngang tshul phun sum tshogs//
བྱས་པ་གཟོ་བའི་བློན་པོ་སྐོས།།　　byas pa gzo ba'i blon po skos//

[320. (4-23)]

於一切法事　應立勤力人　　어일체법사　응립근력인
無貪聰智善　不侵法畏罪　　무탐총지선　불침법외죄

법의 체계를 제대로 알아 갖춘 이에게[665] 상냥하고
순수하고 진심으로 머물고 의심이 없는[666]
좋은 가문에 (태어나) 천성이 삼원만[667]하여
(어떤 일이든) 잘할 수 있는 (이를) 재상으로 임명하십시오.

[325. (4-24)]

གཏོང་ཕོད་མ་ཆགས་དཔའ་བ་དང་།།　　gtong phod ma chags dpa' ba dang//
འཇམ་ཞིང་རན་སྤྱོད་བརྟན་པ་དང་།།　　'jam zhing ran spyod brtan pa dang//
རྟག་ཏུ་བག་ནི་ཡོད་པ་དང་།།　　rtag tu bag ni yod pa dang//
ཆོས་དང་ལྡན་པའི་དམག་དཔོན་སྐོམ།།　　chos dang ldan pa'i dmag dpon skom//

[321. (4-24)]

了正論行善　親愛四觀淨　　요정론행선　친애사관정

---

665. '라둔(la 'dun)'을 대격(dative)으로 보고 풀었다. 영역에서는 '이와 같은 이'가 다음 행을 하는 것으로 보고 있다.
666. 영역에서는 1행을 갖춘 자가 '상냥하고 순수하고 조화롭고 의심이 없다면'이라고 꼽고 있다. 한역에서는 무서워하지 않고 허약하지 않는 자라고 보고 있다.
667. 삼원만에 대해서는 [275. (3-75)]번 게송 참조.

美語不怯弱　上姓能持戒　　미어불겁약　상성능지계

> 대범(하고) 탐욕이 없고 용감하고
> 친절하고 해야 할 시간을 정확히 지키고
> 항상 게으르지 않고[不放逸]
> 법을 갖춘 (이를) 대장군으로 임명하십시오

[326. (4-25)]

ཆོས་ཀྱི་དང་ཚུལ་གཙང་ལ་བཟོ།།　　chos kyi ngang tshul gtsang la bzo//
དོན་ཤེས་གཙུག་ལག་ལ་མཁས་པ།།　　don shes gtsug lag la mkhas pa//
ཚུལ་ལྡན་སྙོམས་ཤིང་དང་འཇམ་པ།།　　tshul ldan snyoms shing ngang 'jam pa//
རྒན་རབས་རྣམས་ནི་སྣ་བོར་སྐོས།།　　rgan rabs rnams ni sna bor skos//

[322. (4-25)]

識恩知他苦　如理巧決斷　　식은지타고　여리교결단
八人互相羞　爲國立八座　　팔인호상수　위국립팔좌

> 법의 성질을 똑바로 만드는
> 의미를 잘 알 수 있는 경론에 통달한 이라
> (합리적인) 방법으로 균형을 맞추고 침착하고 온화한
> 연장자들을 (국가 재정의) 수장[668]으로 임명하십시오.

[327. (4-26)]

ཟླ་རེ་ཞིང་ན་དེ་དག་ལས།།　　zla re zhing na de dag las//
ཉིད་ཀྱིས་འདུ་འགོད་ཀུན་གསོན་ཏེ།།　　nyid kyis 'du 'god kun gson te//

----
668. 영역에서는 관리자(administator)로 옮기고 있으나 이 서간집의 '쌈쩨'에 'treasurers'라고 나와 있어 '우두머리'를 뜻하는 '나뵈(gna no)'의 의미를 살려 옮겼다.

གསན་ནས་ཆོས་ཀྱི་གཞི་སོགས་ཀྱི། །
དོན་ཀུན་ཉིད་ཀྱིས་བཀའ་སྩོལ་ཅིག །

gsan nas chos kyi gzhi sogs kyi//
don kun nyid kyis bka' stsol cig//

[323. (4-26)]

柔和有大度　膽勇甚愛王　　유화유대도　담용심애왕
堅實能用財　無放逸恒善　　견실능용재　무방일항선

> 매월 그들로부터
> (그대) 자신이 (직접)[669] 모든 소득과 지출을 들어야 합니다. 왜냐하면
> (그것을) 듣는 것으로부터 법의 근간 등의
> 모든 일을 그대가 명령할 수 있기 때문입니다.

[328. (4-27)]

ཁྱོད་ཀྱི་རྒྱལ་སྲིད་ཆོས་དོན་དུ། །
གྲགས་དོན་འདོད་སླད་མ་ལགས་ན། །
དེ་ནི་ཤིན་ཏུ་འབྲལ་བུར་བཅས། །
དེ་ལས་གཞན་འགྱུར་དོན་མིན་འབྲས། །

khyod kyi rgyal srid chos don du//
grags don 'dod slad ma lags na//
de ni shin tu 'bral bur bcas//
de las gzhan 'gyur don min 'bras//

[324. (4-27)]

熟思所作事　能別十二輪　　숙사소작사　능별십이륜
常行四方便　應立爲大臣　　상행사방편　응립위대신

> 그대의 권좌는 법의 뜻을 (실현하는 데 있는 것이지)
> 명성을 (쌓는) 일이나 욕망 때문에 있지 않다(는 것을 안다)면
> 바로 그것이 매우 (큰) 과보를 가질 것입니다.

669　'(그대) 자신이 (직접)'이라고 윤문하여 옮긴 '니기(nyid kyis)'는 '자기 자신에 의해서'라는 뜻이다.

> 그렇지 않다면[670] 그 과(果)가 없게 (될 것입니다.)

[329. (4-28)]

མི་དབང་ད་ལྟ་འཇིག་རྟེན་ན།།　　mi dbang da lta 'jig rten na//
ཕལ་ཆེར་ཕན་ཚུན་ལྟོར་འཛུད་པས།།　phal cher phan tshun ltor 'dzud pas//
ཇི་ལྟར་ཁྱོད་ཀྱི་རྒྱལ་སྲིད་དང་།།　　ji ltar khyod kyi rgyal srid dang//
ཆོས་སུ་འགྱུར་བ་དེ་བཞིན་གསོན།།　chos su 'gyur ba de bzhin gson//

[325. (4-28)]

持法戒清淨　了事有幹用　　지법계청정　요사유간용
能生長護財　解義巧書算　　능생장호재　해의교서산

> 오, 사람의 왕[人中王]이시여! 지금 (이) 세간이라면
> 대부분 서로를 (헐뜯는) 짐승처럼 (타인과) 섞이게 되니[671]
> 이와 같이 그대의 권좌와
> 법에 (따라) 되는 것, 그와 같은 것을 새겨들으십시오.

[330. (4-29)]

ཤེས་པས་རྒན་ཞིང་རིགས་བཟང་བ།།　shes pas rgan zhing rigs bzang ba//
རིགས་པ་ཤེས་ལ་སྡིག་ལ་འཛེམ།།　　rigs pa shes la sdig la 'dzem//
ནང་བཞིན་དགོས་པ་མཐོང་འགྱུར་བ།།　nang bzhin dgos pa mthong 'gyur ba//
མང་པོ་རྟག་ཏུ་ཁྱོད་ཀྱིས་སོགས།།　　mang po rtag tu khyod kyis sogs//

[326. (4-29)]

於他心事等　畏罪親愛王　　어타심사등　외죄친애왕

---

670. 직역하면 '그로부터 다른 것이 된다(면)'이라는 뜻이다.
671. 말미의 도구격[ins.] 's'를 원인, 이유 등을 나타내는 대격(dative)으로 옮겼다.

富財多眷屬　　宜立爲職掌　　　부재다권속　의립위직장

> 지혜로써 연륜[672]을 (갖춘 자)와 명가 출신인 자
> 바른 이치에 해박한 자에게 죄짓기를 꺼리는 자
> 이와 비슷한[673] (자들을) 구해볼 수 있다면[674]
> (그와 같은 자들을) 언제나 많이 그대 (스스로) 모아야 합니다.

[331. (4-30)]

ཆད་པ་གཟུང་དང་བརྡེག་ལ་སོགས༎　　chad pa gzung dang brdeg la sogs//
རིགས་པའང་ཁྱོད་ཀྱིས་མི་བགྱི་སྟེ༎　　rigs pa'ang khyod kyis mi bgyi ste//
སྙིང་རྗེས་བརླན་པར་བགྱིས་ནས་ནི༎　　snying rjes brlan par bgyis nas ni//
རྟག་ཏུ་རྗེས་སུ་བཟུང་བར་མཛོད༎　　rtag tu rjes su bzung bar mdzod//

[327. (4-30)]

月月應問彼　　一切財出入　　　월월응문피　일체재출입
問己法事等　　喜心善敎誨　　　문기법사등　희심선교회

> 참형(斬刑),[675] 구금형(拘禁刑)과 태형(笞刑) 등이
> 옳을지라도 그대는 (이것으로 벌)하지 마시고 그리고
> 자비심[676]으로 온화하게 행하시는 것으로써
> 항상 (죄지은 자들 또한) 돌보시기 바랍니다.

---

672. 원문의 '겐(rgan)'은 '늙다'라는 뜻이지만 내용에 따라 '연륜'으로 옮겼다.
673. 원문의 '낭쉰(nang gshin)'을 '쵤판'에 따라 '낭진(rang bzhin)'의 오자로 보고 풀었다.
674. 전체적으로 의역했다.
675. 원문에는 '자르다'라는 '체빠(chad pa)'만 쓰여 있으나 이 게송이 뜻하는 바에 따라서 각기 다른 형벌로 옮겼다.
676. 영역에 따라 '자비심'을 뜻하는 '닝제(snying rje)'로 옮겼다. 원문의 '닝제(mying rjes)'는 '옛 것에 따라' 정도로 옮길 수 있다. 다음 게송에 바로 '닝제(snying rje)'가 나온다.

[332. (4-31)]

མི་བཟད་སྡིག་པ་བྱེད་པ་ཡི༎
ལུས་ཅན་དག་ནི་ཐམས་ཅད་ལའང་༎
རྒྱལ་པོ་ཁྱོད་ཀྱིས་རྟག་པར་ཡང་༎
སྙིང་རྗེས་ཕན་སེམས་ཁོ་ན་བསྐྱེད༎

mi bzad sdig pa byed pa yi//
lus can dag ni thams cad la'ang//
rgyal po khyod kyis rtag par yang//
snying rjes phan sems kho na bskyed//

[328. (4-31)]

爲法處王位　不求名欲塵
王位勝有利　異此則不如

위법처왕위　불구명욕진
왕위승유리　이차즉불여

끔찍한 죄를 저지른 자의
그 몸뚱이들 전체라도
(오,) 왕이시여! 그대는 항상
자비심으로 좋은 마음만 일으키시기 바랍니다.

[333. (4-32)]

མི་བཟད་སྡིག་ཅན་གསོད་བྱེད་ལ༎
ཁྱད་པར་དུ་ཡང་སྙིང་རྗེ་བགྱི༎
བདག་ཉིད་ཉམས་པ་དེ་དག་ཉིད༎
བདག་ཉིད་ཆེན་པོའི་སྙིང་རྗེའི་གནས༎

mi bzad sdig can gsod byed la//
khyad par du yang snying rje bgyi//
bdag nyid nyams pa de dag nyid//
bdag nyid chen po'i snying rje'i gnas//

[329. (4-32)]

大王卽世間　多互相食噉
立法王位義　汝諦聽我說

대왕즉세간　다호상식담
입법왕위의　여제청아설

살인(과 같은) 끔찍한 죄를 지은 자에게는
특히나 더 (큰) 자비를 베푸십시오.

> 그와 같이 자기 자신을 타락시킨 자, 그들 자신에게는
> 커다란 자기 자신의 자비심의 의지처가 (필요한 법입니다.)

[334. (4-33)]

ཉིན་གཅིག་བཞིན་ནམ་ཞག་ལྔ་བར།།　　nyin gcig bzhin nam zhag lnga bar//
ཉམ་ཆུང་བཙོན་རྣམས་གཏོང་བར་མཛོད།།　nyam chung btson rnams gtong bar mdzod//
ལྷག་མ་རྣམས་ཀྱང་ཅི་རིགས་པར།།　　lhag ma rnams kyang ci rigs par//
འགའ་ཡང་མི་དགྲོལ་མིན་པར་མཛོད།།　'ga' yang mi dgrol min par mdzod//

[330. (4-33)]

長老於王處　上族解是非　　장로어왕처　상족해시비
畏惡多相順　願彼看王事　　외악다상순　원피간왕사

> 하루 동안이나 5일 후에
> (경범을 저지른) 허약한 죄수들은 풀어주십시오
> 나머지들은 불합리하게
> 어떤 일이 있더라도 풀어주지 않는 것을 행하십시오

[335. (4-34)]

ཁྱོད་ནི་གང་ལ་གཏང་སེམས་མེད།།　khyod ni gang la gtang sems med//
དེ་ལས་སྡོམ་པ་མིན་པ་སྐྱེ།།　de las sdom pa min pa skye//
སྡོམ་པ་མ་ཡིན་དེ་ལས་ནི།།　sdom pa ma yin de las ni//
རྒྱུན་མི་ཆད་པར་སྡིག་པ་སོགས།།　rgyun mi chad par sdig pa sogs//

[331. (4-34)]

罰繫鞭杖等　若彼依理行　　벌계편장등　약피의리행
王恒潤大悲　於彼更施恩　　왕항윤대비　어피갱시은

제4 정교왕품 247

> 그대는 (특별히) '누구를 풀어주겠다'는 생각을 하지 마시기 바랍니다.
> 그것으로부터 법령(의 공평함)이 없어지는 게 생겨납니다.
> 바로 그 법령(의 공평함)이 없어지는 것으로부터
> 쉬지 않고 죄악 등이 (생겨납니다.)

[336. (4-35)]

	btson ni ji srid ma btang ba//
	de yi bar du 'dreg mkhan dang//
	khrus dang bza' dang btung ba dang//
	sman dang ldan pas bde bar bgyi//

[332. (4-35)]

爲利一切人　應恒起慈心　　위리일체인　응항기자심
若彼最重惡　亦應生大悲　　약피최중악　역응생대비

> 죄수들을 이와 같이 방면하지 않더라도
> (수감 중인) 동안에는 이발과
> 목욕과 먹을 것과 마실 것과
> 의약품[677]을 갖춰 주는 것으로써 편안하게 하십시오.

[337. (4-36)]

	snod min pa yi bu dag la//
	snod du rung bar bya 'dod ltar//
	snying rjed yis ni tshar gcad bya'i//
	sdang bas ma yin nor phyir min//

---

677. 영역에서는 옷을 추가하고 있으나 원문에 따랐다.

[333. (4-36)]

重惡極害心　必於彼行悲　　중악극해심　필어피행비
彼卽是悲器　正行人悲境　　피즉시비기　정행인비경

(가르쳐도 받아)들이기 (어려운) 아이들에게
(배움을) 받아들이게 하는 것을 바라는 것처럼
자비심으로 끝까지 (그 악행을) 끊어 없애야지
성냄이나 재물을 (탐하기 위해서) 하지 마시기 바랍니다.

[338. (4-37)]

རབ་སྡང་གསོད་པར་བྱེད་པའི་མི།། rab sdang gsod par byed pa'i mi//
བརྟགས་ཏེ་ལེགས་པར་ཤེས་བགྱིས་ནས།། brtags te legs par shes bgyis nas//
མི་བསད་གནོད་པར་མི་བགྱིས་པར།། mi bsad gnod par mi bgyis par//
ཡུལ་ནས་བསྐྲད་པ་དག་ཏུ་མཛོད།། yul nas bskrad pa dag tu mdzod//

[334. (4-37)]

貧人若被駐　五日須放散　　빈인약피주　오일수방산
餘人亦如理　隨一莫拘留　　여인역여리　수일막구류

매우 흉폭하여 살인을 저지른 자는
(세심하게) 통찰한 뒤 잘 이해하여
(다시) 사람을 죽이는 해가 없게
왕국으로부터 추방 등을 행하십시오.

[339. (4-38)]

རང་དབང་ཡོད་པར་ཡུལ་ཀུན་ཡང་།། rang dbang yod par yul kun yang//
བྱ་མ་རྟ་ཡི་སྤྱན་གྱིས་གཟིགས།། bya ma rta yi spyan gyis gzigs//

རྟག་ཏུ་བག་ཡོད་དྲན་ལྡན་པས།། rtag tu bag yod dran ldan pas//
ཆོས་དང་མཐུན་པའི་དོན་མཛོད་ཅིག། chos dang mthun pa'i don mdzod cig//

[335. (4-38)]
若於一人所　起長繫駐心　　약어일인소　기장계주심
隨人生不護　因此惡恒流　　수인생불호　인차악항류

(오, 왕이시여!) 자신의 왕권이 존재하는 땅 모든 (곳)이라도
(발 빠른) 전령의 눈으로 (두루) 살핀 것을
항상 방일(放逸)하지 않고 올곧게 살펴[正念]
법과 화합하는 일을 행하시기 바랍니다.

[340. (4-39)]
ཡོན་ཏན་གནས་ལ་བདག་ཉིད་ཀྱིས།། yon tan gnas la bdag nyid kyis//
རབ་སྦྱིན་བཀུར་སྟི་རིམ་གྲོ་དག། rab sbyin bkur sti rim gro dag//
རྒྱ་ཆེ་རྗེས་སུ་མཐུན་སྦྱར་ཞིང་།། rgya che rjes su mthun sbyar zhing//
ལྷག་མ་རྣམས་ལའང་ཅི་རིགས་བགྱི།། lhag ma rnams la'ang ci rigs bgyi//

[336. (4-39)]
乃至彼未散　雖繫亦安樂　　내지피미산　수계역안락
莊飾浣飮食　藥扇等相應　　장식완음식　약선등상응

공덕이 머무는 곳에는 그대 스스로
빼어난 보시, 공양, 존경 등을 (행하시기 바랍니다.)
광대하게 (법에) 잘 부합되는 행동을 하시고
나머지들도 무엇이든 합당하게 행하십시오

[341. (4-40)]

	rgyal po'i ljon shing bzod grib can//
	bkur sti'i me tog rgyas gyur cing//
	rab sbyin 'bras bu che ldan la//
	dmangs kyi bya rnams bsten par 'gyur//

[337. (4-40)]

王欲他成器　依悲立善敎　　왕욕타성기　의비립선교
善惡人皆同　不由瞋及欲　　선악인개동　불유진급욕

> '왕'이라는[678] 과일나무[果樹]가 인욕의 그늘을 (늘어뜨리면)
> 공양에 (올리는) 꽃은 풍성하게 되고
> 좋은 보시에 (쓰는) 과일은 크게 열리게 되고[679]
> 새떼(와 같은) 백성들의 (무리)는[680] (믿고) 의지하게 될 것입니다.[681]

[342. (4-41)]

	rgyal po gtong ba'i ngang tshul can//
	brjid dang ldan na dga' 'gyur te//
	sug smel na le sham rtsub pa'i//
	sha kha ra yi la du bzhin//

[338. (4-41)]

熟思實知已　人增起反逆　　숙사실지이　인증기반역

....
678. 소유격[Gen.] '이('i)'를 간접 인용으로 보고 옮겼다.
679. '라둔(la 'dun)'의 '라(la)'를 순접 접속사로 보고 옮겼다.
680. 의미를 명확하게 하기 위하여 첨언하여 윤문하였다. 직역하면 '백성들의 새떼[民鳥]'이다.
681. 전체적인 의미는 왕이 큰 나무처럼 흔들림 없는 인욕을 지키면 그 꽃과 과일, 그리고 그곳에 몰려드는 백성이라는 새떼의 비유를 드는 것으로 보고 의역하였다. 영역은 대구를 이루고 있는데 구조가 다르다. 한역의 [341. (4-44)]번 게송이다.

不殺不逼彼　願王擯他土　　　불살불핍피　원왕빈타토

> 주는 것을 (좋아하는) 성품을 갖춘 왕이
> (법령에 따라) 위용을 갖춘다면 (모두가) 기쁘게 될 것이니 그것은
> 소두구(小豆蔲),[682] 후추의 겉은 거칠지만
> 그 맛이 달콤한 것과 (같습니다).

[343. (4-42)]

དེ་ལྟར་རིགས་པས་སྤྱད་ན་ནི། de ltar rigs pas spyad na ni//
ཁྱོད་ཀྱི་རྒྱལ་སྲིད་འགྲོངས་མི་འགྱུར། khyod kyi rgyal srid 'grongs mi 'gyur//
རིགས་པ་མ་ཡིན་མི་འགྱུར་ཞིང་། rigs pa ma yin mi 'gyur zhing//
ཆོས་མིན་མ་ཡིན་ཆོས་སུ་འགྱུར། chos min ma yin chos su 'gyur//

[339. (4-42)]

看自家如怨　由參人淨眼　　　간자가여원　유참인정안
恒念無放逸　願作如法事　　　항념무방일　원작여법사

> 그와 같이 (법에 따라) 합리적으로 행동한다면
> 그대의 권좌는 (오랫동안) 쇠락하지 않을 것입니다.
> (그렇지 않으면) 합리적이지 않은 사람이 될 것이고
> 불법(不法), (즉 법이) 아닌 것이 법이 될 것입니다.[683]

[344. (4-43)]

རྒྱལ་སྲིད་འཇིག་རྟེན་ཕ་རོལ་ནས། rgyal srid 'jig rten pha rol nas//

---

682. 아시아 열대 지역의 생강과의 식물로 요즘은 보통 '카다멈(Cardamom)'이라고 영문 음차로 부르는데 인도의 카레 요리에 거의 필수품이다. 짜이, 즉 '밀크 티(milk tea)'의 필수 향신료로도 널리 사용된다.
683. 영역과 약간 다르다. 우리말에 어울리게 윤문하여 옮겼다.

བསྣམས་ཏེ་མ་བྱོན་བསྣམས་མི་འགྱུར།། bsnams te ma byon bsnams mi 'gyur//
ཆོས་ཀྱིས་རྙེད་པས་དེའི་སླད་དུ།། chos kyis rnyed pas de'i slad du//
ཆོས་མིན་ཁྱོད་ཀྱིས་བགྱི་མི་རིགས།། chos min khyod kyis bgyi mi rigs//

[340. (4-43)]

賞重加供養　有恩人令得　　상중가공양　유은인령득
如思德勝負　報償亦如是　　여사덕승부　보상역여시

> 이 세상의 권좌는 저 세상[彼岸]으로
> 들고 가거나 (이전 세상에서) 들고 온 것으로 된 게 아닙니다.
> 법을 통해서 얻어진 그것 때문에 (그대의 권좌가 있는 것이지)
> 법이 없으면 그대는 (아무것도) 할 수 없습니다.[684]

[345. (4-44)]

འཚོགས་ཆས་ཟོང་ནི་རྒྱལ་སྲིད་ཀྱིས།། 'tshog chas zong ni rgyal srid kyis//
སྡུག་བསྔལ་འཚོགས་ཆས་བརྒྱུད་པ་དག། sdug bsngal 'tshog chas brgyud pa dag//
ཅི་ནས་བསྒྲུབ་པར་མི་འགྱུར་བར།། ci nas bsgrub par mi 'gyur bar//
རྒྱལ་པོ་དེ་ལྟར་ནན་ཏན་མཛོད།། rgyal po de ltar nan tan mdzod//

[341. (4-44)]

將接爲饒花　賞施爲大果　　장접위요화　상시위대과
王樹忍辱影　民鳥遍依事　　왕수인욕영　민조편의사

> 왕국에 의해서 지어지는 필요품[685]들 가운데[686]
> (악업을 행할) 고통스러운 필요품들로 이어질 것들은

---

684. 영역과 차이가 난다.

어떤 것으로부터도 이뤄질 수 없는 것이 되게[687]
(오,) 왕이시여! 그와 같은 (것들을) 열심히 행하십시오.

[346. (4-45)]

འཚོག་ཆས་ཟོང་ནི་རྒྱལ་སྲིད་ཀྱིས།།	'tshog chas zong ni rgyal srid kyis//
རྒྱལ་སྲིད་འཚོག་ཆས་བརྒྱུད་པ་དག།	rgyal srid 'tshog chas brgyud pa dag//
རྒྱལ་པོ་ཅི་ནས་བརྗེས་འགྱུར་བ།།	rgyal po ci nas brjes 'gyur ba//
དེ་ལྟ་བུར་ནི་ནན་ཏན་མཛོད།།	de lta bur ni nan tan mdzod//

[342. (4-45)]

王持戒能施　有威得物心　　왕지계능시　유위득물심
譬如沙糖丸　香剌味相雜　　비여사당환　향랄미상잡

왕국에 의해서 지어지는 필요품들 가운데
(선업을 행할) 왕국의 필요품들로 이어질 것들은
(오,) 왕이시여! 어떤 것으로부터도 이뤄질 수 있는 것이 되게
바로 그와 같은 (것들을) 열심히 행하십시오.[688]

[347. (4-46)]

གླིང་བཞི་པ་ཡི་ས་ཐོབ་ཀྱང་།།	gling bzhi pa yi sa thob kyang//
འཁོར་ལོས་སྒྱུར་བའི་བདེ་བ་ནི།།	'khor los sgyur ba'i bde ba ni//
ལུས་ཀྱི་དག་དང་སེམས་ཀྱི་སྟེ།།	lus kyi dag dang sems kyi ste//

----

685. '필요품'으로 옮긴 '촉최('tshog chas)'에는 '가구, 생활용품'이라는 뜻이 있으나, TT의 'effects, chattels, tools, necessaries' 등 유무형 모두를 포함할 경우 '필요한 것'으로도 볼 수 있어 이에 따랐다.
686. 전체적으로 다음에 이어질 수식의 한 행으로 보고 의역하여 옮겼다.
687. 악업을 낼 수 있는 것은 그 어떤 것도 하지 말라는 뜻이다.
688. 바로 앞의 게송과 대구를 이루고 있어, 이에 따라 의역하여 옮겼다.

འདི་གཉིས་ཁོ་ནར་ཟད་པར་འདོད།།　　　'di gnyis kho nar zad par 'dod//

[343. (4-46)]

若王依道理　愚法則不行　　　　약왕의도리　우법즉불행
無難無非法　恒有法歡樂　　　　무난무비법　항유법환락

4대륙의 땅을 얻었을지라도
전륜성왕의 안락이란
몸의 여러 것과 마음의 (안락일 뿐이니) 그러니
(몸과 마음,) 이 둘(의 안락)만 오직 바라십시오

[348. (4-47)]

ལུས་ཀྱི་ཚོར་བ་བདེ་བ་ནི།།　　　　lus kyi tshor ba bde ba ni//
སྡུག་བསྔལ་ཕྱིར་ནི་བཅོས་པ་ཙམ།།　sdug bsngal phyir ni bcos pa tsam//
སེམས་ཀྱི་འདུ་ཤེས་རང་བཞིན་ཏེ།།　sems kyi 'du shes rang bzhin te//
རྟོག་པས་བྱས་པ་ཁོ་ནར་ཟད།།　　　rtog pas byas pa kho nar zad//

[344. (4-47)]

不從昔世引　不可將入來　　　　부종석세인　불가장입래
王位從法得　爲位莫壞法　　　　왕위종법득　위위막괴법

(그리고) 몸이 느끼는 안락은
고통을 위한 것이니 끊으시고
마음의 (안락을 추구하는 것은) 감정[想]에 따르는 게 본래의 성품[自性]이니, 그것을
항상 행할 것만 오직 (바라십시오)

제4 정교왕품　255

[349. (4-48)]

འཇིག་རྟེན་བདེ་བའི་བདོག་པ་ཀུན། །
སྡུག་བསྔལ་ཕྱིར་ནི་བཅོས་ཙམ་དང། །
རྟོག་པ་ཙམ་ཉིད་ཡིན་དེའི་ཕྱིར། །
དེ་ནི་དོན་དུ་དོན་མེད་དོ། །

'jig rten bde ba'i bdog pa kun//
sdug bsngal phyir ni bcos tsam dang//
rtog pa tsam nyid yin de'i phyir//
de ni don du don med do//

[345. (4-48)]

王位如肆家　若傳如所價　　왕위여사가　약전여소가
爲不更求得　此用汝應行　　위불갱구득　차용여응행

> 세간의 기쁨을 갖춘 모든 (일이란)
> 고통을 위해 지어진 것일 뿐이고
> 다만 (그것만) 생각하게 마음을 향하게 하는 것입니다. 그러므로
> 바로 그런 것에는 (어떤) 의미[689]도 없습니다.

[350. (4-49)]

གླིང་དང་ཡུལ་དང་གནས་དང་ཁྱིམ། །
ཁྱོག་དང་སྟན་དང་གོས་རྣམས་དང་། །
མལ་ཆ་བཟའ་བཏུང་གླང་པོ་རྟ། །
བུད་མེད་སྤྱད་བྱ་རེ་རེར་ཟད། །

gling dang yul dang gnas dang khyim//
khyog dang stan dang gos rnams dang//
mal cha bza' btung glang po rta//
bud med spyad bya re rer zad//

[346. (4-49)]

王位如肆家　王傳如所價　　왕위여사가　왕전여소가
爲欲更求得　此用應修行　　위욕갱구득　차용응수행

천하(대륙)와 나라와 (사람들이) 머무는 (마을)과 집

---
689. 일과 의미를 모두 뜻하는 '된(don)'이 쓰여 운율을 마치고 있다.

256

> 가마와 방석과 옷과
> 침실 용구, 음식, 코끼리, 말
> 여자 (… 이런) 기쁨의 대상들은 하나하나 (모두) 사라집니다.

[351. (4-50)]

གང་ཚེ་གང་ལ་སེམས་འཇུག་པ།།	gang tshe gang la sems 'jug pa
དེ་ཚེ་དེ་ཡིས་བདེ་ཞེས་གྲག།།	de tshe de yis bde zhes grag//
ལྷག་མ་ཡིད་ལ་མི་བྱེད་པས།།	lhag ma yid la mi byed pas//
དེ་ཚེ་དོན་དུ་དོན་མེད་ཉིད།།	de tshe don du don med nyid//

[347. (4-50)]

轉輪王得地　或具四天下	전륜왕득지　혹구사천하
但身心二樂　餘富貴皆虛	단신심이락　여부귀개허

> '어느 때 어느 누군가(의)[690] 마음을 사로잡는 것
> 그때 그것은 안락이다'라고 알려졌습니다.
> 다른 이의 마음을 (사로잡지) 못하는 것은
> 그때 (아무런) 의미가 없는 것 자체입니다.

[352. (4-51)]

མིག་ལ་སོགས་པའི་དབང་པོ་ལྔས།།	mig la sogs pa'i dbang po lngas//
ཡུལ་ལྔ་འཛིན་ཚེ་གང་གི་ཕྱིར།།	yul lnga 'dzin tshe gang gi phyir//
རྟོག་པར་མི་བྱེད་དེ་ཡི་ཕྱིར།།	rtog par mi byed de yi phyir//
དེ་ཚེ་དེ་ལ་བདེ་བ་མེད།།	de tshe de la bde ba med//

---

690. 우리말과 어울리게 '라둔(la 'dun)'의 '라(la)'를 소유격[Gen.]으로 보고 옮겼다.

[348. (4-51)]

但對治衆苦　謂身喜樂受　　단대치중고　위신희락수
心樂是想類　皆分別所作　　심락시상류　개분별소작

> 눈과 같은 5개의 감각 기관[五根]으로
> 다섯 가지 감각 대상[五境]을 받아들일 때 그 무엇을 위한 (여러 생각들이 생겨납니다.)
> (그러나) 항상 (기쁘다) 할 수 없으니 그것을 위한
> 그때 그것에는 (항상하는) 기쁨도 (있을 수) 없습니다.[691]

[353. (4-52)]

གང་ཚེ་ཡུལ་ནི་གང་དང་གང་།།　gang tshe yul ni gang dang gang//
དབང་པོ་གང་གིས་ཤེས་གྱུར་པ།།　dbang po gang gis shes gyur pa//
དེ་ཚེ་ལྷག་མས་ལྷག་མ་མིན།།　de tshe lhag mas lhag ma min//
གང་ཕྱིར་དེ་ཚེ་དོན་མེད་ཉིད།།　gang phyir de tshe don med nyid//

[349. (4-52)]

對治苦爲體　及分別爲類　　대치고위체　급분별위류
世間一切樂　虛故無眞實　　세간일체락　허고무진실

> 어느 때나 감각 대상[五境]은 그 무엇이 되었든
> 감각 기관[五根] (가운데) 그 무엇이 되었든 (이를 통해) 이해됩니다.
> 그때 나머지(감각 대상들)은 나머지 (감각 기관에 의해 이해되는 게) 아닙니다.
> 그러므로 그때 (기쁘다는 것은) 의미 없는 것 자체입니다.[692]

....
691.　그것을 하지 않았을 때가 더 정확하지 않나 싶다.

[354. (4-53)]

དབང་པོ་ཡིས་ནི་དམིགས་གྱུར་པ།། dbang po yis ni dmigs gyur pa//
འདས་པའི་ཡུལ་གྱི་རྣམ་པ་ལ།། 'das pa'i yul gyi rnam pa la//
ཡིད་ཀྱིས་དམིགས་ནས་རྟོག་པ་ན།། yid kyis dmigs nas rtog pa na//
བདེའོ་སྙམ་དུ་རློམ་པར་བྱེད།། bde'o snyam du rlom par byed//

[350. (4-53)]

洲處土居止　坐處及衣等　　주처토거지　좌처급의등
飮食臥具乘　妻象馬用一　　음식와구승　처상마용일

> 감각 기관[五根]으로 (대상을) 얻게 되는 것[所緣]입니다.
> 예전의 감각 대상[五境]의 종류[品類]에
> 마음 소연을 통해 분별한다면
> (그것이 바로) 기쁨(안락)입니다. (그러므로 항상 이것을) 생각하시기 바랍니다.[693]

[355. (4-54)]

འདི་ན་དབང་པོ་གཅིག་གིས་ནི།། 'di na dbang po gcig gis ni//
དོན་གཅིག་ཤེས་པ་གང་ཡིན་པ།། don gcig shes pa gang yin pa//
དེ་ཡང་དོན་མེད་པར་དོན་མེད།། de yang don med par don med//
དོན་ཡང་དེ་མེད་པར་དོན་མེད།། don yang de med par don med//

[351. (4-54)]

若心隨一緣　卽由彼生樂　　약심수일연　즉유피생락
餘境非緣故　是時虛無用　　여경비연고　시시허무용

---

692. '오감을 통해 두루 만족하는 것은 존재하지 않는다'는 의미로 해석된다.
693. 원문을 모두 옮기면 '이런 생각에 젖게 하십시오' 정도 된다.

> 이 (세간)에서[694] 바로 하나의 감각 기관[五根]으로
> (어떤) 하나의 것[일=五境]을 알게 됩니다. (그러므로 만약) 무엇이 있다 (할지라도)
> 그것 역시 (하나의) 것[五境]이 없다면 그것의 의미는 없고
> (그것의) 의미 또한 그것[五境]이 없(으면)[695] 의미 없는 것이 (됩니다.)[696]

[356. (4-55)]

ཇི་ལྟར་ཕ་དང་མ་དང་ལ།།   ji ltar pha dang ma dang la//
བརྟེན་ནས་བུ་ནི་འབྱུང་བཤད་པ།།   brten nas bu ni 'byung bshad pa//
དེ་བཞིན་མིག་དང་བཟུགས་བརྟེན་ནས།།   de bzhin mig dang bzugs brten nas//
རྣམ་པར་ཤེས་པ་འབྱུང་བར་བཤད།།   rnam par shes pa 'byung bar bshad//

[352. (4-55)]

| 五根緣五塵 | 若心不分別 | 오근연오진 | 약심불분별 |
| 雖復得成塵 | 不由此生樂 | 수부득성진 | 불유차생락 |

> 이와 같이 아버지와 어머니에
> 의지하여 자식이 생긴다고 이야기하듯
> 그와 같이[697] (감각 기관[五根]의 하나인) 눈과 형태를 갖추는 것[色]에 의지하는 것으로써
> 의식[識]이 생긴다고 이야기할 수 있습니다.

---

694. 대부분의 판본들이 '나(na)', 즉 '이 (세간)이라면'이라고 되어 있으나 큰 차이가 없어 이대로 옮겼다.
695. 문장이 대구가 될 수 있게 '라둔(la 'dun)'의 'r'을 조건으로 보고 옮겼다.
696. 감각 기관과 그것에 의해 포착된 대상의 의미, 이 양자 사이의 비분리성에 대한 언급이다.
697. 산스끄리뜨어의 작시 용법은 「제1 선취안락품」, [55. (1-55)]번 게송 각주 참조.

[357. (4-56)]

ཡུལ་ནི་འདས་དང་མ་འོངས་རྣམས།། yul ni 'das dang ma 'ongs rnams//
དབང་པོ་དང་བཅས་དོན་མེད་ལ།། dbang po dang bcas don med la//
དེ་གཉིས་ལས་ཐ་དང་མེད་ཕྱིར།། de gnyis las tha dang med phyir//
གང་དག་ད་ལྟར་ཡང་དོན་མེད།། gang dag da ltar yang don med//

[53. (4-56)]

| 此塵根所緣　餘則非能所 | 차진근소연　여즉비능소 |
| 故所餘根塵　眞實無有義 | 고소여근진　진실무유의 |

> 바로 그 감각 대상[五境]에 과거와 미래들은
> (현재 존재하는) 감각 기관[五根]과 함께하는 것이 아닙니다. (그리고 또한)[698]
> 그 둘[과거와 미래]로부터 상이한 것이 (생겨나는 것이) 아니기 때문에 무엇이 되었든 현재 역시 (어떤) 의미가 있는 것이 아닙니다.

[358. (4-57)]

ཇི་ལྟར་མིག་ནི་འཁྲུལ་བ་ཡིས།། ji ltar mig ni 'khrul ba yis//
མགལ་མེའི་འཁོར་ལོ་འཛིན་བྱེད་པ།། mgal me'i 'khor lo 'dzin byed pa//
དེ་བཞིན་དབང་པོ་རྣམས་ཀྱིས་ནི།། de bzhin dbang po rnams kyis ni//
ད་ལྟའི་ཡུལ་དག་འཛིན་པར་བྱེད།། da lta'i yul dag 'dzin par byed//

[354. (4-57)]

| 此塵根所緣　心取過去相 | 차진근소연　심취과거상 |
| 分別起淨想　於彼生樂受 | 분별기정상　어피생락수 |

---

698. 말미에 '라둔(la 'dun)'이 쓰였으나 이유 등을 나타내는 경우로 받았을 경우 3행의 '칠(phyir)'과 반복되어 이처럼 옮겼다.

> 이와 같이 (감각 기관[五根]인) 눈의 착란(錯亂)이
> 시화륜(施火輪)[699]을 (진짜 불꽃인 양) 받아들이는 것[能取]처럼
> 그와 같이 바로 이 감각 기관[五根]들이
> 현재의 감각 대상[五境]을 받아들입니다.

[359. (4-58)]

དབང་པོ་རྣམས་དང་དབང་དོན་རྣམས།།
འབྱུང་བ་རྣམས་ཀྱི་རང་བཞིན་འདོད།།
འབྱུང་བ་སོ་སོར་དོན་མེད་པས།།
འདི་དག་དོན་དུ་དོན་མེད་དོ།།

dbang po rnams dang dbang don rnams//
'byung ba rnams kyi rang bzhin 'dod//
'byung ba so sor don med pas//
'di dag don du don med do//

[355. (4-58)]

一塵心所緣　心塵不同世　　일진심소연　심진부동세
既離心非塵　離塵亦非心　　기리심비진　이진역비심

> 감각 기관[五根]들과 감각 기관(과 섭수하는) 것들에서
> 발생한 것들의 (감각 대상[五境]에는) 자성(自性)이 필요합니다.
> 발생한 각자의 것이 없으면
> 이것들 (각자의) 것에는 의미가 없습니다.

[360. (4-59)]

འབྱུང་རྣམས་སོ་སོར་ཐ་དད་ན།།
བུད་ཤིང་མེད་པའི་མེར་ཐལ་འགྱུར།།
འདུས་ན་མཚན་ཉིད་མེད་འགྱུར་ཏེ།།
ལྷག་མ་ལ་ཡང་དེ་ལྟར་ངེས།།

'byung rnams so sor tha dad na//
bud shing med pa'i mer thal 'gyur//
'dus na mtshan nyid med 'gyur te//
lhag ma la yang de ltar nges//

---

699. 향이나 나무에 남은 불을 빨리 돌려서 생기는 불꽃환을 뜻한다.

[356. (4-59)]

| 以父母爲因　汝説有子生 | 이부모위인　여설유자생 |
| 如此緣眼色　説有識等生 | 여차연안색　설유식등생 |

> 발생한 것들이 각각 별개의 것이라면
> 불과 연료의 관계[700]는 존재하지 않게 될 것입니다.
> 화합(모임)이 있다면 (각각의 것이 따로 존재한다는) 정의[=성품][701]는
> 없게 될 것이기에
> 나머지 (다른 것들) 역시 그와 같이 주장(할 수 있습니다.)

[361. (4-60)]

དེ་ལྟར་འབྱུང་རྣམས་རྣམ་གཉིས་སུ་འང་།།	de ltar 'byung rnams rnam gnyis su'ang//
དོན་མེད་པས་ན་འདུས་དོན་མེད།།	don med pas na 'dus don med//
འདུས་པ་དོན་མེད་ཉིད་ཀྱི་ཕྱིར།།	'dus pa don med nyid kyi phyir//
གཟུགས་ཀྱང་དོན་དུ་དོན་མེད་དོ།།	gzugs kyang don du don med do//

[357. (4-60)]

| 去來世根塵　不成由無義 | 거래세근진　불성유무의 |
| 不出二世故　現塵根無義 | 불출이세고　현진근무의 |

> 그와 같이 발생한 것들은 그 두 개가 (화합한 것일지라도)
> (각자의) 실체(것)가 없다면 화합이란 의미 없는 것입니다.
> 화합하는 것이 없는 것 자체이기 때문에
> 형태(色)라 할지라도 그것에는 의미가 없습니다.

---

700. 『중론』, 「제 10관연가연품(觀然可燃品)」에 관한 이야기다. 자세한 논파는 『중론』 참조.
701. 불교 논리학인 인명에서 '정의'를 뜻하는 '첸니(mtshan nyid)'가 쓰였다.

[362. (4-61)]

རྣམ་ཤེས་ཚོར་དང་འདུ་ཤེས་དང་།།
འདུ་བྱེད་རྣམས་ཀྱང་ཐམས་ཅད་དུ།།
སོ་སོར་བདག་ཉིད་དོན་མེད་ཕྱིར།།
དམ་པའི་དོན་དུ་དོན་མེད་དོ།།

rnam shes tshor dang 'du shes dang//
'du byed rnams kyang thams cad du//
so sor bdag nyid don med phyir//
dam pa'i don du don med do//

[358. (4-61)]

如眼見火輪　由根到亂故
於現在塵中　根緣塵亦爾

여안견화륜　유근도란고
어현재진중　근연진역이

> 식(識), 수(受)와 상(想)과
> 행(行)들이더라도 모두
> 각자 자성을 가진 것이 아니기 때문에
> 진실로 의미가 있는 것이 아닙니다.

[363. (4-62)]

ཇི་ལྟར་སྡུག་བསྔལ་ཕྱིར་བཅོས་ལ།།
དོན་དུ་བདེ་བར་ང་རྒྱལ་བྱེད།།
དེ་བཞིན་བདེ་འཇོམས་འབྱུང་བ་ལ།།
སྡུག་བསྔལ་དུ་ཡང་ང་རྒྱལ་བྱེད།།

ji ltar sdug bsngal phyir bcos la//
don du bde bar nga rgyal byed//
de bzhin bde 'joms 'byung ba la//
sdug bsngal du yang nga rgyal byed//

[359. (4-62)]

五根及境界　是四大塵類
一一大虛故　塵根非不有

오근급경계　시사대진류
일일대허고　진근비불유

> 이와 같이 고통을 추구하기 위해 짓는 것을
> '(어떤) 것의 안락'이라는 (그릇된) 아만을 짓습니다.

> 그와 같이 (출세간의) 안락을 부수는 게 일어나기에
> (그) 고통으로 또 (다시) 아만을 짓습니다.[702]

[364. (4-63)]

དེ་ལྟར་ངོ་བོ་ཉིད་མེད་ཕྱིར།།	de ltar ngo bo nyid med phyir//
བདེ་དང་ཕྲད་པའི་སྲེད་པ་དང་།།	bde dang phrad pa'i sred pa dang//
སྡུག་བསྔལ་བྲལ་བའི་སྲེད་པ་སྤོང་།།	sdug bsngal bral ba'i sred pa spong//
དེ་ཕྱིར་དེ་ལྟར་མཐོང་བ་གྲོལ།།	de phyir de ltar mthong ba grol//

[360. (4-63)]

若大各離成　離薪火應然	약대각리성　이신화응연
若離無別體　塵亦同此判	약리무별체　진역동차판

> 그와 같이 실체 자체가 없는 것이기 때문에
> (세간의) 안락과 화합하고자 하는 욕구와
> 고통에서 벗어나고자 하는 욕구를 (모두) 포기(하시기 바랍니다.)[703]
> 그러기 위해서는 그와 같이 보는 것[觀]을 (키워야) 해탈(에 이르게 됩니다.)

[365. (4-64)]

གང་གིས་སེམས་མཐོང་འགྱུར་ཞེ་ན།།	gang gis sems mthong 'gyur zhe na//
ཐ་སྙད་དུ་ནི་སེམས་བརྗོད་དེ།།	tha snyad du ni sems brjod de//
སེམས་བྱུང་མེད་པར་སེམས་མི་འབྱུང་།།	sems byung med par sems mi 'byung//
དོན་མེད་ལྷན་ཅིག་མི་འདོད་དོ།།	don med lhan cig mi 'dod do//

---

702. 의미를 명확하게 하기 위해 전체적으로 윤문하여 옮겼다.
703. 이 행에서 뜻하는 '고통에서 벗어나고자 하는 욕구'는 고(苦)가 실체, 자성이 있는 것으로 파악했을 경우에 발생하는 문제를 가리킨다.

[361. (4-64)]

| 四大二義虛　故不成和同 | 사대이의허　고불성화동 |
| 旣實無和同　故色塵不成 | 기실무화동　고색진불성 |

> '어떤 이가 마음[心]을 관찰[觀]해야 된다'라고 말한다면
> 가설(假設)로 마음을 논하는 것입니다. 왜냐하면
> 심소(心所)가 없는 마음[心]⁷⁰⁴은 발생하지 않기 때문입니다.
> (그러므로 이와 같이) 무의미한 어떤 것도 바라지 마시기 바랍니다.⁷⁰⁵

[366. (4-65)]

དེ་ལྟར་ཡང་དག་ཇི་བཞིན་དུ།	de ltar yang dag ji bzhin du//
འགྲོ་བ་དོན་མེད་ཤེས་ནས་ནི།	'gro ba don med shes nas ni//
རྒྱུ་མེད་པ་ཡི་མེ་བཞིན་དུ།	rgyu med pa yi me bzhin du//
གནས་མེད་ལེན་མེད་མྱ་ངན་འདའ།	gnas med len med mya ngan 'da'//

[362. (4-65)]

| 識受想及行　一一體不成 | 식수상급행　일일체불성 |
| 不合乘緣生　非有故無合 | 불합승연생　비유고무합 |

> 그와 같은 것들을 이와 같이
> 중생이 (짓는 것에는) 의미가 없음을 (여실히) 아는 것을 통해서⁷⁰⁶
> (비유하자면) 원인[연료] 없는 불과 같다는 것을 (아는 것입니다.)
> (이 때문에) 머물 곳 없고 취(取)할 것이 없어 열반(이라 하는 것입니다.)

704. 마음과 그 요소를 분석할 때 심소가 존재하지 않는 것은 앞에서 예를 든 개념자의 존재를 통해서 이미 설명했다고 보고 축약되어 있다.
705. 중관적 견해로 '가설로 된 것을 집착하여 마음을 다스리는 것'에 대한 비판이다. 전체적으로 운문하여 옮겼다.

[367. (4-66)]

དེ་ལྟར་བྱང་ཆུབ་སེམས་དཔས་ཀྱང་།	de ltar byang chub sems dpas kyang//
མཐོང་ནས་བྱང་ཆུབ་ངེས་པར་འདོད།	mthong nas byang chub nges par 'dod//
དེ་ནི་སྙིང་རྗེ་འབའ་ཞིག་གིས།	de ni snying rje 'ba' zhig gis//
བྱང་ཆུབ་བར་དུ་སྲིད་མཚམས་སྦྱོར།	byang chub bar du srid mtshams sbyor//

[363. (4-66)]

如分別喜樂　緣苦對治成　　여분별희락　연고대치성
如此所計苦　因樂壞故成　　여차소계고　인락괴고성

> 그와 같은 보살들도
> (이와 같이 여실히) 관찰[觀]하였기에 깨달음[菩提心]을 확실하게 바라는 것입니다.
> 그러므로 그 연민심 하나만으로도
> 깨달음까지 이어져 있습니다.

[368. (4-67)]

དེ་བཞིན་གཤེགས་པས་ཐེག་ཆེན་ལས།	de bzhin gshegs pas theg chen las//
བྱང་ཆུབ་སེམས་པའི་ཚོགས་བསྟན་ན།	byang chub sems pa'i tshogs bstan na//
དེ་ལ་ཀུན་ཏུ་རྨོངས་པ་དང་།	de la kun tu rmongs pa dang//
རབ་ཏུ་སྡང་བས་སྨོད་པར་བྱེད།	rab tu sdang bas smod par byed//

[364. (4-67)]

於樂和合愛　緣無相則滅　　어락화합애　연무상즉멸
於苦遠離貪　由此觀不生　　어고원리탐　유차관불생

---

706. 탈격[Abl.] '네(nas)'가 쓰였는데 여기서는 이유, 원인 등을 나타내는 것으로 보고 옮길 수도 있겠으나 다음 행에 따라 나오는 '신두(bzhin du)'와 어울리게 운문하여 옮겼다.

> 여래(如來)께서는 대승(大乘)(법에) 따라
> 보살행의 자량(資糧=지혜와 복덕의 공덕)을 가르쳐 주셨으나[707]
> 그것을 모든 어리석고
> 다양한 분노로 가득한 (중생들)이 거부하였습니다.

[369. (4-68)]

ཡོན་ཏན་སྐྱོན་དག་མི་ཤེས་པའམ།།   yon tan skyon dag mi shes pa'am//
ཡོན་ཏན་སྐྱོན་དུ་འདུ་ཤེས་པའམ།།   yon tan skyon du 'du shes pa'am//
ཡང་ན་ཡོན་ཏན་སྡང་བ་ཞིག།   yang na yon tan sdang ba zhig//
ཐེག་པ་ཆེ་ལ་སྨོད་བྱེད་གྲང་།།   theg pa che la smod byed grang//

[365. (4-68)]

若依世言說　心爲能見者　　약의세언설　심위능견자
不然離所見　能見不成故　　불연리소견　능견불성고

> 공덕과 과실, 이 양자를 (분별할) 지혜가 없는 자나
> 공덕과 과실을 이것을 (같이) 생각[行]하는 자나
> 또는 공덕을 증오하여 없애려 하는 (자들은)
> 대승(大乘)을 거부하며 의심을 품습니다.[708]

[370. (4-69)]

གཞན་ལ་གནོད་པ་སྐྱོན་དང་ནི།།   gzhan la gnod pa skyon dang ni//
གཞན་ལ་ཕན་པ་ཡོན་ཏན་དུ།།   gzhan la phan pa yon tan du//
ཤེས་ནས་ཐེག་པ་ཆེན་པོ་ལ།།   shes nas theg pa chen po la//

---

707. 가정법의 '나(na)'가 쓰였으나 '학께'로 보고 옮겼다.
708. 말미에 쓰인 '당(grang)'은 의문문을 나타낸다. 여기서는 다음 게송과 이어진 것으로 보고 윤문하여 옮겼다.

སྨོད་བྱེད་ཡོན་ཏན་སྡང་ཞེས་བརྗོད།། smod byed yon tan sdang zhes brjod//

[366. (4-69)]
觀行睹世間　如幻實不有　　관행도세간　여환실불유
無取無分別　般涅槃如火　　무취무분별　반열반여화

> '다른 이에게 해를 입히는 것이 과실이고
> 다른 이에게 은혜를 베푸는 것이 공덕임을
> 알지만 대승을
> 거부하는 것은 공덕을 싫어하는 것[709]이다.'라고 말해집니다.

[371. (4-70)]
རང་གི་དོན་ལ་མི་ལྟ་ཞིང་།། rang gi don la mi lta zhing//
གཞན་དོན་རོ་གཅིག་དགའ་བ་གང་།། gzhan don ro gcig dga' ba gang//
ཡོན་ཏན་འབྱུང་གནས་ཐེག་ཆེན་ཏེ།། yon tan ' byung gnas theg chen te//
དེས་ན་དེས་སྡང་བསྲེགས་པར་འགྱུར།། des na des sdang bsregs par 'gyur//

[367. (4-70)]
菩薩見如此　於菩提不退　　보살견여차　어보리불퇴
由大悲引故　後相續至佛　　유대비인고　후상속지불

> (부처님의 가르침에 따라) 자신의 일을 살피지 않고
> 다른 이의 일을 (자기 것인 것처럼) 하나가 되어 좋아하는 자(이지만)
> 공덕이 생겨나는 자리인 대승을 (증오하는)
> 그런 (자라)면 그로 인해 (불타는 지옥에서 그) 증오(만큼) 불타는 (고통을

---

709. 앞 게송의 '증오'로 옮긴 '당(sdang)'이 쓰였다.

받게) 될 것입니다.

[372. (4-71)]

དད་པ་ཅན་ནི་བཟུང་ཉེས་པས།།   dad pa can ni bzung nyes pas//
ཅིག་ཤོས་སྡང་ཞིང་ཁྲོས་པ་ཡིས།།   cig shos sdang zhing khros pa yis//
དད་པ་ཅན་ཡང་བསྲེགས་བཤད་ན།།   dad pa can yang bsregs bshad na//
སྡང་བས་ཕྱིར་ཕྱོགས་སྨོས་ཅི་དགོས།།   sdang bas phyir phyogs smos ci dgos//

[368. (4-71)]

諸菩薩修道 　佛說於大乘 　　제보살수도　 불설어대승
無智憎嫉人　 自害撥不受 　　무지증질인　 자해발불수

'1) (공성에 대한) 신념을 갖추었으나 (그릇된 길에) 들어선 과오를 저지른 자와

2) 다른 이에게 증오로 화를 내는 자(가 있으니)

신념을 가진 자[710] 또한 (지옥에서) 불타게 되리라.'(고 경에서) 일컫고 있습니다.

(이와 같은데) 증오를 가진 자가 어느 쪽으로 (갈지) 굳이 말할 필요가 있겠습니까![711]

[373. (4-72)]

དུག་གིས་དུག་ནི་བསལ་བྱ་བར།།   dug gis dug ni bsal bya bar//
ཇི་ལྟར་སྨན་དཔྱད་ལས་བཤད་བཞིན།།   ji ltar sman dpyad las bshad bzhin//
སྡུག་བསྔལ་གྱིས་ཀྱང་མི་ཕན་པ།།   sdug bsngal gyis kyang mi phan pa//

---

710. '1) (공성에 대한) 신념을 갖추었으나 (그릇된 길로) 들어선 과오를 저지른 자'를 축약한 것이다.
711. 1, 2행의 말미의 's'를 도구격[ins.]으로 받은 것을 비롯해 전체적으로 영역을 참조하여 윤문하여 옮겼다.

བསལ་པར་བྱ་བ་ཅི་ཞིག་འགལ།། bsal par bya ba ci zhig 'gal//

[369. (4-72)]

不識功德失　於德起失想　　불식공덕실　어덕기실상
或憎嫉勝利　故人謗大乘　　혹증질승리　고인방대승

> '독은 독을 제거하기 위해
> 이처럼 약으로 쓸 수 있다.'는 말처럼
> 고통 또한 불이익을
> 제거하기 위해 쓸 수 있는 게 어찌 모순되겠습니까?

[374. (4-73)]

ཆོས་རྣམས་སྔོན་དུ་ཡིད་འགྲོ་ཞིང་།། chos rnams sngon du yid 'gro zhing//
ཡིད་ནི་གཙོ་བོ་ཞེས་གྲགས་པས།། yid ni gtso bo zhes grags pas//
སྡུག་བསྔལ་གྱིས་ཀྱང་ཕན་ཡིད་ཀྱིས།། sdug bsngal gyis kyang phan yid kyis//
ཕན་པར་བྱེད་པ་ཅིས་མི་ཕན།། phan par byed pa cis mi phan//

[370. (4-73)]

若知罪損他　功德能利益　　약지죄손타　공덕능리익
故說誹謗人　不識憎嫉善　　고설비방인　불식증질선

> '이전부터 오랫동안 가지고 있던 법들이
> 마음의 우두머리다.'라고 알려진 것은
> 고통 역시 이익이 (될 수 있기 때문입니다.[712]) 마음으로
> 이익 되게 행동한다면 (그) 어떤 것이 이익이 (되지) 않겠습니까?

제4 정교왕품　271

[375. (4-74)]

མི་བདེའང་ཕྱིས་རྗེས་ཕན་འགྱུར་བ།།　　mi bde'ang phyis rjes phan 'gyur ba//
བྱ་ན་བདག་དང་གཞན་དག་ལ།།　　bya na bdag dang gzhan dag la//
བདེ་ཕན་ལྟ་ཞིག་ཅི་སྨོས་ཏེ།།　　bde phan lta zhig ci smos te//
ཆོས་འདི་གནའ་ཡི་ལུགས་ཡིན་ནོ།།　　chos 'di gna' yi lugs yin no//

[371. (4-74)]

由不觀自利　一味利益他　　유불관자리　일미리익타
大乘衆德器　故謗人灰粉　　대승중덕기　고방인회분

> (지금) 그 불편한 것일지라도 나중에는 이익이 되는 것이니
> 그렇다면[713] 자신과 다른 이들에게
> 안락과 이익이 되는 것을 굳이 설명할 필요가 무엇 때문에 (있겠습니까?)
> 이런 법은 예전부터 (교설된) 원론입니다.

[376. (4-75)]

གལ་ཏེ་བདེ་ཆུང་ཡོངས་བཏང་བས།།　　gal te bde chung yongs btang bas//
བདེ་བ་རྒྱ་ཆེན་མཐོང་འགྱུར་ན།།　　bde ba rgya chen mthong 'gyur na//
བརྟན་པས་བདེ་ཆེན་ཡང་གཟིགས་ལ།།　　brtan pas bde chen yang gzigs la//
བདེ་བ་ཆུང་དུ་བཏང་བར་མཛོད།།　　bde ba chung ngu btang bar mdzod//

[372. (4-75)]

信人由僻執　不信由嫉憎　　신인유벽집　불신유질증
信人謗尚燒　何況瞋妬者　　신인방상소　하황진투자

----

712. 2행 말미의 도구격[ins.] 's'를 원인, 이유 등이 되는 것으로 받았다.
713. 문장이 이어지는 것은 '자나(bya na)'인데 1행에서 이어지는 것으로 보고 옮겼다.

> 만약 작은 안락이라도 완전히 주는 것으로
> (나중에) 큰 안락을 볼 수 있다면
> 확고한 (신념)으로 커다란 안락을 보기 위해서는
> 작은 기쁨이라도 (베풀어) 주시기 바랍니다.

[377. (4-76)]

གལ་ཏེ་དེ་ཡང་མི་བཟོད་ན།།	gal te de yang mi bzod na//
དེས་ན་སྨན་པ་ལ་སོགས་པ།།	des na sman pa la sogs pa//
མི་ཞིམ་སྨན་པ་ལ་སོགས་པ།།	mi zhim sman pa la sogs pa//
བཅོམ་འགྱུར་འདི་ནི་རྟད་མ་ཡིན།།	bcom 'gyur 'di ni rtad ma yin//

[373. (4-76)]

合毒爲治毒　如醫方所説	합독위치독　여의방소설
苦滅惡亦爾　此言何相違	고멸악역이　차언하상위

> 만약 그것 또한 짓지 않는다면
> 그것은 마치[714] 의사 등이
> 냄새나는 약 등을 (주어 병을)
> 없애려는데 이것을 받지[715] 않았던 것과 (같습니다.)

[378. (4-77)]

གནོད་པར་འགྱུར་བ་གང་ཡིན་དེ།།	gnod par 'gyur ba gang yin de//
ལ་ལར་མཁས་པས་ཕན་པར་མཐོང་།།	la lar mkhas pas phan par mthong//

---

714. '만약 그것 또한 ~, 그것은 마치 ~'로 옮긴 '겔떼 데양 ~, 데나 ~(gal te de yang ~, des na ~)'은 가정법과 비유가 뒤섞인 표현으로 좀처럼 보기 어려운 경우다.
715. 앞 게송의 '땅(btang)'과 여기에 쓰인 '땅(gtnag)'은 같은 동사로 시제만 다를 뿐인데 '베풀어 보내주다'는 뜻과 '없애다' 그리고 '받다(receive)'라는 뜻도 있다. 원본에는 '땅(rtang)'이 쓰였으나 이런 단어를 사전에서 찾을 수 없었다.

སྤྱིར་བཏང་དམིགས་ཀྱིས་བསལ་བ་དག། spyir btang dmigs kyis bsal ba dag//
བསྟན་བཅོས་ཀུན་ལ་རབ་ཏུ་བསྔགས།། bstan bcos kun la rab tu bsngags//

[374. (4-77)]

諸法心先行　以心爲上首　　제법심선행　이심위상수
以苦滅他惡　善心人何過　　이고멸타악　선심인하과

> (다른 유정들에게) 해를 당한 (경우가 있으면) 무엇이든 그것(의)
> 일부라도 자세히 살펴 장점을 보도록 (하십시오.)
> 일반적으로 (이와 같이) 주의하여 살피는 것으로 (여러 악한 감정의)
> 제거 등을 (할 수 있다고)
> 모든 경론에서 크게 찬탄하고 있습니다.

[379. (4-78)]

ཐེག་པ་ཆེན་པོ་གང་ཞིག་ལས།། theg pa chen po gang zhig las//
སྙིང་རྗེ་སྔོན་བཏང་སྤྱོད་པ་དང་།། snying rje sngon btang spyod pa dang//
ཡེ་ཤེས་དྲི་མ་མེད་བཤད་པ།། ye shes dri ma med bshad pa//
སེམས་ཡོད་སུ་ཞིག་དེ་ལ་སྨོད།། sems yod su zhig de la smod//

[375. (4-78)]

苦來若能利　應取何況樂　　고래약능리　응취하황락
或於自及他　此是本首法　　혹어자급타　차시본수법

> 대승(에 대한 비난을) 누군가로부터 (들었다면)
> 연민심을 먼저 (내는) 수행을 하시고
> 한 점 티끌 없는[無垢=청정] 지혜로써 설명해 주십시오

> (이와 같은) 마음을 가진 자에게는 그것을 (이와 같이) 논파하십시오.

[380. (4-79)]

ཤིན་ཏུ་རྒྱ་ཆེ་རབ་ཟབ་ལ།།	shin tu rgya che rab zab la//
སྒྱིད་ལུག་བདག་ཉིད་མ་སྦྱངས་པས།།	sgyid lug bdag nyid ma sbyangs pas//
བདག་གཞན་དགྲ་རྣམས་རྨོངས་པ་ཡིས།།	bdag gzhan dgra rnams rmongs pa yis//
འདི་ན་ཐེག་པ་ཆེ་ལ་སྨོད།།	'di na theg pa che la smod//

[376. (4-79)]

由能棄小樂　後若見大樂　유능기소락　후약견대락
智人捨小樂　觀於後大樂　지인사소락　관어후대락

> 매우 크고 깊은 (이 법을)
> 게을러 자기 스스로 배우지 않았던 자는
> 자신과 타인의 원수들인 무명(無明)으로
> 바로 이 대승을 비난합니다.

[381. (4-80)]

སྦྱིན་དང་ཚུལ་ཁྲིམས་བཟོད་བརྩོན་འགྲུས།།	sbyin dang tshul khrims bzod brtson 'grus//
བསམ་གཏན་ཤེས་རབ་སྙིང་རྗེའི་བདག།	bsam gtan shes rab snying rje'i bdag//
ཐེག་ཆེན་ཡིན་ན་དེ་ཡི་ཕྱིར།།	theg chen yin na de yi phyir//
འདི་ལ་ཉེས་བཤད་ཅི་ཞིག་ཡོད།།	'di la nyes bshad ci zhig yod//

[377. (4-80)]

若不忍此言　醫師施苦樂　약불인차언　의사시고락
犯罪不可恕　故汝義不然　범죄불가서　고여의불연

> 보시와 지계, 인욕, 정진
> 선정, 지혜 (그리고) 자비심을 자체로 (갖춘)
> 대승이 있다면 그것 때문에
> 이를 비난하는 말이 어찌 있겠습니까?

[382. (4-81)]

tshul khrims sbyin pas gzhan gyi don//
brtson 'grus bzod pas bdag nyid kyi//
bsam gtan shes rab thar pa'i rgyu//
theg chen don nu bsdus pa yin//

[378. (4-81)]

或見事不宜　智者由義行　　혹견사불의　지자유의행
或制或開許　此義處處有　　혹제혹개허　차의처처유

> 지계, 보시는 타인의 일을 (위한 것이고)
> 인욕, 정진을 행하는 것은 자기 자신을 (위한 것이고)
> 선정과 완벽한 지혜는 해탈의 원인(이라고)
> 대승의 의미를 요약할 수 있습니다.

[383. (4-82)]

bdag dang gzhan phan thar pa'i don//
mdor na sangs rgyas bstan de dag//
pha rol phyin drug kho na yod//
de bas 'di ni sangs rgyas bka'//

[379. (4-82)]

諸菩薩威儀　悲爲先智成　　제보살위의　비위선지성
大乘説如此　何因可誹謗　　대승설여차　하인가비방

> 자신과 타인에게 이익이 (되는 게) 해탈의 목적이니
> 간단하게 정리한 부처님의 가르침들은
> 오직[716] (이) 육바라밀뿐(입니다.)
> 그러므로 바로 이것은 부처님의 말씀입니다.

[384. (4-83)]

བྱང་ཆུབ་ལམ་ཆེན་བསོད་ནམས་དང་།།　byang chub lam chen bsod nams dang//
ཡེ་ཤེས་རང་བཞིན་སངས་རྒྱས་ཀྱིས།།　ye shes rang bzhin sangs rgyas kyis//
གང་ལས་བསྟན་པའི་ཐེག་ཆེན་དེ།།　gang las bstan pa'i theg chen de//
མི་ཤེས་ལྡོངས་རྣམས་མི་བཟོད་དོ།།　mi shes ldongs rnams mi bzod do//

[380. (4-83)]

無知故沈沒　上乘廣深義　　무지고침몰　상승광심의
故誹謗大乘　成自他怨家　　고비방대승　성자타원가

> 위대한 깨달음의 길[菩薩道]은 곧 복덕과
> 지혜(를 쌓는 것으로 이것은) 부처님 자기 스스로
> 어디서나 가르치신 대승(법)이지만 (이를)
> 알지 못하는 눈먼 이들은 감히 (이것을) 견디지 못하였습니다.

---

716. 대부분의 판본들이 '코나(kho na)'로 되어 있어, 역본의 '콩나(khongs na)' 대신에 이에 따라 옮겼다.

[385. (4-84)]

ཡོན་ཏན་མཁའ་ལྟར་བསམ་ཡས་པས།།　　yon tan mkha' ltar bsam yas pas//
རྒྱལ་བའི་ཡོན་ཏན་བསམ་ཡས་གསུངས།།　rgyal ba'i yon tan bsam yas gsungs//
གང་ཕྱིར་སངས་རྒྱས་བདག་ཉིད་ཆེ།།　　gang phyir sangs rgyas bdag nyid che//
ཐེག་ཆེན་ལས་བཤད་འདིར་བཟོད་གྱིས།།　theg chen las bshad 'dir bzod gyis//

[381. (4-84)]

施戒忍精進　定智悲爲體　　시계인정진　정지비위체
佛說大乘爾　有何邪說漏　　불설대승이　유하사설루

> '공덕은 하늘같아 끝이 없는 것이니
> 부처님의 공덕 (또한) 끝이 없다'고 (부처님께서) 말씀하셨습니다.
> 그러므로 위대하신 부처님 자신이
> 이 대승에 따라 말씀하신 것입니다.

[386. (4-85)]

འཕགས་པ་ཤཱ་ར་དྭ་ཏིའི་བུས།།　　'phags pa Śā ra dwa ti'i bus//
ཚུལ་ཁྲིམས་ཙམ་ཡང་མ་ཤེས་པས།།　tshul khrims tsam yang ma shes pas//
དེས་ན་སངས་རྒྱས་བདག་ཉིད་ཆེ།།　des na sangs rgyas bdag nyid che//
དེ་བསམ་ཡས་པར་ཅིས་མ་བཟོད།།　de bsam yas par cis ma bzod//

[382. (4-85)]

由施戒利他　忍進爲自利　　유시계리타　인진위자리
定慧脫自他　略攝大乘義　　정혜탈자타　약섭대승의

> 사리자(舍利子=사리뿌뜨라) 존자님은
> '지계(持戒)를 조금도 이해하지 못하는 자는[717]

바로 그 때문에 위대하신 부처님 자기 자신이 (설하신)
그 끝이 없는 것을 어찌 참을 수 있겠는가?'(라고 말씀하셨습니다.)

[387. (4-86)]

	theg pa che las skye med bstan//
	gzhan gyi zad pa stong pa nyid//
	zad dang mi skye don du ni//
	gcig pas de phyir bzod par gyis//

[383. (4-86)]

略説佛正教　謂解脱自他　　약설불정교　위해탈자타
此六度爲藏　何人能撥此　　차육도위장　하인능발차

대승에서는 업(業)의 불생(不生)을 가르칩니다.
다른 곳에서는 없어지는 것[滅]을 공성(이라고 이야기합니다.)
멸하는 것과 불생이라는 것 바로 이것이
같은 것이기 때문에, 그러므로 감내할 수 있는 것입니다.[718]

[388. (4-87)]

	stong nyid sangs rgyas che bdag nyid//
	de ltar rigs pas rjes bltas na//
	theg chen cig shos las gsungs pa//
	mkhas pa rnams cis mi mnyam//

---

717. 영역에서는 사리뿌뜨라 자신이 붓다의 가르침을 이해하지 못하고 있다고 나와 있다.
　　 'Even [Buddha's] ethics were beyond the Scope of Shāriputra'.
　　 문장 구조를 보면 이 번역이 올바른지 의심스럽다.
718. 불생불멸 가운데 대립항인 생멸(生滅)의 불생(不生)을 멸(滅)이라고 보고 있는데, 어딘지 어색한 점이 없지 않다.

[384. (4-87)]

| 福慧爲種類　佛説菩提道 | 복혜위종류　불설보리도 |
| 立此名大乘　癡盲不能忍 | 입차명대승　치맹불능인 |

> 공성과 위대하신 부처님의 본래 성품[本性]을
> 그처럼 바른 이치에 따라 본다[觀]면
> 대승이 다른 (것들)보다[719] (더 합당한) 부처님 말씀이라는 것을
> 이해하는데[720] 그 무엇이 (있어) 비교거리가 되겠습니까?

[389. (4-88)]

དེ་བཞིན་གཤེགས་དགོངས་གསུངས་པ་རྣམས།།	de bzhin gshegs dgongs gsungs pa rnams//
ཤེས་པར་སླ་མིན་དེ་ཡི་ཕྱིར།།	shes par sla min de yi phyir//
ཐེག་གཅིག་ཐེག་པ་གསུམ་གསུངས་པས།།	theg gcig theg pa gsum gsungs pas//
བཏང་སྙོམས་ཀྱིས་ནི་སྡོག་མི་འགྱུར།།	btang snyoms kyis ni sdog mi 'gyur//

[385. (4-88)]

| 如空難思量　福慧行成故 | 여공난사량　복혜행성고 |
| 諸佛德難思　於大乘願忍 | 제불덕난사　어대승원인 |

> 여래의 밀의(密意)에 따른 말씀들은
> 이해하기 쉽지 않습니다. 그러나[721]
> 일승(一乘)과 삼승(三乘=성문, 독각, 대승)의 말씀은
> 평등한 것이니 (이를 차별하는) 죄를 짓지 마십시오.

---

719. 탈격[Abl.] '레(las)'를 비교격[Comp.]으로 보고 옮겼다.
720. 원문은 복수형으로 되어 있다.
721. '원인, 이유' 등을 뜻하는 '그러므로, 그 때문에'를 뜻하는 '데이칠(de yi phyir)'이 쓰였으나

[390. (4-89)]

བཏང་སྙོམས་ཀྱིས་ནི་སྡིག་མི་འགྱུར།།	btang snyoms kyis ni sdig mi 'gyur//
སྡང་བས་སྡིག་འགྱུར་དགེར་མི་འགྱུར།།	sdang bas sdig 'gyur dger mi 'gyur//
དེ་བས་ཐེག་ཆེན་ཞེ་སྡང་བ།།	de bas theg chen zhe sdang ba//
བདག་ལེགས་འདོད་པས་བྱར་མི་རིགས།།	bdag legs 'dod pas byar mi rigs//

[386. (4-89)]

| 大德舍利弗　佛戒非其境 | 대덕사리불　불계비기경 |
| 故佛德難思　云何不可忍 | 고불덕난사　운하불가인 |

> (삼승의) 평등은 죄가 없으나
> (이를) 미워하는 것은 죄가 되니 선(善)한 것이 아닙니다.
> 그러므로 분노[瞋]를
> 스스로의 좋은 희망으로 짓지 않게 하십시오.

[391. (4-90)]

ཉན་ཐོས་ཐེག་པ་དེ་ལས་ནི།།	nyan thos theg pa de las ni//
བྱང་ཆུབ་སེམས་དཔའི་སྨོན་ལམ་དང་།།	byang chub sems dpa'i smon lam dang//
སྤྱོད་པ་ཡོངས་བསྔོ་མ་བཤད་དེས།།	spyod pa yongs bsngo ma bshad des//
བྱང་ཆུབ་སེམས་པར་ག་ལ་འགྱུར།།	byang chub sems par ga la 'gyur//

[387. (4-90)]

| 於大乘無生　小乘說空滅 | 어대승무생　소승설공멸 |
| 無生滅一體　自義莫違反 | 무생멸일체　자의막위반 |

의미를 명확하게 하기 위하여 역접 접속사로 보고 옮겼다.

> 바로 그 성문승으로부터는
> 보살의 발원과
> 수행의 원만회향(圓滿回向)을 말할 수 없습니다. 그러니
> 보살이 어찌 되겠습니까?

[392. (4-91)]

བྱང་ཆུབ་སེམས་དཔའི་བྱང་ཆུབ་ཕྱིར།།　　byang chub sems dpa'i byang chub phyir//
བྱིན་རླབས་སངས་རྒྱས་ཀྱིས་མ་བཤད།།　　byin rlabs sangs rgyas kyis ma bshad//
དོན་འདི་ལ་ནི་རྒྱལ་བ་ལས།།　　　　　don 'di la ni rgyal ba las//
ལྷག་པའི་ཚད་མ་གཞན་སུ་ཡོད།།　　　lhag pa'i tshad ma gzhan su yod//

[388. (4-91)]

| 眞空及佛德　若如法簡擇 | 진공급불덕　약여법간택 |
| 大小兩乘教　於智人何諍 | 대소량승교　어지인하쟁 |

> (성문승들에게) 보살이 깨달음[菩提]을 (얻기) 위한
> 위력[722]을 부처님께서는 말씀하지 않으셨습니다.
> 그 의미를 부처님보다[723]
> 더 논리적으로 (설명할) 다른 누가 있겠습니까?

[393. (4-92)]

བྱིན་རླབས་འཕགས་པའི་བདེན་དོན་དང་།།　byin rlabs 'phags pa'i bden don dang//
བྱང་ཆུབ་ཕྱོགས་མཐུན་ལྡན་པ་ཡི།།　　byang chub phyogs mthun ldan pa yi//
ལམ་ནི་ཉན་ཐོས་ཐུན་མོང་ལས།།　　　lam ni nyan thos thun mong las//

---

722. 원문의 주석에 따라 '뗀남(rten mams)' 대신에 '진랍(byin rlabs)'을 써서 옮겼다. '뗀남'으로 옮길 경우, '(가르침을) 공경할 것들' 정도 된다.
723. 탈격[Abl.] '레(las)'를 비교격[Comp.]으로 사용한 경우다.

སངས་རྒྱས་འབྲས་བུ་གང་གིས་ལྷག། sangs rgyas 'bras bu gang gis lhag//

[389. (4-92)]
佛不了義説　非下人易解　　불불료의설　비하인이해
一三乘説中　護自體莫傷　　일삼승설중　호자체막상

> 성스런 위력을 갖춘 진리의 의미와
> 깨달음으로 나아가는 방향[菩提分法]⁷²⁴과 조화되는 것을 갖춘
> 바로 그 길을 평범한 성문들로부터
> 부처님께서 그 결과(果)를 어찌 더 (바랄 수 있었겠습니까?)

[394. (4-93)]
བྱང་ཆུབ་སྤྱོད་ལ་གནས་པའི་དོན།། byang chub spyod la gnas pa'i don//
མདོ་སྡེ་ལས་ནི་བཀའ་མ་སྩལ།། mdo sde las ni bka' ma stsal//
ཐེག་པ་ཆེ་ལས་བཀའ་སྩལ་པས།། theg pa che las bka' stsal pas//
དེ་ཕྱིར་མཁས་པ་རྣམས་ཀྱིས་བཟུང་།། de phyir mkhas pa rnams kyis zung//

[390. (4-93)]
若捨無非福　若憎惡無善　　약사무비복　약증오무선
若欲愛自身　大乘不應謗　　약욕애자신　대승불응방

> 깨달음의 길[菩提道]에 머무는 일은
> (小乘의) 경장(經藏)에 그 가르침이 (자세히) 언급되어 있지 않습니다.
> (그러나 부처님께서) 대승의 경장에 그 가르침을 (자세히) 베풀어주셨기 때문에⁷²⁵

....
724. 성문, 독각, 무상 3가지 보리를 증명한 한 분별 방법.

> 그 때문에 현자들은 (이를) 움켜잡았습니다.[726]

[395. (4-94)]

བརྡ་སྤྲོད་པ་དག་ཇི་ལྟ་བུར།། brda sprod pa dag ji lta bur//
ཡི་གེའི་ཕྱི་མོའང་ཀློག་འཇུག་ལྟར།། yi ge'i phyi mo'ang klog 'jug ltar//
དེ་བཞིན་སངས་རྒྱས་གདུལ་བྱ་ལ།། de bzhin sangs rgyas gdul bya la//
ཇི་ཙམ་བཟོད་པའི་ཆོས་སྟོན་དོ།། ji tsam bzod pa'i chos ston do//

[391. (4-94)]

菩薩願及行　迴向等彼無　　보살원급행　회향등피무
若依小乘修　云何成菩薩　　약의소승수　운하성보살

> 문법학자들이 이와 같이
> 기본적인 자음과 모음이라도 (먼저) 읽게 하는 것처럼
> 그와 같이 부처님께서도 제자들에게
> (그들이) 참고 (받아들일 수 있는) 만큼의 법(法)을 가르치셨습니다.

[396. (4-95)]

ཁ་ཅིག་ལ་ནི་སྡིག་པའི་ལས།། kha cig la ni sdig pa'i las//
རྣམ་པར་བཟློག་ཕྱིར་ཆོས་སྟོན་ཏེ།། rnam par bzlog phyir chos ston te//
ཁ་ཅིག་བསོད་ནམས་འགྲུབ་བྱའི་ཕྱིར།། kha cig bsod nams 'grub bya'i phyir//
ཁ་ཅིག་ལ་ནི་གཉིས་བརྟེན་པ།། kha cig la ni gnyis brten pa//

---

725. 3행 말미의 도구격[ins.]으로 쓰인 's'와 4행의 어두에 쓰인 '데칠(de phyir)'이 '원인, 이유' 등을 설명하는 같은 기능을 가진 것으로 보고 옮겼다.
726. '진빼('dzin pa)'의 동의어인 '중(zung)'이 사용되어 있어, 과거형으로 보고 풀었다.

[392. (4-95)]

菩薩道四依　於小乘不說　　보살도사의　어소승불설
何法佛所修　而說能勝彼　　하법불소수　이설능승피

> 어떤 이에게는 (그의) 그릇된 행실[惡業]을
> 완전히 그치게 하기 위해 법을 말씀하셨고
> 어떤 이에게는 복덕을 성취하기 위해서
> (또) 어떤 이에게는 (이) 둘을[727] 설하셨습니다.

[397. (4-96)]

ཁ་ཅིག་ལ་ནི་གཉིས་མི་བརྟེན།།   kha cig la ni gnyis mi brten//
ཟབ་མོའི་ཁུ་འཕྲིག་ཅན་འཇིགས་པ།།   zab mo'i khu 'phrig can 'jigs pa//
སྟོང་ཉིད་སྙིང་རྗེའི་སྙིང་པོ་ཅན།།   stong nyid snying rje'i snying po can//
བྱང་ཆུབ་སྒྲུབ་པ་ཁ་ཅིག་ལ།།   byang chub sgrub pa kha cig la//

[393. (4-96)]

約依諦助道　佛與彼若同　　약의제조도　불여피약동
修因旣不異　云何果殊越　　수인기불이　운하과수월

> (또) 어떤 이에게는 불이(不二)를 설하셨습니다.
> 심오한 의구심을 품은 자에게는 두려워(할 만한)
> 공성을 (설하셨고) 자비심의 정수를 갖춘 자에게는
> 깨달음을 성취(할 수 있게끔) 각자에 따라 (설하셨습니다.)[728]

---

727. (이) 둘은 앞의 두 가지를 받을 수도 있지만 '항상하고 무상한 것' 등, 중생의 근기에 따라 법을 설하셨다는 이야기도 된다. 영역에서는 후자에 따라 옮기고 있다. 다음 게송의 1행에 미루어보아 후자가 맞다.
728. 영역과 약간 차이가 나지만 문장 구조를 보았을 때 이렇게 옮기는 게 옳아 보인다.

[398. (4-97)]

དེ་ལྟར་མཁས་པས་ཐེག་ཆེན་ལ།།   de ltar mkhas pas theg chen la//
ཁོང་ཁྲོ་བ་ནི་ཟད་བྱ་ཞིང་།།   khong khro ba ni zad bya zhing//
རྫོགས་པའི་བྱང་ཆུབ་འགྲུབ་བཡའི་ཕྱིར།།   rjogs pa'i byang chub 'grub baya'i phyir//
ལྷག་པར་རབ་ཏུ་དད་བར་བྱ།།   lhag par rab tu dad bar bya//

[394. (4-97)]

菩提行總別　小乘中不説　　보리행총별　소승중불설
於大乘具辯　故智應信受　　어대승구변　고지응신수

> 그와 같이 지혜로운 자는 대승에 대하여
> 어떤 성냄도 없고[729]
> 완전한 깨달음을 성취하기 위하여
> 더욱더 열심히 믿음[730]을 (갖추고) 행합니다.

[399. (4-98)]

ཐེག་པ་ཆེ་ལ་རབ་དད་ཞིང་།།   theg pa che la rab dad zhing//
དེ་ལས་བཤད་པ་སྤྱད་པ་ཡིས།།   de las bshad pa spyad pa yis//
བླ་མེད་བྱང་ཆུབ་ཐོབ་འགྱུར་ཞིང་།།   bla med byang chub thob 'gyur zhing//
བདེ་བ་ཀུན་ཀྱང་ཞར་ལ་འགྲུབ།།   bde ba kun kyang zhar la 'grub//

[395. (4-98)]

如毘伽羅論　先教學字母　　여비가라론　선교학자모
佛立教如此　約受化根性　　불립교여차　약수화근성

---

729. 강조사[Emp.] '니(ni)'뿐만 아니라 7자 1행의 자수를 맞추기 위한 첨언들이 많지만 우리말에 어울리게 윤문하여 옮겼다.
730. 원문에는 '뚜덩(tu dang)'이라고 쓰였으나 각주에 따라 '뚜데(tu dad)'로 고쳐 옮겼다.

> 대승을 향한 최상의 믿음(을 갖추고)
> 그로부터 (부처님의) 말씀을 (새겨듣고) 수행하는 이는
> 더 없는 깨달음을 성취하게 될 것이고
> 더 나아가 (세상의) 모든 안락 또한 성취할 것입니다.

[400. (4-99)]

དེར་ནི་སྦྱིན་དང་ཚུལ་ཁྲིམས་དང་།།	der ni sbyin dang tshul khrims dang//
བཟོད་པའི་ཆོས་ནི་ཁྱད་པར་དུ།།	bzod pa'i chos ni khyad par du//
ཁྱིམ་པ་ལ་བཤད་སྙིང་རྗེ་ཡི།།	khyim pa la bshad snying rje yi//
སྙིང་པོ་ཅན་དེ་བརྟན་གོམས་མཛོད།།	snying po can de brtan goms mdzod//

[396. (4-99)]

| 有處或說法　令彼離衆惡 | 유처혹설법　영피리중악 |
| 或爲成福德　或具依前二 | 혹위성복덕　혹구의전이 |

> (그대가 권좌에 있을) 바로 그때 보시와 지계와
> 인욕의 법을 (확고히) 갖추시고 특히
> 세속인(들)에게 (그) 말씀(을 전해주시고) 연민심의
> 핵심을 갖춘 그 가르침을 (항상) 익히십시오

[401. (4-100)]

འོན་ཏེ་འཇིག་རྟེན་མི་བསྲན་ཕྱིར།།	'on te 'jig rten mi bsran phyir//
ཆོས་ཀྱི་རྒྱལ་སྲིད་བགྱིད་དཀའ་ན།།	chos kyi rgyal srid bgyid dka' na//
དེས་ན་ཆོས་དང་གྲགས་དོན་དུ།།	des na chos dang grags don du//
ཁྱོད་ཀྱིས་རབ་བྱུང་ཐོབ་མཛོད་རིགས།།	khyod kyis rab byung thob mdzod rigs//

[397. (4-100)]

或爲遣此二　甚深怖劣人　　혹위견차이　심심포렬인
或深悲爲上　爲他成菩提　　혹심비위상　위타성보리

> 만약 세간이 바르지 않아
> 법에 따라[731] 왕국을 유지하기 어렵다면
> 그럴 경우 널리 알려진 법을 구하기 위해서
> 그대는 출가하여 (큰) 성취를 이룰 수 있습니다.[732]

[398. (4-101)]

是故聰明人　應捨憎大乘　　시고총명인　응사증대승
當起勝信受　爲得無等覺　　당기승신수　위득무등각

[399. (4-102)]

由信受大乘　及行大乘教　　유신수대승　급행대승교
故成無上道　中間種種樂　　고성무상도　중간종종락

---

731. 원문에는 소유격[Gen.] '끼(kyi)'가 쓰였다.
732. 3, 4행의 경우 영역은 '저명한 법을 위해 출가자[승려]가 되는 것을 성취할 수 있다.'라고 되어 있다. 한역의 [401. (4-104)]번 게송으로 문장에 따라 직역하였으나 이 차이에 대해서는 다시 한 번 더 살펴볼 필요가 있다. 영역과 한역에 따라 옮기면, '법을 (지키기) 위해 출가자 하는 게 옳다.' 정도 된다. 직역하면,

> 만약 세간이 바르지 않아
> 법에 따라 왕국을 유지하기 어렵다면
> 그럴 경우 법을 널리 알리는 일로
> 그대는 크나큰 명성을 성취할 수 있습니다.

그러나 전체 구조로 보았을 때 다음 품이 「출가정행품」으로, 다음 품을 위한 도입부 기능을 하는 것일 수도 있다.

[400. (4-103)]
施戒及忍辱　多爲在家說　　시계급인욕　다위재가설
此法悲爲上　願汝修成性　　차법비위상　원여수성성

[401. (4-104)]
由世不平等　王位若乖法　　유세불평등　왕위약괴법
爲好名及法　事及出家勝　　위호명급법　사급출가승

༎རིན་པོ་ཆེའི་ཕྲེང་བ་ལས། རྒྱལ་པོའི་ཚུལ་བསྟན་པ་སྟེ་ལེའུ་བཞི་པའོ༎

『보행왕정론』, 「제4 정교왕품」

제5 출가정행품 出家正行品[733]

[402. (5-1)]

དེ་ནས་རབ་ཏུ་བྱུང་བ་ཡིས།།   de nas rab tu byung ba yis//
དང་པོར་བསླབ་ལ་རབ་གུས་བྱ།།   dang por bslab la rab gus bya//
སོ་སོར་ཐར་པ་འདུལ་བཅས་དང་།།   so sor thar pa 'dul bcas dang//
མང་ཐོས་དོན་གཏན་དབབ་ལ་བསྒྲིམ།།   mang thos don gtan dbab la bsgrim//

[402. (5-1)]

初學出家人　敬心修禁戒　　초학출가인　경심수금계
於木叉毘尼　多學破立義　　어목차비니　다학파립의

(이미 세속을 떠났으므로) 그러니 출가자는
먼저 배워야 할 바를 잘 (익혀야) 합니다.
독각(獨覺)[734](들이) (자신을) 가다듬던 계행들을[735]
많이 들어[聞] (그) 의미를 완전히 내려 받을[736] (수 있도록) 집중해야
됩니다.

---

733. ‖རིན་པོ་ཆེའི་ཕྲེང་བ་ལས།‖ བྱང་ཆུབ་སེམས་དཔའི་སྤྱོད་པའི་ལེའུ་བསྟན་པ་སྟེ་ལྔ་པའོ།‖
//rin po che'i phreng ba las/ byang chub sems dpa'i spyod pa'i le'u bstan pa ste lnga pa'o//

한역의 제목은 「출가정행품(出家正行品)」이고 영역 제목은 'Boddhisattva Deeds'이다. 이 품의 제목처럼 '출가자의 올바른 행위', 즉 하지 말아야 할 행위를 총망라하고 있다는 점에서 대승의 기본 계율과 밀접한 관계를 맺고 있으며 75추류혹(麤類惑), 보살십지 등 대승의 여러 논의들이 게송들에 자세히 언급되어 있다.

734. 한역에서는 '독각(獨覺)'의 음차인 '목차비니(木叉毘尼)'를 사용하고 있다.

735. 원문을 직역하면 '훈련하여 익히던 계행' 정도 된다. 말미의 접속사 '당(dang)'을 4행과 이어지는 의미로 해석하였다.

[403. (5-2)]

དེ་ནས་ཉེས་པ་ཕྲན་ཚེགས་ཤེས།།
བྱ་བའི་གཞི་རྣམས་སྤང་བར་བྱ།།
ལྔ་བཅུ་རྩ་བདུན་བསྒྲགས་པ་རྣམས།།
འབད་དེ་ངེས་པར་རྟོགས་པར་བྱ།།

de nas nyes pa phran tshegs shes//
bya ba'i gzhi rnams spang bar bya//
lnga bcu rtsa bdun bsgrags pa rnams//
'bad de nges par rtogs par bya//

[403. (5-2)]

次起正勤心　捨離麤類惑
數有五十七　諦聽我當說

차기정근심　사리추류혹
촉유오십칠　제청아당설

그리고 (또한)[737] 조그만 과실(들이라도) 이해하여
(그렇게) 행하는 근원들을 (없애) 버리십시오.
(그리고 앞서 이어져온) 잘 알려진 57개(의 추류혹을)[738]
애써 잘 이해하시기 바랍니다.

---

736. 이해하여 갖추는 것을 의미한다.
737. 앞의 5-1 게송과 같이 '데네(de nes)'가 쓰였다. 일반적으로 이 단어는 말을 끊을 때 사용한다. '그런 다음' 정도의 의미다.
738. 이 57개의 추류혹(麤類惑)의 내용은 게송들의 내용과 약간씩 다른 대목이 있으나 뒤따라 나오는 게송들의 내용들을 정리하면 다음과 같다.

1. 분노[忿]
2. 원한[恨]
3. (죄악을) 감추는 마음[覆]
4. 괴로움[惱]
5. 아첨하는 말[諂]
6. (거짓으로) 자기 자랑하는 말[誑]
7. 질투하는 말[嫉]
8. 인색함[慳]
9. 부끄러움이 없는 것[無慚]
10. 뻔뻔한 것[無愧]
11. 거만한 자세[慢]
12. 그릇된 분노[亂瞋]
13. 교만한 것[憍]

제5 출가정행품 **291**

14. 게으른 것[放逸]
15. 만심[慢心]: 7종의 자만심
16. 그릇된 구함[爲求, 矯詐, 詐, 誑, 誑誘, 諂詐]
17. 허광(虛誑)
18. 무언가를 얻기 위해서 다른 이의 뒤를 쫓으며 칭찬하는 것[作讚慾得]
19. 이득을 얻기 위하여 다른 (이들의) 판단을 욕하는 것[大言求利]
20. (재물의) 이익으로 (이자놀이 등으로) 이익들을 바라는 것[利求利]
21. 다른 이의 과오를 칭찬하여 판단이 흐리게 하는 것[謝言]
22. 없는 것처럼 (작은 것이라도) 하나씩 모아 쌓는 것을 알지 못하는 것[詞繢]
23. 그릇되게 집착하는 것[貪着]
24. 차이가 모인 것이 무엇인지 (그것을) 받아들이는 것[受]을 (제대로 알지 못하여) 집착에 사로잡힌 무지몽매[憎隘]
25. 마음[心]에 (있는) 출렁임을 (보지) 못하게 하는 것[恨心]
26. 조화되는 일들을 존중하지 않게 하는 게으름[懈怠]
27. 한없는 세존의 도리를 갖추지 못하는 나쁜 중생의 모습[種種相]
28. 작은 것에도 말려드는 욕탐(欲貪)으로부터 생기는 열정
29. 완전히 (미친 듯한) 탐욕
30. 탐(貪)
31. 다른 이의 것을 (미친 듯이) 탐하는 것[不等欲]
32. (반드시) 끊어야 할 젊은 여인네에게 애착을 나타내는 것[非法欲]
33. 사악한 욕망[惡欲]
34. 매우 큰 욕망에 탐착하는 것[大欲]
35. 얻어 (들어) 알고 (있는) 성스러움 자체로부터도 (의심을 품고) 공덕을 완전히 갖추려고 하는 것[識欲]
36. 참을성이 없다는 것[不忍]
37. 스승과 스님의 행동들을 존경하지 않는 부적절하다고 하는 것[不貴]
38. (부처님의) 진실된 말씀을 (들으며) 기뻐하지 않는다는 것[難語]
39. (출가를 하였음에도) 일가친척(들)과 이어지는 것을 항상 생각한다는 것[親覺]
40. 대상에 탐심을 내는 것[土覺]
41. 죽기 않기를 생각하는 것[不死角]
42. 올곧은 마음을 갖추고 분별하는 것[順覺覺]
43. 다른 것(을 가지려는) 탐욕에 얽매인 (세심한) 분별[害他覺]
44. 이익이 될까 이익이 되지 않을까를 분별하는 마음[憂憶染汚心]
45. 안락하지 않다는 것[不安]
46. (성적으로) 화합하고자 하는 욕망[極意]
47. 분별없이 평등하고자 하는 것
48. (이미) 변이된 것[頻]
49. 음식을 먹기 싫어하는 것[食醉]
50. 마음[識]이 매우 풀이 죽은 것[下劣]
51. 탐욕을 쫓는 것[欲欲]
52. 의심하여 타인에게 해를 입히려는 마음[害意]에서 발생하는 해하려는 마음[瞋恚]
53. 혼침(惛沉)
54. 수면(睡眠)

[404. (5-3)]

ཁྲོ་བ་སེམས་ཀྱི་འཁྲུག་པ་སྟེ།།　　khro ba sems kyi 'khrug pa ste//
དེ་དང་རྗེས་འབྲེལ་ཁོན་དུ་འཛིན།།　de dang rjes 'brel khon du 'dzin//
འཆབ་པ་སྡིག་པ་འཆབ་པ་སྟེ།།　　'chab pa sdig pa 'chab pa ste//
འཚིག་པ་སྡིག་ལ་ཞེན་པ་འོ།།　　'tshig pa sdig la zhen pa 'o//

[404. (5-3)]

怪謂心相違　恨是結他失　　괴위심상위　한시결타실
覆惡罪名祕　及著惡顯善　　복악죄명필　급저악현선

1) 분노[忿]는 마음의 혼란[739]이고
2) 그에 따라 원한[恨][740]을 유발합니다.
3) 감추는 마음[覆][741]은 죄악을 감추게 하고
4) (타인을 비방하고자 하는 참을 수 없는) 괴로움[惱][742]은 죄악을 옭아맵니다.

[405. (5-4)]

གཡོ་ནི་ཤིན་ཏུ་སླུ་བ་སྟེ།།　　gyo ni shin tu slu ba ste//
སྒྱུ་ནི་སེམས་རྒྱུད་གྱ་གྱུ་ལ།།　　sgyu ni sems rgyud gya gyu la//

55. 도거(掉擧)
56. 후회하는 것[悔愧]
57. (고집멸도의) 사제(四諦)와 (불법승의) 삼보 등에 대해서 두 가지 마음을 가지는 것[疑]

이해를 돕기 위하여 본문 게송에 숫자를 병기하도록 하겠다.

739.　'틍빼('khrug pa)'가 명사로 쓰일 경우, 곧 '분노'이다.
740.　수번뇌 스무 가지 중의 하나로, 화가 올라와 해하려는 마음의 흐름을 버리지 못하고 참지 못하는 것. 이하 수번뇌에 대한 설명 등은 모두 사전적인 개념이다.
741.　자기가 한 죄악을 감추고 다른 사람들을 기만하는 것. 죄악을 감추는 마음.
742.　분노의 원인으로 참을 수 없어 악언으로 타인을 대하는 것.

ཕྲག་དོག་གཞན་གྱི་ཡོན་ཏན་གདུང་། phrag dog gzhan gi yon tan gdung//
སེར་སྣ་གཏོང་བས་འཇིགས་པ་ཉིད།། ser sna gtong bas 'jigs pa nyid//

[405. (5-4)]

張他名欺誑　諂謂曲心續　　장타명기광　첨위곡심속
嫉於他德憂　吝心怖畏捨　　질어타덕우　인심포외사

> 5) 아첨하는 말[諂]은 매우 기만적인 것이고
> 6) (거짓으로) 자기 자랑하는 말[誑]743은 마음의 연속[心相續]을 속이는 것을 (짓고)744
> 7) 질투하는 말[嫉]은 다른 이의 공덕에 (마음을) 불안하게 합니다.
> 8) 인색함[慳]은 베푸는 것을 두렵게 하는 것 자체입니다.

[406. (5-5)]

ངོ་ཚ་མེད་དང་ཁྲེལ་མེད་པ།། ngo tsha med dang khrel med pa//
རང་དང་གཞན་ལ་མི་འཛེམ་པའོ།། rang dang gzhan la mi 'dzem pa'o//
ཁེངས་པ་འདུད་པར་མི་བྱེད་པ།། khengs pa 'dud par mi byed pa//
ཉེས་རྩོམ་ཁྲོས་པས་བསླད་པའོ།། nyes rtsom khros pas bslad pa'o//

[406. (5-5)]

無羞及無慚　於自他爲恥　　무수급무참　어자타위치
不下不敬他　動亂瞋方便　　불하불경타　동란진방편

> 9) 부끄러움이 없는 것[無慚]745과 10) 뻔뻔한 것[無愧]746은 자신과 다른 이에게 주의하는 자세747를 없게 합니다.

---

743. 실제로 능력이 없으면서 있는 모양을 하고 있는 것.
744. 앞의 정리 부분과 달리 원문 게송의 순서가 바뀌어 있다.

11) 거만한 자세[慢]는 공경을 못하게 하고
12) 그릇된 분노[亂瞋]는 좋은 성품을 버리게 합니다.

[407. (5-6)]

རྒྱགས་པ་དྲེགས་པ་བག་མེད་པ།། rgyags pa dregs pa bag med pa//
དགེ་བ་རྣམས་ལ་མི་སྦྱོར་བའོ།། dge ba rnams la mi sbyor ba'o//
ང་རྒྱལ་རྣམ་པ་བདུན་ཡིན་ཏེ།། nga rgyal rnam pa bdun yin te//
དེ་ནི་རབ་ཏུ་ཕྱེ་སྟེ་བཤད།། de ni rab tu phye ste bshad//

[407. (5-6)]

醉謂不計他　放逸不修善　취위불계타　방일불수선
慢類有七種　我今當略說　만류유칠종　아금당략설

13) 교만한 것[憍]748은 (재물, 가문 때문에) 자만하는 것(이고)
14) 게으른 것[放逸]749은 선(업)(善業)을 수행하지 못하게 합니다.
15) 만심[慢心]750에는 일곱 가지[七慢]751가 있으니
그것의 차이를 자세하게 설명하겠습니다.

---

745. 선행하지 않고 거리끼는 것이 없는 것.
746. 다른 이치를 알아도, 나쁜 (습)을 근절하지 않고 악행하여 다른 이가 (내 행동을) 부끄러워할 것을 의심하지 않는 마음.
747. 영역에 따라 '조심성이 없는 것(insensibility)'이라고 옮겼다. 한역에서는 부끄러움이 없다는 정도로 옮기고 있다.
748. 자신에게 외모, 종족, 친우, 물건, 재물 등류가 원만하게 구비하여 자득자만하고 자만하는 것.
749. 방탕하고 검소하지 못하고 도를 넘고 행위가 과하다.
750. 아주 잘난 척하며 상대를 무시하고 존경하지 않는다.
751. [BD] 칠만(七慢): 7가지 만심(慢心). (1) 만(慢). 자기보다 못한 이에 대하여 우월감을 품고 높은 체하는 것. (2) 과만(過慢). 자격이 같은 이에게 대하여 우월감을 품고 높은 체하는 것. (3) 만과만(慢過慢). 자기보다 나은 이에 대하여 우월감을 품고 높은 체하는 것. (4) 아만(我慢). 자기의 능력을 믿고, 다른 이를 업신여기는 것. (5) 증상만(增上慢).

[408. (5-7)]

དེ་ལ་མངོན་པར་རློམ་བྱེད་པ།། de la mngon par rlom byed pa//
དམན་པས་དམན་ཞིང་མཉམ་དང་མཉམ།། dman pas dman zhing mnyam dang mnyam//
དམན་པ་བས་ནི་ལྷག་པའམ་མཉམ།། dman pa bas ni lhag pa'am mnyam//
བདག་ཉིད་ང་རྒྱལ་ཞེས་པའོ།། bdag nyid nga rgyal zhes pa 'o//

[408. (5-7)]

若人起分別　從下下等等　　약인기분별　종하하등등
從下及等勝　說此惑爲慢　　종하급등승　설차혹위만

> 그것을 전체적으로 (설명하자면) 오만하게 행한다고 하는 것이니 '나약한 자는 나약하다고 (깔보)고 비슷한 자는 비슷하다고 (깔보며) (자기 스스로) 나약한 자이지만 더 나은 자나 동류인 (척하는 것 등) (이런 것들을) 자기 스스로 오만한 것[慢]이다.'라고 부르는 것입니다.[752]

[409. (5-8)]

དམན་གང་བདག་ཉིད་ཁྱད་འཕགས་དང་།། dman gang bdag nyid khyad 'phags dang//
མཉམ་པར་རློམ་པ་གང་ཡིན་དེ།། mnyam par rlom pa gang yin de//
ལྷག་པའི་ང་རྒྱལ་ཁྱད་འཕགས་པས།། lhag pa'i nga rgyal khyad 'phags pas//
ཁྱད་པར་འཕགས་པར་རློམ་པ་གང་།། khyad par 'phags par rlom pa gang//

[409. (5-8)]

下人計自身　不如於等人　　하인계자신　불여어등인

....
　　자기를 가치 이상으로 보는 것. (6) 비열만(卑劣慢). 겸손하면서도 일종의 자만심을 가지는 것. (7) 사만(邪慢). 덕 없는 이가 스스로 덕 있는 줄로 잘못 알고, 삼보(三寶)를 경만하며 높은 체하는 것.
752　7만의 내용에 따라 윤문하여 옮겼는데 만심(慢心)의 전체적인 내용과 (1) 만(慢)에 대한 설명이다. 이하 게송들은 이 만심에 대한 설명들이다.

說此名下慢　由自下等類　　　설차명하만　유자하등류

> '나약한 자가 무엇이든 자기 스스로 수승(殊勝)하다 (생각)하고
> 비슷한 자에게는 허풍을 떠는 것[753]은 그 무엇이든 그것은
> 과만(過慢)이라 (이는 자기 스스로) 수승(殊勝)하다(고 하는)
> 특별히 우월하다.'[754]고 허풍 떠는 것입니다.[755]

[410. (5-9)]

shin tu mtho bas mtho snyam pa//
nga rgyal las kyang nga rgyal te//
'bras kyi steng du phol mig dag//
byung ba bzhin du thu ba yin//

[410. (5-9)]

下人高自身　與勝人平等　　　하인고자신　여승인평등
此惑名高慢　由自高等勝　　　차혹명고만　유자고등승

> 매우 위대한 분들보다 더 높다고 생각하는 것은
> 만과만(慢過慢)[756]이니 그것은
> (목의 혹처럼) 임파선 결핵[757]의 (가운데를) 뚫는 종기가
> 생겨나는 것처럼 극히 흉악한 것입니다.

---

753. '자만하다, 오만하다, 억지로 가져다 붙인다'는 뜻이다.
754. '수승(殊勝)하다'는 뜻을 부정적으로 풀었으나 3행과 4행에는 '케빨 팍빼(khyad par 'phags pa)'가 동일하게 쓰여 있다.
755. 이미 이겼다고 생각하는 자만의 마음, 즉 과만(過慢)에 대한 내용이다.
　　　문장 말미에 나온 '강(gang)'을 직역하면 '채워지는 것이다' 정도 된다. 그냥 '이다'로 썼다. 매우 특이한 용법이다.
756. 무지하게 자만하는 자.

[411. (5-10)]

ཉེ་བར་ལེན་པ་ཞེས་བྱ་བ།། nye bar len pa zhes bya ba//
ལྔ་པོ་སྟོང་པ་དེ་དག་ལ།། lnga po stong pa de dag la//
རྨོངས་པས་ང་སྙམ་འཛིན་གང་།། rmongs pas nga snyam 'dzin gang//
དེ་ནི་ངའོ་སྙམ་པར་བཤད།། de ni nga'o snyam par bshad//

[411. (5-10)]

下人計自己　勝於勝類人　　하인계자기　승어승류인
説此名過慢　如癰上起泡　　설차명과만　여옹상기포

> '취한다'고 (그릇되게) 말하는 것(으로)
> 오온(五蘊), 공(空)[758] 그것들을
> 어리석음으로 인해 '아(我)가 있다'는 생각에 잡혀 있으니 (그것이) 무엇이든
> 그것을 아만(我慢)이라고 하는 것입니다.[759]

[412. (5-11)]

འབྲས་མ་ཐོབ་པར་ཐོབ་སྙམ་པ།། 'bras ma thob par thob snyam pa//
གང་ཡིན་མངོན་པའི་ང་རྒྱལ་ཏེ།། gang yin mngon pa'i nga rgyal te//
སྡིག་ལས་བྱེད་ལ་བསྟོད་པ་ནི།། sdig las byed la bstod pa ni//
མཁས་པས་ལོག་པའི་ང་རྒྱལ་རྟོགས།། mkhas pas log pa'i nga rgyal rtogs//

[413. (5-12)]

實未得聖道　計自身已得　　실미득성도　계자신이득
由修偏道故　説名增上慢　　유수편도고　설명증상만

---

757. 보통 '과(果)'를 뜻하는 '데('bras)'가 쓰였다. 이 단어에는 임파선 결핵이라는 뜻도 있다.
758. 이 문장은 직역한 것인데 원문은 '오공(五空)', 즉 다섯 가지 공이다.
759. 한역의 [412. (5-11)]번 게송으로 하나씩 밀려 있다.

> 성취하지 못한 과(果)를 성취했다고 생각하는
> (그) 무엇이 있는 것을 증상만(增上慢)[760]이라고 하는 것입니다.
> 죄를 짓는 것을 칭찬하는 것을 바로
> 현자는 사만(邪慢)[761]이라 알아차립니다.

[413. (5-12)]

བདག་དགོས་མེད་པ་ཉིད་དོ་ཞེས།། bdag dgos med pa nyid do zhes//
བདག་ཉིད་སྨོད་པ་གང་ཡིན་དེ།། bdag nyid smod pa gang yin de//
དམན་པའི་ང་རྒྱལ་ཞེས་བྱ་སྟེ།། dman pa'i nga rgyal zhes bya ste//
དེ་དག་མདོར་བདུར་བཤད་པའོ།། de dag mdor bdur bshad pa 'o//

[413. (5-12)]

實未得聖道　計自身已得　　실미득성도　계자신이득
由修偏道故　說名增上慢　　유수편도고　설명증상만

> '나는 불필요한 자 자체이다'라고 말하며
> 자기 자신을 책망하는 무엇이 있다(면) 그것은
> '(그것은) 비열만(卑劣慢)[762]이다'라고 말해지니
> 그것들, (즉 칠만에 대해서) 간략하게 말한 것입니다.[763]

----

760. 훌륭한 교법과 깨달음을 얻지 못하고서 얻었다고 생각하여 자기만 잘난 척하는 거만을 가리킨다. 즉 자기 자신을 원래의 가치 이상으로 착각하는 것이다.
761. 사만(邪慢, mithyāmāna)의 사전적 정의는 '7) 사만(邪慢). 덕 없는 이가 스스로 덕 있는 줄로 잘못 알고, 삼보(三寶)를 경만하며 높은 체하는 것'으로 본문 게송의 내용과 약간의 차이가 있다.
762. 이 비열만도 사전적 정의와 조금 다르다.
　　[BD] 비열만(卑劣慢): 비하만(卑下慢)을 말함. 나보다 훨씬 훌륭한 이에 대하여, 내가 그보다 조금 못하다고 생각하여 마음이 높아진 것.
　　칠만과 다른 사만의 사전적 정의는 다음과 같다.
　　[BD] 사만(四慢): 네 가지 만심(慢心). (1) 증상만(增上慢). 아직 얻지 못한 것을 얻었노라

[414. (5-13)]

ཙུལ་འཆོས་རྙེད་དང་བཀུར་སྟིའི་ཕྱིར།། tshul 'chos rnyed dang bkur sti'i phyir//
དབང་པོ་སྡོམ་པར་བྱེད་པ་སྟེ།། dbang po sdom par byed pa ste//
ཁ་གསག་རྙེད་དང་བཀུ་སྟིའི་ཕྱིར།། kha gsag rnyed dang bku sti'i phyir//
ཚིག་འཇམ་སྔར་སྨྲ་བ་འོ།། tshig 'jam sngar smra ba 'o//

[414. (5-13)]

若人由作惡　而計自身勝　　약인유작악　이계자신승
兼復撥他德　説此名邪慢　　겸부발타덕　설차명사만

---

16) 그릇된 구함[爲求=矯詐, 詐, 詡, 詡誘, 諂詐][764]이라는 것은 이익과 존경을 얻기 위해

감각 기관[五根]을 속박하는 것이고

17) 허광(虛誑)[765]이라는 것은 이익과 존경을 얻기 위한

(앵무새처럼) 감언[766]을 면전에서 말하는 것을 (가리킵니다.)[767]

[415. (5-14)]

གཞོགས་སློང་དེ་ནི་ཐོབ་བྱའི་ཕྱིར།། gzhogs slong de ni thob bya'i phyir//
གཞན་གྱི་རྫས་ལ་བསྔགས་བྱེད་པའོ།། gzhan gyi rdzas la bsngags byed pa'o//

하는 것. (2) 비하만(卑下慢). 비열만(卑劣慢)이라고도 하니, 남보다 훨씬 열(劣)한 것을 자기는 조금 열하다고 생각하는 것. (3) 아만(我慢). 아(我)와 아소(我所)가 있다고 집착하는 마음이 큰 것. (4) 사만(邪慢). 아무런 덕이 없는 이가 덕이 있는 듯이 생각하여 스스로 높은 양 하는 것.

763. 이상까지 칠만에 대한 설명이다.
764. 한역의 [416. (5-15)]번 게송에 따라 옮겼으나 이런 용어가 있는지는 잘 모르겠다. 영역에서는 위선을 뜻하는 'hypocrisy'를 썼다.
765. 공양을 받기 위해서 다른 이교도(신도)에게 아첨을 하는 행위.
766. 감언이라고 옮긴 '칙잠(tshig 'jam)'에 원래 앵무새라는 뜻도 있다.
767. 한역 [417. (5-16)]번 게송과 일치해야 하지만 '그릇된 구함'이 뜻하는 바는 불분명하여 한역을 병기하였다.

ཐོབ་ཀྱིས་འཇལ་བ་རྙེད་པའི་ཕྱིར།།　　thob kyis 'jal ba rnyed pa'i phyir//
མངོན་སུམ་གཞན་ལ་སྨོད་བྱེད་པ།།　　mngon sum gzhan la smod byed pa//

[415. (5-14)]

我今無復用　或能下自體　　아금무부용　혹능하자체
此亦名下慢　但緣自體起　　차역명하만　단연자체기

> 18) 그 작찬욕득(作讚慾得)[768]은 바로 (무언가를) 얻기 위해서 다른 이의 뒤를 쫓으며 칭찬하는 것입니다.
> 19) 대언구리(大言求利)[769]는 이득을 얻기 위하여 다른 (이들의) 현량(現量, 직접적인 판단)을 욕하는 것입니다.

[416. (5-15)]

རྙེད་པས་རྙེས་པ་རྣམས་འདོད་པ།།　　rnyed pas rnyes pa rnams 'dod pa//
སྔར་ཐོབ་པ་ལ་བསྔགས་བྱེད་པའོ།།　　sngar thob pa la bsngags byed pa'o//
སྐྱོན་ཟློས་གཞན་གྱི་འཁྲུལ་གྱུར་པ།།　　skyon zlos gzhan gyi 'khrul gyur pa//
དེ་དང་དེ་ནི་གང་ཟློས་པའོ།།　　de dang de ni gang zlos pa'o//

[416. (5-15)]

爲求利養讚　故守攝六根　　위구리양찬　고수섭육근
能隱貪欲意　此惑名貢高　　능은탐욕의　차혹명공고

---

768. [BD] 작찬욕두(作讚慾得): 오사명의 하나. 다른 사람의 재물을 얻기 위하여 그 사람의 물건을 찬탄하는 것.
　　한역에서는 [418. (5-17)]번 게송에서 '현상(現相)'이라고 썼는데(『장한사전』에는 현상이라고만 나와 있다.) 이 단어가 여기에 정확한 표현인지는 모르겠다.
769. [BD] 대언구리(大言求利): 듣기 좋은 말을 하다. 타인의 마음이 동하게 말하다. 비구오사명의 하나. 사람한테 '내가 어느 국왕의 보시를 받지 않고 어느 믿는 자의 보시를 받는다.' 등등.

> 20) '(재물의) 이익으로 (이자놀이 등으로) 이익들을 바라는 것[利求利]⁷⁷⁰은 먼저 (무언가를) 얻기 위해 칭찬하는 것을 가리킵니다.
>
> 21) 다른 이의 과오를 칭찬하여 판단이 흐리게 하는 것[謝言]⁷⁷¹은 이러이러하다고 (그) 무엇을 반복하는 것입니다.

[417. (5-16)]

སྤུངས་མེད་སོ་སོར་མ་བརྟག་པར།།	spungs med so sor ma brtag par//
ནད་ལས་གྱུར་པའི་སློང་བ་ལམ།།	nad las gyur pa'i slong ba lam//
བདག་གི་ཡོ་བྱད་ངན་པ་ལ།།	bdag gi yo byad ngan pa la//
ཆགས་ངན་ལེ་ལོ་ཅན་གྱི་ཡིན།།	chags ngan le lo can gyi yin//

[417. (5-16)]

爲得利供養　於他起愛語　　위득리공양　어타기애어
此惑緣世法　說此名謝言　　차혹연세법　설차명사언

> 22) 없는 것처럼 (작은 것이라도) 하나씩 모아 쌓는 것을 알지 못하는 것[訶績]⁷⁷²은
>
> 병이 생겨 쌓지 못하는 것이고
>
> 23) 자신의 나쁜 물건을
>
> 그릇되게 집착하는 것[貪着]은 게으름[懈怠]의 (영향 때문인 것)입니다.

---

770. [BD] 라구리(利求利): 작은 것을 증송하여 많은 것을 얻다. 5사명 중의 하나이다. 많은 풍부한 이익을 획득하기 위하여 작은 이익을 사람한테 줌으로 많은 이익을 획득하다. 한역 [421. (5-20)]번 게송의 '리구리(利求利)'에 해당한다.
771. 아직 하나의 단일 명칭을 찾지 못해 영역에 의존하여 원문을 해석하였다. 한역에 따라 옮겨보자면 '사언(謝言)' 정도로 생각해 볼 수 있겠다.
772. 한역 [420. (5-19)]번 게송에서는 '가적(訶績)'이라고 한다.

[418. (5-17)]

ཐ་དད་འདུ་ཤེས་འདུ་ཤེས་གང་།། tha dad 'du shes 'du shes gang//
ཆགས་སྡང་མུན་གྱིས་བསྒྲིབས་པ་འོ།། chags sdang mun gyis bsgribs pa 'o//
ཡིད་ལ་མི་བྱེད་གང་ཡིན་དེ།། yid la mi byed gang yin de//
སེམས་ལ་ལྷ་བ་མེད་པར་བཤད།། sems la lha ba med par bshad//

[418. (5-17)]

爲欲得彼物　若讚美此財　　위욕득피물　약찬미차재
說名爲現相　能示自心故　　설명위현상　능시자심고

24) 차이가 모인 것이 무엇인지 (그것을) 받아들이는 것[受]을 (제대로 알지 못하여) 집착에 사로잡힌 무지몽매는 음애(悟隘)[773]입니다.

25) 마음[意]에 무엇이 행하지 아니한 것이 있으면 그것을 마음[心]에 (있는) 출렁임을 (보지) 못하게 하는 것[恨心][774]이라고 부릅니다.

[419. (5-18)]

མཐུན་པར་བྱ་བ་རྣམས་ལ་ནི།། mthun par bya ba rnams la ni//
ལེ་ལོས་བཀུར་སྟི་ཉམས་པ་གང་།། le los bkur sti nyams pa gang//
བླ་མར་བཅོམ་ལྡན་ཚུལ་མིན་དེ།། bla mar bcom ldan tshul min de//
སྐྱེ་བོ་ངན་པ་ཡིན་པར་འདོད།། skye bo ngan pa yin par 'dod//

[419. (5-18)]

爲欲得所求　現前非撥他　　위욕득소구　현전비발타
說名爲訶責　能伏彼令順　　설명위가책　능복피령순

---

773. 한역의 [421. (5-20)]번 계송에 따르자면 '음애(悟隘)'이다.
774. 한역의 [421. (5-20)]번 계송을 참조했다.

제5 출가정행품 303

> 26) 바로 그 올바른 일들을
> 게으름[解怠]은 존경하지 못하게 합니다.[775]
> 27) 한없는 세존의 도리를 갖추지 못하였습니다. 그 때문에[776]
> 나쁜 중생[種種相][777]은 (그와 같이) 된 (것처럼 흉내 내기를) 바랍니다.

[420. (5-19)]

zhen pa kun nas dkris pa chung//
'dod pa'i 'dod chags las byung ba'i//
yongs zhen 'dod pa las byung ba'o//
kun nas dkris pa che rab yin//

[420. (5-19)]

| 由施欲求利 | 或讚彼先德 | 유시욕구리 | 혹찬피선덕 |
| 說名利求利 | 此五邪命攝 | 설명리구리 | 차오사명섭 |

> 28) 완벽한 열정 때문에 작은 것에도 말려드는 (것도 있고)
> 탐욕(貪慾) 때문에 생겨나는 것이 있습니다.
> 29) 완전히 (미친 듯한) 탐욕 때문에 생겨나는 것(도) 있습니다.
> (그) 모든 것 때문에[778] (탐욕의 함정에) 엉켜들어가는 것입니다.

---

775. 한역의 [424. (5-23)]번 게송 1, 2행에 나오는 '해태(解怠)'의 정의다. 직역하면, '바로 그 올바른 일들을 / 게으름[解怠]이 (그것을) 존경하는 것을 악화시키는 그 무엇(입니다.)' 정도 된다. 여기서는 운문하여 의역하였다.
776. '학쩨(lhag bcad)'의 '데(de)'가 사용되었는데 여기서는 원인, 이유 등을 설명하는 접속사로 보고 옮겼다.
777. '나쁜 중생'이라고 옮겼으나 한역의 [423. (5-22)]번 게송에 따라 종종상(種種相)이라고 첨언해 두었다.
778. 각 행에서 탈격[Abl.] '네(nas)'와 '레(las)'가 쓰여 있어 원인, 이유로 보고 옮겼다. 이하 탐욕에 대한 설명이다.

[421. (5-20)]

ཆགས་པ་རང་གི་རྫས་ལ་ནི།། chags pa rang gi rdzes la ni//
ཆགས་པའི་འདོད་ཆགས་ལྡན་པའི་ཡིད།། chags pa'i 'dod chags ldan pa'i yid//
གཞན་གྱི་རྫས་ལ་ཞེན་པ་ནི།། gzhan gyi rdzas la zhen pa ni//
མི་རིགས་ཆགས་པ་ཞེས་བྱ་འོ།། mi rigs chags pa zhes bya 'o//

[421. (5-20)]

若人緣他失　心數種種誦　　약인연타실　심삭종종송
説名爲憎隘　此或習恨心　　설명위음애　차혹습한심

> 30) 탐(貪)은 자신의 것을 위한 탐욕만 있는 것입니다.
> 31) 다른 이의 것을 (미친 듯이) 탐하는 것[不等欲][779]은 비이성적인 탐욕[貪]을 말하는 것입니다.

[422. (5-21)]

སྤང་བྱ་བུད་མེད་ཆགས་སྟོན་པ།། spang bya bud med chags ston pa//
ཆོས་མ་ཡིན་པ་འདོད་ཆགས་སོ།། chos ma yin pa 'dod chags so//
སྡིག་འདོད་ཡོན་ཏན་མེད་བཞིན་དུ།། sdig 'dod yon tan med bzhin du//
ཡོན་ཏན་ལྡན་པར་ཚུལ་འཆོས་པའོ།། yon tan ldan par tshul 'chos pa'o//

[422. (5-21)]

驚怖不能安　由無知及病　　경포불능안　유무지급병
於下黷自具　毀呰及懈著　　어하추자구　훼자급해저

---

779. 한역의 [426. (5-25)]번 게송을 참조했다.

32) (반드시) 끊어야 할 젊은 여인네에게 애착을 나타내는 것[非法欲][780]은
법이 (결코 허락)하지 않는 욕망입니다
33) 사악한 욕망[惡欲][781]은 공덕이 없는 것과 같으니
공덕에 따른 방법으로 고쳐야 합니다.

[423. (5-22)]

'dod chen shin tu brkam pa ste//
tshog shes dpal las 'da' ba 'o//
thob shes dpal nyid ci nas kyang//
yon tan yang dag ldan shes 'dod//

[423. (5-22)]

欲瞋癡汚想　説名種種相　　욕진치오상　설명종종상
不如現觀察　説名非思惟　　불여현관찰　설명비사유

34) 매우 큰 욕망에 탐착하는 것[大欲]은
(다른 이의) 비난을 알고서도 성스러움에서 (한참이나) 멀어진 것입니다.
35) 얻어 (들어) 알고 (있는) 성스러움 자체로부터도 (의심을 품고)
공덕을 완전히 갖추려고 하는 것을 앎의 욕망[識欲](이라고 하는 것입니다.)[782]

[424. (5-23)]

mi bzod gnod pa byed pa dang//
sdug bsngal dag kyang mi bzod pa'o//

---

780. 한역의 [427. (5-26)]번 게송에 따랐다.
781. 한역의 [427. (5-26)]번 게송에 따랐다.
782. 한역의 [428. (5-27)]번 게송을 참조했다. 이상은 탐욕에 대한 설명으로 믿음이 결여된 '앎의 욕망', 즉 '지욕(識欲)' 또한 부정적인 내용이다.

ཚུལ་མེད་སློབ་དཔོན་བླ་མ་ཡི།། tshul med slob dpon bla ma yi//
བྱ་བ་རྣམས་ལ་མ་གུས་པའོ།། bya ba rnams la ma gus pa'o//

[424. (5-23)]

於正事懈怠　說名不恭敬　어정사해태　설명불공경
於師無尊心　說名不尊重　어사무존심　설명부존중

36) 참을성이 없다는 것[不忍]은 해를 입었을 경우나
고통들에 참지 못하는 것을 (가리킵니다.)
37) 부적절하다고 하는 것[不貴]은 스승과 스님의
행동들을 존경하지 않는 것을 (가리킵니다.)

[425. (5-24)]

བཀའ་བློ་བདེ་བ་མ་ཡིན་གང་།། bka' blo bde ba ma yin gang//
ཆོས་མཐུན་ཚིག་སྨྲས་མ་གུས་པའོ།། chos mthun tshig smras ma gus pa'o//
ཉེ་དུ་དང་འབྲེལ་རྣམ་རྟོག་ནི།། nye du dang 'brel rnam rtog ni//
ཉེ་དུ་ལ་བྱམས་ཆགས་པ་འོ།། nye du la byams chags pa 'o//

[425. (5-24)]

上心欲所起　於外名堅著　상심욕소기　어외명견저
上心堅欲生　最重名遍著　상심견욕생　최중명편저

38) '(부처님의) 진실된 말씀을 (들으며) 기뻐하지 않는다는 것[難語]은
법에 일치하는 말을 존경하지 않는다.'(는 뜻입니다.)
39) (출가를 하였음에도) 일가친척(들)과 이어지는 것을 항상 생각한다는
것[親覺]은
일가친척들에게 애착을 가지는 것입니다.

[426. (5-25)]

དེ་བཞིན་ཡུལ་སྲེད་དེ་དོན་དུ།། de bzhin yul sred de don du//
དེ་ཡི་ཡོན་ཏན་བརྗེད་པའོ།། de yi yon tan brjed pa 'o//
དེ་བཞིན་མི་འཆི་རྟོག་པ་གང་།། de bzhin mi 'chi rtog pa gang//
འཆི་བའི་འཇིགས་པས་མི་དོགས་པའོ།། 'chi ba'i 'jigs pas mi dogs pa'o//

[426. (5-25)]

自財生長欲　無足心名貪　　자재생장욕　무족심명탐
愛著於他物　是名不等欲　　애저어타물　시명부등욕

---

40) 그와 같은 대상에 탐심을 내는 것[土覺]은 그런 의미이니
그것의 공덕을 잊어버리는 것입니다.

41) 그와 같이 죽지 않기(만)을 생각하는 것[不死角]은
죽음의 공포를 염려하는 것입니다.

[427. (5-26)]

རྗེས་རྣམས་རིག་དང་ལྡན་རྟོག་ནི།། rjes rnam rig dang ldan rtog ni//
བདག་ཉིད་ཅི་ནས་གཞན་དག་གིས།། bdag nyid ci nas gzhan dag gis//
ཡོན་ཏན་བདོག་པའི་རྣམ་པ་ཡིས།། yon tan bdog pa'i rnam pa yis//
བླ་མར་བྱེད་པར་འགྱུར་སྙམ་པའོ།། bla mar byed par 'gyur snyam pa'o//

[427. (5-26)]

於非境女人　求得非法欲　　어비경여인　구득비법욕
自無德顯德　說名爲惡欲　　자무덕현덕　설명위악욕

---

42) 올곧은 마음을 갖추고 분별하는 것[順覺覺]은
자기 자신이 무엇으로부터 (생긴 것이든) 다른 (사람)들이

> 갖춘 공덕을 분별하는 것을 통하여[783]
> 스승(처럼) 행동하게 되는 것을 유념하는 것입니다.

[428. (5-27)]

གཞན་རྗེས་ཆགས་དང་ལྡན་པ་ཡི།།	gzhan rjes chags dang ldan pa yi//
རྣམ་རྟོག་གང་ཡིན་གཞན་དག་ལ།།	rnam rtog gang yin gzhan dag la//
ཆགས་དང་གནོད་སེམས་རེག་པ་ཡིས།།	chags dang gnod sems reg pa yis//
ཕན་དང་མི་ཕན་རྣམ་སེམས་པའོ།།	phan dang mi phan rnam sems pa'o//

[428. (5-27)]

| 離知足恒求　說此名大欲 | 이지족항구　설차명대욕 |
| 願他知我德　說名爲識欲 | 원타지아덕　설명위식욕 |

> 43) 다른 것(을 가지려는) 탐욕에 얽매인
> (세심한) 분별로 무엇이든 다른 것들에
> 집착하고 해를 끼치려는 마음과 접촉하는 것이 [해타각(害他覺)](이고)
> 44) (이에 따라) 이익이 될까 이익이 되지 않을까를 분별하는 마음을
> [우억염오심(憂憶染汚心)이라고 합니다.][784]

[429. (5-28)]

མི་དགའ་བརྟན་པ་མེད་པ་ཡི།།	mi dga' brtan pa med pa yi//
ཕྲད་འདོད་བརྙོགས་པའི་ཡིད་ཡིན་ནོ།།	phrad 'dod brnyogs pa'i yid yin no//
སྙོམས་པ་བརྩོན་པ་མེད་པའི་ལུས།།	snyoms pa brtson pa med pa'i lus//
སྒྱིད་ལུག་དོན་གྱི་ལེ་ལོ་ཡིན།།	sgyid lug don gyi le lo yin//

---

783. 말미의 도구격[ins.] '이(yis)'를 원인, 이유로 보고 옮겼다.
784. 별도의 마땅한 단어를 찾을 수 없어 한역의 [434. (5-33)]번 게송의 1행을 적었다.

[429. (5-28)]

不能安苦受　説名爲不忍　　　불능안고수　설명위불인
於師尊正事　邪行名不貴　　　어사존정사　사행명불귀

---

45) 안락하지 않다는 것[不安]은 의지할 것이 없다(는 뜻이고)

46) (성적으로) 화합하고자 하는 욕망은 더러운 마음[極意]입니다.

47) 언제나 노력하지 않는[785] 몸(가진 자)가
꾸물거리며 (하는) 것의 (원인은) 게으름[懈怠](때문입니다.)[786]

[430. (5-29)]

འགྱུར་བ་ཉོན་མོངས་དབང་གིས་ནི།།　'gyur ba nyon mongs dbang gis ni//
ལུས་དང་ཁ་དོག་འགྱུར་བ་འོ།།　　lus dang kha dag 'gyur ba 'o//
ཟས་མི་འདོད་པ་བཟའ་དྲགས་པས།།　zas mi 'dod pa bza' drags pas//
ལུས་མི་བདེ་བ་ཡིན་པར་བཤད།།　lus mi bde ba yin par bshad//

[430. (5-29)]

如法善言教　輕慢名難語　　　여법선언교　경만명난어
於親人愛著　思惟名親覺　　　어친인애저　사유명친각

---

48) (이미) 변이된 것[頻]은 번뇌의 힘에 의해 바로
몸과 색깔들을 변하게 합니다.

---

785. '언제나 노력하지 않는'으로 옮긴 '뇸빠 쬔빠 메뻬(snyoms pa brtson pa med pa'i)'의 '뇸빠(snyoms pa)'는 일반적으로 '균등, 평등'을 뜻하는데 여기서는 '동시에'는 '두남빠(dus mnyam pa)'의 변형으로 보았다. 그리고 소유격[Gen.] '이('i)'를 수식어 기능으로 보고 옮겼다.

786. 영역에 따라 운문하여 옮겼다. 57추류혹(麤類惑)에 따라 보자면 '47. 분별없이 평등하고자 하는 것'에 해당한다. 즉, 게으름 때문에 어떤 것도 판단하지 않고 '그저 그렇다'라고 여기는 것을 뜻한다.

> 49) '음식을 먹기 싫어하는 것[食醉]은 지나치게 많이 먹어
> 몸의 기쁨이 없기 때문이다'라고 (부처님께서는) 말씀하셨습니다.

[431. (5-30)]

སེམས་ནི་ཤིན་ཏུ་དམའ་བ་ཉིད།།   sems ni shin tu dma' ba nyid//
སེམས་ཞུམ་ཡིན་པ་ཉིད་དུ་བསྟན།།   sems zhum yin pa nyid du bstan//
འདོད་འདུན་ཡོན་ཏན་ལྔ་དག་ལ།།   'dod 'dun yon tan lnga dag la//
འདོད་པ་དོན་དུ་གཉེར་བ་ཉིད།།   'dod pa don du gnyer ba nyid//

[431. (5-30)]

由欲於方處　思得名土覺　　유욕어방처　사득명토각
不慮死怖畏　説名不死覺　　불려사포외　설명불사각

> 50) 마음[識]이 매우 풀이 죽은 것[下劣] 자체는
> 마음에 불안함이 있는 것 자체 때문이라고 교시되었습니다.
> 51) 탐욕을 쫓는 것[欲欲]은 (색성향미촉의) 오묘욕(五妙欲)들을
> 원하는 간절한 바람 자체입니다.[787]

[432. (5-31)]

གནོད་སེམས་བདག་དང་གྲོགས་དང་དགྲའི།།   gnod sems bdag dang grogs dang dgra'i//
ཕྱོགས་ལ་དུས་གསུམ་དོན་མིན་པ།།   phyogs la dus gsum don min pa//
དོགས་པའི་གཞན་ལ་གནོད་པའི་སེམས།།   dogs pa'i gzhan la gnod pa'i sems//
རྒྱུ་དགུ་ལས་ནི་བྱུང་བ་ཡིན།།   rgyu dgu las ni byung ba yin//

---

787. 오결(五結)의 탐결과 같은 의미처럼 보인다.
    [BD] 오결(五結): 중생을 결박하여 3계(界)에 돌아다니게 하는 5종의 번뇌. 곧 탐결(貪結)・에결(恚結)・만결(慢結)・질결(嫉結)・간결(慳結).

[432. (5-31)]

由眞實功德　願他尊重我　　유진실공덕　원타존중아
此思緣他識　説名順覺覺　　차사연타식　설명순각각

> 52) 해하려는 마음[瞋恚]은 자신과 친구와 적의
> 쪽으로 (과거, 현재, 미래) 삼세(三世)에 (행하는) 의미 없는 짓입니다.
> (이런) 의심하여 타인에게 해를 입히려는 마음은
> 여러 가지 원인들[788]로부터 발생합니다.

[433. (5-32)]

lus sems lci phyir las bral ba//
gang yin pa ni rmugs pa'o//
gnyid ni gnyid nyid rgod pa ni//
lus sems rab tu ma zhi ba'o//

[433. (5-32)]

由愛及憎心　思自益損他　　유애급증심　사자익손타
緣自及餘人　説名害他覺　　연자급여인　설명해타각

> 53) 몸과 마음이 무겁기 때문에 (행하는) 일과 분리된
> 그 무엇이 있다(면) 바로 (이것이) 혼침(惛沉)입니다.
> 54) 수면(睡眠)은 (그야말로) 잠자는 것 자체이고
> 55) 도거(掉擧)는 바로 몸과 마음이 매우 평온하지 않은 것입니다.[789]

---

788. 영역에서는 '구(dgu)'를 '9'로 보고 옮겼으나 그 내용이 무엇인지 헤아리고 있지 않다. 이 '구'에는 '여러 가지'란 뜻이 있어 이에 따라 옮겼다.
789. 한역의 [438. (5-37)]번 게송의 약(弱)은 혼침을, 동(動)은 도거를 뜻한다.

[434. (5-33)]

འགྱོད་པ་ངན་པར་བྱས་ལ་འགྱོད།།
ཕྱིས་གདུང་བ་ལས་བྱུང་བ་འོ།།
བདེན་དང་དཀོན་མཆོག་གསུམ་སོགས་ལ།།
བློ་རྣམ་གཉིས་ནི་ཐེ་ཚོམ་མོ།།

'gyod pa ngan par byas la 'gyod//
phyis gdung ba las byung ba 'o//
bden dang dkon mchog gsum sogs la//
blo rnam gnyis ni the tshom mo//

[434. (5-33)]

| 憂憶染汚心 | 無依名不安 | 우억염오심 | 무의명불안 |
| 身沈說名極 | 遲緩名懈怠 | 신침설명극 | 지완명해태 |

---

56) 후회하는 것[悔愧]은 나쁜 행동을 뉘우치는 것으로
(이것은 이미 행한) 후에 고민하여 생기는 것입니다.
57) (고집멸도의) 사제(四諦)와 (불법승의) 삼보 등에 대해서
두 가지 마음을 가지는 것이 의심[疑]입니다.[790]

[435. (5-34)]

དེ་དག་བྱང་ཆུབ་སེམས་དཔས་སྤང་།།
སྡོམ་བརྩོན་ཅན་གྱིས་ལྷག་པར་སྤང་།།
ཉེས་པ་དེ་རྣམས་དང་བྲལ་བ།།
ཡོན་ཏན་རྣམས་ལ་བདེ་བླག་བསྟེན།།

de dag byang chub sems dpas spang//
sdom brtson can gyis lhag par spang//
nyes pa de rnams dang bral ba//
yon tan rnams la bde blag bsten//

[435. (5-34)]

| 由隨上心惑 | 曲發身名頻 | 유수상심혹 | 곡발신명빈 |
| 身亂不節食 | 說名爲食醉 | 신란부절식 | 설명위식취 |

---

790. 이상은 [404. (5-3)]번 게송부터 이어진 총 30개의 게송으로 이루어진 57추류혹에 대한 설명으로 한역의 경우는 그 구조와 내용이 다르지만 [439. (5-38)]번 게송까지 이어져 있다.

그것들을 (재가) 보살(들도) 버렸습니다.
(그러니) 출가인(들)은 더 완전히 (끊어) 버려야 할 것입니다.
그 과실들을 멀리하시고
공덕들에 편안하게 머무십시오

[436. (5-35)]

de la byang chub sems dpa' yi//
yon tan mdor bsten bya ba ni//
sbyin dang tshul khrims bzod brtson 'grus//
bsam btan shes rab snying brtse sogs//

[436. (5-35)]

身心極疲羸　說名爲下劣　　신심극피리　설명위하열
貪愛於五塵　說名爲欲欲　　탐애어오진　설명위욕욕

그것을, (즉) 보살의
작공덕(作功德)을 간략하게 (말하자면 그것은) 바로
보시와 지계, 정진, 인욕
선정, 지혜, 연민심 등(입니다.)

[437. (5-36)]

sbyin pa rang nor yongs gtong ba//
tshul khroms gzhan phan bya ba 'o//
bzod pa khro ba spangs pa ste//
brtson 'grus dge ba yongs 'dzin pa'o//

[437. (5-36)]

| 於他損害意 從九因緣生 | 어타손해의 종구인연생 |
| 三時疑災橫 説名爲瞋恚 | 삼시의재횡 설명위진에 |

> 보시란 자신의 재물을 완전히 주는 것이고
> 지계란 다른 이에게 이익을 주는 것입니다.
> 인욕은 화를 (완전히) 버리는 것이고
> 정진은 안락을 완전히 쥐는 것입니다.

[438. (5-37)]

བསམ་གཏན་རྩེ་གཅིག་ཉོན་མོངས་མེད།།　bsam gtan rtse gcig nyon mongs med//
ཤེས་རབ་བདེན་དོན་གཏན་ལ་འབེབས།།　shes rab bden don gtan la 'bebs//
སྙིང་བརྩེ་སེམས་ཅན་ཐམས་ཅད་ལ།།　snying brtse sems can thams cad la//
སྙིང་རྗེ་རོ་གཅིག་བློ་གྲོས་སོ།།　snying rje ro gcig blo gros so//

[438. (5-37)]

| 由身心重故 事無能名弱 | 유신심중고 사무능명약 |
| 心晦説名睡 身心掉名動 | 심회설명수 신심도명동 |

> 선정이란 (마음을) 하나로 모아 번뇌가 없는 것이고
> 지혜란 진리의 의미를 확증하는 것(입니다.)
> 연민심은 모든 유정을
> 자비심, 그 한결같은 맛[一味]으로 보살피는 것입니다.

[439. (5-38)]

སྦྱིན་པས་ལོངས་སྤྱོད་ཁྲིམས་ཀྱིས་བདེ།།　sbyin pas longs spyod khrims kyis bde//
བཟོད་པས་མདངས་ལྡན་བརྩོན་པས་བརྗིད།།　bzod pas mdangs ldan brtson pas brjid//

제5 출가정행품 315

བསམ་གཏན་གྱིས་ཞི་བློ་ཡིས་གྲོལ།། bsam gtan gyis zhi blo yis grol//
སྙིང་བརྩེ་བས་ནི་དོན་ཀུན་འགྲུབ།། snying brtse bas ni don kun 'grub//

[439. (5-38)]

由惡事生悔　憂後燋然名　유악사생회　우후초연명
於三寶四諦　猶豫說名疑　어삼보사제　유예설명의

> 보시로는 (더 많은) 재물이 (생기고) 지계로는 안락이 (생기고)
> 인욕으로는 (몸이) 맑아지고 정진으로는 광채가 나고
> 선정으로는 마음의 평화가, 지혜로는 해탈이 (생기고)
> 연민심으로는 모든 일이 성취됩니다.

[440. (5-39)]

བདུན་པོ་འདི་དག་མ་ལུས་པར།། bdun po 'di dag ma lus par//
ཅིག་ཅར་ཕ་རོལ་ཕྱིན་པ་ཡིས།། cig car pha rol phyin pa yis//
ཡེ་ཤེས་བསམ་གྱིས་མི་ཁྱབ་ཡུལ།། ye shes bsam gyis mi khyab yul//
འཇིག་རྟེན་མགོན་པོ་ཉིད་ཐོབ་འགྱུར།། 'jig rten mgon po nyid thob 'gyur//

[440. (5-39)]

若出家菩薩　須離此麤類　약출가보살　수리차추류
若能免此惡　對治德易生　약능면차악　대치덕이생

> 이 일곱 개[791]를 모두
> 동시에 완전하게 (성취하는 것)[究竟=반야바라밀]에 의해서
> 불가사의한 지혜로 (모든) 곳(을 두루 살피는)
> 세간의 보호자[世尊], (그 성품) 자체가 성취되는 것입니다.

[441. (5-40)]

ཇི་ལྟར་ཉན་ཐོས་ཐེགས་པ་ལ།། ji ltar nyan thos thegs pa la//
ཉན་ཐོས་ས་ནི་བརྒྱད་བཤད་པ།། nyan thos sa ni brgyad bshad pa//
དེ་བཞིན་ཐེག་པ་ཆེན་པོ་ལ།། de bzhin theg pa chen po la//
བྱང་ཆུབ་སེམས་པའི་ས་བཅུ་འོ།། byang chub sems pa'i sa bcu 'o//

[441. (5-40)]

| 此中諸功德　菩薩應修治 | 차중제공덕　보살응수치 |
| 謂施戒及忍　勤定慧悲等 | 위시계급인　근정혜비등 |

> 이와 같이 성문승(들)에게
> 성문이 머물 자리 여덟 (가지를) 말씀하셨습니다.[792]
> 그와 같이 대승에게 (이른 것이)
> 보살이 머물 자리 열 (가지)[菩薩十地][793]입니다.

---

791. 육바라밀다에 연민심을 추가한 것이다.
792. 한역의 [446. (5-45)]번 게송에 따르자면 '성문지(聲聞地)'라고만 나와 있으며 영문 주석서에서는 언급도 하지 않으나 아무래도 사향사과를 뜻하는 듯하다.
    [BD] 사향사과(四向四果): 소승불교에서 구분하는 성자의 네 단계. 향은 수행의 목표, 과는 그 목표에 도달한 경지. 예류(預流) 또는 수다원, 일래(一來) 또는 사다함, 불환(不還) 또는 아나함, 아라한이라는 네 단계에 향과 과를 붙여 4향 4과라고 한다. 4향은 예류향, 일래향, 불환향, 아라한향. 4과는 예류과, 일래과, 불환과, 아라한과. 욕계와 색계와 무색계의 견혹(見惑)을 끊어 가고 있는 견도 15심(心)의 과정은 예류향, 마침내 견혹을 끊어 제16심인 수도(修道)의 단계에 들어가는 것은 예류과. 욕계의 수혹(修惑)을 이루는 9품 중 6품까지의 수혹을 끊어 가고 있는 과정은 일래향, 마침내 이 수혹을 모두 끊은 경지는 일래과. 수혹의 나머지 3품을 끊어 가고 있는 과정은 불환향, 이것을 완전히 끊은 경지는 불환과. 이로부터 아라한이 되기까지의 과정은 아라한향, 아라한의 경지에 도달한 것은 아라한과. 아라한과를 얻으면 열반에 들어갈 수 있다.
793. 다음 게송부터는 이 보살십지에 대한 설명이다.
    [BD] 십지(十地): 보살이 수행하는 계위(階位)인 52위(位) 중, 제41위로부터 제50위까지. 이 10위는 불지(佛智)를 생성(生成)하고, 능히 주지(住持)하여 움직이지 아니하며, 온갖 중생을 짊어지고 교화 이익케 하는 것이, 마치 대지(大地)가 만물을 싣고 이를 윤익(潤益)함과 같으므로 지(地)라 이름.

[442. (5-41)]

དེ་དག་དང་པོར་རབ་དགའ་བ།། de dag dang por rab dga' ba//
བྱང་ཆུབ་སེམས་དཔའ་དགའ་བྱེད་ཕྱིར།། byang chub sems dpa' dga' byed phyir//
ཀུན་ཏུ་སྦྱོར་བ་གསུམ་སྤངས་ཤིང་།། kun tu sbyor ba gsum spangs shing//
དེ་བཞིན་གཤེགས་པའི་རིགས་སྐྱེས་ཕྱིར།། de bzhin gshegs pa'i rigs skyes phyir//

[442. (5-41)]

捨自物名施　起利他名戒　　사자물명시　기리타명계
解脫瞋名忍　攝善名精進　　해탈진명인　섭선명정진

> 그것들의 첫 번째는 매우 큰 기쁜 것[歡喜地][794]으로
> 보살이 큰 기쁨[歡喜]을 냈기 때문(이며)
> 모든 보시로 세 가지 매듭[三結][795]을 (끊어)
> 그와 같이 여래(如來)의 종성으로 (다시) 태어났기 때문(입니다.)

[443. (5-42)]

དེ་ཡི་རྣམ་པར་སྨིན་པས་ནི།། de yi rnam par smin pas ni//
སྦྱོན་པའི་ཕ་རོལ་ཕྱིན་མཆོག་འགྱུར།། sbyon pa'i pha rol phyin mchog 'gyur//
འཇིག་རྟེན་ཁམས་ནི་བརྒྱ་གཡོ་ཞིང་།། 'jig rten khams ni brgya gyo zhing//
འཛམ་གླིང་དབང་ཕྱུག་ཆེན་པོར་འགྱུར།། 'dzam gling dbang phyug chen por 'gyur//

[443. (5-42)]

心寂靜名定　通眞義名智　　심적정명정　통진의명지
於一切衆生　一味利名悲　　어일체중생　일미리명비

....

794.　[BD] (1) 환희지(歡喜地): 처음으로 참다운 중도지(中道智)를 내어 불성(佛性)의 이치를 보고, 견혹(見惑)을 끊으며 능히 자리이타(自利利他)하여 진실한 희열(喜悅)에 가득 찬 지위.

795.　삼결은 아견, 사견, 의견(疑見)을 뜻한다.

> 그것의 완전히 무르익은 것[異熟]이 바로
> 보시 바라밀다의 최상이 되는 것입니다.
> (이것을 성취하면) 바로 이 세간계(界)를 백 번(이나) 흔들고
> 남섬부주[796]의 대자재천(大自在天)이 될 것입니다.

[444. (5-43)]

གཉིས་པ་དྲི་མ་མེད་ཅེས་བྱ།།	gnyis pa dri ma med ces bya//
ལུས་དང་ངག་དང་སེམས་ཀྱི་ལས།།	lus dang ngag dang sems kyi las//
བཅུ་ཆར་དྲི་མ་མེད་པའི་ཕྱིར།།	bcu char dri ma med pa'i phyir//
དང་གིས་དེ་དག་ལ་གནས་ཕྱིར།།	ngang gis de dag la gnas phyir//

[444. (5-43)]

施生富戒樂　忍愛勤焰熾　　시생부계락　인애근염치
定靜智解脱　悲生一切利　　정정지해탈　비생일체리

> (그) 두 번째는 이구지(離垢地)[797]라고 이르는 것으로
> 몸과 뜻과 마음의 업(業)
> 그 십 (업이) 티끌 없이[清淨] 되었기 때문에,
> 마음이 그 (청정 계행)들에 머물렀기 때문입니다.

[445. (5-44)]

དེ་ཡི་རྣམ་པར་སྨིན་པས་ནི།།	de yi rnam par smin pas ni//
ཚུལ་ཁྲིམས་ཕ་རོལ་ཕྱིན་མཆོག་འགྱུར།།	tshul khrims pha rol phyin mchog 'gyur//
དཔལ་ལྡན་རིན་ཆེན་བདུན་གྱི་བདག།	dpal ldan rin chen bdun gyi bdag//

---

796. 불교의 세계관에서 4대륙 가운데 하나, 인도가 들어 있는 곳이다.
797. [BD] (2) 이구지(離垢地): 수혹(修惑)을 끊고 범계(犯戒)의 더러움을 제하여 몸을 깨끗하게 하는 지위.

འགྲོ་ཕན་འཁོར་ལོས་སྒྱུར་བར་འགྱུར།།　　'gro phan 'khor los sgyur bar 'gyur//

[445. (5-44)]

此七法若成　俱得至究竟　　　차칠법약성　구득지구경
難思智境界　今到世尊位　　　난사지경계　금도세존위

> 그것의 완전히 무르익은 것[異熟]이 바로
> 지계 바라밀다의 최상이 되는 것입니다.
> (이것을 성취하면) 빼어난 칠보(七寶)[798]의 (주인이) 스스로 (되고)
> 중생을 돕는 전륜성왕이 됩니다.

[446. (5-45)]

དེ་ཡི་རྣམ་པར་སྨིན་པས་ནི།།　　de yi rnam par smin pas ni//
གླིང་བཞིའི་དབང་ཕྱུགས་རྒྱལ་པོར་འགྱུར།།　gling bzhi'i dbang phyugs rgyal por 'gyur//
སེམས་ཅན་རྣམས་ཀྱི་འཆལ་བའི་ཁྲིམས།།　sems can rnams kyi 'chal ba'i khrims//
སྤོང་བར་བྱེད་ལ་མཁས་པར་འགྱུར།།　　spong bar byed la mkhas par 'gyur//

[446. (5-45)]

如於小乘中　説諸聲聞地　　　여어소승중　설제성문지
於大乘亦爾　説菩薩十地　　　어대승역이　설보살십지

> 그것의 완전히 무르익은 것[異熟]이 바로
> 4대륙의 재천성왕이 되는 것입니다.

798. 　[BD] 칠보(七寶):【범】sapta-ratna 일곱 가지 보석. (1) 금(金), (2) 은(銀), (3) 유리(琉璃, 검푸른 보옥), (4) 파려(玻瓈, 수정), (5) 자거(硨磲, 백산호), (6) 적주(赤珠, 적진주), (7) 마노(瑪碯, 짙은 녹색의 보옥). 이것은 『아미타경』에 있는 말. 『법화경』, 「보탑품(寶塔品)」에는 파려 대신에 매괴(玫瑰)가 들었음.

320

(이것을 성취하면) (모든) 유정들이 손상하는 지계(持戒)를
(완전히) 버리는 행위를 (제대로) 알게 됩니다.

[447. (5-46)]

ས་གསུམ་པ་ནི་འོད་བྱེད་པ།།	sa gsum pa ni 'od byed pa//
ཡེ་ཤེས་ཞི་བའི་འོད་འབྱུང་ཕྱིར།།	ye shes zhi ba'i 'od 'byung phyir//
བསམ་གཏན་མངོན་ཤེས་སྐྱེ་བ་དང་།།	bsam gtan mngon shes skye ba dang//
འདོད་ཆགས་ཞེ་སྡང་ཡོངས་ཟད་ཕྱིར།།	'dod chags zhe sdang yongs zad phyir//

[447. (5-46)]

初地名歡喜　於中喜希有　　초지명환희　어중희희유
由三結滅盡　及生在佛家　　유삼결멸진　급생재불가

(그) 세 번째는 발광지(發光地)[799]로
지혜로 적정(寂靜=평화)한 빛이 생겨났기 때문이며
선정을 잘 (이해하는) 지혜가 생겨나고
탐욕과 성냄을 완전히 끊었기 때문입니다.

[448. (5-47)]

དེ་ཡི་རྣམ་པར་སྨིན་པས་ནི།།	de yi rnam par smin pas ni//
བཟོད་དང་བརྩོན་འགྲུས་ལྷག་པར་སྤྱོད།།	bzod dang brtson 'grus lhag par spyod//
ལྷ་ཡི་དབང་ཆེན་མཁས་པ་སྟེ།།	lha yi dbang chen mkhas pa ste//
འདོད་པའི་འདོད་ཆགས་ཟློག་པ་ཡིན།།	'dod pa'i 'dod chags zlog pa yin//

---

799. [BD] (3) 발광지(發光地): 수혹을 끊어 지혜의 광명이 나타나는 지위.

[448. (5-47)]

因此地果報　現前修施度　　　인차지과보　현전수시도
於百佛世界　不動得自在　　　어백불세계　부동득자재

> 그것의 완전히 무르익은 것[異熟]이 바로
> 인욕 (바라밀다를) 성취하는 빼어난 수행입니다.
> 천신(들)의 현명한 자재천이 (되)고
> 탐욕을 탐하는 것[欲貪]을 그치게 되는 것입니다.

[449. (5-48)]

བཞི་པ་འོད་འཕྲོ་ཅན་ཞེས་བྱ།།　　bzhi pa 'od 'phro can zhes bya//
ཡང་དག་ཡེ་ཤེས་འོད་འབྱུང་ཕྱིར།།　yang dag ye shes 'od 'byung phyir//
བྱང་ཆུབ་ཕྱོགས་མཐུན་མ་ལུས་པ།།　byang chub phyogs mthun ma lus pa//
ཁྱད་པར་དུ་ནི་བསྒོམས་པའི་ཕྱིར།།　khyad par du ni bsgoms pa'i phyir//

[449. (5-48)]

於剡浮等洲　爲大轉輪王　　　어섬부등주　위대전륜왕
於世間恒轉　寶輪及法輪　　　어세간항전　보륜급법륜

> (그) 네 번째는 염혜지(焰慧地)[800]로
> 완전한 지혜를 갖춘 빛이 생겨났기 때문이며
> (37) 보리분법[三十七菩提分法][801]을 남김없이
> 특히 (잘) (명상) 수행했기 때문입니다.

800.　[BD] (4) 염혜지(焰慧地): 수혹을 끊어 지혜가 더욱 치성하는 지위.
801.　[BD] 3) (37) 보리분법(三十七菩提分法): 삼십칠도품(三十七道品), 또는 삼십칠조도품(三十七助道品)이라고 한다. 열반의 이상경(理想境)에 나아가기 위하여 닦는 도행(道行)의 종류. 4념처(念處)・4정근(正勤)・4여의족(如意足)・5근(根)・5력(力)・7각분(覺分)・8정도분

[450. (5-49)]

དེ་ཡི་རྣམ་པར་སྨིན་པས་ནི།།　　de yi rnam par smin pas ni//
རབ་འཐབ་བྲལ་གནས་ལྷ་རྒྱལ་འགྱུར།།　　rab 'thab bral gnas lha rgyal 'gyur//
འཇིག་ཚོགས་ལྟ་བ་རབ་འབྱུང་བ།།　　'jig tshogs lta ba rab 'byung ba//
ཀུན་ནས་འཇོམས་བྱེད་མཁས་པ་ཡིན།།　　kun nas 'joms byed mkhas pa yin//

[450. (5-49)]

第二名無垢　身口意等業　　제이명무구　신구의등업
十種皆清淨　自性得自在　　십종개청정　자성득자재

> 그것의 완전히 무르익은 것[異熟]이 바로
> 큰 충돌 없이 천신 (무리들의) 왕이 되는 것입니다.
> ('내[我]가 있다거나 '내 것[我所]이 있다'는 등의) 세간에 덧없는 견해[살가
> 야견(薩迦耶見)]에서 생겨난
> 그 모든 것을[802] 무찌르는 것에 정통하게 되는 것입니다.

[451. (5-50)]

ལྔ་པ་ཤིན་ཏུ་སྦྱང་དཀའ་བདུད།།　　lnga pa shin tu sbyang dka' bdud//
ཀུན་གྱི་ཤིན་ཏུ་ཐུབ་དཀའི་ཕྱིར།།　　kun gyi shin tu thub dka'i phyir//
འཕགས་པའི་བདེན་སོགས་ཕྲ་མོའི་དོན།།　　'phags pa'i bden sogs phra mo'i don//
ཤེས་ལ་མཁས་པ་འབྱུང་བའི་ཕྱིར།།　　shes la mkhas pa' 'byunga ba'i phyir//

[451. (95-50)]

因此地果報　現前修戒度　　인차지과보　현전수계도
於千佛世界　不動得自在　　어천불세계　부동득자재

(正道分).
802. 원문에는 탈격[Abl.] '네(nas)'가 쓰였으나 목적격[Acc.]으로 보고 옮겼다.

> (그) 다섯 번째는 난승지(難勝地)[803]로
> 모든 것의[804] 어려움을 (잘) 극복[805]하였기 때문이며
> 성스런 진리 등의 세밀한 의미를
> (잘) 아는 지혜가 생겨났기 때문입니다.

[452. (5-51)]

དེ་ཡི་རྣམ་པར་སྨོན་པས་ནི།། de yi rnam par smon pas ni//
དགའ་ལྡན་གནས་ཀྱི་ལྷ་རྒྱལ་འགྱུར།། dga' ldan gnas kyi lha rgyal 'gyur//
མུ་སྟེགས་བྱེད་པ་ཐམས་ཅད་ཀྱི།། mu stegs byed pa thams cad kyi//
ཉོན་མོངས་ལྷ་གནས་ཟློག་བྱེད་པའོ།། nyon mongs lha gnas zlog byed pa'o//

[452. (5-51)]

仙人天帝釋　能除天愛欲　　선인천제석　능제천애욕
天魔及外道　皆所不能動　　천마급외도　개소불능동

> 그것의 완전히 무르익은 것[異熟]이 바로
> 도솔천[兜率天=Tuṣitā][806]의 천신의 왕이 되는 것입니다.
> 외도가 행하는 모든
> 번뇌를 (극복하였기에) 천계로 되돌아간 것입니다.[807]

---

803. [BD] (5) 난승지(難勝地): 수혹을 끊고 진지(眞智)·속지(俗智)를 조화하는 지위.
804. 날탕판이나 [북경판]처럼 소유격[Gen.]으로 보고 옮겼다.
805. '성취하다'라는 뜻도 있다.
806. [BD] 도솔천(兜率天): 육욕천의 네 번째이다. 희족천 (喜足天): 제사다천(睹史多天)이라고도 한다. 육욕천 중의 하나. 그 아래에 있는 모든 천계를 넘어선 큰 기쁨이 있고, 대승의 법을 즐기므로 희족이라고 한다. 【범】Tusita-deva 욕계 6천의 하나. 도사다(覩史多)·투슬다(鬪瑟哆)·도솔타(兜率陀)·도술(兜術)이라고도 쓰며, 상족(上足)·묘족(妙足)·희족(喜足)·지족(知足)이라 번역. 수미산의 정상에서 12만 유순 되는 곳에 있는 천계(天界)로서 7보(寶)로 된 궁전이 있고 한량없는 하늘 사람들이 살고 있고, 여기에는 내·외의 2원(院)이 있다고 한다. 외원(外院)은 천중(天衆)의 욕락처(欲樂處)이고, 내원(內院)은 미륵보살의

[453. (5-52)]

དྲུག་པ་མངོན་ཕྱོགས་ཞེས་བྱ་སྟེ།།　　drug pa mngon phyogs zhes bya ste//
སངས་རྒྱས་མཆོག་ལ་མངོན་ཕྱོགས་ཕྱིར།།　sangs rgyas chog la mngon phyogs phyir//
ཞི་གནས་ལྷག་མཐོང་གོམས་པ་ཡིས།།　　zhi gnas lhag mthong goms pa yis//
འགོག་པ་ཐོབ་པས་རྒྱས་པའི་ཕྱིར།།　　'gog pa thob pas rgyas pa'i phyir//

[453. (5-52)]

第三名明焰　寂慧光明生　　제삼명명염　적혜광명생
由定及神通　欲瞋惑滅故　　유정급신통　욕진혹멸고

(그) 여섯 번째는 현전지(現前智)[808]로
부처님의 작법을 똑바로 쪽[現前]으로 (배웠기) 때문이며
사마타[止]와 위빠사나[觀] 명상으로
(번뇌를) 끊는 성취를 이루었기 때문입니다.

[454. (5-53)]

དེ་ཡི་རྣམ་པར་སྨོན་པས་ནི།།　　de yi rnam par smon pas ni//

....

　　정토라 한다. 미륵은 여기에 있으면서 설법하여 남섬부주(南贍部洲)에 하생하여 성불할 시기를 기다리고 있다. 이 하늘은 아래에 있는 사왕천·도리천·야마천이 욕정에 잠겨 있고, 위에 있는 화락천·타화자재천이 들뜬 마음이 많은 데 대하여, 잠기지도 들뜨지도 않으면서 5욕락에 만족한 마음을 내므로, 미륵 등의 부처 보살이 있다고 한다. 이 하늘 사람의 키는 2리, 옷 무게는 1수(銖) 반, 수명은 4천세. 인간의 4백세가 이 하늘의 1주야라고 함.
　　육욕: 삼계(三界)의 욕계에 속하는 여섯 단계의 세계. 최하로부터 최상의 순서로 첫째는 사천왕천, 둘째는 도리천, 셋째는 야마천, 넷째는 도솔천, 다섯째는 화락천, 여섯째는 타화자재천(他化自在天). 사천왕천은 수미산 중턱의 4면에 있고 도리천은 수미산의 정상에 있으므로, 이 둘을 지거천(地居天)이라고 한다. 나머지 넷은 수미산 위의 공중에 있으므로 공거천(空居天)으로 불린다. [약] 육욕(六欲), 육천(六天).

807.　이 게송의 3, 4행이 뜻하는 것은 외도 수행의 최고봉이 바로 이 도솔천의 경지라는 뜻이다.
808.　[BD] (6) 현전지(現前智): 수혹을 끊고 최승지(最勝智)를 내어 무위진여(無爲眞如)의 모양이 나타나는 지위.

	lha yi rgyal po rab 'phrul 'gyur//
	nyan thos rnams kyis mi 'phrogs pa//
	lhag pa'i nga rgyal can zhi byed//

[455. (5-54)]

作夜摩天帝　滅身見習氣　　작야마천제　멸신견습기
一切邪師執　能破能正教　　일체사사집　능파능정교

> 그것의 완전히 무르익은 것[異熟]이 바로
> (도솔천 위의) 악변화천(樂變化天)[809]의 천신들의 왕이 되는 것입니다.
> 성문(들)은 (이를) 넘어설 수 없습니다.
> (왜냐하면) 과만(過慢)[810]을 갖춘 자의 적정을 행하며 (머물기) (때문입니다.)

[455. (5-54)]

	bdun pa ring du song ba ste//
	grangs ni ring du song ldan phyir//
	gang phyir skad cig skad cig la//
	der ni 'gog la snyims par 'jug//

[456. (5-55)]

第四名燒然　智火光焰生　　제사명소연　지화광염생

---

809. [BD] 악변화천(樂變化天): 6욕천의 하나로 신들이 원하는 것을 만들어 내어 즐긴다고 한다.
　　　[고] 6욕천의 다섯째 세계. 스스로 교묘한 즐거움의 경지를 만들어 내어 누리는 신들, 또는 그러한 세계. 여기서의 하루는 인간계의 800년에 상당하고, 수명은 8,000세라고 한다. [동] 낙변화천(樂變化天), 화자락천(化自樂天), 화자재천(化自在天).
810. [BD] 과만(過慢): 이미 이겼다고 생각하는 자만의 마음이다. 7가지 만의 하나. 자격이 같은 이에게 대하여 우월감을 품고 높은 체하는 것. [409. (5-8)]번 게송 참조

因此地果報　精進度現前　　　인차지과보　정진도현전

> (그) 일곱 번째는 원행지(遠行智)[811]로
> (공덕의) 숫자가 늘어나 갖춘 것이 (많아졌기) 때문이며
> 왜냐하면 찰나 찰나마다
> 바로 그것을 (갖추기 위해서) 멸진정(滅盡定)에 들어가기 때문입니다.

[456. (5-55)]

དེ་ཡི་རྣམ་པར་སྨིན་པས་ནི།།　　de yi rnam par smin pas ni//
དབང་སྒྱུར་ལྷ་ཡི་བདག་པོར་འགྱུར།།　dbang sgyur lha yi bdag por 'gyur//
འཕགས་པའི་བདེན་མངོན་རྟོགས་ཤེས་པའི།།　'phags pa'i bden mngon rtogs shes pa'i//
སློབ་དཔོན་ཁྱུ་མཆོག་ཆེན་པོར་འགྱུར།།　slob dpon khyu mchog chen por 'gyur//

[456. (5-55)]

第四名燒然　智火光焰生　　　제사명소연　지화광염생
因此地果報　精進度現前　　　인차지과보　정진도현전

> 그것의 완전히 무르익은 것[異熟]이 바로
> (다른 하위의 신들을 모두) 통제할 수 있는 신(들)의 주인이 되는 것입니다.[812]
> 성스런 진리 등의 세밀한 의미를 현관(現觀)[813]하여 이해한
> 스승(들의) 가장 빼어난 지도자가 됩니다.

....
811.　[BD] (7) 원행지(遠行智): 수혹을 끊고 대비심을 일으켜, 2승의 오(悟)를 초월하여 광대무변한 진리 세계에 이르는 지위.
812.　이 게송에서 욕계 6천 가운데 어느 천신을 이야기 하는지 불투명하다. 화자재천 위이므로 그 위의 범천계에 들어선다는 뜻이다.
813.　[BD] 현관(現觀): 판단력, 체험, 분석능력 등을 뜻한다. 앞에 있는 경계를 관한다는 뜻. (1) 구족하게는 성제현관(聖諦現觀). 견도(見道) 16심(心)의 지위에서 현전(現前)한 4제의

제5 출가정행품　327

[457. (5-56)]

དེ་བཞིན་བརྒྱད་པ་གཞོན་ནུའི་ས།།
མི་གཡོ་བ་སྟེ་མི་རྟོག་ཕྱིར།།
མི་གཡོ་དེ་བཞིན་ལུས་དང་ནི།།
ངག་སེམས་སྤྱོད་ཡུལ་བསམ་མི་ཁྱབ།།

de bzhin brgyad pa gzhon nu'i sa//
mi g.yo ba ste mi rtog phyir//
mi g.yo de bzhin lus dang ni//
ngag sems spyod yul bsam mi khyab//

[457. (5-56)]

| 多修習道品 | 爲減惑生道 | 다수습도품 | 위멸혹생도 |
| 兜率陀天主 | 除外道見戒 | 도솔타천주 | 제외도견계 |

> 그리하여 (그) 여덟 번째는 (앞으로 더 숙성하기 위한) 청년기에 (머무는) 곳으로
> 부동지(不動地)[814]라고 (합니다.) 왜냐하면 무분별(無分別)을 (갖추었기) 때문이며
> 그와 같이 움직이지 않는[不動] 몸[身]과
> 뜻[意](과) 마음[識]의 대상이 속이지 못하기 때문입니다.

....

이치를 등관(等觀)하는 것. 이에 3종이 있음. ① 견현관(見現觀). 무루의 지혜로 현전에 4제의 이치를 추구하는 것. ② 연현관(緣現觀). 무루 지혜와 아울러 이 지혜와 상응하여 일어나는 심(心)과 심소(心所)가 4제의 경계를 반연하는 것. ③ 사현관(事現觀). 무루지혜와 이에 상응하는 심·심소와 또 이를 따르는 무표색(無表色)·4상(相) 등이 함께 동일한 사업(事業)에 종사하는 것. (2) 유루·무루의 지혜로 분명하게 앞에 있는 경계를 관하며, 또 이것을 도와서 물러나지 않게 하는 것. 유식론에서 주장하는 것으로 이에 6종이 있다. ① 사현관(思現觀). 희수(喜受)와 상응하는 사소성(思所成)의 혜(慧). 모든 법을 관찰함에 이 역용(力用)이 가장 세력이 큼. ② 신현관(信現觀). 3보(寶)에 대한 결정적인 깨끗한 믿음. 현관을 도와서 물러나지 않게 함. ③ 계현관(戒現觀). 무루의 계. 계를 파한 허물을 없애 관지(觀智)를 더욱 밝게 함. ④ 현관지제현관(現觀智諦現觀). 바르게 현관하는 자체를 현관하는 것. 견도(見道)·수도(修道)에서 비안립제(非安立諦)를 관하는 무루의 지혜. ⑤ 현관변지제현관(現觀邊智諦現觀). 바로 진여의 본체를 관한 후에 다시 안립제(安立諦)를 관하는 견도·수도의 지제. ⑥ 구경현관(究竟現觀). 구경위(究竟位)에 있는 일체의 지혜. 이 가운데 뒤의 셋은 현관의 자성(自性), 앞의 셋은 현관과 함께 일어나는 법이므로 이것은 3현관 가운데 세 번째인 사현관과 같음.

[458. (5-57)]

དེ་ཡི་རྣམ་པར་སྨིན་པས་ནི།།   de yi rnam par smin pas ni//
སྟོང་གི་བདག་པའི་ཚངས་པར་འགྱུར།།   stong gi bdag pa'ii tshangs par 'gyur//
དགྲ་བཅོམ་རང་སངས་རྒྱས་སོགས་ཀྱིས།།   dgra bcom rang sangs rgyas sogs kyis//
དོན་གཏན་འབེབས་ལ་འཕྲོགས་པ་མེད།།   don gtan 'bebs la 'phrogs pa med//

[458. (5-57)]

| 由得生自在 | 於十方佛土 | 유득생자재 | 어시방불토 |
| 往還無障礙 | 餘義如前地 | 왕환무장애 | 여의여전지 |

> 그것의 완전히 무르익은 것[異熟]이 바로
> 1천 (天界)의 주인인 범천(梵天)[815]이 되는 것입니다.
> (그러나) 아라한(阿羅漢)이나 독각 등은
> 그 뜻하는 바의 궁극적인 것에 마음이 끌리지[816] 않습니다.

[459. (5-58)]

ས་དགུ་པ་ནི་ལེགས་པ་ཡི།།   sa dgu pa ni legs pa yi//

---

814. [BD] (8) 부동지(不動地): 수혹을 끊고 이미 전진여(全眞如)를 얻었으므로, 다시 동요되지 않는 지위.
815. [BD] 대범천왕(大梵天王): 또는 대범왕(大梵王). 범왕(梵王). 색계 초선천 중의 화려한 고루 거각에 있으면서 사바세계를 차지한 천왕. 키는 1유순 반. 수명은 1겁 반이라 한다. [고] 범천: 인도의 종교와 철학에서 최고의 신 또는 원리. 위대함을 강조하여 앞뒤에 대(大) 또는 왕(王)을 붙이기도 한다. [동]대범(大梵), 대범왕(大梵王), 대범천(大梵天), 대범천왕(大梵天王), 마가범천(摩訶梵天), 범왕(梵王). [약]범(梵). 색계(色界)의 초선천(初禪天)의 제3천의 왕. 범천궁이라 불리는 화려한 보배 누각에 살면서 사바세계를 다스리는 천왕. 그의 키는 1유순 반이며, 수명은 1겁 반이다. 색계의 여러 천(天)들을 총칭하는 말.
　　　[고] 대범천: 범천의 위대함을 강조한 말. 색계(色界)의 초선천(初禪天)의 제3천의 왕. 또는 제3천의 경지, 세계. [동]대범왕(大梵王), 마가범천(摩訶梵天). [원]대범천왕(大梵天王). [약]대범(大梵).
816. '강탈하다'는 뜻을 지닌 '폭빼('phrogs pa)'의 미래형인 '폭빼('phrogs pa)'에 '마음이 끌리다'는 뜻이 있어 이에 따라 옮겼다.

བློ་གྲོས་ཞེས་བྱ་རྒྱལ་ཚབ་བཞིན།། blo gros zhes bya rgyal tshab bzhin//
གང་ཕྱིར་སོ་སོར་ཡང་དག་རིག། gang phyir so sor yang dag rig//
ཐོབ་པས་འདི་ལ་བློ་གྲོས་བཟང་།། thob pas 'di la blo gros bzang//

[459. (5-58)]

第五名難勝　魔二乘不及　　제오명난승　마이승불급
聖諦微細義　證見所生故　　성제미세의　증견소생고

> 바로 그 아홉 번째[九地]는
> 선혜지(善慧地)[817]라고 부르는데 (이는 마치 현명한) 왕의 대리인과 같습니다.
> 왜냐하면 각각 (알아야 할 바를) 명료하게 아는 것[覺了]을
> 성취하였기에 이로써 빼어난 지혜를 (갖출 수 있기 때문입니다.)[818]

[460. (5-59)]

དེ་ཡི་རྣམ་པར་སྨིན་པས་ནི།། de yi rnam par smin pas ni//
སྟོང་གཉིས་བདག་པོ་ཚངས་པར་འགྱུར།། stong gnyis bdag po tshangs par 'gyur//
སེམས་ཅན་བསམ་པ་དྲིས་པ་ལ།། sems can bsam pa dris pa la//
དགྲ་བཅོམ་སོགས་ཀྱིས་འཕྲོགས་པ་མེད།། dgra bcom sogs kyis 'phrogs pa med//

[460. (5-59)]

因此地果報　定度得現前　　인차지과보　정도득현전
爲化樂天主　迴二乘向大　　위화락천주　회이승향대

---

817. 원문은 1, 2행에 나눠져 있다.
　　　[BD] (9) 선혜지(善慧地): 수혹을 끊어 부처님의 10력(力)을 얻고, 기류(機類)에 대하여 교화의 가부(可否)를 알아 공교하게 설법하는 지위.
818. '왕의 대리인'은 수렴 청정하는 재상처럼 선혜지의 지혜를 강조하고 있다. 3, 4행은 운문하여 옮겼다.

> 그것의 완전히 무르익은 것[異熟]이 바로
> 백만 (天界의) 주인인 대범천(大梵天)이 되는 것입니다.
> 유정(들을)을 생각하는 마음에 의혹을 (가진)
> 아라한 등은 (이 경지에) 마음이 끌리지 않습니다.

[461. (5-60)]

བཅུ་པ་ཆོས་ཀྱི་སྤྲིན་ཡིན་ཏེ།།	bcu pa chos kyi sprin yin te//
དམ་པའི་ཆོས་ཀྱི་ཆར་འབེབས་ཕྱིར།།	dam pa'i chos kyi char 'bebs phyir//
བྱང་ཆུབ་སེམས་དཔའ་སངས་རྒྱས་ཀྱིས།།	byang chub sems dpa' sangs rgyas kyis//
འོད་ཟེར་དག་གིས་དབང་བསྐུར་ཕྱིར།།	'od zer dag gis dbang brkur phyir//

[461. (5-60)]

| 第六名現前　正向佛法故 | 제육명현전　정향불법고 |
| 由數習定慧　證得滅圓滿 | 유삭습정혜　증득멸원만 |

> 열 번째(十地)는 법운지(法雲地)[819]입니다. 왜냐하면
> 정법(正法)의 빗방울이 (구름에서 비가 내리듯) 떨어지기 때문이며
> 보살(들)은 부처님께서 (비추는)
> 대광명(大光明)들로 (법을) 자유롭게 가질 수 있기 때문입니다.[820]

[462. (5-61)]

| དེ་ཡི་རྣམ་པར་སྨིན་པས་ནི།། | de yi rnam par smin pas ni// |

---

819. [BD] (10) 법운지(法雲地): 수혹을 끊고 끝없는 공덕을 구비하고서 사람에 대하여 이익되는 일을 행하여 대자운(大慈雲)이 되는 지위. 또 이것을 보시·지계·인욕·정진·선정·지혜·방편·원·역(力)·지(智)의 10바라밀에 배대하기도 함.

820. '가질 수 있다'라고 옮긴 '굴와(brkur)'는 '굴와(rkur ba)'의 미래형으로 '훔치다'라는 뜻이지만 여기서는 '자유롭게 훔칠 수 있다'는 것이 곧 '가질 수 있다'는 뜻이기에 윤문하여 옮겼다.

གནས་གཙང་ལྷ་ཡི་བདག་པོར་འགྱུར།།	gnas gtsang lha yi bdag por 'gyur//
བསམ་ཡས་ཡེ་ཤེས་ཡུལ་གྱི་བདག།	bsam yas ye shes yul gyi bdag//
དབང་ཕྱུག་ཆེན་པོ་མཆོག་ཡིན་ནོ།།	dbang phyug chen po mchog yin no//

[462. (5-61)]

因此地果報　般若度現前　　인차지과보　반야도현전
他化自在天　能敎眞俗諦　　타화자재천　능교진속제

> 그것의 완전히 무르익은 것[異熟]이 바로
> 정거천(淨居天)[821]의 주인이 되는 것입니다.
> 끝없는 지혜로 (모든) 천계(天界)에[822] 스스로
> 대자재천(大自在天)이 되는 것입니다.

[463. (5-62)]

དེ་ལྟར་བཅུ་པོ་དེ་དག་ནི།།	de ltar bcu po de dag ni//
བྱང་ཆུབ་སེམས་པའི་ས་བཅུར་བསྒྲགས།།	byang chub sems pa'i sa bcur bsgrags//
སངས་རྒྱས་རྣམས་ཀྱི་གཞན་ཏེ།།	sangs rgyas rnams kyi gzhan te//
རྣམ་པ་ཀུན་ཏུ་གཞལ་ཡས་པར།།	rnam pa kun tu gzhal yas par//

[463. (5-62)]

第七名遠行　遠行數相續　　제칠명원행　원행삭상속
於中念念得　無生及無滅　　어중념념득　무생급무멸

---

821. [BD] 정거천(淨居天): 색계 제4선천(禪天). 불환과를 증득한 성인이 나는 하늘. 여기에는 무번천(無煩天)·무열천(無熱天)·선현천(善現天)·선견천(善見天)·색구경천(色究竟天)의 다섯 하늘이 있음. 5정거천과 같음.
822. '천계'로 옮긴 'yul'은 대상이나, 지역 등을 뜻하지만 여기서는 앞선 게송에 따라 옮겼다. 원문은 소유격[Gen.]으로 되어 있으나 수식의 용법으로 보고 풀었다.

> 그와 같이 (바로) 그 열 가지들이
> 보살십지(菩薩十地)라고 불립니다.
> (이 밖에도) 부처님들의 다른 (면모가) 있습니다.[823]
> (그) 일체종상은 헤아릴 수 없을 만큼[824]

[464. (5-63)]

རྒྱ་ཆེ་དེ་ནི་སྟོབས་བཅུ་དང་།།　　rgya che de ni stobs bcu dang//
ལྡན་པ་ཡིན་པ་ཙམ་ཞིག་བརྗོད།།　　ldan pa yin pa tsam zhig brjod//
དེ་ཡི་སྟོབས་ནི་རེ་རེ་ཡང་།།　　de yi stobs ni re re yang//
འགྲོ་བ་ཀུན་བཞིན་དཔག་ཏུ་མེད།།　　'gro ba kun bzhin dpag tu med//

[464. (5-63)]

| 因此地果報　方便智現前 | 인차지과보　방편지현전 |
| 得爲大梵王　能通第一義 | 득위대범왕　능통제일의 |

> '(부처님의 능력은) 크고 광대하니 바로 그 (여래) 십력(十力)[825]을
> 갖추었기 (때문)이다.'라고 말해집니다.
> 바로 그것의 힘 하나하나만 해도
> 일체 중생(의 수)처럼 헤아릴 수 없습니다.[826]

---

823. '학쩨(lhag bcad)'의 '떼(te)'가 사용되었는데 여기서는 문장을 끊어 읽는 기능으로 보고 옮겼다.
824. 다음 게송과 이어져 있다.
825. [BD] 여래십력: 지처비처지력, 지업보지력, 지종종해지력, 지종종계지력, 지근승열지력, 지루취행지력, 지정려해탈등지등지지력, 지수주수념지력, 지사생지력과 지루진지력. 십력(十力): ① 부처가 갖추고 있는 열 가지 힘. 소승(小乘)에서는 18불공법(不共法)의 하나로, 대승에서는 140불공법의 하나로 꼽는다. 처비처지력(處非處智力), 업이숙지력(業異熟智力), 정려해탈등지등지지력(靜慮解脫等持等至智力), 근상하지력(根上下智力), 종종승해지력(種種勝解智力), 종종계지력(種種界智力), 편취행지력(遍趣行智力), 숙주수념지력(宿住隨念智力), 사생지력(死生智力), 누진지력(漏盡智力) 등. 보살이 갖추고 있는 열 가지 힘. 심심(深心),

[465. (5-64)]

སངས་རྒྱས་རྣམས་ཀྱི་ཚད་མེད་ཉིད།།   sangs rgyas rnams kyi tshad med nyid//
ཕྱོགས་རྣམས་ཀུན་གྱི་ནམ་མཁའ་དང་།།   phyogs rnams kun gyi nam mkha' dang//
ས་ཆུ་མེ་རླུང་ཇི་ལྟ་བ།།   sa chu me rlung ji lta ba//
དེ་ཙམ་ཞིག་ཏུ་བརྗོད་པར་བས།།   de tsam zhig tu brjod par bas//

[465. (5-64)]

證方便勝智　六度生無間   증방편승지　육도생무간
於三乘世俗　爲最第一師   어삼승세속　위최제일사

> '부처님들의 무량한 (공덕) 자체는
> 모든 방향의 하늘과
> 땅, 물, 불, 바람과 같다.'라고
> 그처럼 일컬어집니다.

[466. (5-65)]

གལ་ཏེ་རྒྱུ་ནི་དེ་ཙམ་དུ།།   gal te rgyu ni de tsam du//
ཚད་མེད་ཉིད་དུ་མ་མཐོང་ན།།   tshad med nyid du ma mthong na//
སངས་རྒྱས་རྣམས་ཀྱི་ཚད་མེད་པ།།   sangs rgyas rnams kyi tshad med pa//
དེ་ལ་ཡིད་ཆེས་མི་འགྱུར་བས།།   de la yid ches mi 'gyur bas//

[466. (5-65)]

童子地不動　由不出眞觀   동자지부동　유불출진관

....
심신(深信), 대비(大悲), 대자(大慈), 총지(總持), 변재(辯才), 바라밀(波羅蜜), 대원(大願), 신통(神通), 가지(加持) 등. 다만 문헌에 따라 그 내용은 상이하다. 예컨대 심심력(深心力), 증상심심력(增上深心力), 방편력(方便力), 지력(智力), 원력(願力), 행력(行力), 승력(乘力), 신변력(神變力), 보리력(菩提力), 전법륜력(轉法輪力) 등이 열거되기도 함.

826. 보살십지를 성취한 후에 갖추어진 여래의 십력(十力)에 대한 강조다.

無分別難思　非身口意境　　무분별난사　비신구의경

> 만약 그 원인[因]이 그와 같아
> 헤아릴 수 없는 것[無量] 자체인 (그 공덕을) 볼 수 없다면
> 부처님들의 무량한 (그 공덕)
> 그것을 믿을[信] 수 없게 됩니다.

[467. (5-66)]

དེ་ཕྱིར་སྐུ་གཟུགས་མཆོད་རྟེན་གྱི། ། de phyir sku gzugs mchod rten gyi//
སྤྱན་སྔའམ་ཡང་ན་གཞན་དུའང་རུང་། ། spyan snga'am yang na gzhan du'ang rung//
ཚིགས་སུ་བཅད་པ་ཉི་ཤུ་འདི། ། tshigs su bcad pa nyi shu 'di//
ཉིན་ཅིག་བཞིན་ཡང་དུས་གསུམ་བརྗོད། ། nyin cig bzhin yang dus gsum brjod//

[467. (5-66)]

因此地果報　願度常現前　　인차지과보　원도상현전
勝遍光梵主　淨土等自在　　승편광범주　정토등자재

> 그러므로 (부처님의) 색신(色身)을 (형상화한) 불탑의
> 면전에서나 (또는) 다른 곳에서
> (다음에 나올) 이 20개의 게송들을
> 매일 세 차례 독송하시기 (바랍니다.)

[468. (5-67)]

སངས་རྒྱས་ཆོས་དང་དགེ་འདུན་དང་། ། sangs rgyas chos dang dge 'dun dang//
བྱང་ཆུབ་སེམས་དཔའ་རྣམས་ལ་ཡང་། ། byang chub sems dpa' rnams la yang//
རྣམ་ཀུན་བཏུད་དེ་སྐྱབས་མཆིས་ནས། ། rnam kun btud de skyabs mchis nas//
མཆོད་འོད་རྣམས་ལ་ཕྱག་འཚལ་ལོ། ། mchod 'od rnams la phyag 'tshal lo//

제5 출가정행품　335

[468. (5-67)]

二乘等不及　於眞俗一義　　이승등불급　어진속일의
俱修動靜故　行二利無間　　구수동정고　행이리무간

> 불(佛), 법(法)과 승(僧)과
> (그리고 모든) 보살들에게 또한
> 언제나 삼가 귀의하나니
> 빛(처럼 찬란한) 공양물로 배례하옵니다.[827]

[469. (5-68)]

སྡིག་པ་རྣམས་ལས་སྡོག་བགྱི་ཞིང་།།　　sdig pa rnams las sdog bgyi zhing//
བསོད་ནམས་ཐམས་ཅད་ཡོངས་སུ་གཟུང་།།　　bsod nams thams cad yongs su gzung//
ལུས་ཅན་ཀུན་གྱི་བསོད་ནམས་དག　　lus can kun gyi bsod nams dag//
ཀུན་ལ་རྗེས་སུ་ཡི་རང་ངོ་།།　　kun la rjes su yi rang ngo//

[469. (5-68)]

第九名善慧　法王太子位　　제구명선혜　법왕태자위
此中智最勝　由通達四辯　　차중지최승　유통달사변

> (모든) 죄악들을 버릴 것이며
> 일체 복덕을 완전히 갖추겠습니다.
> 모든 중생(들)의 복덕들을
> 모두에게 수희(隨喜) 찬탄하겠습니다.

---

827. 이하는 용수가 생각하는 일상의 기도문이다.

[470. (5-69)]

བདག་ནི་སྤྱི་བཏུད་ཐལ་སྦྱར་ཏེ།	bdag ni spyi btud thal sbyar te//
ཆོས་ཀྱི་འཁོར་ལོ་བསྐོར་སླད་དང་།	chos kyi 'khor lo bskor slad dang//
འགྲོ་གནས་བར་དུ་བཞུགས་སླད་དུ།	'gro gnas bar du bzhugs slad du//
རྫོགས་པའི་སངས་རྒྱས་རྣམས་ལ་གསོལ།	rdzogs pa'i sangs rgyas rnams la gsol//

[470. (5-69)]

因此地果報	力度常現前	인차지과보	역도상현전
爲遍淨梵王	四答難無等	위편정범왕	사답난무등

(제) 자신의 온몸으로 절하옵고 두 손 모아 배례하오니
법륜(法輪)을 굴려 주시옵고
중생들이 있는 곳에 (항상) 머물러 주시기를
(모든) 정등각자(正等覺者=붓다)들에게 바라옵니다.

[471. (5-70)]

དེ་ལྟར་བགྱིས་པའི་བསོད་ནམས་དང་།	de ltar bgyis pa'i bsod nams dang//
བདག་གིས་བགྱིས་དང་མ་བགྱིས་དང་།	bdag gis bgyis dang ma bgyis dang//
དེས་ནི་སེམས་ཅན་ཐམས་ཅད་ཀྱང་།	des ni sems can thams cad kyang//
བླ་མེད་བྱང་ཆུབ་སེམས་ལྡན་ཤོག	bla med byang chub sems ldan shog//

[471. (5-70)]

第十名法雲	能雨正法雨	제십명법운	능우정법우
佛光水灌身	受佛灌頂位	불광수관신	수불관정위

(제가 이전에) 그와 같이 행한 복덕과
스스로 (지금) 행하거나[828] 행하지 못한 것을

제5 출가정행품 337

그 모든 유정들 역시
다함없는 보리심(菩提心)을 갖출 수 있게 (도와주시길) 바라옵니다.

[472. (5-71)]

སེམས་ཅན་ཐམས་ཅད་དྲི་མེད་དབང་།། sems can thams cad dri med dbang//
ཡོངས་རྫོགས་མི་ཁོམ་ཀུན་འདས་ཤིང་།། yongs rdzogs mi khom kun 'das shing//
སྤྱོད་པ་རང་དབང་ཡོད་པ་དང་།། spyod pa rang dbang yod pa dang//
འཚོ་བ་བཟང་དང་ལྡན་པར་ཤོག། 'tsho ba bzang dang ldan par shog//

[472. (5-71)]

| 因此地果報　智度常現前 | 인차지과보　지도상현전 |
| 爲淨居梵王　大自在天王 | 위정거범왕　대자재천왕 |

(모든) 유정들이 (한 점) 티끌 없는[無垢] 감각 기관[根]을 (갖추어)
완벽하게 모든 어려움(들)을 건너게 (도와주시고)
(옳게) 행하는 바에 자유로움이 있게 (도와주시고)
(바른) 생활을 할 수 있게 (도와주시길) 바라옵니다.

[473. (5-72)]

ལུས་ཅན་དག་ནི་ཐམས་ཅད་ཀྱང་།། lus can dag ni thams cad kyang//
ལག་ན་རིན་ཆེན་ཉིད་ལྡན་ཞིང་།། lag na rin chen nyid ldan zhing//
ཡོ་བྱད་ཐམས་ཅད་མཐའ་ཡས་པ།། yo byad thams cad mtha' yas pa//
འཁོར་བ་སྲིད་དུ་མི་ཟད་ཤོག། 'khor ba srid du mi zad shog//

---

828. '행하다, 하다'는 뜻을 지닌 '기빼(bgyid pa)'의 과거형인 '기빼(bgyis pa)'가 쓰였으나 현재형으로 보고 옮겼다.

[473. (5-72)]

智慧境難思　諸佛秘密藏　　지혜경난사　제불비밀장
得具足自在　後生補處位　　득구족자재　후생보처위

> 모든 몸 가진 이[衆生]들 또한
> 손에 (손마다) (진귀한) 보물 자체를 갖추게 (도와주시고)
> 일체의 생필품[資生具]을 한없는[無限]
> 윤회계가 끝날 동안까지 다 쓸 수 없을 (만큼 갖출 수 있도록 도와주시기를) 바라옵니다.

[474. (5-73)]

བུད་མེད་ཐམས་ཅད་དུས་ཀུན་དུ།།　　bud med thams cad dus kun du//
སྐྱེས་མཆོག་ཉིད་དུ་འགྱུར་བར་ཤོག།　　skyes mchog nyid du 'gyur bar shog//
ལུས་ཅན་ཐམས་ཅད་རིག་པ་དང་།།　　lus can thams cad rig pa dang//
རྐང་པར་ལྡན་པ་ཉིད་དུ་ཤོག།　　rkang par ldan pa nyid du shog//

[474. (5-73)]

如此菩薩地　十種我已說　　여차보살지　십종아이설
佛地與彼異　具勝德難量　　불지여피리　구승덕난량

> 모든 여성들이 항상
> 사람들의 최고[=남자][829]가 되게 (도와주시길) 바라옵니다.
> 모든 몸 가진 이[衆生]들의 (머릿속의) 지식과
> (행함에 거침이 없는 손과) 발을 갖춘 이 자체가 되게 (도와주시길) 바라옵니다.

[475. (5-74)]

ལུས་ཅན་ཁ་དོག་ལྡན་པ་དང་།། lus can kha dog ldan pa dang//
གཟུགས་བཟང་གཟི་བརྗིད་ཆེ་བ་དང་།། gzugs bzang gzi brjid che ba dang//
བལྟ་ན་སྡུག་ཅིང་ནད་མེད་དང་།། blta na sdug cing nad med dang//
སྟོབས་ཅན་ཚེ་དང་ལྡན་པར་ཤོག། stobs can tshe dang ldan par shog//

[475. (5-74)]

此地但略説　十力等相應　　차지단략설　십력등상응
隨此一一力　難量如虛空　　수차일일력　난량여허공

> (모든) 몸 가진 이[衆生](들)이 좋은 혈색을 갖추고
> 좋은 신체, 큰 위엄과
> 보기(에도 좋은 외모), 고통스런 병이 없고
> (큰) 힘과 (오랫동안) 장수할 수 있는 것을 갖추게 (도와주시길) 바라옵니다.

[476. (5-75)]

ཐམས་ཅད་ཐབས་ལ་མཁས་གྱུར་ཏེ།། thams cad thabs la mkhas gyur te//
སྡུག་བསྔལ་ཀུན་ལས་ཐར་བ་དང་།། sdug bsngal kun las thar ba dang//
དཀོན་མཆོག་གསུམ་ལ་གཞོལ་བ་དང་།། dkon mchog gsum la gzhol ba dang//
སངས་རྒྱས་ཆོས་ནོར་ཆེ་ལྡན་ཤོག། sangs rgyas chos nor che ldan shog//

[476. (5-75)]

如此等可言　諸佛無量德　　여차등가언　제불무량덕
如十方虛空　及地水火風　　여시방허공　급지수화풍

---

829. 불교의 세계관 가운데 가장 큰 문제가 되는 것 중의 하나인 '남녀평등'에 대한 이야기이다. 여성은 윤회의 주체로서 남성보다 못하다는 것을 반영하고 있는 것인데, 논란이 되는 것이지만 여기서는 전통적인 세계관에 따랐다.

> (중생들이 고통에서 벗어나는) 일체의 방법을 잘 알게 되어
> 모든 고통에서 벗어날 (수 있고)
> (불법승의) 삼원만[830]을 향[傾向]하게 (해주시고)
> 불법의 큰 보물에 의지하게 (도와주시길) 바라옵니다.

[477. (5-76)]

བྱམས་དང་སྙིང་རྗེ་དགའ་བ་དང་།། byams dang snying rje dga' ba dang//
ཉོན་མོངས་བཏང་སྙོམས་གནས་པ་དང་།། nyon mongs btang snyoms gnas pa dang//
སྦྱིན་དང་ཚུལ་ཁྲིམས་བཟོད་བརྩོན་འགྲུས།། sbyin dang tshul khrims bzod brtson 'grus//
བསམ་བཏན་ཤེས་རབ་ཀྱིས་བརྒྱན་ཅིང་།། bsam btan shes rab kyis brgyan cing//

[477. (5-76)]

| 諸佛無量德　於餘人難信 | 제불무량덕　어여인난신 |
| 若不見此因　難量如此果 | 약불견차인　난량여차과 |

> 사랑과 자비와 기쁨으로[831]
> 번뇌를 여읜 채 머물게 해 (주시)고
> 보시와 지계, 인욕, 정진
> 선정과 지혜로 (공덕을 쌓게) 행하게 (해주시고) 그리고

[478. (5-77)]

ཚོགས་རྣམས་ཐམས་ཅད་ཡོངས་རྫོགས་ཏེ།། tshogs rnams thams cad yongs rdzogs te//
མཚན་དང་དཔེ་བྱད་གསལ་བ་དང་།། mtshan dang dpe byad gsal ba dang//
བསམ་གྱིས་མི་ཁྱབ་ས་བཅུ་དག། bsam gyis mi khyab sa bcu dag//
རྒྱུན་མི་འཆད་པར་བགྲོད་པར་ཤོག།། rgyun mi 'chad par bgrod par shog//

830.　삼원만에 대해서는 [275. (3-75)]번 게송 참조.
831.　말미에 쓰인 '당(dang)'을 글자 수를 맞추기 위한 첨언으로 보고 풀었다.

[478. (5-77)]

爲此因及果　現前佛支提　　　위차인급과　현전불지제
日夜各三遍　願誦二十偈　　　일야각삼편　원송이십게

일체의 (지혜와 공덕을 쌓아) 원만하게 해주시고

몸에 나타나는 여러 상호들이 선명하고

보기 좋은 것이라 (보살)십지(十地)들에 두루 편만하여

그 상속(相續)에 그침이 없이 나아갈 수 있게 (도와주시길) 바라옵니다.

[479. (5-78)]

bdag kyang yon tan de dag dang//
gzhan kun gyis kyang rnam brgyan te//
nyes pa kun las grol ba dang//
sems can kun mchog byams pa dang//

[479. (5-78)]

諸佛法及僧　一切諸菩薩　　　제불법급승　일체제보살
我頂禮歸依　餘可尊亦敬　　　아정례귀의　여가존역경

(그리고 또한) 제 자신 역시 그 (모든) 공덕들과

다른 모든 이 역시 모두 장엄하게 해 (주시)고

모든 과실로부터 벗어나고

모든 유정들에게 최상의 사랑을 (베풀어 주시옵)고

[480. (5-79)]

sems can kun yid re ba yi//
dge ba thams cad rdzogs bgyid cong//

རྟག་ཏུ་ལུས་ཅན་ཐམས་ཅད་ཀྱི།། rtag tu lus can thams cad kyi//
སྡུག་བསྔལ་སེལ་བར་བགྱིད་པར་ཤོག། sdug bsngal sel bar bgyid par shog//

[480. (5-79)]

我離一切惡　攝持一切善　　아리일체악　섭지일체선
衆生諸善行　隨喜及順行　　중생제선행　수희급순행

> 모든 유정들이 마음속에 희망을 (갖추어)
> 모든 선(업)을 지을 수 있게 그리고
> 항상 모든 몸 가진 이들의
> 고통을 제거할 수 있게 (도와주시길) 바라옵니다.

[481. (5-80)]

འཇིག་རྟེན་ཀུན་ན་སྐྱེ་བོ་གང་།། 'jig rten kun na skye bo gang//
སུ་དག་འཇིགས་པས་སྐྱེ་བ་རྣམས།། su dag 'jigs pas skye ba rnams//
བདག་གི་མིང་ཙམ་ཐོས་པས་ཀྱང་།། bdag gi ming tsam thos pas kyang//
ཤིན་ཏུ་འཇིགས་པ་མེད་པར་ཤོག། shin tu 'jigs pa med par shog//

[481. (5-80)]

頭面禮諸佛　合掌勸請住　　두면례제불　합장권청주
願爲轉法輪　窮生死後際　　원위전법륜　궁생사후제

> 모든 세간에 (사는) 몸 받은 이들 누구라도[832]
> 두려움이 생겨난다면[833]
> 다만 제 이름을 듣는 것만으로도
> 바로 두려움이 없어지게 (도와주시길) 바라옵니다.

제5 출가정행품 343

[482. (5-81)]

བདག་ནི་མཐོང་དང་དྲན་པ་དང་།། bdag ni mthong dang dran pa dang//
མིང་ཙམ་ཐོས་པས་སྐྱེ་བོ་རྣམས།། ming tsam thos pas skye bo rnams//
རབ་དང་འཁྲུག་མེད་རྣལ་མ་དང་།། rab dang 'khrug med rnal ma dang//
རྫོགས་པའི་བྱང་ཆུབ་ངེས་པ་དང་།། rdzogs pa'i byang chub nges pa dang//

[482. (5-81)]

從此行我德　已作及未作　　종차행아덕　이작급미작
因此願衆生　皆發菩提心　　인차원중생　개발보제심

바로 제 자신을 보고[觀] 알아차릴[念] (뿐만 아니라)
다만 (제) 이름만 들은 사람들이라도
크나큰 두려움도 없어지게 (그리고) (어떤 과실에서도 벗어나)[834] 진실될 수 있게 (도와주시)고
완벽한 깨달음[菩提]을 얻을 수 있게 (도와주시길) 바라옵니다.

[483. (5-82)]

ཚེ་རབས་ཀུན་ཏུ་རྗེས་འབྲང་བའི།། tshe rabs kun tu rjes 'brang ba'i//
མངོན་ཤེས་ལྔ་པོ་ཐོབ་པར་ཤོག། mngon shes lnga po thob par shog//
སེམས་ཅན་ཀུན་ལ་རྣམ་ཀུན་ཏུ།། sems can kun la rnam kun tu//
རྟག་ཏུ་ཕན་བདེ་བགྱིད་པར་ཤོག། rtag tu phan bde bgyid par shog//

[483. (5-82)]

度一切障難　圓滿無垢根　　도일체장난　원만무구근
具淨命相應　願彼自在事　　구정명상응　원피자재사

832.　2행과 이어져 있다.
833.　복수형으로 받고 있다.
834.　영역에 따라 첨언하였다.

(중생들의) 전 생애를 모두 통하여
오신통(五神通)[835]을 얻게 (도와주시길) 바라옵니다.
모든 유정들에게 언제나
항상 이익과 안락이 생겨날 수 있도록 (도와주시길) 바라옵니다.

[484. (5-83)]

འཇིག་རྟེན་ཀུན་ན་སྐྱེ་བོ་གང་། 'jig rten kun na skye bo gang//
སྡིག་པ་བྱེད་པར་འདོད་གྱུར་པ། sdig pa byed par 'dod gyur pa//
དེ་དག་ཐམས་ཅད་གནོད་མེད་པར། de dag thams cad gnod med par//
རྟག་ཏུ་ཅིག་ཅར་བཟློག་གྱུར་ཅིག། rtag tu cig car zlog gyur cig//

[484. (5-83)]

一切具無邊　與寶手相應　　일체구무변　여보수상응
窮後際無盡　願衆生如此　　궁후제무진　원중생여차

모든 세간에 사람들이 어떤
죄악을 저지르길 바랐더라도
그것들 일체를 해가 없이
항상 한꺼번에 그칠 수 있게 (도와주시길) 바라옵니다.

[485. (5-84)]

ས་དང་ཆུ་དང་མེ་དང་རླུང་། sa dang chu dang me dang rlung//
སྨན་དང་དགོན་པའི་ཤིང་བཞིན་དུ། sman dang dgon pa'i shing bzhin du//

---

835. [BD] 오신통(五神通): 5통(通)・5신변(神變)이라 함. 5종의 부사의하고 자재한 묘한 작용. 천안통(天眼通)・천이통(天耳通)・숙명통(宿命通)・타심통(他心通)・신족통(神足通)을 말함. 『보살처태경(菩薩處胎經)』에 있는 말. 발이 땅을 밟지 아니함・사람의 심명(心命)을 아는 것・눈은 천리의 밖에까지 보는 것・이름을 부르면 곧 이르는 것・돌과 절벽에 구애되지 아니함.

རྟག་ཏུ་སེམས་ཅན་ཐམས་ཅད་ཀྱིས།། rtag tu sems can thams cad kyis//
རང་དགར་དགག་མེད་སྤྱོད་པར་ཤོག།། rang dgar dgag med spyod par shog//

[485. (5-84)]

願一切女人　皆成勝丈夫　　　원일체여인　개성승장부
恒於一切時　明足得圓滿　　　항어일체시　명족득원만

> 땅과 물과 불과 바람
> 약과 적정처(寂靜處)의 나무처럼[836]
> 항상 일체 유정들이
> 경쾌하고 방해받지 않고 수행할 수 있게 (도와주시길) 바라옵니다.

[486. (5-85)]

སེམས་ཅན་རྣམས་ལ་སྲོག་བཞིན་ཕངས།། sems can rnams la srog bzhin phangs//
བདག་ལས་དེ་དག་ཆེས་ཕངས་ཤོག།། bdag las de dag ches phangs shog//
བདག་ལ་དེ་དག་སྡིག་སྨིན་ཅིང་།། bdag la de dag sdig smin cing//
བདག་དགེ་མ་ལུས་དེར་སྨིན་ཤོག།། bdag dge ma lus der smin shog//

[486. (5-85)]

勝形貌威德　好色他愛見　　　승형모위덕　호색타애견
無病力辨具　長壽願彼然　　　무병력판구　장수원피연

> (모든) 유정들을 (저의) 목숨처럼 아끼고
> 저보다 더 그들의 (목숨을) 아낄 수 있게 (도와주시길) 바라옵니다.
> 저에게 그들의 악(업)이 익어 나타나게[異熟][837] 그리고
> 저의 선(업)이 남김없이 그(들)에게 익어 나타나게 (도와주시길) 바라옵니다.

---

836. 영역에서는 '약초와 원시림(광야의 숲)'으로 옮기고 있다.

[487. (5-86)]

| ji srid sems can 'ga' zhig kyang// |
| gang du ma grol de srid du// |
| de phyir bla na med pa yi// |
| byang chub thob kyang gnas gyur cig// |

[487. (5-86)]

解脫諸苦畏　一向歸三寶　　해탈제고외　일향귀삼보
於方便善巧　佛法爲大財　　어방편선교　불법위대재

> 어떤 중생이
> 언제 어느 곳에서나 해탈하지 못하고 (이 세간에 남아 있는) 그동안[838]
> 그(들)을 위하여[839] 비할 나위 없는
> (완벽한) 깨달음[菩提]을 성취했을지라도 (그들과 함께) 머물게 (도와주시길) 바라옵니다.

[488. (5-87)]

| de ltar brjod pa'i bsod nams gang// |
| gal te de ni gzugs can gyur// |
| gang gā'i bye ma snyed kyi ni// |
| 'jig rten khams su shong mi 'gyur// |

---

837. 이숙(異熟)에 대해서는 [19. (1-19)]번 게송 각주 참조.
838. '~하는 동안, 그동안~'을 뜻하는 '지신 ~, 데신 ~(ji srid ~, de srid du ~)'이 사용되어 약간 윤문하여 옮겼다.
839. '그 때문에, 그런 연고로, 그러므로' 등으로 풀어 쓸 수 있는 '데칠(de phyir)'이 쓰여 있으나 우리말에 맞게 고쳤다.

[488. (5-87)]

| 慈悲喜淨捨　恒居四梵住 | 자비희정사　항거사범주 |
| 施戒忍精進　定智所莊嚴 | 시계인정진　정지소장엄 |

> 그와 같이 (앞서) 말한 복덕들이 무엇이든
> 만약 바로 그것이 형태[色]를 갖추게 된다면
> 갠지스강의 모든 모래(같이)
> 이 세간계[界]가 (많을지라도)[840] 넉넉하지 않게 될 것입니다.

[489. (5-88)]

དེ་ནི་བཅོམ་ལྡན་འདས་ཀྱིས་གསུངས།།　de ni bcom ldan 'das kyis gsungs//
གཏན་ཚིགས་ཀྱང་ནི་འདི་ལ་སྣང་།།　gtan tshigs kyang ni 'di la snang//
སེམས་ཅན་ཁམས་ནི་ཚད་མེད་ལ།།　sems can khams ni tshad med la//
ཕན་འདོད་དེ་ནི་དེ་འདྲ་འོ།།　phan 'dod de ni de 'dra 'o//

[489. (5-88)]

| 圓滿福慧行　相好光明照 | 원만복혜행　상호광명조 |
| 願彼難思量　行十地無礙 | 원피난사량　행십지무애 |

> 그것은 세존께서 말씀하신 바이고
> (명백한) 근거 또한 (무한한 복덕) 이것을 드러내나니
> 바로 (이) 무량한 유정계(界)에서
> (유정들에게) 이익 되기를 바라는 것이 그와 같습니다.

---

840. 우리말에 맞게 첨언하였다.

[490. (5-89)]

དེ་ལྟར་བདག་གིས་ཁྱོད་ལ་ནི།། de ltar bdag gis khyod la ni//
མདོར་བསྡུས་ཆོས་བཤད་གང་ཡིན་དེ།། mdor bsdus chos bshad gang yin de//
ཁྱོད་ལ་ཇི་ལྟར་རྟག་ཏུ་སྐུ།། khyod la ji ltar rtag tu sku//
ཕངས་པ་བཞིན་དུ་ཕངས་པར་མཛོད།། phangs pa bzhin du phangs par mdzod//

[490. (5-89)]

與此德相應　餘德所莊嚴　　여차덕상응　여덕소장엄
解脫一切過　願我愛衆生　　해탈일체과　원아애중생

> 그와 같이 제가 (왕이신) 그대에게
> 총괄적인 법으로 설명한 것이 무엇이 있든 (그러므로 그대는)
> 그대에게 (설명한) 이와 같은 (것을) 항상 (그대 자신의) 몸을
> 아끼는 것과 같이 아끼며 (지켜) 행하시기 (바랍니다.)

[491. (5-90)]

གང་ལ་ཆོས་དེ་ཕངས་གྱུར་པ།། gang la chos de phangs gyur pa//
དེ་ལ་དོན་དུ་བདག་ལུས་ཕངས།། de la don du bdag lus phangs//
ཕངས་ལ་ཕན་པ་བྱ་དགོས་ན།། phangs la phan pa bya dgos na//
དེ་ནི་ཆོས་ཀྱིས་བྱེད་པར་འགྱུར།། de ni chos kyis byed par 'gyur//

[491. (5-90)]

圓滿一切善　及衆生所樂　　원만일체선　급중생소락
能除他衆苦　願我恒如此　　능제타중고　원아항여차

> 무엇이든 그 법을 아끼는 것은
> 그것을 추구하기 위해 자기 몸을 아끼는 것과 (같으며)

제5 출가정행품

> 그 아끼는 것[자기 몸]에서 이익 되는 대상이 원하는 것이 있다면
> 바로 그 (몸을 아끼는) 법이 행하게 되는 것입니다.

[492. (5-91)]

དེ་བས་ཆོས་ནི་བདག་བཞིན་བསྟེན།།   de bas chos ni bdag bzhin bsten//
ཆོས་བཞིན་དུ་ནི་སྒྲུབ་པ་དང་།།   chos bzhin du ni sgrub pa dang//
སྒྲུབ་བཞིན་དུ་ཤེས་རབ་དང་།།   sgrub bzhin du shes rab dang//
ཤེས་རབ་བཞིན་དུ་མཁས་པ་བརྟེན།།   shes rab bzhin du mkhas pa brten//

[492. (5-91)]

若他有怖畏　一切時及處　　　약타유포외　일체시급처
由唯憶我名　得脫一切苦　　　유유억아명　득탈일체고

> 그러므로 바로 (그) 법을 스스로(의 몸처럼) 의지하시고
> (그) 법처럼 성취하신 것에 (의지하시)고
> 성취한 것처럼 지혜에 (의지하시)고
> (그) 지혜처럼 현자(가 되어) 머무시기[841] (바랍니다.)

[493. (5-92)]

གཙང་ཞིང་བྱམས་ལ་བློ་ལྡན་པ།།   gtsang zhing byams la blo ldan pa//
ཕེབས་པས་ཕན་པར་སྨྲ་བ་ལ།།   phebs pas phan par smra ba la//
གང་ཞིག་བདག་ངན་དོགས་བྱེད་པ།།   gang zhig bdag ngan dogs byed pa//
དེ་ནི་རང་དོན་ཆུད་ཀྱང་སོན།།   de ni rang don chud kyang son//

[493. (5-92)]

敬信我及瞋　若見及憶持　　　경신아급진　약견급억지

---

841. 날탕판과 [북경판]에 따라 '뗀빠(bsten)'를 '뗀빠(brten)'로 고쳐 옮겼다.

乃至聞我名　願彼定菩提　　　내지문아명　원피정보리

> 순수하고[淨] 자비롭고 지혜를 갖춘 자에게
> 오가는 이(들)이 이익을 (보려고) 말하는 것을
> 그 무엇이 (되었든) 자신을 나쁘게[惡] (하는) 의혹을 (쌓는) 행위이니
> 바로 그것이 (자기) 자신의 이익에 빠져들게 할지라도 (반드시) 뛰어넘기[842] (바랍니다.)

[494. (5-93)]

gtsang zhing byams la blo ldan pa//
spobs la phan par smra ba la//
bdag ni mgon dang bcas 'gyur zhes//
mi dbang bdag thul thugs dam mdzod//

[494. (5-93)]

願我得五通　恒隨一切生　　원아득오통　항수일체생
願我恒能生　衆生善及樂　　원아항능생　중생선급락

> 순수하고[淨] 자비롭고 지혜를 갖춘 자에게
> 신념[843]을 (가지고) 이익을 (보려고) 말하는 것을
> '바로 (자기) 스스로를 돕는 것이다'라고 말해집니다.
> (그러니) 사람 중의 왕[人王]이신 그대는 (스스로를) 연마하기 위하여
> (이런 가르침들을) 수지(受持)하시기 바랍니다.

---

842. 날탕판과 [북경판]에 따라 '쇤(gson)'을 '쇤(son)'으로 보고 옮겼다.
843. 날탕판이나 [북경판]에서는 바로 앞의 [493. (5-92)]번 게송과 같이 '펩빠(phebs pa)'가 쓰였다. 여기에 쓰인 '쬡빠(sphobs pa)'는 '말솜씨, 말재주, 용기, 기고만장' 등 매우 다양한 긍/부정의 뜻이 있는데 여기서는 긍정의 뜻으로 보고 옮겼다.

[495. (5-94)]

བདེ་བའི་བཤེས་གཉེན་དེ་དག་གི། bde ba'i bshes gnyen de dag gi//
མཚན་ཉིད་མདོར་བསྡུས་མཁྱེན་པར་མཛོད།། mtshan nyid mdor bsdus mkhyen par mdzod//
ཆོག་ཤེས་སྙིང་རྗེ་ཚུལ་ཁྲིམས་ལྡན།། chog shes snying rje tshul khrims ldan//
ཉོན་མོངས་སེལ་བའི་ཤེས་རབ་ཅན།། nyon mongs sel ba'i shes rab can//

[495. (5-94)]

若他欲作惡　於一切世界　　　약타욕작악　어일체세계
願遍斷彼惡　如理令修善　　　원편단피악　여리령수선

> (이) 안락의 친우, 그것들의
> 간추린 내용⁸⁴⁴을 통달하시기 바랍니다.
> (작은 것에) 만족하며 자비와 지계를 갖춰
> 번뇌를 제거하는 지혜를 갖춘 자가 (되시기 바랍니다.)

[496. (5-95)]

དེ་དག་གིས་ནི་ཁྱོད་བསྟན་ན།། de dag gis ni khyod bstan na//
ཁྱོད་ཀྱིས་མཁྱེན་གྱིས་གུས་པར་མཛོད།། khyod kyis mkhyen gyis gus par mdzod//
ལུགས་ནི་ཕུན་སུམ་ཚོགས་པ་འདིས།། lugs ni phun sum tshogs pa 'dis//
གྲུབ་པ་ཡི་ནི་མཆོག་ཐོབ་འགྱུར།། grub pa yi ni mchog thob 'gyur//

[496. (5-95)]

如地水火風　野藥及林樹　　　여지수화풍　야약급림수
如他欲受用　願我自忍受　　　여타욕수용　원아자인수

---

844. 원문에는 '정의, 특징, 형상' 등을 뜻하는 '체니(mtshan nyid)'가 쓰였으나 운문하여 옮겼다.

> 그것들이 (왕이신) 그대로 인해 선양된다면
> 그대는 지혜로 존경받을 것입니다.
> 이 삼원만[845]의 도리로
> 이뤄진 바는 최상의 성취가 될 것입니다.

[497. (5-96)]

བདེན་དང་སེམས་ཅན་འཇམ་སྨྲ་ཞིང་།། bden dang sems can 'jam smra zhing//
བདེ་བའི་དང་ཚུལ་བསྙེན་དཀའ་བ།། bde ba'i ngang tshul bsnyen dka' ba//
ཚུལ་ལྡན་ཁྱད་དུ་གསོད་མི་འདོད།། tshul ldan khyad du gsod mi 'dod//
རང་དབང་ལེགས་པར་སྨྲ་བར་མཛོད།། rang dbang legs par smra bar mdzod//

[497. (5-96)]

願我他所愛　如念自壽命　　원아타소애　여념자수명
願我念衆生　萬倍勝自愛　　원아념중생　만배승자애

> 진실되고 유정들을 온화하게 만드는 말과
> 안락의 성품(과) 공경, 힘든
> 생계를 가진 이를 경멸하지 않고 좋아하는 것,[846]
> 자유로움, 잘 말하는 것 등을 행하시기 (바랍니다.)

[498. (5-97)]

ལེགས་བཏུལ་བག་ལ་ཉལ་གཏོང་དང་།། legs btul bag la nyal gtong dang//
བརྗིད་བག་ལྡན་ཞིང་སེམས་ཞི་བ།། brjid bag ldan zhing sems zhi ba//
རྒོད་པ་མེད་ཅིང་མཐའ་མི་རིང་།། rgod pa med cing mtha' mi ring//

---

845. 삼원만에 대해서는 [274. (3-74)]번 게송 참조.
846. 영역에서는 이 행을 둘로 나누어 'compelling'이란 단어로 '까와(dka' ba)'를 옮겼다. '존경하지 않을 수 없게 만드는 위엄'으로도 옮길 수 있겠으나 다음과 이어지게 했다.

གཡོ་བ་མེད་དང་དེས་པར་མཛོད༎　　gyo ba med dang des par mdzod//

[498. (5-97)]

願彼所作惡　於我果報熟　　원피소작악　어아과보숙
是我所行善　於彼果報熟　　시아소행선　어피과보숙

> (일상생활에) 잘 훈련된 것, 고요히 잘 머무는 것, (잘) 베푸는 것과
> 보기 좋게 (형색을) 갖춘 것과 마음이 평화스러운 것
> 도거(에 빠지지) 않는 것과 끝까지 최선을 다하는 것[847]
> 불안정하지 않는 것과 온화함을 행하시기 (바랍니다.)

[499. (5-98)]

ཟླ་བ་ཉ་བཞིན་དེས་པ་དང་༎　　zla ba nya bzhin des pa dang//
སྟོན་གྱི་ཉི་བཞིན་གཟི་ལྡན་དང་༎　　ston gyi nyi bzhin gzi ldan dang//
རྒྱ་མཚོ་བཞིན་དུ་ཟབ་པ་དང་༎　　rgya mtsho bzhin du zab pa dang//
རི་རབ་བཞིན་དུ་ཆོས་བརྟན་མཛོད༎　　ri rab bzhin du chos brtan mdzod//

[499. (5-98)]

一人未解脫　於有隨生道　　일인미해탈　어유수생도
願我爲彼住　不先取菩提　　원아위피주　불선취보리

> 보름달처럼 온화하고
> 가을의 태양처럼 밝고
> 대양처럼 깊고
> 수미산처럼 법에 견고하게 머무는 것을 행하시기 (바랍니다.)

---

847. 원문을 해자하면 '끝까지 길게 (이어지게 하는 것)' 정도 된다.

354

[500. (5-99)]

ཉེས་པ་ཀུན་ལས་རྣམ་གྲོལ་ཞིང་།། nyes pa kun las rnam grol zhing//
ཡོན་ཏན་ཀུན་གྱིས་བརྒྱན་གྱུར་ཏེ།། yon tan kun gyis brgyan gyur te//
སེམས་ཅན་ཀུན་གྱི་ཉེར་འཚོ་དང་།། sems can kun kyi nyer 'tsho dang//
ཐམས་ཅད་མཁྱེན་པ་ཉིད་དུ་མཛོད།། thams cad mkhyen pa nyid du mdzod//

[500. (5-99)]

能如此修行 福德若有體　　능여차수행 복덕약유체
於恒沙世界 其功不可量　　어항사세계 기공불가량

모든 과실(過失)로부터 자유로워지고[解脫]
모든 공덕으로 치장되어지고
모든 유정들이 (풍족한) 생활을 영위하고
일체지자 자체가 되기를 (바랍니다.)

[501. (5-100)]

ཆོས་འདི་རྒྱལ་པོ་འབའ་ཞིག་ལ།། chos 'di rgyal po 'ba' zhig la//
བསྟན་པ་ཁོ་ནར་མ་བས་ཀྱི།། bstan pa kho nar ma bas kyi//
སེམས་ཅན་གཞན་ལའང་ཅི་རིགས་པར།། sems can gzhan la'ang ci rigs par//
ཕན་པར་འདོད་པས་བསྟན་པ་ལགས།། phan par 'dod pas bstan pa lags//

[501. (5-100)]

佛世尊自說 如此因難量　　불세존자설 여차인난량
衆生界無量 利益願亦爾　　중생계무량 이익원역이

이 법은 왕이신 (그대) 혼자에게만

> 다만 가르침을 (베풀기 위한) 것이 아니라
> 다른 모든 유정들에게 또한
> 이익을 주기 위한 가르침입니다.

[502. (5-101)]

བདག་དང་གཞན་རྣམས་ཡང་དག་པར།། bdag dang gzhan rnams yang dag par//
རྫོགས་པའི་སངས་རྒྱས་འགྲུབ་བགྱི་སླད།། rdzogs pa'i sangs rgyas 'grub bgyi slad//
རྒྱལ་པོ་གཏམ་དུ་བགྱི་བ་ནི།། rgyal po gtam du bgyi ba ni//
གདུགས་རེ་ཞིང་ཡང་བསམ་པའི་རིགས།། gdugs re zhing yang bsam pa'i rigs//

[502. (5-101)]

此法我略說　能生自他利　　차법아략설　능생자타리
願汝愛此法　如愛念自身　　원여애차법　여애념자신

> (그대) 자신과 (모든) 다른 이들을
> 정등각 성취를 (이루게) 하는[848]
> (오,) 왕이시여! 바로 이 (게송들이) 논(論)한 행할 바를
> 매일 한번이라도 생각하시기 (바랍니다.)

[503. (5-102)]

ཚུལ་ཁྲིམས་སྐྱེ་བོ་བླ་མ་མཆོག་བཀུར་བཟོད་དང་དེ་བཞིན་ཕྲག་དོག་མེད།།
tshul khrims skye bo bla ma mchog bkur bzod dang de bzhin phrag dog med//

སེར་སྣ་དང་བྲལ་རེ་བ་མེད་པར་བྱས་ནས་གཞན་དོན་ནོར་ཅན་དང་།།
ser sna dang bral re ba med par byas nas gzhan don nor can dang//

ཕོངས་པར་གྱུར་ལ་ཕན་བྱེད་མཆོག་དང་མཆོག་མིན་ཡོངས་གཟུང་དོར་བ་དང་།།

---
848. 원문을 직역하면 '하기 위한' 정도 된다.

phongs par gyur la phan byed mchog dang mchog min yongs gzung dor ba dang//

དམ་ཆོས་ཡོངས་བཟུང་བྱང་ཆུབ་ཕྱིར་དོན་གཉེར་བ་རྣམས་ཀྱིས་རྟག་ཏུ་བྱ།།

dam chos yongs bzung byang chub phyir don gnyer ba rnams kyis rtag tu bya//

> 지계(와) 스승에 대한 최상의 공경과 인욕과 그와 같이 질투도 없고 인색함에서 벗어나고 (상금이나 명예를 받을 것이라는) 기대도 없이 다른 이(들)의 일을 (도와) 부유하게 (해주)고
> 비천하게 된 이들에게 이익을 주고 높거나 높지 않은 것을 완전히 배워 (악한 것을) 없애고
> 정법(正法)을 완전히 배워 깨닫기 위해 갈망하는 이들은 항상 (이와 같은 것들을) 행하시기 (바랍니다.)

།།རིན་པོ་ཆེའི་ཕྲེང་བ་ལས།། བྱང་ཆུབ་སེམས་དཔའི་སྤྱོད་པའི་ལེའུ་བསྟན་པ་སྟེ་ལྔ་པའོ།།

『보행왕정론』, 「제5 출가정행품」

| 부록 |

용수에 대한 역사적인 기록과 주요 저작들

'약 C.E. 2세기경 남인도에서 살았던 용수는 의심할 여지없이 가장 중요하고, 영향력 있으며, 광범위하게 연구되어 온 대승불교의 철학자다. 그는 중관파(Mādhyamika), 또는 대승불교의 중도학파들(Middle Path schools)의 시조이다.

그의 중요한 문집(corpus)은 일반 대중들을 위해서 설법했던 것, 왕들에게 충고한 편지, 그리고 중관파로 알려진 고도로 회의적이며 변증법적인 분석철학파의 창시를 상징하는(represent the foundation) 형이상학적·인식론적 논서들을 관통하는 전집(set)을 포함하고 있다. 이들 중 가장 중요한 것은 그의 가장 방대하고 잘 알려진 저작, 근본중송(문자 그대로 중도에 관한 근본 게송) 이다. 이 저작은 차례차례(in turn) 산스끄리뜨어, 티벳어, 중국어, 한국어 그리고 일본어로 된 엄청난 주석 문화(commentarial literature)에 영감을 주었다.'[1]

대부분의 학자들은 믿을 만한 역사적인 자료들을 바탕으로 용수는 2세기경 남인도에서 살았다는 점에 동의한다.[2] 그러나 '정확히 언제 어디서?'라는 문제에 주의를 기울이면, 또다시 초기 불교사 연구에서 발견되는 어려움에 직면하게 된다. 한역 대장경에 있는 꾸마라지바의 『용수보살전(龍樹菩薩傳)』[3]을 통해 우리는 용수가 남인도 출신임을 확증할 수 있다. 『고려대장경해제』의 「용수보살전」은 다음과 같이 요약되어 있다.

---

1. MK(G.), p. 87.
2. REP, 'Buddhism, Mādhyamika, India and Tibet', 특히 초기(The early period) 참조.
3. K-1041(30-671). T-2047(50-184)

'용수는 브라만 족속으로 남인도에서 태어났다. 어려서부터 총명하여 브라만들이 배우는 4베다를 듣고서 다 외울 수 있었으며, 그 뜻도 모르는 바가 없었다. 천문, 지리, 도술 등에도 능통하여 이름을 널리 떨쳤다.

한때 뜻을 같이하는 친구 세 명과 함께 변신술을 배웠다. 그들은 왕궁에 몰래 들어가서 궁녀들을 희롱하였는데, 궁녀 중에 임신하는 자가 나오게 되었다. 이를 안 왕이 이들을 붙잡으려 하였는데, 결국 친구들은 모두 붙잡혀 죽고[4] 용수 혼자서만 겨우 도망쳐 나올 수 있었다.

이때 그는 "비로소 욕망이 괴로움의 근본이며 모든 화(禍)의 뿌리이고, 패덕(敗德)과 몸을 위태롭게 하는 일이 모두 이 욕망으로부터 일어남을 깨닫게 되었다."라고 말하였다.

이후 스스로 서원을 세우고 출가하여 사문이 되었다. 90일 만에 3장(藏)을 다 외우고 나니 더 이상 읽을 경전이 없었으므로 새로운 경전을 찾아 설산(雪山)으로 갔다. 설산에서 한 노비구(老比丘)를 만나서 대승 경전을 얻게 되었다. 그러나 그것만으로 그는 만족을 얻을 수 없었다.

그러던 중 대룡(大龍) 보살을 따라 용궁으로 들어가게 되었다. 거기서 그는 90일 동안 엄청난 양의 대승 경전을 읽고 불도를 깨달았다.

용궁에서 돌아온 뒤 용수는 대승불교의 이치를 밝히는 저술 활동을 하였다. 그의 저서로 기록된 것은 우파제사(優波提舍) 10만 게, 장엄불도론(莊嚴佛道論) 5천 게, 대자방편론(大慈方便論) 5천 게, 중론(中論) 5백 게, 무외론(無畏論) 10만 게 등이다.

용수가 죽은 뒤 남인도의 여러 나라에서는 사당을 짓고 부처와 같이 받들고 공경하였다 한다. 마지막으로 [아르주나(arjuna) 나무, 필자 첨언] 나무 밑에서 태어났으며 용에 의하여 성불하였으므로 용수라 부르게 되었다고 말한다. 비록 전설적인 이야기를 많이 담고 있지만, 용수의 전기로써는 유일한 문헌이다.'[5]

---

4. 재를 바닥에 뿌려두어 발자국을 추적했다고 한다.
5. 정승석 (편저), 『고려대장경해제』 III, pp. 1537-1538.

현장의 『대당서역기』에는 왕좌를 탐내던 왕세자에게 자신의 육신을 보시했다지만,[6] 왕권 다툼 속에서 암살당한 것이 거의 확실하다. 티벳 기록에서도 이와 같은 이유로 이 세상인 섬부주(贍部洲, Jambūdvīpa)를 떠나 나머지 3대주를 1백 년씩 돌고 난 다음 다시 섬부주로 돌아왔다고 한다.[7] 그러나 현대 학자들이 수긍하기 어려운 게 사실이다. 이 두 전통들의 시차[8]는 상당히 크지만 용수의 죽음이 자연스러운 것이 아니었다는 점에서는 일치한다. 한역 경전권의 전통에서 그는 자신의 후견인인 인정왕의 수명을 연장시킨 '약학(藥學)에 자상하고 묘약을 복용'하던 중관파의 시조이지만, 티벳 전통에서는 중관파의 시조일 뿐만 아니라 밀교의 시조로도 그를 강조하고 있다. 티벳 대장경의 '깐귤(bka' 'gyur, 佛說部)'과 '땐귤(bstan 'gyur, 論疏部)'에서 용수의 저술들을 조사한 빠탁 교수에 따르자면, 1백여 개의 밀교 서적들이 그가 지은 것으로 나와 있다고 한다.[9] 그러나 그 어느 것도 한역 대장경에는 포함되어 있지 않다. 익히 잘 알려졌듯, 후기 인도불교는 밀교에 강한 경향성을 보였는데,

---

6. 현장, 『대당서역기』, 권덕주 (역), pp. 297-299.
   '용맹보살은 약학(藥學)에 자상하여 묘약을 복용하면서 양생하고 있었다. 나이가 수백 세에 이르렀으나 기력이나 용모 역시 쇠퇴해짐이 없었다. 인정왕(引正王) 또한 그에게서 묘약을 얻고 있었으므로 그 나이 수백 세였다….
   "… 그렇다고 해도 왕자에게는 한 가지 어려운 일이 있습니다. 그것은 이 몸이 만약 종명하게 되면 부왕 또한 돌아가시게 되는 것입니다. 이를 생각할 때마다 마음이 걸립니다. 누가 부왕을 구할 수 있겠습니까?'라고 말했다. 그런 다음 용맹은 그 언저리를 배회하면서 자신의 목을 끊을 곳을 찾은 끝에 마른 띠잎로 스스로 그 목을 잘랐는데 예리한 칼로 벤 듯이 목과 몸뚱이가 떨어져 나갔다. 왕자는 이를 보고 놀라 도망쳤다. 문지기가 왕에게 그 시말을 자세하게 아뢰었더니 왕은 슬퍼한 끝에 과연 얼마 되지 않아 역시 사망해 버렸다.'
7. 현장의 기록과 3대주를 1백 년씩 돌았다는 표현대로라면, 용수의 나이가 엄청나게 늘어난다. 현장의 기록은 당시 남인도의 전설이었다 치더라도 티벳 기록에 끼친 밀교의 시공을 초월하는 또는 무시하는 자세는 정확한 연대기를 구축하는 것에 큰 장애다.
8. 한역 경론의 사료와 티벳 사료의 연대기는 아래와 같다.

	저자명	시기 (세기)
한역 경전	꾸마라지바	약 C.E. 4-5.
	현장	약 C.E. 7.
티벳어 경전	부똔	약 C.E. 14.
	따라나타	약 C.E. 17.

9. Rinpoche (S.) ed., *Madhyamika Dialectic and the Philosophy of Nagarjuna*, pp. 205-223.

4종 딴뜨라 중 그 최상을 차지하는 무극상 요가 딴뜨라(Anuttarayogatantra)의 철학적 배경이 중관사상과 맞물려 있으므로, 중관파의 시조인 용수가 자연스럽게 그 중요한 위치를 차지할 수밖에 없었을 것이다. 그러나 여기서 우리가 다루고자 하는 이는 '중관사상의 창시자' 용수이지 밀교 경전들을 무더기로 지은 용수가 아니다. 티벳 전통을 접할 때마다 느끼는 또 다른 불편함은, 그가 나란다(Nālandā)에서 가르쳤다는 것인데[10] 현대 학자들이 밝혀낸 고고학적 자료에 따르자면, 지혜 제일 사리뿌뜨라의 고향의 세계 최초이자 최고의 배움터였던 나란다 승원은 굽따 왕조(320-550?) 시대인 4세기경에 조그만 자이나교 승원이 있던 자리에 세워졌다고 한다.[11] 만약 우리가 티벳 전통을 곧이곧대로 받아들인다면, 용수는 승원 없는 승원의 승원장이었고, 학생 없는 대학의 총장이었다. 이것은 용수의 생애뿐만 아니라 티벳 전통에서 나란다를 언급할 때마다 느끼는 불편함인데, '세계의 지붕' 사람들은 자신들의 전통성을 강조하기 위해 시도 때도 없이 나란다를 꼭 집어넣는다. 이런 두어 가지 상이점들을 제외하면 한역 경전권과 티벳 전통의 기록은 '제2의 붓다', '팔종지조사(八宗之祖師)', 중관파의 시조 용수의 생애에서 거의 일치하고 있다. 물론 과장이 더욱 심한 것은 밀교 덕분에 시·공간을 수시로 무시하는 티벳 전통이다.

불교학계에서는 용수의 생몰 연대를 C.E. 150-250으로 추정하고 있다. 이것은 그가 지은 『권계왕송』과 『보행왕정론』[12]에 등장하는 편지의 수신자인 샤따바하나(Sātavāhana) 왕조[13]의 인정왕(引正王)의 재위 연대와 얼추 비

---

10. Obermiller (E.), trans., *The History of Buddhism in India and Tibet*, pp. 122-124. Tsonawa (L. N.), trans., *Indian Buddhist Pundits from "Jewel Garland of Buddhist History"*, p. 3.
11. Encarta, Gupta Dynasty(320-550?)와 Pala Dynasty(700?-1100?) 참조.
12. 『보행왕정론』은 현대 티벳학의 석학인 제프리 홉킨스에 의해 영역되었다. Hopkins (J.), trans., *Nāgārjuna,'s Precious Garland*와 *The Buddhism of Tibet - Combined Volume*, chpt., Ⅲ - The Precious Garland of Advice for the King, pp. 105-206 참조.
13. 북인도를 중심으로 인도 역사를 정리할 때 간과하기 쉬운 샤따바하나(Sātavāhana) 왕조는 마우리아 왕조와 굽따 왕조 사이에 남인도에 존재했던 왕조로, 그 세력이 가장 융성하던 인정왕의 재위 기간 동안에는 인더스 강 상류까지 그 세력을 뻗쳐 거의 전 인도를 통일했을 정도다. 인터넷에서 그 당시의 지도를 구할 수 있다. http://en.wikipedia.org/wi-

숫하다. 벤까따 라마난[14]과 다른 학자들도 이에 근거를 두고 있는데, 고고학적 자료를 바탕으로 한 아히르(D. C. Ahir)의 연구도 인상적이다.

> '다른 많은 불교의 석학(savant)들의 경우처럼, 신비가 용수의 삶을 감싸고 있다. 그러나 일반적으로 그는 서기 2세기경, 남인도에서 출생했다는 점과 동시대 사따바하나 왕, 야즈나스리 사따까라이(Yajnasri Satakarai, 166-196 AD.)와 친우였다는 점은 공인된다. 다른 전통에 따르자면, 용수는 남부 꼬사라(Kosala) 또는 오늘날의 비다르바(Vidarbha) 출신이었다.'[15]

여기서 우선 문제가 되는 것은 용수와 친우라는 왕의 이름이다. 벤까따 라마난에 따르면,

> '용수와 사따바하나: 용수의 위대한 친구라 일컬어지고 그를 위해서 쉬리빠르바뜨(Śrīparvat)에 승원을 건립해주었던 사따바하나 왕은 그의 선대들의 신앙으로부터, 즉(viz.) 불교적 신앙으로 전향한 것으로 보이며; 용수는 그에게 권계(admonition)의 편지들을 썼다. 이 왕인 친구는 "3좌(座)의 왕"이었다는 평판이 자자하다. 이 왕은 아마도 그의 어머니 바라쉬리(Bālaśri)가 (보시한) 나시끄 판(Nasik Edition)에 나와 있는 "3좌(座)의 왕"처럼 그의 혈통에서 유일한 "브라흐만"이라고 불리던 가우따미뿌뜨라 샤따까르니(Gautamīputra Śātakarṇī)였을 것이다.'[16]

이 경우 용수가 쓴 편지들의 수신자인 당대의 패자(覇者)는 야즈나스리 사따까라이(Yajnasri Satakarai)가 아닌 가우따미뿌뜨라 샤따까르니(Gautamīpu-

---
ki/File:SungaEmpireMap.jpg 참조.
14. Ramanan (K. V.), *Nāgārjuna's Philosophy as Presented in the Mahā-Prajñāpāramitā-Śāstra*, pp. 25-34.
15. Ahir (D. C.), *Heritage of Buddhism*, p. 63.
16. Ramanan (K. V.), *Nāgārjuna's Philosophy as Presented in the Mahā-Prajñāpāramitā-Śāstra*, p. 27.

tra Śātakarṇī)가 된다. 티벳의 대학승인 렌다와(Rendawa 또는 re mdha' ba)도 그의 『권계왕송』의 주석서에서 이를 따르고 있는데,[17] 같은 왕의 이명일 수도 있겠지만 이 점에 대해 제대로 된 연구 결과를 접하지 못했다. 가우따미뿌뜨라 샤따까르니의 재위 기간은 C.E. 106-130 또는 C.E. 80-140이라고 한다. 만약 이것이 사실이라면, 우리는 용수의 생몰 연대를 약간이나마 앞당길 수 있겠지만[18] 아직 확증된 것은 없다. 『대당서역기』 영문판들을 보면, 사무엘 빌(S. Beal)판에서는 인정왕의 이름을 찬드라쁘라바(Chandraprabha)라고 적고 있으나[19] 그 이름을 추적할 수 있는 어떤 근거도 찾지 못했다. 또 다른 영역본인 토마스 워터스(Thomas Watters) 판에는 인정왕의 중국식 발음인 '유엔꽝(Yueh Kwang)'이라고만 적혀 있다.[20] 고고학적 발견과 같은 믿을 만한 새로운 사료들이 발견되지 않는 한, 약 2천여 년 전의 1백여 년 시차를 대부분의 학자들이 인정하듯 용수의 생몰 연대를 C.E. 150-250으로 잡는 것이 지금으로써는 무난할 듯하다. 그의 생몰 연대와 달리 남아 있는 저작들은 비교적 상세하게 연구되었다. 티벳 대장경에는 다양한 주제 아래 너무 많다 싶을 정도의 저술들이 용수가 지은 것으로 나와 있다. 최근에 티벳 학자 롭상 쪼나와(Lobsang N. Tsonawa)가 펴낸 『인도의 대덕들(Indian Buddhist Pundits)』에는 북경판 및 데게판 티벳 대장경의 용수의 저서들이 정리되어 있다.[21] 분야별로 간추리면 다음과 같다.

뗀귤(dstan 'gyur, 논소부)의 주제(Tib.,)	권수(데게판 sde dge Ed.)
찬불집(bstod tshogs)	19
딴뜨라(rgyud)	60(+6)
중관(dbu ma)	33
경집(mdo sthogs)	4

---

17. Jampel(L.), Chophel (N. S.) and Santina(P. D.), trans., *Nāgārjuna's Letter to King Gautamīputra*, p. xi.
18. 개인적인 견해로는 약간 앞당겨질 가능성이 다분하다고 본다.
19. Beal (S.), trans., *Si-Yu-Ki, Buddhist Records of the Western World*, p. 213.
20. Watters (T.), trans., *On Yuan Chwang's Travels in India*, pp. 200-201.
21. Tsonawa (L. N.), trans., *Indian Buddhist Pundits from "Jewel Garland of Buddhist History"*, pp. 89-97.

아비달마(mngon pa)	1
율장('dul ba)	6(+1)
의학(gso rig pa)	2
예술(bzo rig pa)	3
일반 사회 주제(thun mon ba'i lugs kyi bstan bcos)	3
기타 주제(ngo tshar)	5
총	북경판 Pek. Ed.=136 데게판 sde dge Ed.=143+3 (기타 주제sna thogs 3 포함)=146

이를 자세히 살펴보았더니 『권계왕송』이 중관부(5409)와 율장(5682) 두 군데에 헤아려져 있었다. 그러므로 하나를 빼면 북경판에는 총 135권, 데게판에는 총 145권이 용수의 저작인 셈이다. 아마 이 양은 인도에서 티벳으로 전래된 모든 논서들 가운데 단일 저자가 지은 것으로는 가장 많은 권수를 자랑할 것이다. 중관부만 세어보아도 33권이고 나머지는 딴뜨라(60 또는 66권)·찬불집(19)·의학(3) 등인데, 이 모두를 용수의 저작들이라고 보기에는 무리가 많다. 아마도 용수의 이름을 차용한 후대의 위작일 것이다. 티벳 전통에서는 용수의 중관사상은 보통 '우마 릭촉 둑(dmu ma rig chogs drug)'이라 부른다. 『장한사전』에는 '중관이취육론(中觀理聚六論)'이라 옮겨져 있는데, 우리말로 풀어보면 '(용수의) 중관사상을 알 수 있는 여섯 가지 (저작의) 모음' 정도 된다. 싸꺄빠(sa skya pa)는 이 가운데 『보행왕정론』을 뺀 5대 저작을 친다. 이제 '우마 릭촉 둑(dmu ma rig chogs drug)'을 자세히 살펴보자.[22]

1	Chi.,	중론 中論
	Eng.,	Fundamental Wisdom of the Middle Way
	Skt.,	(Prajñā nāma) Mūlamadhyamakakārikā
	Tib.,	dbu ma tsa ba('i tshig le'ur byas pa) shes rab (ces bya ba)

---

22. 이 글에서는 한역된 용수의 저작들을 별도로 다루지 않았다. 『회쟁론(廻諍論, Vigrahavyāvartanī)』, 「해제」에서 김성철은 『권계왕송』과 『보행왕정론』도 '논서들'에 포함시키며 총 15종을 꼽았다. 김성철 (역), 『회쟁론』, p. 380 참조.

Tibetan		Chinese	
Pek. Ed.	*sde dge* Ed.	K. Ed.	T. Ed.
5224	3824	K-577(16-350)	T-1564(30-1)

산스끄리뜨어를 그대로 옮기면 『근본 중송(根本中頌)』 또는 『순중송(純中頌)』으로, 의심할 여지없이 용수의 가장 대표적인 저작이다. 한역 경전권에서는 보통 청목소까지 포함해서 『중론(中論)』이라고 부른다. 아마도 청목소를 소의경전으로 삼는 전통 때문에 '론(論, *śāstra*)'으로 굳어진 듯싶다. MK는 다양한 서구 언어들로 번역되어 있다.

	Chi.,	광파경 廣破經? 또는 구달경 具達經 ?	
2	Eng.,	Fine Investigation and Discernment	
	Skt.,	Vaidalya prakaraṇa(sūtra nāma)	
	Tib.,	shib mo rnam (par) 'thag pa shes bya ba'i mdo	
	Tibetan		Chinese
	Pek. Ed.	*sde dge* Ed.	없음
	5226	3826	

약어로 보통 VP라고 한다. 한문으로 풀면 『광파경(廣破經)』 또는 『구달경(具達經)』쯤 되는 이 책은 한역 대장경에는 그 이름조차 실려 있지 않다.[23] 린트너(C. Lindtner)의 연구에 따르자면 용수가 원저자인지 불분명하다.

'이 저작은 73게송들(원문은 *sūtras*라고 적혀 있다. 이하 필자 첨언)과 자주(自註, *svavṛtti*)로 구성되어 있으며, 오직 티벳어로만 현존한다. 이 저작을 언급한 것들(references)은 청변과 월칭에서 발견되었지만, 나는 VP에서의 어떤 인용문도 보지 못했다. 그 본문 자체만을 두고 평가해 볼 때, 그 양식과 교의는, 회쟁론에 한해서 말하자면(as for) 같은 저자임을 가리킨다고 볼 수 있으며, 이 저작(회쟁론)은 용수가 저술한 그 모든 저작들 가운데 (VP와) 가장 가깝게 대응하는 것이다. VP는 그 역사적 중요성과 그것의 통쾌한(enjoyable) 형식의

---

23. 여기서 'Vaidalya'의 원래의 의미를 살려 『세마론』이라고 작명했다.

제목은 주목을 받지 못했다.'[24]

린트너가 이야기한 바처럼 『회쟁론』에 가까운 것이지만 정말 용수가 원저자인지는 조금 의문이다. 나카무라 하지메도 이 저서에 대해 짧게 언급했다.

'6. Vaidalyasūtra와 Vaidalya-prakaraṇa. 전자는 72개의 짧은 게송들(sūtras)로 구성되어 있는 반면, 후자는 전자에 대한 설명적 주석이다. 이 저작에서 용수는 초기 정리학파의 논사들(正理學派, Naiyākikas)의 16가지 기본 원칙 이론에 대해서 호되게 공격하고 있다.'[25]

그는 같은 쪽 각주 24번에서 가지야마 유이치(梶山 雄一)가 밝혀낸 『정리론』의 기본 원칙들은 용수 사후에 정립되었다는 것을 함께 싣고 있다. 이 저작을 영역한 토라(T. Tola)와 드라고네띠(C. Dragonetti)는 역사적인 자료들과 집필 형태 등을 통해 용수의 원저작이 아니라는 결론을 내렸다.[26]

3	Chi.,	공칠십송 空七十頌	
	Eng.,	Seventy stanzas on Emptiness	
	Skt.,	Śūnyatāsaptati(kārikā nāma)	
	Tib.,	stong (pa) nyid bdun cu pa('i tshig le'ir byas b ashes bya ba)	
Tibetan		Chinese	
Pek. Ed.	sde dge Ed.	없음	
5227	3827		

이 저작 역시 한역 대장경에는 포함되어 있지 않다. 비록 티벳 전통에서는 중요하다고 하나 원저자가 용수인지 린트너도 의문을 품는다.[27] 총 70개에

---

24. Lindtner (C.), *Nagarjuna*, p. 87.
25. Nakamura (H.), *Indian Buddhism*, p. 239.
26. Tola (T.) and Dragonetti (C.), trans., *Nāgārjuna's Refutation of Logic(Nyāya) - Vaidalyaprakaraṇa*, pp. 3-15 참조.

달하는 이 게송들은 용수의 원저작들을 연구한 그의 책 『나가르주나 (Nagarjuna)』에 완역되어 있다. 4가지 다른 영역본들이 있다고 한다.

4	Chi.,	회쟁론 廻諍論	
	Eng.,	Refutation of Argument	
	Skt.,	Vigrahavyāvartanī(kārikā nāma)	
	Tib.,	brtsod pa bzlog pa('i tshig le'ur byas shes pya ba)	
Tibetan		Chinese	
Pek. Ed.	sde dge Ed.	K. Ed.	T. Ed.
5228	3828	K-630(17-756)	T-1631(32-13)

총 72개의 게송들과 이에 대한 자주(自註)로 된 『회쟁론』은 C.E. 541에 구담류지(瞿曇流支, Gautama Prajñāruci)에 의해서 한역되었으며, 일반적으로 알려지기를 용수가 MK를 집필한 후, 공의 문제에 시비를 거는 상대방을 논박하기 위해 자신의 입장을 게송으로 짓고 주석을 붙인 것이라고 한다. 원저자가 용수라는 점에서 이견이 없을 뿐만 아니라 MK와 함께 가장 주요한 저작의 하나로 간주된다.

5	Chi.,	육십송여리론 六十頌如理論	
	Eng.,	Sixty Stanzas of Reasoning	
	Skt.,	Yuktiṣaṣṭikā(kārikā nāma)	
	Tib.,	rigs pa drug cu (pa'i tshig le'ur byas pa shes bya ba)	
Tibetan		Chinese	
Pek. Ed.	sde dge Ed.	K. Ed.	T. Ed.
5225	3825	K-1441(40-457)	T-1575(30-254)

이 저작도 한역 대장경과 티벳 대장경에 모두 포함되어 있다. 시호(施護)에 의해서 C.E. 980-990에 한역되었으니 중국 중관사상의 발전기보다 한참 늦게 소개된 셈이다. 린트너에 따르면, 후대의 중관파의 논사들인 청변, 월칭, 산따라끄쉬따 등은 이 저작을 인용하여 용수의 사상에 대해 설명했다

....
27. Lindtner (C.), 같은 책, pp. 31-33.

고 한다.[28]

6	Chi.,	보행왕정론 寶行王正論		
	Eng.,	The Precious Garland		
	Skt.,	(Rāja parikatha) ratnāvalī		
	Tib.,	(rgyal po la gtam bya ba) rin chen phreng ba		
Tibetan			Chinese	
Pek. Ed.	sde dge Ed.		K. Ed.	T. Ed.
2914, 3226, 5093, 5297	2048, 2384, 3901		K-617(17-626)	T-1656(32-493)

보통『라뜨나바리(Ratnāvalī)』로 알려진 이 게송집은 북경판과 데게판 카탈로그에 여러 판본들이 실려 있으나 모두『라뜨나마라(ratnāmālā)』로 적혀 있다.[29] 보통 티벳 대장경의 경우, 구역의 불완전을 보완한 신역이 등장하면 구역을 폐기하는 것이 관례인데 이『보행왕정론(寶行王正論)』에 한해서는 예외다.

나카무라 하지메는 보행왕(寶行王)을 샤따바하나(Sātavāhana)의 한역이라고 추론한다.[30] 그러나 '황금 보석을 지닌 자'라는 해석은 대충 맞을지 모르나 이것은 그 왕의 이름[야즈나스리 사따까라이(Yajnasri Satakarai)가 되었든 가우따미뿌뜨라 샤따까르니(Gautamīputra Śātakarṇī)가 되었든]이 아니고 샤따바하나 왕조 스스로를 높이기 위한 '황금 왕조' 정도가 맞다. 즉,『보행왕정론(寶行王正論)』은 보행왕조의 왕인 자기 친구에게 쓴 편지라는 뜻이다. 한 가지 이채로운 점은 이 게송집이 C.E. 558-569에 진제(眞諦,

---

28. 같은 책, p. 100.
29. 각기 다른 판본들의 오자를 교정한 티벳어판도 출판되었다. Samten (N.) ed., Ratnāvalī of Ācārya Nāgārjuna with the commentary by Ajitamitra, Sarnath, Varanasi: Central Institute of Higher Tibetan Studies, 1990.
30. Nakamura (H.), Indian Buddhism, p. 242. 각주 45번 참조. 현장의『대당서역기』에는 보행왕이 아니라 인정왕이다. 현장,『대당서역기』, 권덕주 (역), p. 296.
   '12・2 인정 왕 — 성 남쪽 멀지 않은 곳에 낡은 가람이 있다. 그 옆에 아쇼까 왕이 세운 스투파가 있다. 옛날 여래가 이곳에서 대신통력을 보임으로써 외도를 설복시킨 일이 있다. 훗날 용맹보살(龍猛菩薩: 龍樹를 말함)이 이 가람에 들어와 살았다. 당시 이 나라의 왕은 사타바하나(娑多婆訶: 당에서는 인정이라고 함)라는 사람이었는데, 용맹을 존숭하여 그가 사는 곳의 문을 경호시키고 있었다.'

Paramārtha, 499-569)에 의해 한역되었으나[31] 원저자가 누구인지 나와 있지 않다는 것이다. 티벳 전통과 린트너, 나카무라 하지메와 같은 대학자들의 견해에[32] 상반되지만, 개인적으로 이 저작은 용수의 것이 아닐 가능성 또는 후대의 '끼워 넣기'가 이루어졌을 가능성이 크다고 본다. 왜냐하면 용수의 비구성적(non-constructive)이고도 반형식적인(anti-formal) 자세와 달리 여기에는 육바라밀다 체계가 아닌 십바라밀다에 의거한 체계가 「제5품. 출가정행품」에 실려 있어,[33] 용수의 유명세를 차용한 것이거나 용수의 원저작에 '끼워 넣기'를 했었을 가능성을 무시할 수 없기 때문이다. 내용도 문제다. 예를 들자면, 한역 경전권에 속한 우리에게 친숙한 보살십지(十地)인데, 이것은 『십지경(十地經, Daśabhūmika sūtra)』이 『화엄경』 안으로 들어오면서 익숙해진 것이고, 티벳에서는 『입중론』의 저자 월칭 등 이후 대승의 논사들과 경전 집필자들이 이를 차용하여 대승 수행법을 널리 유포시키면서 익숙해진 것이다. 그러나 용수의 여타의 저작들을 두루 살펴보아도 그가 보살이란 개념에 특별한 언급이나 분석, 대소승의 개념에 주의를 기울였다는 것을 찾아볼 수 없다. 그런데 여기서는 그것이 '용수답지 않게' 구성적으로 설명되어 있다. 작법 방식도 문제다. 티벳어 원문을 읽어보면, 『권계왕송』이나 용수의 다른 저작들과 비교해서 이 글은 '용수답지 않게' 너무 쉽다. 개인적으로 십바라밀다 체계가 등장하면 일단은 의심을 품는데 이 저작도 마찬가지다.[34] 4종의 역본들이 있을 만큼 티벳불교에서는 『보행왕정론』을 높이

---

31. K-617(17-626). T-(1656(32-493).
32. Lindtner (C.), 같은 책, p. 164, Nakamura (H.), 같은 책, p. 241.
33. 정승석 (편저), 『고려대장경해제』 I, pp. 551-552.
    '제5 출가정행품 : 57추류혹(麤類惑)을 하나하나 열거해서 설명한다. 또 보살의 10지(地) 사상을 설하고 있다. 보살 10지 사상은 분명히 대승의 것으로서 인왕경(仁王經), 화엄경(華嚴經)에 기술되어 있는 10지와 동일하다. 논사는 그 안에서 각각의 지(地), 그 지에서 닦아야 할 바라밀, 거주하는 천상 세계를 설하고 있다. 논사는 마지막으로 스스로 성불할 것을 발원하면서 논을 마친다.
    이 안에는 대승적 용어와 법수(法數)가 많이 나온다. 그것은 32상(相), 보살 10지(地), 6바라밀, 57추류혹(麤類惑), 3승(乘), 4무량(無量), 10력(力), 6통(通), 4변(辯)이다.
    이 논서의 대승 사상은 4~5세기의 것으로 보이므로 본서 역시 그 무렵에 성립되었을 것으로 추측된다.'
34. 개인적으로 육바라밀다 체계를 근거로 삼는 것은 대승불교의 초기 전통으로, 그리고

치지만, 한역 대장경에는 『권계왕송』의 3가지 역본들이 있어, 그 당시 역경사들이 이 서한집을 얼마나 중요하게 생각했는지를 엿볼 수 있다.[35] 티벳 전통에서도 20여 종의 『권계왕송』 주석서들이 있다고 하니 『보행왕정론』과 비교하여 그 중요성이 반감되는 것은 아니다.[36] 지금까지 한역 경전권

십지의 바탕이 되는 십바라밀다 체계는 대승불교 완숙기인 후기 전통으로 보는데, 흥미로운 점은 남방불교에도 이 십지의 개념이 '예견되어 있다'는 것이다. Murti (T. R. V.), *The Central Philosophy of Buddhism*, p. 79. 김성철 (역), 『불교의 중심 철학』, p. 163 참조.

'『대사(大事, Mahāvastu)』(E. Senart Ed. Paris, 1892-97)는 대중부에 속하는 Lokottaravāda (설출세부, 필자 첨언)의 율장(율장이 아닌 불전문학서이다. 필자 첨언)이라고 주장한다. 이것은 쉽고 유려한 산스끄리뜨어로 쓰여진 서사시 형식의 문헌이다. 이는 도덕적인 이야기들인, Avadāna라고 불리는 문헌류에 속한다. 이것은 교훈적인 이야기들과 독단적인 경전들의 모음집인 『본생담』이 유래된 참다운 저장고이다. 붓다는 이 세상에 강림하여 고행 등을 하나의 神, 즉 일부러 어떤 연출을 하는 자와 같이 취급된다. 『대사』에도 어느 정도의 대승적인 수행 체계, 특히 보살이 밟는 十地 槪念(필자 강조)이 예견되어 있다.'

무르띠의 이 언급은 머리를 지긋지긋하게 아프게 한다. 우선은 '불전 문학이 보살의 개념 체계화 작업에 선행되어 있었다'는 개인적인 의견과 배치되며, 둘째는 『대사』를 율장으로 봐야 할지, 또는 일반적인 불전 문학으로 봐야 할지, 그리고 셋째는 불교의 세계관에서의 신의 위치 등의 문제 중 어느 하나도 동의할 만한 견해를 찾아보기 어렵기 때문이다. 만약 『대사』에서 십지가 예견되어 있었다면, 이것은 『대사』가 이미 십지의 견해가 전파된 이후에 집경되었을 가능성, 또는 십지가 삽입되었을 가능성 등등, 많은 연구 분야를 과제로 남겨둘 수밖에 없다. 남방 전통에 소장된 주요 경전 또한 대승 경전들과 영향을 주고받았을 가능성만 열어두고 이후의 연구 성과들을 주목하는 선에서 여기서는 더 이상 논의하지 않겠다.

35. 1) 권발제왕요게(勸發諸王要偈) C.E. 434-442. 승가발마(僧迦跋摩, Siṅghavarman) 역, K-1037(30-657). T-1673(32-748). 2) 용수보살위선타가왕설법요게(龍樹菩薩爲禪陀迦王設法要偈) C.E. 431~. 구나발마(求那跋摩, Guṇavarman) 역, K-1043(30-674). T-1672(32-745), 약칭으로 용수위왕설법요게(龍樹爲王設法要偈). 3) 용수보살권계왕송(龍樹菩薩勸誡王頌). C.E. 700-711. 의정(義淨) 역, K-1036(30-654). T-1674(32-751). Nakamura (H.), 같은 책, p. 241, 각주 44번 참조.

'산스끄리뜨어 원문은 완전하지 않다. 산스끄리뜨어 원문의 약간의 단편만 투찌(G. Tucci)에 의해 편집, 영어로 번역되었다.'

36. 중국불교에서 '인도 유학파'의 대미를 장식하는 의정(義淨, C.E. 635-713)의 기록에 따르자면, 그가 인도를 방문했던 C.E. 7세기 후반 가장 대중적인 용수의 서적은 『권계왕송』이었다고 한다. 의정에 대해서는 이종철, 『중국 불경의 탄생』, pp. 137-145와 한글대장경, 『고승전 외』의 의정의 『남해기귀내법전』 참조.

그가 한역한 『권계왕송』과 그의 인도 여행기인 『남해기귀내법전(南海寄歸內法傳)』을 보면, 여러 가지 이유로 그의 역경 스타일과 인도를 기술하는 스타일에 의심을 품게 된다. 자세한 내용은 다음을 기약해야겠다.

의 불교 연구에서는 이 두 저작들에 대해 거의 무관심으로 일관했다. 아마도 제자백가 이래로 자기 실정에 맞는 도덕률이 이미 발전해왔기 때문이라 여겨진다.

위와 같이 살펴본 게룩빠의 중관사상의 6대 저작들과 달리 싸꺄빠는 『보행왕정론』을 포함시키지 않는데, 실제로 이 저작을 중관사상의 논서들에 포함시키는 것에는 문제가 있다. 이 두 종파들 사이에서 용수에 강조점을 찍을 것인지, 또는 중관사상 자체에 강조점을 찍을 것인지에 대한 차이를 보이고 있지만 그다지 중요해 보이지는 않는다. 티벳의 '중관이취육론'과 달리 한역 경전권에서는 삼론종(三論宗)의 전통에 따라 중관의 소의경전들을 꼽았다. 6세기 초반 이 종파가 사실상 해체되었으나 한역 경전권에서 중관을 논의할 때에는 이 삼론종(三論宗)의 전통을 빼놓을 수 없다. 꾸마라지바가 한역한 '중관 삼론'은 아래와 같다.

1) 중론 中論, Mūlamadhyamakakārikā K-577(16-350). T-1564(30-1).
2) 백론 百論, Śataśāstra K-581(16-548). T-1569(30-168).
3) 십이문론 十二門論, Dvādaśamukhaśāstra K-579(16-526). T-1568(30-159).

여기서 우리는 티벳불교의 '우마 릭촉 둑(dmu ma rig chogs drug)'과 달리 아리아데바(Āryadeva, 聖天 또는 提婆)가 중요하게 취급되고 있음을 알 수 있다. 북경판과 데게판을 주의 깊게 살펴보아도 아리아데바의 『백론』도, 용수의 『십이문론』도 티벳 대장경에는 없다. 대신에 티벳 대장경에는 『사백론(四百論)』[37]이 그대로 들어 있다. 현장이 한역하여 『광백론(廣百論 또는 廣百論本)』[38]으로 더 잘 알려진 이 게송집에 대해, 『고려대장경해제』에는 '이 불전에는 모두 200개의 게송이 있다. 원본인 범본은 모두 400송 16품으로 구성되어 있어서 사백론송((四百論頌)이라고 부르는데, 본 불전은 그것의 후반부에

---

37. Skt., Catuḥśataka śāstra kārikā. Tib., bstan bcos bshi brgya pa (shes bya ba'i tshig le'ur shes bya ba), Pek. Ed., no. 5246, sde dge Ed., no. 3846.
38. K-582(16-568). T-1570(30-182).

해당한다고 한다.'[39]라고 적혀 있다. 만약 꾸마라지바가 『사백론』을 알고 있었다면, 그가 왜 『사백론』 대신에 『백론』을 선택하여 한역했고, 훨씬 이후에 유식학자였던 현장이 이 경론에 관심을 기울였는지 등에 대한 자세한 연구는 다음으로 미뤄야 할 것 같다.

용수의 제(諸) 저작들을 두루 살펴본 린트너지만 이 문제에 대해서는 관심 밖의 주제라 특별한 언급을 하지 않았다. 필자가 알기로는 지금까지 이 부분에 대한 불교학계의 연구는 전무한 실정이다. 『십이문론』에 대해 나카무라 하지메는 간략하게 언급하길,

'2. 12 문론(十二門論, Dvādaśa-dvāra śāstra). 한역만 존재한다; 그리고 12항목 (headings, 門)에 걸쳐 공성을 가르치고 있다. 그 내용은 MK의 축약본과 거의 일치한다.'[40]

그는 아리아데바의 『백론』과 『광백론』에 대해서도 간략하게 언급하였지만 앞에서 살펴본 것과 큰 차이는 없다. 한역 경전권의 삼론과 티벳 전통의 '중관이취육론(中觀理聚六論)'의 가장 큰 차이는, 전자의 경우 용수와 아리아데바를 함께 다룬다는 것이다. 일반적으로 스리랑카 출신인 아리아데바 (C.E. 170-270)는 용수에게 직접 가르침을 배운 제자로 알려져 있다. 보통 이 둘을 일컬어 '성부자(聖父子)'라고 부르며 티벳 전통도 마찬가지다. 한 가지 이채로운 점은 티벳 전통에서는 아리아데바의 논쟁 대상자를 불교 최고의 운문문학이라는 『불소행찬(佛所行讚, Buddhacharita)』의 저자 마명(馬鳴, Aśvaghoṣa)으로 꼽고 있다는 것이다. 『대당서역기』에도 아리아데바와 마명이 연달아 나온다.[41] 여기서는 다만 아리아데바가 마가다국에서 외도를 항복시킨 편[42]에 뒤이어 마명이 나와 귀신에게 배워 변론을 펴는 브라흐만

---

39. 정승석 (편저), 『고려대장경해제』 I, pp. 47-50.
40. Nakamura (H.), 같은 책, p. 238.
41. 현장, 『대당서역기』, 권덕주 (역), pp. 223-227.
42. 같은 책, pp. 223-225. '3·3 데바(提婆)의 간타성 탑' 참조. 여기서도 아리아데바가 외도와 논쟁했다는 '전설'의 기념탑이 나온다.

을 굴복시키는 각기 다른 편[43]으로 구성되어 있고, 그리고 마명은 협존자(脇 尊者)에 의해서 개종되었다[44]고 나온다. 그러나 티벳 전승에서는 훨씬 더 드라마틱하게 아리아데바와 겨루다 패해서 개종되었다고 나온다.[45] 무대는 언제나 그렇듯이 나란다이다. 이 기록과 『불소행찬』의 서문 등을 통해 마명이 원래는 외도였다는 것을 알 수 있다. 어찌 되었든 아리아데바가 외도들과의 논쟁에서 탁월한 재능을 발휘했다는 것만은 확실하다.

중관사상에 대한 한역 경전권과 인도-티벳 전통의 차이는 아마도 5백여 년 이상의 시차를 두고 인도불교를 흡수·변화·발전하면서 생긴 문제일 것이다. 청목소에 근거한 MK를 읽으면, 논리적 사유에 따른 추론보다 용수의 비판 의식이 먼저 눈에 들어오지만, 월칭과 청변 그리고 이후 중기 중관파의 입장을 통해 MK를 읽으면 용수의 비판 의식에 논리적 추론이 불가피하다. 많은 논란들이 있을 수 있겠지만, 어떤 종류가 되었던 수행 체계에 따라 복덕과 지혜라는 두 자량들을 쌓을 수 있다면, 그것이 수습차제가 되었든 보리도차제가 되었든, 점수(漸修)적 체계인 것만은 틀림없다. 티벳불교는 후기 인도불교를 그대로 받아들이며 그 점수적 체계에 따라 논리적 발전을 이루며 밀교에 열린 자세를 취했다. 한역 경전권에서는 용수와 아리아데바의 중관사상에 대해 선불교 특유의 돈오(頓悟)적 자세를 취했다고 보아도 크게 틀리지는 않으리라. 이 한역 경전권과 점수적 체계와 밀교와의 유기적인 관계를 갖춘 티벳불교가 서로 교류할 수 있는 경론들마저도 공유하고 있지 못하다는 사실은, 중관사상을 포함한 현대의 불교 연구가 아직 채 걸음마 단계도 벗어나지 못하고 있다는 것의 반증에 다름 아니다.

용수의 생애와 저작들을 간략하게 살펴보았지만, 남아 있는 중요한 문제

---

43. 같은 책, pp. 225-227. '3·4 마명(馬鳴)의 옛터' 참조.
44. 비슷한 이야기가 한승섭이 옮긴 『기신론·삼론(起信論·三論)』 총설에 실려 있다. 한승섭 (역), 『기신론·삼론』, p. 23-25 참조.
45. Tsonawa (L. N.), trans., *Indian Buddhist Pundits from "Jewel Garland of Buddhist History"*, pp. 10-14. 아리아데바와 마명편. 갠지스강에서 목욕하며 자신의 죄를 정화한다는 마명 옆에 아리아데바가 와서 앉아, 그릇의 바깥쪽을 씻으며 '나도 너처럼 씻는다!'는 대목은 티벳인들이 가장 좋아하는 이야기 중의 하나라고 한다.

중의 하나는, 앞에서도 언급한 중관파 거목들의 삶과 죽음에 대한 것이다. 용수와 아리아데바는 물론 C.E. 8세기에 티벳불교에 지대한 영향을 끼쳤던 까마라쉬라도 암살당했다. 한역 경전권에서 구역(舊譯)을 상징하는, 중관사상을 맨 처음 중국에 소개했던 꾸마라지바는 '좋은 종자를 얻기' 바라던 왕과 제후들로부터 여자들과 동침할 것을 강요받았으며, 그의 제자들에게 '나의 가르침을 가려서 배우라!'고 일렀다. 어떤 의미로 가장 비극적인 삶을 살았던 이는 자신의 명성 때문에 조국이 침략·멸망당한 망국의 슬픔을 떠안은 채, 씨받이를 품고 자야만 되었던 환갑을 넘긴 노승 꾸마라지바였을 것이다. 용수의 삶에서 살펴본 것처럼, 일반적인 예상과 달리 중관사상의 거목들의 삶은 언제나 매우 동적이었으며 현실 참여적이었다. 그리고 대부분 비극적이었다.

비유로 들자면, 중관사상은 수학에서의 양만 표시하는 스칼라(scalar)가 아닌 운동성을 포함한 벡터(vector)다. 달리 말해서, 만약 어떤 이가 자성을 가진 실체(*svabhāva*)를 인정한다면, 용수는 상호 연관성(*pratītya*), 원인(*hetu*), 조건(*pratyaya*) 등을 통해 이를 비판한다. 또한 만약 어떤 이가 자성이 없는 비실체(*asvabhāva*)를 주장한다면, 만약 실체가 없다면 어떻게 비실체를 말할 수 있느냐고 비판하는 것이 그 오의이다. 이와 같이 실체든 비실체든, 그것이 '개념화 작업(conceptualization)'을 거치게 된다면 날 서린 비판의 대상이 된다. 용수는 어떤 이가 'A'가 존재한다고 말한다면, 원인과 조건 등에 의해 발생한 'A'가 "어찌 고유한 속성을 가진 'A'라고 부를 수 있겠느냐?"고 비판하고, 'A'란 존재하지 않는다고 말하면, "'A'가 존재하지 않을진대, 무엇을 통해 'A'를 존재하지 않는다고 말할 수 있겠느냐?"고 비판한다. 양자 사이에서의 타협을 뜻하는 중도가 아닌 양자, 즉 상견론자(실유론자)와 단견론자(회의주의·무신론자·쾌락주의 등)들을 모두 맹렬하게 공격하던 중관파의 시조 용수와 그의 정신적인 아들 아리아데바 그리고 여타 중관파 스승들의 치열한 삶과 죽음은 이 점에서 기계적 발상에서의 타협의 중도가 아닌 중도를 이끌기 위한 치열한 비판 의식과 실천이 낳은 비극적인 결과라 하겠다.

해제

> 연기(緣起)인 그것
> 바로 그것을 공성(空性)이라고 말한다.
> 바로 그것에 의지하여[緣] 시설(施設)된 것[=假名]
> 그 자체가 바로 중도(中道)이다.
> ―『중론』, [362. (24-18)]번 게송

중관사상을 논하는 것은 인도 사상사의 핵심을 꿰뚫는 직접적인 작업일 뿐만 아니라 인류의 사상사를 간추리는 작업이기도 하다. 이것에 대한 본격적인 논의는 이「해제」에서 다루기에 녹녹한 주제도 아니고 다룰 수 있는 분량의 작업도 아니다. 그러므로 별도의 다음 저작을 기약하기로 하고 여기서는『중관이취육론(中觀理聚六論)』을 관통하는 기본적인 사유와 각 저작들의 특징을 살펴보기로 하겠다.

이 작업에서 가장 먼저 선행되어야 할 것은 용수의 6대 저작이라고 티벳에 널리 알려진 이 각기 다른 저작들이 '과연 용수가 직접 지은 것인가?'라는 질문에 대한 답변이다. 이것은 오늘날 널리 통용되는 '저작권(Copyright)'이 불교의 여러 경론에 통용되는지와 '용수의 주장이 과연 불법에 부합하는가?'라는 질문과 맞닿아 있다.

졸저『용수의 사유』에서는 중관사상의 사조(師祖) 용수를 논하면서 그의 사유가 철학적, 형이상학적 주제에 대한 부분과 3계 6도를 설명하며 불교 특유의 세계관 속에서 도덕성을 강조하는 부분으로 나뉘어져 있으며 이 가운데 전자의 경우 선행했던 반야부의 공사상, 그리고 각각의 논사들에 따라 해석이 달라지는 이제론(二諦論)과 붓다의 침묵, 열반과 사구부정(四句否定), 그리고 윤회하는 존재로서의 인간인 뿌드가라(pudgala)를 중심으로 살펴보았다.[1] 여기서는 이 주제를 관통하는 '0의 법칙'에 해당하는 일체 무자성(無自性, niḥsvabhāva)을 비롯해 최근에 해석한 중관사상의 특징에 대해서 좀 더 자세히 다루도록 하겠다. 왜냐하면 이것은 '일체 무자성=연기사상=공사상'으로 수렴되는 중관사상의 빼놓을 수 없는 기본적인 해석이기 때문이다. '세계를 설명하는' 형이상학(形而上學, meta-physics), 즉 물리적, 물질적 대상[phyisics]의 관계를 이어주는[meta-] 학문에서 추구하는 일반적, 보편적 법칙성의 유용성을 인정하면서도 언설로 표현되는 이것의 한계를 지적한다는 대목에서 중관사상 특유의 논리가 발견되는데 '이와 같은 발상은 어디에서 비롯된 것인가?'라는 질문을 던졌을 때 제일 먼저 마주친 지점이 '인도 고유의 언어학적 특징'이라서 이번 기회에 이 점에 대해서 조금이나마 살펴볼 생각이다.

용수의 6대 저작을 『중관이취육론』이라고 통칭하여 부르지만 이 가운데 『중론』만이 의심할 수 없는 용수의 진작(眞作)이다. 간략하게 나머지 저작들의 특징을 정의하자면, 『중론』의 핵심을 간추린 것이 『육십송여리론』, 『칠십공성론』이고, 자주(自註)가 붙어 있는 『회쟁론』의 작풍과 같은 궤를 이루고 있는 것이 『세마론』이고, 그리고 또 다른 용수의 진작인 도덕성을 강조하는 『권계왕송』의 확장판이 『보행왕정론』이다.

『육십송여리론』과 『칠십공성론』은 『중론』의 특징을 간추린 핵심판 또는 축약판인 만큼 어떻게 그 핵심을 간추렸는지 살펴볼 필요가 있고 "소리내지 마!"의 예를 통해서 '그대의 주장이 모든 것이 공하다면 그대의 주장 또한 공하다!'는 논박자의 주장을 논파하는 『회쟁론』과 니야야 학파(Nyāya, 正理學派)의 '올바른 논리의 16범주'에 대한 개별적 논파로 이루어진 『세마론』 또한 결코 간과할 수 없다. 약술하여 '언설로 된 그 어떤 것도 자성이 없다!'라고 주장, 강조하는 '희론(戲論, Skt. prapañca)의 논파'라고 할 수 있겠으나, 각각의 저작들이 각기 다른 변조를 이루고 있으므로 이 점 또한 간략하게나마 살펴보겠다.

---

1. 졸저, 『용수의 사유』, pp. 129-219 참조.

『중관이취육론』은 과연 용수가 직접 지은 것인가?[2]

대부분의 불교학자들은 한역과 티벳 대장경의 교차 검색을 통해서 명확하게 드러나기 때문에 『중론』과 『권계왕송』이 용수가 직접 지은 것임을 의심하지 않는다. 한역의 경우 꾸마라지바가 『청목소(靑目疏) 중론』[3]을 옮긴 5세기 초반 이래로, 그리고 3세기 이후에야 본격적으로 역경 작업을 수행한 티벳에서도 마찬가지다. 승가발마(僧迦跋摩)가 『권발제왕요게(勸發諸王要偈)』를, 그리고 구나발마(求那跋摩)가 『용수보살위선타가왕설법요게(龍樹菩薩爲禪陀迦王說法要偈)』 등으로 『권계왕송』을 한역한 이후 한역 경전권에서는 이 저작들이 용수가 직접 지은 것으로 간주되었다. 티벳 대장경에는 용수라는 이름 아래 130여 종 이상의 저작들이 존재하고 그 가운데 이 『권계왕송』이 중관부와 율장에 두 차례 따로 실려 있다.[4]

문제는 이와 같은 교차 검색을 통해서도 용수의 진작을 확증할 수 없다는 데 있다. 가장 대표적인 예는 오늘날 중관사상을 논하면서 결코 빼놓을 수 없는 『회쟁론』이다. 꾸마라지바가 5세기 초반 『중론』, 『백론』, 『십이문론』을 한역한 후에 한역 경전권에서는 중관사상을 전면에 내세우는 삼론종이 생겨났으나 6세기 중반에 구담류지(瞿曇流支)가 한역한 『회쟁론』은 이 주류에서 한참이나 벗어나 있었다. 만약 오늘날 널리 통용되는 것처럼 용수가 초기에 『중론』을 짓고 이후 논박자의 주장을 논파하고 공성을 강조하기 위하여 『회쟁론』의 "소리 내지 마!"처럼 명확한 실례를 통해 설명한 것이 보편화되었다면 한역 경전권의 중관사상은 삼론종의 전통을 넘어 다른 방향으로 흘러왔을 것이다.

오늘날도 용수의 원작 문제는 중관학자들 사이의 두통거리지만 달라이 라마 14세를 비롯한 티벳의 불교도들은 상당히 특이한 접근법을 가지고

---

2. 6대 저작의 서지학적 접근의 자세한 연구에 대해서는 3권 「부록」 참조.
3. 한역 경전권에서 『청목소(靑目疏) 중론』은 『중론』 자체를 뜻하는데, 이후 자세히 설명하기로 하겠다.
4. 자세한 내용은 3권 「부록」, p. 367 참조.

있다. '제2의 붓다'라고 용수를 상찬하는 티벳의 불교도들은 밀교의 영향 때문인지 시간과 공간이라는 존재의 집을 무시하는 경향이 매우 강하다. 그뿐만 아니라 진, 위작의 문제를 '중관사상이 불법에 부합하는가?'라는 측면에서 본다. 『중관이취육론』을 뜻하는 '우마 릭촉 둑(rigs)'을 해자해보면 이 점은 명확하게 드러나는데, '가운데 것, 중(中)'을 뜻하는 '우마(dmu ma)', '합리적이다, 이해하다, 옳다', 즉 한문의 '이(理)', '정리(正理)'에 해당하는 '릭(rigs)', 그리고 '모음, 합, 취(聚)'를 뜻하는 '촉(tshogs)', 그리고 여섯을 뜻하는 '둑(drug)'으로 이루어져 있는 이것은 '6(개의) 가운데 것[中]을 올바르게 이해하기 위해 모은 것' 정도의 뜻이니, 애초부터 용수의 '저작권이 있는' 대표 저작들을 추렸기보다는 자기 이름을 내걸고 『중론』 주석서를 집필했던 중기 중관파 이전의 중관사상의 주요 저작들을 모았던 셈이다.

오늘날의 '저작권' 관점에서 보자면 이런 경향성은 티벳에서만 두드러진 것이 아니라 인도 불교의 삼장(三藏)을 관통하는 문제이므로 인도에서 비롯된 것임이 틀림없다. 모든 경(經)의 서두에 등장하는 '여시아문(如是我聞)'을 '이와 같이 내가 들었다'로 옮기고 있으나 산스끄리뜨어 원문인 '에밤 마야 스루땀(evaṃ mayā śrūtam)'을 해자해보면, '이것은(evaṃ) 나에게(mayā) 들린 것(śrūtam) (이다)'로, 이것은 화자(話者)가 무슨 말을 하였든 청자(聽者), 즉 들은 자의 기록이 곧 붓다의 가르침인 경(經)이라는 뜻이다. 또한 붓다가 어떤 이야기를 하였든 그 기록이 남긴 것은 6도 중생의 근기에 따른 해석일 뿐임을 가리킨다. 이런 전통은 오늘날의 '저작권'에 대한 개념과는 정반대로, 저자에게 저작권이 있는 것이 아니라 기록자에게 그 권리가 있다는 의미와도 일맥상통한다. 바로 이런 점 때문에 티벳인들은 진, 위작의 문제에 큰 관심을 기울이지 않은 것으로 보인다.

비록 티벳인들이 '6(개의) 가운데 것[中]을 올바르게 이해하기 위해 모은 것'이라는 뜻으로 용수의 저작들의 진, 위작의 여부와 상관없이 취합했을지라도 서지학적 정확성을 추구하는 학문적 욕구는 피해갈 수 없다. 이 때문에 눈여겨보는 대목은 불법의 집경(集經) 역사이다. 이것을 간략하게 나눠보면 경(經)이 집경되던 시기, 용수처럼 맨 처음 자기 이름을 내걸고 논서(論書)를 짓던 시기, 그리고 이에 대한 주석을 짓던 시기로 나눌 수 있다. 일반적으로 이 가운데 집경 시기와 논서의 시기는 용수 이전과 이후(C.E. 2~3세기), 그리고 주석의 시기는 불교 논리학의 영향을 받아 최초로『중론』의 주석서를 썼던 불호(佛護, Buddhapālita C.E. 470-540)를 경계로 나눌 수 있다. 이 구분에 따르자면,『회쟁론』,『세마론』,『육십송여리론』,『칠십공성론』,『보행왕정론』의 원작자는 중기 중관파 이전의 인물로 자기 이름 대신에 용수의 이름을 차용했다고 볼 수 있다. 이것은 집경의 대상이 붓다에서 용수로 바뀌었을 뿐, '인도식 저작권' 전통이 이어져 오고 있음을 뜻한다. 바로 이런 이유 때문에 용수라는 이름 아래 130여 종 이상의 여러 논서와 주석서들이 티벳 대장경에 남아 있는 셈이다.

'집경의 역사'를 한쪽으로 제쳐 두고 직접적으로 용수가『중관이취육론』의 원작자인가의 문제를 논하는 데도 여러 한계가 있다. 예를 들어 한역『회쟁론』에는 용수의 주석이 붙어 있으나 티벳의『중관이취육론』에는 주석이 빠져 있다. 이와 달리 한역에 존재하지 않는『세마론』에는 주석이 포함되어 있다. 이것은『회쟁론』이 완벽한 게송 형태로 되어 있는 반면『세마론』은 주석을 설명하는 구조로 되어 있다는 작법의 차이 때문에 비롯된 문제로 보인다. 또한 빼놓을 수 없는 것은 티벳에 전승되는『중론』,『불호소(佛護疏, Buddhapālitavṛtti)』이후 여러 주석서들에 등장하는 인용문을 용수의 진작으로 간주하는 경우다. 위의 가설(假說)을 적용해보면 이것은 그다지 유용한 방법이 아님을 쉽게 알 수 있다. 왜냐하면 중기 중관파 이전의 저작들에는 모두 '용수 지음'이라는 공통점이 있기 때문이다.

나머지 남은 하나의 방법은 '불교 밖'에서 발달한 이미 확증된 개념들, 예를 들어 니야야 학파의 '올바른 논리의 16범주'가 용수의 재세시에는 확증되지 않았다는 역사적인 근거를 통해 살펴보는 방식이다. 이 경우『세마론』은『니야야 수뜨라(Nyaya sūtras, 正理經)』가 정립된 이후에 이것을 논파하기 위한 목적으로 지어진 것으로 볼 수 있다. 문제는 이 책을 붓다의 재세시 앞에 두고자 하는 힌두학자들의 경쟁의식 때문에 5~6세기 때 정립된 이 책이 용수의 재세시보다 훨씬 앞에 위치한 경우다. 만약 이 이론을 받아들이면 모든 논의는 다시 미궁으로 빠져든다.

『권계왕송』의 확장판인『보행왕정론』의 경우, 일부러 100개 내외의 게송을 통일적으로 맞추려 한 점뿐만 아니라 용수의 작법과는 한 걸음 떨어진 총합적인 성격을 띠고 있다는 점에서 후대의 위작으로 간주해도 큰 문제가 없어 보인다.

이런 논의들을 정리하여『중관이취육론』에 대한 용수의 진, 위작 문제에 걸림돌이 되는『회쟁론』의 자주(自註)를 '첨작(添作)'이라는 개념을 도입하여 해결하면 개략적인 결론이 도출된다. 즉,『중관이취육론』은『중론』과『권계왕송』을 바탕으로 한 용수의 진작을 확충한 중기 중관파 이전에 집론(集論)된 것으로, 이 가운데『회쟁론』게송 부분은 용수의 진작일 가능성이 있으나 자주 부분은 첨작일 가능성이 크고,『세마론』전체는『니야야 수뜨라』를 논파하기 위한 위작이고,『육십송여리론』,『칠십공성론』,『보행왕정론』또한 용수의 이름을 차용한 위작인 셈이다.

역사적으로 이 기간을 '정체불명의 청목(靑目, Piṅgala)'[5]의 주석서인『중론』이 한역된 시기와 불호가 처음으로『중론』의 자기 주석서를 지은 시기의 약 2백년 정도로 줄일 수도 있겠으나, 북인도 전통을 따랐을 것이 거의 확실한『청목소』와 중인도 전통, 또는 나란다 전통을 따랐던『불호소』의 공간적인 측면이 간과될 수밖에 없기 때문에, 초기 중관파인 용수와 중기 중관파의 시작을 알리는 불호의 재세시 사이에 이와 같은 작풍이 널리 유행했을 것이라고 보는 게 타당하다. 논서의 시기와 주석의 시기 사이에도 여전히 남아 있던 집경 시기 전통의 잔재로 위작을 진작처럼 간주하는 '저작권법 위반'이 일어났을 것이지만 중기 중관파가『중론』에 주석을 붙이기 시작하자마자 이런 풍조는 급속도로 사라졌을 것이다.[6]

이 같은 서지학적 접근은 티벳인들이 생각하는 '용수의 중관사상을 이해하기 위한 6대 저작'에 대한 전통성을 결코 깎아내리지 않는다. 티벳불교의

---

5. 청목에 관한 자세한 연구는 졸저,『용수의 사유』, pp. 103-106 참조.
6. 당시 또 다른 조류인 '밀교의 탄생' 또는 '붓다보다 더 높이 평가받는 용수'의 등장에 대해서는 같은 책, pp. 263-266 참조.

중관사상을 이해하기 위한 체계적인 배열을 추론하는 과정에서 확인된 것은 '한역 전통이 원래의 중관사상에서 얼마나 멀어졌는가?'란 점이다. 인도의 역경사와 '공동 작업'을 하지 않는 것을 전통으로 간주하지 않는 티벳에서는 '로짜와(lo tsā ba, 역경사)'[7]들이 『번역명대의집(飜譯名大義集, Mahāvyupatti)』을 근거로 하여 인도에서 경론과 '맨파워'를 직접 수입하여 역경불사에 몰입했다.[8] 반면에 개별적인 역경사들이 자기 시대에 맞는 역경을 수행했던 중국에서는 불경의 한역화(漢譯化)를 거친 후 더 이상 인도에서 발달한 불교를 수입해야 할 필요성을 느끼지 못했다. 중관사상에서도 이와 같은 차이는 명확하게 확인되는데 한역 경전권의 전통과 티벳 전통이라는 두 가지 각기 다른 전통의 장단점을 비교하기에 앞서 원래 인도에서 논쟁의 중심이 되었던 것부터 먼저 살펴보도록 하자.

인도 고유의 언어학적 특징 속에서 발달한 중관사상

앞서 살펴본 '여시아문(如是我聞)', 즉 '에밤 마야 스루땀(evaṃ mayā śrūtam)'을 우리말로 옮기면 '이것은 나에게 들린 것(이다)'로 여기에는 '서술격 조사' 또는 '서술격 어미'인 '이다'가 생략되어 있다. 우리말과 달리 '성수격(性數格)을 모르면 애초 문장을 구성, 해체할 수 없는' 산스끄리뜨어를 공부하다 보면 마주치는 이와 같은 기본적인 차이는 중관사상에 사용되는 인도의 고유한 언어학적 특질까지 살펴보게 한다.

일반적으로 언어를 구분할 때 등장하는 세 가지 주요 특징은 어순에 따른 문장 구조(SOV와 SVO 구조)와 시제 변화, 그리고 성조(聲調)의 유무 등이다. 이 가운데 문장 구조는 주어(Subject)-목적어(Object)-동사(Verb)로

---

7. 전통적으로 붓다의 원음인 불경을 직접 다룬다는 점에서 티벳의 '로짜와'의 지위는 일반 승려들보다 훨씬 윗줄로 간주한다.
8. 이것은 회교도의 침입, 살인, 방화, 사원파괴로 인도불교가 사라질 때까지 계속되었다. 이후 인도 승려의 티벳 망명의 시기는 티벳불교의 2차 전법기 또는 역경 시기의 시작을 알렸다. 이 때문에 티벳에서는 나란다 17존자의 전통이라며 인도-티벳 전통을 강조한다.

이루어진 SOV형(形)과 주어-동사-목적어의 구조로 되어있는 SVO형으로 나누어져 있으며 전자는 우리말이고 후자는 영어, 중국어가 대표적이다. 성조가 있는 중국어나 동남아 언어들과 달리 성조가 없고 '성수격만 알아도 반이 끝나는' 산스끄리뜨어는 그 성수격만 통일되어 있으면 SOV나 SVO에 상관없이 문장을 구성할 수 있다. 특히 이와 같은 형태는 이구일게(二句一偈)의 게(偈, gātha)로 이루어진 게송(偈頌, śloka), 즉 까비야(Kāvya, 운문학)의 발달로 인해 규칙성, 통일성을 갖춘 극도로 축약된 문장으로 정형화되었다. 이 가운데 인도 최고의 운문학자로 오늘날에도 교과 과정에 포함되어 있는, 『불소행찬(佛所行讚, Buddhacarita)』의 저자인 마명(馬鳴, Aśvaghoṣa, C.E. 80~150)은 언어학적인 변곡점을 이룬다. 그의 시대를 관통하면서 완성된 고전 산스끄리뜨어(Classical Sanskrit)로[9] 자신의 이름을 내건 논사들이 등장하여 산문이 아닌 운문으로도 자신의 주장을 펼칠 수 있는 시대를 맞게 되었다. 용수의 『중론』과 그 이후의 저작들 또한 크게 이 범주에서 벗어나지 않는데, 이와 같은 언어학적 변화, 발달은 언제나 보다 정형화된 그리고 보다 세밀한 사유와 동행한다.

산스끄리뜨어의 언어학적 특질 가운데 빼놓을 없는 점은 '없다'를 뜻하는 '무(無)'라는 단어가 아예 존재하지 않는다는 점이다. 예를 들어 '존재한다'를 뜻하는 어근 '부(√bhu)'에서 파생한 '존재, 있음'의 뜻을 지닌 '바바(bhāva)'의 반대어는 '아바바(abhāva)'이다.[10] 하나의 언어소(言語所)를 통해

---

9. 고전 산스끄리뜨어의 완성자 빠니니(Pāṇini)의 문제에 대해서는 졸저, 『용수의 사유』, p. 37에서 재인용한다.

    '붓다 이전으로 위치짓기의 대표적인 예로는 산스끄리뜨어 고전 문법을 정리한 빠니니(Pāṇini)의 생몰 연대기를 꼽을 수 있다. 그는 불교의 구술 전통의 시기인 B.C. 4세기경 인물로 추정되는데, 당시는 구술 전통 아래 빠알리어, 쁘라끄리뜨어(Prakrit, 산스끄리뜨어에 대칭되어 고대 인도의 속어들을 통틀어 가리키는 언어) 그리고 변형 산스끄리뜨어 등이 동시에 존재하던 시대다. 이때의 불교 경론들은 베다처럼 구술 전통을 통해 이어졌는데 이후에 문자로 써졌다. 그러나 인도의 힌두 학자들은 붓다 이전으로 그들의 전통을 소급하고자 항상 무리수를 둔다.'

10. 한자에서 하나의 독립된 단어로 되어 있는 이 '무'의 유사어는 '비(非), 불(不), 공(空), 허(虛)'이지만 산스끄리뜨어에서는 '존재하지 않는 것', 즉 '존재의 부정'을 뜻하는 '아바바(abhāva)'로만 표현된다.

서 가장 기본적인 생각을 정리한다는 점에서, 이와 같은 특징은 '존재하는 것만 논할 수 있다'는 인도 특유의 논리 체계의 근간이 되어 이후 인도의 논리학파인 니야야 학파뿐만 아니라 전체 인도 사상계에서 대전제에 부정을 두고 있는 귀류논증 자체를 '비논리'로 간주하는 전통과 맞물리게 되었다.

한역 경전권에서 불교를 논할 때 항상 골칫거리인 '무아(無我)'는 이런 언어학적 특질을 이해할 때만 명쾌하게 와 닿는다. 즉, '고정불변하는 생사 윤회의 주체인 나, 영혼(soul), 자아(自我, ego)', 즉 '항상하는 나'라는 뜻을 지닌 '아뜨만(ātman)'의 반대어는 부정어인 '아나뜨만(anātman)'이고, 이것을 한역한 것이 곧 무아(無我)이다.[11] 그러므로 불교를 상징하는 무아이론은 '고정불변하지 않는 나, 자아, 영혼', 즉 '항상하지 않는 나', 즉 생기는 것은 반드시 사라지는 '연기적인 나'를 뜻하는 것이다. '무'라는 하나의 독립된 한자는 이런 '존재하는 것만 부정할 수 있는' 언어적 특질을 크게 주목하지 못하게 만들었던 것이다.

이와 같은 예는 중관사상에서 강조하는 '고정불변하는 속성', 즉 '자성(自性)'을 뜻하는 '스바바바(svabhāva)'와 이것을 부정하는 무자성(無自性), 즉 '니(흐)스바바(niḥsvabhāva)'의 관계 속에서도 드러난다. 불교의 기본 교리를 이루고 있는 이와 같은 부정, 즉 '존재하는 것의 부정'을 하나의 단어로 표현하는 '~이 아닌 것'의 특징은 '긍정문' 속에서 부정어가 사용되었을 뿐 구문, 문장 전체를 부정하지 않는 것이었다.

즉, '불교는 무아이론에 근거를 두고 있다'라고 했을 때, 그 무아이론은 '아뜨만'을 부정하는 '(그와 같은 것이) 아닌 것'을 뜻하는 부정접두어 '아나(ana-)'가 붙은 '(~이 아닌 것)이다'로 표현할 수 있다. 원래 인도의 무아이론,

---

11. 최근에 한 논문 심사를 하면서 이와 같은 부정 형태를 접할 수 있었다. 논문의 형식이 결정적으로 미비하여 '수정 후 재개'를 하였으나 여기에 나오는 구문론적(syntactically) 부정[parjudāsa 부정]과 의미론적(semantically) 부정[prasajya 부정]의 차이를 논하는 것으로 매우 중요한 것이다. 이에 대한 원 자료는 D. S. Ruegg에 의해 진지하게 수행된 적이 있다. 이것을 담고 있는 『The Literature of the Madhyamaka School of Philosophy in India』는 인터넷에서 PDF 파일로 다운받을 수 있다.

일체 무자성의 불교의 주요 개념들은 이와 같은 형식으로 되어 있으나 한역 경전권에서는 이 점이 명확하게 드러나 있지 않아 인도 사상사에서 힌두교와 대치점을 이루었던 불교의 기본적 교리에 대한 이해를 방해하였다.[12]

붓다의 재세시의 이와 같은 부정의 형태는 '(~이 아닌 것)이다'라는 형태를 취하고 있는 이상 최소한 '이단'은 아니었다. 이와 달리 반야부의 공사상을 '논리적으로' 설명하며 전통 논리학 자체를 논파한 용수의 부정 방법은 이와 달리, 격이 변화하지 않는 불변화사(不變化詞, indeclinable, 약칭 ind.) 부정어 '나(na)'를 사용하여 '~이 아니다'라는 형태를 취하였다.

이런 문장 전체를 '~이 아니다'라고 주장하는 것은 '존재하는 것만 다룬다!'는 공통된 합의하에서 논쟁을 시작하였던 인도 논리학의 전통에서는 용납할 수 없는 일이었다.[13] 『중론』 귀경게에서 8불(八不)을 주장할 때 용수는 붓다가 사용한 하나의 단어를 부정하는 형태[빠르주다사(parjudāsa) 부정]를, 그리고 『중론』 전체에 걸쳐서는 '그와 같은 것은 옳지 않다' 또는 '과실(過失)이 된다'를 뜻하는 '쁘라사쟈떼(prasjyate)', 즉 '쁘라사지아(prasajya) 부정'을 사용하고 있다. 인도 불호, 월칭 등에 의한 중기 중관파의 '쁘라상기까(Prasaṅgika)'의 전통, 티벳의 '텔귤와(thal 'gyur ba)' 전통은 바로 이 후자에서 비롯된 것이다.[14]

하나의 언어 체계가 다른 언어 체계로 넘어갈 때 발생하는 문화적 요소의 배제는[15] 번역, 역경이 감내해야 할 부분이지만 시대적 상황에 따라 달리

---

12. 긍정, 부정을 떠나 이것은 어떤 하나의 문화, 언어가 다른 언어, 문화권으로 넘어갈 때 생겨날 수밖에 없는 피할 수 없는 한계이기도 하다.
13. 오늘날에도 니야야 학파에서는 용수의 논파 방법을 비논리로 간주하고 있다. '타고르 대학'의 산스끄리뜨어학과에서 문법과 논리학을 가르치는 나로땀 세나빠띠(Narottam Senapati) 교수의 경우, 중관사상을 인도 논리학의 예외로 두고 있었다.
14. 이에 대한 자세한 내용은 졸역, 1권 『중론』, [20. (2-4)]번 게송 각주, p. 30 참조. 이와 같은 자세한 내용을 연구하지 않았던 기존의 불교학계에서는 용수 특유의 논파를 '귀류논증'이라고 불렀지만 이것은 명백한 오류다. 『세마론』에서는 이 귀류논증 또한 논파하고 있다. 자세한 내용에 대해서는 이후에 다시 언급하기로 하겠다.
15. 이런 언어학적 특징을 이해할 때만 불교 교학의 바탕이 되는 무자성과 무아이론을 '인도식'으로 파악할 수 있고 또한 이후 전개되는 중관사상 특유의 논리도 파악할 수

해석 요소까지 포함되면 첫 방향의 각도 차이가 다른 목적지에 이르게 만든다. 이 점을 우려하면 원래의 뜻에 부합하는 번역 언어의 선택은 난제 중의 난제이다. 특히 '존재와 그 존재의 개념자를 부정하는 특징'을 지닌 중관사상의 경우, '일체 무자성의 문제와 그것을 어떻게 표현하는가?'를 고민하지 않을 수 없다.

앞서 언급한 존재를 뜻하는 '바바(bhāva)'는 산스끄리뜨어 원문이 남아 있는 『중론』과 『회쟁론』에 두루 등장한다. 5세기 초반 꾸마라지바는 한역한 『청목소 중론』에서는 이것을 '유(有)' 또는 '법(法)'으로 옮겼다. 그러나 6세기 초반에 『회쟁론』을 한역하면서 구담류지는 이것을 '태(態)'로 옮긴 적이 있다.[16] 그리고 8세기 후반 이후부터 본격적으로 역경 사업을 시작한 티벳에서는 이것을 일괄적으로 '뇌뽀(dngos po)'라고 옮기고 있다.[17] 『중론』의 한역과 티벳역 사이의 이 3백년 사이에 일어난 일, 즉 '인도에서는 존재를 어떻게 생각했는가?'는 이 역경 단어의 변화 속에서 유추할 수 있는 부분이다.[18] '외빠' 대신에 '뇌뽀'로 통일하여 옮겼던 어떤 지점에 인도 사상사에 존재에 대한 커다란 변곡점이 있었기 때문이다.

유추할 수 있는 가장 큰 변화는 중관사상과 쌍벽을 이루는 유식사상의 변화, 발전을 꼽을 수 있다. 인식 주체에 의해서 '인간 의식 밖에서' 독립적으로 존재하고 있는 '존재'의 반영이 일어난다는 인식 작용 전체의 연기성을 확립하는 과정, 그리고 인식 주체의 능동성을 강조할 수밖에 없는 것이 유식사상의 결론일 경우, 이 조류는 중관사상뿐만 아니라 인도 불교사상사 전체에 영향을 끼쳤을 것이다. 그 결과 티벳 역경사의 공역자였던 인도의 역경사들은 '외빠' 대신에 '뇌뽀'로 통일할 필요성을 느꼈을 것으로 보인

있다는 점에서 결코 간과할 수 없는 부분이다.
16. 김성철(역), 『회쟁론』, pp. 14-15 참조. 이 '태(態)'를 사용한 것은 『회쟁론』 1번 게송에서만 등장할 뿐 이후 다른 곳에서는 실례를 찾지 못했다.
17. 티벳어의 경우, '외빠(yod pa)'가 일반적인 '존재'지만 『중관이취육론』에는 '바바(bhāva)'를 '뇌뽀(dngos po)'로 통일적으로 옮기고 있다.
18. 꾸마라지바와 구담류지의 1백여 년 사이의 변화는 역사적인 자료의 부족으로 다룰 수도 없지만 분명 이 사이에서도 어떤 변화가 있었기에 구담류지가 그처럼 새로운 단어를 찾았을 것이다.

다.¹⁹ 티벳어『중관이취육론』을 우리말로 옮기면서 한역의 유(有) 대신에 '인식 주체에 의해 파악된 존재'라는 의미로 '사태(事態)'²⁰라고 옮긴 것은 티벳 중관사상을 반영한 것일 뿐만 아니라 인도 불교의 언어학적 특징과 그리고 이후 전개된 인식론의 발달에 따른 주체와 대상 사이에서 끊을 수 없는 연기성을 표현하기 위해서다.

비록 이와 같은 새로운 번역 용어를 등장시켜 언어학적 한계를 극복하려고 할지라도 이것이 실패로 끝날 수밖에 없는 것은『중관이취육론』뿐만 아니라 중관사상은 '언설로 표현되는 것 자체는 한계를 가지고 있다'는 것을 대전제로 두고 있기 때문이다.『중관이취육론』에 등장하는 이 대전제에 대해서 좀 더 살펴보도록 하자.

언설로 표현되는 것의 한계, 그리고 그것의 극복 1
― 도형을 통한 설명

졸저,『용수의 사유』에서는『불설전유경(佛說箭喩經)』에 등장하는 14난(難)을 통해서 4구부정의 형태와 말할 수 없는 문제는 대해서는 침묵할 수밖에 없음을 지적하였다.²¹ 그리고 부정의 형태의 팔불(八不) 사상을 한역의 아공법공(我空法空)에 해당하는 티벳불교 특유의 인무아(人無我, pudgala nairātmya)와 법무아(法無我, dharma nairātmya)를 적용한 입체적인 모양으로

---

19. 인도 불교 사상사에서 이 '바바(bhāva)'는 이후 '형상(刑象)'을 뜻하는 '아까라(ākāra)'로 변해 유형성 유식파와 무형성 유식파로 크게 나뉘는 배경이 된다. 이 논의에 대한 자세한 내용은 이태승,『산타라쿠시타의 중관사상』, 참조
20. '존재'와 '사태'의 결정적인 차이는 인식 주체에 의해 반영된 것[존재이든 아니든]만 사태로 다루어질 수 있다는 점이다. 예를 들어, 감각 기관에 포착된 대상이 아닌 존재, 유추나 상상의 결과물은 사태가 될 수 없다는 뜻이다. 아마 이와 같은 것을 표현할 수 있는 것은 '실재(The real)'이겠으나 논의가 번잡하므로 세세한 논의는 다음으로 미뤄야겠다.
21. 두 가지 진리[二諦]와 붓다의 침묵에 대해서는 졸저,『용수의 사유』, pp. 142-153 참조 그리고 '말할 수 없는 것에 관해서는 우리는 침묵하지 않으면 안 된다.'는 비트겐슈타인의 주장에 대해서는 같은 책, pp. 347-375 참조

표현해[22] 팔불 중도의 공사상이 공간적인 이미지로 구축될 수 있음을 보여 주었다. 이것은 공(空, śūnya) 또는 공성(空性, śūnyatā)이 뜻하는 '존재의 집인 시공'을 비유로 설명하는 방법이기도 했다. 여기서는 '고정불변의 속성', 즉 자성이 존재하지 않는 것을 각기 다른 도형의 형태로 설명해 보도록 하겠다.

언설로 표현할 수밖에 없는 개념자들은 기본적으로 그침 없는 연기실상의 세계를 끊어야만 기본적인 정의를 할 수 있다. 예를 들자면 '이것'을 표현하는 것은 '이것이 아닌 것'을 배제할 때만 가능하다. '저' 그침 없는 연기실상의 세계와 그것을 끊어 다른 것을 배제해야만 성립할 수 있는 '이' 언어의 세계는 이 점에서 기본적인 모순을 가지고 있다. 도형으로 표현해 보자면, 연기실상의 세계는 그침 없는 흐름, 운동, 변화 등으로 표현할 수 있다.

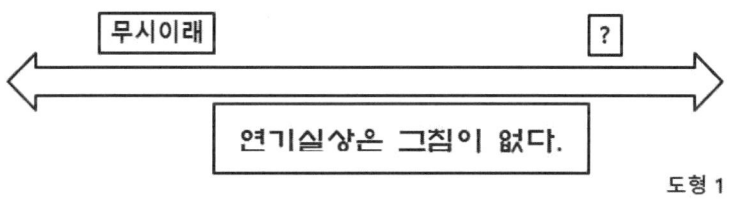

도형 1

이와 달리 언설로 표현된 것은 다른 것을 배제해야만 성립한다는 점에서 이 연기실상을 끊어야만 한다. 그리고 이것이 곧 언설(言說)의 세계로 개념, 정의 등으로 이루어진 형이상학, 철학이 추구하는 세계에 대한 도형이다.

어떤 원인과 그것의 결과라는 인과(因果) 또한 그침이 없이 계속되는 그침 없는 흐름, 운동, 변화로 우리는 이것을 편의를 위해 가설로 끊어서 설명된 것이다. 만약 '도형 1'의 연기실상의 세계에 '고정불변의 속성', 즉 자성을 가진 그 어떤 것이 존재한다면 그것은 그침이 있는 자성이 존재하

---

22. 같은 책, pp. 129-142.

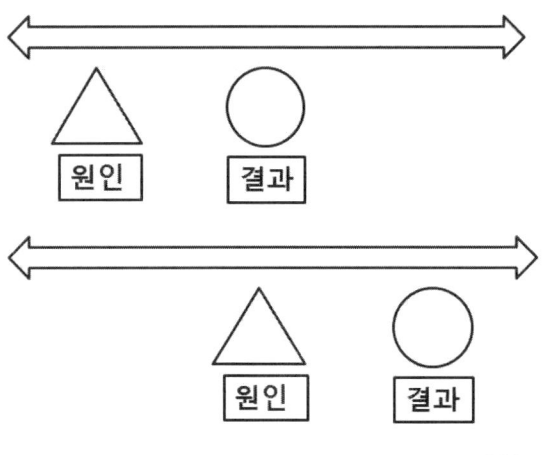

도형 2

는 세계일 것이다. 이것이 불교의 근간인 연기사상에 배치되는 것은 자명한 이치다. 그렇지만 언어의 세계는 '도형 2'에서처럼 이 연기실상의 세계를 언설로 된 정의나 '어떤 원인과 그것의 결과'로 설명하지 않을 경우, 일상생활의 언어뿐만 아니라 논리학, 형이상학 등의 체계는 결코 구축되지 않는다. 붓다가 산스끄리뜨어의 고전 문법 완성 전, 아직 채 갖추어지지 않은 논리적 판단자의 문제로 인해 14난(難)의 문제에 대해서 '침묵'으로 일관하며 이 문제를 소극적으로 대응했다면, 용수는 산스끄리뜨어의 고전 문법 완성 후, 이 문제를 적극적인 논파를 통하여 해결하였다.

도형을 도입하여 설명한 김에, 『중론』에서 이해하기 어려운 주제 가운데 하나인 '가는 자는 가지 않는다'로 유명한 「제2품. 가고 오는 것[去來]에 대한 고찰」을 도형을 통해 살펴보자. 총 25개의 게송으로 된 이 품은 산스끄리뜨어의 언어학적 특징에 대한 이해가 맞물려 있다. 한역이나 티벳역의 경우, 이와 같은 언어학적 특질이 희석화되어 명확하게 드러나 있지 않지만 이 품에는 '가는 것' 또는 '(이미) 가버린 것'을 뜻하는 '가따(gata)', '(아직) 가지 않은 것'을 뜻하는 '아가따(agata)', 그리고 '(지금) 가고 있는 중인 것'을 뜻하는 '가미아마나(gamyamāna)'라는 '가다'라는 뜻을 지닌 어근

'감(√gam)'에서 파생된 '가는 것'에 관련된 과거수동분사[p.p.p.]와 현재분사와 그리고 이것을 행하는 주체인 '가는 자'를 뜻하는 '간뜨르(gantṛ)'가 등장한다. 논박자의 주장인 2번 게송을 제외한 1번부터 6번 게송까지 현란한 '말장난'과 같은 논파가 이어지는데 그 요지는 다음과 같다.[23]

먼저 가는 것과 가는 자를 구분하고, '이미 가버린 것'과 '아직 가는 것'은 '가는 것'이 아니기 때문에 논박자는 '지금 가고 있는 중의 가는 것'이라는 '움직이는 것'을 도입하고, '가는 것'과 '지금 가고 있는 중인 것의 가는 것'이 존재한다면, 이것을 행하는 '가는 자' 또한 '가는 것을 (행하는) 가는 자'와 '지금 가고 있는 중인 것의 가는 자'라는 두 명의 '가는 자'가 생기는 모순에 빠진다는 내용이다. 이와 같은 내용은 '가따(gata)', '아가따(agata)', '가미아마나(gamyamāna)', 그리고 '간뜨르(gantṛ)'를 각기 다른 도형으로 표현해 볼 수 있다.

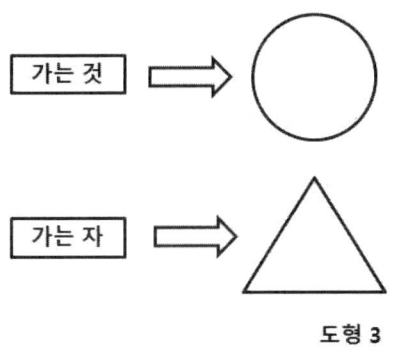

도형 3

'가는 것[gata]'과 '가는 자[gantṛ]'가 다르다는 것[상이성]은 명확하다. 그렇다고 같은 것도 아니다. 이와 같이 상호 연관성이 결여될 경우에 발생하는 문제에 대한 지적은 『중관이취육론』 전체에 걸쳐 두루 등장한다. 왜냐하면 만약 같은 것일 경우, 그 다름을 설명할 필요도 없고, 할 수도 없기

---

23. 자세한 내용은 졸역, 1권 『중론』, pp. 32-36 참조.

때문에, 그리고 다를 경우 그것의 상호 연관성을 설명할 수 없기 때문이다. 바로 이와 같은 이유 때문에 어떤 개념자가 가진 그 상호 연관성을 부정하는 형태, 즉 '같지도 않고 다르지도 않다'라고 주장하는 것은 중관사상 특유의 논법이 되었던 것이다.

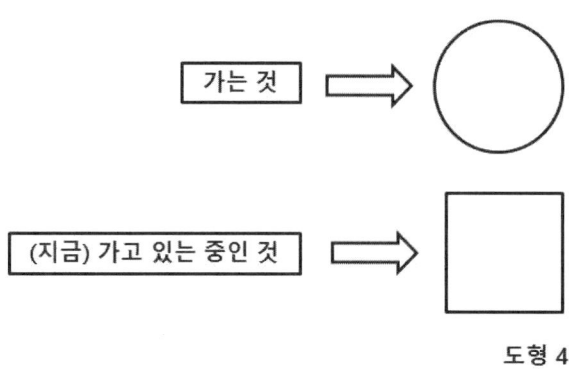

도형 4

그리고 '가는 것[gata]'과 '(지금) 가고 있는 중인 것[gamyamāna]'이라는 것 또한 동그라미와 네모라는 각각의 다른 도형으로 표시할 수 있다. '쁘라사지야(prasajya) 부정'과 이 도형들을 통해서 '가는 자는 가지 않는다'를 살펴보면 '가는 자가 가는 것이 아니다'와 '가는 것[동그라미]은 가는 자[세모]가 아니다'로 설명할 수 있다. 상호 연관성, 즉 연기성을 떠나서는 '가는 것'과 '가는 자' 그리고 '가는 것과 (지금) 가고 있는 중인 것'은 존재할 수 없다는 점은 명확하다.

그렇지만 이것은 다만 이미지로 설명된 것일 뿐 '같지도 않고 다르지도 않음'을 뜻하는 '동일성과 상이성의 부정' 또는 '유사성과 차이성의 부정'의 그 어떤 것도 충족시켜주지 못한다. 다만 서구의 현대 언어철학, 분석철학, 형식논리학 등과 비교하여 중관사상이 가진 특징을 조금이나마 드러낼 수 있다는 장점이 있다.[24] 이와 같은 산스끄리뜨어의 언어학적 특질과 도형을 통한 설명이 현대적 접근인 반면, 예전의 경론과 주석서에서는 이 문제를 비유를 통해서 설명하였다.

언설로 표현되는 것의 한계, 그리고 그것의 극복 2
― 비유를 통한 설명

이 비유를 통한 논파에 앞서 살펴보아야 할 것은 티벳불교와 달리 한역 경전권에서 전면에 내걸고 있는 언설의 세계를 희론(戱論)[25]으로 보고 있다는 점이다. 이것은 '도형 1'의 그침 없는 연기실상의 세계를 개념, 정의 등의 언설을 통해서 표현할 때 마주치는 1차적인 난관으로[26] '무대 위에서 춤추는 어릿광대와 같은 것'인 이 희론의 원래 의미가 '다섯 손가락으로 헤아리는 것'을 뜻한다는 것은 상기할 때 연기실상의 세계가 아니라 인식 주체가 반영, 판단한 언어의 세계임이 분명하다. 여기서 다시 한 번 강조하는 부분은 우리가 다루는 것은 더 이상 '존재(存在)'가 아닌 '사태(事態)'라는 점이다. 만약 이것을 존재로 받아들일 경우, 연기실상의 세계가 회의주의적, 허무주의적 세계, 즉 단견론적인 세계관으로 곧장 빠져들 여지가 생기게 된다. 그러므로 이 비유들은 희론의 세계, 인식 주체에 의해 언설로 파악된 세계, 즉 언설로 표현되는 것의 한계를 지적하기 위한 것임을 항상 명심할 필요가 있다. 『중론』에 비유가 등장하는 대표적인 게송은 다음과 같다.

1) 꿈과 같고 2) 환술(幻術=māyā)과 같고

---

24. 졸저, 『용수의 사유』의 「제Ⅲ장 중관사상과 서구철학」에서 변증법, 형식 논리학, 그리고 분석 철학을 다룬 적이 있다. 앞으로 『용수의 사유 Ⅱ』에서 이 주제에 심도 깊게 다룰 예정이다.
25. '희론'에 대한 언어학적 분석은 졸역, 1권 『중론』, 귀경게, pp. 22-23 참조
26. 이 희론에 대한 언급은 한역 경전권에서 8불 중도 연기사상을 강조하면서 중점적으로 해석한 개념이다. 월칭의 『쁘라산나빠다』의 [351. (24-7)]번 게송에 등장하는 '공성의 목적: 희론(戱論)의 적멸'로 명확하게 정의되어 있고 『보행왕정론』 등에서도 이제론을 언급하며 강조하고 있으나 티벳불교에서 이 점을 특별히 강조하는 것 또한 보지 못했다. 점수사상의 영향하에서 교학을 재정립하면서 생겨난 강조의 방점을 다른 곳에 찍은 것이 그 이유가 아닌가 싶다.

3) 건달바성(乾闥婆城)과 같은,

그와 같은 생기는 것[生]과 그와 같은 머무는 것[住], (그리고)

바로 그와 같은 사라지는 것[滅]에 (대해서는 이와 같이) 설명하였다.

—「제7품. 생기는 것[生]과 머무는 것[住]과 사라지는 것[滅]에 대한 고찰」,

[111(7-34)]번 게송

공성에 대해서 그릇된 견해[邪見]를 (갖는다)면

조그만 지혜들마저도 파괴된다.

마치 뱀을 잘못 잡은 것이거나

그릇된 주술(呪術)을 성취하는 것과 같이.

—「제24품. (사)성제(四聖諦)에 대한 고찰」, [355. (24-11)]번 게송

『회쟁론』에는 "소리 내지 마!"의 예와 함께 '신통으로 만든 여자'가 등장한다. 그리고 환술사가 환술로 만든 것의 비유로 실려 있다.[27] 『육십송여리론』에도 비유를 통한 구체적인 설명이 등장한다.

1) 머무는 곳이 존재하지 않고 2) 대상으로써 존재하는 것이 아니고

3) 근본[根]이 존재하지 않고 4) 고정된 것이 존재하지 않고

5) 무명(無明)의 원인으로부터 곧장 발생하고

6) 처음도 중간도 끝도 완전히 끊어진 것[斷滅]이고

7) 바나나 나무처럼 그 정수(精髓)가 존재하지 않고

8) 건달바성(乾闥婆城)과 같고

9) 미혹(迷惑)의 성(城)이라 소진[盡]되지도 않는

중생(계)는 환술(幻術=māyā)처럼 나타난다.

—[26], [27]번 게송

---

27. 이 부분은 다음에 좀 더 자세히 살펴보도록 하겠다.

(그러나) 어떤 자들이 의지한 사태들을

바로 그 물에 (비친) 달처럼 (보았기 때문에)

(그들은) '(그것들이) 진실된 (것도) 아니고 그릇된 것도 아닌 것'임을 (알고)

(그것들에 대한) 애착하는 견해[見]가 마음에 들지 않았을 것이다.

−[45]번 게송

이 비유들을 총 정리한 것이 『칠십공성론』에 실려 있다.

마치 세상에서 존귀한 분[世尊]이신 여래께서

바로 그 (빼어난) 신통으로 환술사가 환술로 지은

그 환술사가 다시 또

다른 환술사를 환술로 짓(는 비유에서 이르신 것처럼),

−[40]번 게송

그것에서 여래께서 환술 (자체)가 공한 것인데

환술사가 (환술로 지은) 환술사에 대해서 '무슨 말할 필요가 (있겠는가)?'(라고 이르신 것처럼),

이 둘은 다만 이름[名]만 존재할 뿐이고

(그것이) 무엇이든 간에 그것은 다만 분별 (망상)이 (지어낸 것이다.)

−[40], [41]번 게송

(그러므로 무명에서 발생한 그) 행(行)은 1) 건달바성(乾闥婆城)과

2) 환술(幻術=māyā), 3) 신기루, 4) (눈에 낀) 털과,

5) 물보라, 6) 물거품, 7) 환상과

8) 꿈, 9) 시화륜(施火輪)과 같다.

−[66]번 게송

이런 비유를 통한 설명은 『보행왕정론』에도 등장한다.

> 그것은 마치 거울에 의지한 자가
> 자기 자신[自性]의 형색이 비친 것을 보는 것과 같습니다. 그러나
> (거울 속에 비친) 바로 그것은 실재하는 (자기 자신) 자체를
> 조금도 (포함하고) 있지 않습니다.
> ―「제1 선취안락품(善趣安樂品)」, [31. (1-31)]번 게송

이 비유들을 추스르면 1) 꿈, 2) 환술(幻術=māyā), 3) 건달바성(乾闥婆城), 4) 뱀을 잘못 잡은 것, 5) 그릇된 주술(呪術)을 성취하는 것, 6) 바나나 나무, 7) 미혹(迷惑)의 성(城), 8) 물에 비친 달, 9) 환술사가 환술로 지은 것, 10) 신기루, 11) 눈에 낀 털, 12) 물보라, 13) 물거품, 14) 환상, 15) 시화륜(施火輪), 그리고 16) 거울에 비친 자기 자신 등, 총 16개로 정리할 수 있다.[28] 언설로 표현되는 세계의 한계에 대한 비유는 당대의 가장 적절한 표현이었을 것이지만 이것이 언설로 표현된 세계가 아닌 연기실상의 세계로 해석될 경우를 명확하게 제외하고 설명하지 않았던 점 또한 눈에 띈다. 인식론의 발달에 따라 이와 같은 비유가 나타내고자 하였던 '인식 주체에 의해 파악된 세계'와 '그 한계의 극복'은 앞으로 남은 주요한 과제인 셈이다.

이 가운데 『회쟁론』에 등장하는 '9) 환술사가 환술로 지은 것'은 '모든 것이 공하다면 그대의 주장 또한 공하다'는 논박자의 비유인 "소리 내지 마!"를 논파하는 유명한 비유이므로 이것에 대해서 좀 더 살펴보도록 하자.

삼론종의 전통 때문에 또는 용수의 진작에 대한 의심 때문에 한역 경전권에서 오랫동안 무시되었던 『회쟁론』의 본문은 논박자인 니야야 학파의 주장[1~6번 게송]과 유부, 경량부, 구사론자, 인명론자의 주장[7~20번 게송]을 논파하는 구조[21~71번 게송]로 되어 있다. 이 가운데 주목할 부분은

---

28.   이 밖에도 '등불은 자기 자신을 밝힐 수 없다', '노끈은 자신을 묶을 수 없다', '눈은 자기 자신을 보지 못한다' 등의 여러 비유가 두루 등장하지만 이것들은 하나의 문장으로 되어 있어 일단 이 '비유를 통한 논파'에서 제외했다.

중관사상을 논파하려는 논박자의 주장이 전면에 내세워져 있다는 점이다. 특히 일체 무자성을 통해 '부정의 부정'을 논파하는 대목은 '어떠한 개념자도 성립하지 않는다!'고 주장하는 중관사상의 핵심에 해당한다. 또한 이것은 '나의 주장은 없다. 오직 논파만 존재한다!'는 중관학파 특유의 입장과 관련을 맺고 있는데 이 부분은 니야야 학파의 주장을 논파하는 과정에 등장한다. 논박자의 핵심이 되는 주장은 다음 두 게송에 나타나 있다.

'그것은 "소리 내지 마!"와 같다.'라고
그대가 마음속에 생각한다면 그것은 옳지 않다.
(왜냐하면) 이 (경우)에는 바로 그 ('소리 내지 마라!'는) 소리가 존재하여
(앞으로) 생겨날 저 (다른 소리들을) 그치게 하기 (때문이다.)

'부정의 부정 또한 그와 같다.'라고
바랄지라도 그것 또한 옳지 않다. 왜냐하면
그대의 주장 속의 정의(定義, definition)에서
그와 같은 오류가 있지 나에게 있지 않기 (때문이다.)[29]

―[3], [4]번 게송

이 두 게송에서 확인할 수 있는 것은 니야야 학파에서는 중관학파의 공성을 '그와 같은 것이 있다'는 실유론으로 파악하고 있다는 점이다. 바로 이 때문에 마치 소란스러운 교실을 열고 들어선 담임선생이 "조용히 해!"라고 소리쳐 교실을 조용하게 만드는 '소리로 소리를 그치는 것'이 가능하다.

---

29. '그와 같은 오류는 나에게 있지 않고 너에게 있다.'는 이 '네 탓이오!'라는 주장은 『중론』에도 등장한다.

오류를 계속해서 (짓게) 되는 것은
'공(空)을 옳지 않은 것이다.'라고 (여기는)
바로 그대(의) 공성(空性)을 파괴하는 행동 (때문이다.)
(그러므로) 그 어떤 (비난도) 나에게는 옳지 않다.
―「제24품. (사)성제(四聖諦)에 대한 고찰」, [357. (24-13)]번 게송.

오늘날에도 공성을 이와 같이 오해하고 있다는 점에서 이에 대한 논파법은 새삼 유념해볼 필요가 있다. 선행하는 22번 게송에 등장하는 일체 무자성의 원칙에 따른 비유가 23번 게송에 등장한다.

　　신통을 갖춘 자가 바로 그 (자신의 신통으로 만든) 신통을 갖춘 자(의 형상
　을), 그리고
　　마술사가 바로 그 (자신의 마술로 만든) 사람의 (형상을)
　　(신통이나) 마술로 없애서 부정하는 것처럼
　　이 (자성에 대한) 부정도 또한 그와 같다.

그리고 자신의 말에는 자성이 없음을 "소리 내지 마!"의 비유가 올바르지 않는 것임을 주장한다.

　　"소리 내지 마!"와 같다고 할지라도,
　　그대가 어떻게 언급하든 이 비유는 (옳은 것이) 아니다.
　　만약 (옳은 것)이라면, 소리로 소리를 그치게 하는 것과 같다.
　　(그러나) 바로 '이것'이 (행하는 것은) 그것과 같지 않다.
　　　　　　　　　　　　　　　　　　　　　　　　－[25]번 게송

그리고 비유를 비유로 논파하는, 즉 환술사가 환술로 지은 것을 논파하는 예가 등장하는데 환술사가 만든 여자를 환술로 부정하는 것이 바로 그것이다.

　　또 (다른 예인) 어떤 자가 신통을 부려 만든 것인
　　여자를 (진짜) 여자라는 생각을,
　　(그) 그릇되게 이해한 것을 신통으로
　　부정하는 것, 바로 그것이 ('일체는 무자성이다'는) 그것(의 예)과 같다.
　　　　　　　　　　　　　　　　　　　　　　　　－[27]번 게송

이어지는 내용은 그 유명한 중관학파의 테제인 '나의 주장은 없다!'이다.

> 만약 나에 의한 어떤 주장이 존재한다면
> 그렇다면 나에게 그 오류가 존재할 것이다.
> (그러나 만약) 나에게 (어떤) 주장이 존재하지 않는다면
> 나에게 결코 어떤 오류도 존재하지 않는다.
> ―[29]번 게송

이상에서 살펴본 『회쟁론』의 '어떤 비유를 통한 주장을 다른 비유를 통해 논파하는 것'은 그 첫 번째 비유가 일체 무자성의 논리에 위배되는 주장에서 비롯된 것이기 때문이다. '부정의 부정' 또한 그 첫 번째 것이 무자성일 경우 부정할 것 또한 없다. 결국 일체 무자성의 변화, 운동하는 연기실상의 세계를 정의, 개념 등의 언어로 표현하는 데 한계가 있을 수밖에 없다는 것은 '나의 주장은 없다. 그러므로 어떤 오류도 존재하지 않는다!'로 축약된다.

'비유를 통한 논파'에 등장하지 않는 『세마론』에도 '등불은 자기 자신을 비추지 못한다', '진흙과 항아리의 관계, 석녀(石女)의 비유' 등이 등장하지만 게송에 대한 해석의 형태를 취하고 있어, 이 부분에 대해서는 각각의 저작들의 특징을 살펴보면서 다루도록 하겠다.

『육십송여리론』의 각 저작들의 특징

『중론』

역사적으로 모든 중관학자들은 『중론』을 통해서 중관사상을 이해하려고 했다.[30] 이 때문에 다수의 주석서들이 남아 있으며 현대의 중관학자들 또한

중관사상을 이해하기 위해서『중론』을 연구하고 있다.[31] 이 점에 대해서는 이미 졸저에서 논한 적이 있고 앞으로도 다루어야 할 주제가 산적한 만큼 여기서는 몇 가지만 언급하기로 하겠다.

한역 경전권에서 정체불명의 주석자인 청목을 한역한 꾸마라지바의『청목소 중론』은『중론』그 자체를 뜻한다. 이와 달리 티벳불교에서는 월칭의 주석서인『쁘라산나빠다』또는『명백한 언어(명구론)』가 그 절대적 위치를 차지하고 있다. 이후의 여러 주석서들이 한역된 적이 있지만『청목소 중론』 앞에서 '기를 펴지 못한' 한역 경전권과 달리 티벳불교에서는 청목과 그의 주석서는 그 이름마저 알려지지 않았다.[32]

어찌 되었든 청목소에 따르는 한역 경전권의 전통은『중론』전체 27품을 대승의 입장, 즉 논파를 통해 이루어진 총 25품과 성문의 입장을 담고 있는 나머지 제26, 27품의 2품으로 나누고 있으나 귀경게의 '팔불중도 연기사상이 곧 공사상이다'로 요약할 수 있다. 반면, 월칭의 주석서인『쁘라산나빠다』를 따르는 티벳 전통은[33] 그 번잡함을 이루 다 말할 수 없는 2종 무아로 『중론』전체를 보고 있다. 그렇지만 각기 다른 전통을 낳았던 주석서들과 현대의 여러 역본들에 관통하고 있는『중론』원문에서 제일 중요한 주제는 '일체 무자성'이다.

> 사태들은 무자성이다. 왜냐하면
> 다른 것으로 변하는 것이 (사태들에) 나타나기 때문이다.
> 무자성인 사태(들)은 (자성을 띤 것으로) 존재하지 않는다.

---

30. 이미 졸저『용수의 사유』에서 다양한 분석과 연구를 했지만 아직도 많은 부분이 남아 있다.
31. 현대 중관학자들의 입장에 대해서는 졸저,『용수의 사유』, p. 101 참조.
32. 이 출발지점이 달랐던 결과 대승불교의 이 두 전통은 오늘날까지 상호교류를 할 기회가 거의 없는 처지다.『청목소 중론』이 영어나 다른 서구 언어로 옮겨지지 않아 그 특징이 충분히 논의되지 않아서 지금까지 이 현상은 계속되고 있다.
    이것은 한역 경전권에서 삼론종이 소멸되어 그 전통 자체가 파사현정, 팔불중도와 같은 몇 가지 개념들만 오늘날까지 통용되고 있는 반면 중관사상을 통해 불교 교학의 체계를 재정립한 티벳불교가 세계화를 이룬 만큼 상호 불균등이 극대화된 결과일 것이다.
33. 졸저,『용수의 사유』, p. 135, 그리고 pp. 219-220 참조.

왜냐하면 사태들은 공하기 때문이다.
―제13품. 형성 작용[行]에 대한 고찰, [173. (13-3)]번 게송

바로 이 일체 무자성의 '0의 법칙'으로 인해 연기실상의 세계를 고정하려는 모든 형이상학적인 시도, 개념, 정의로 된 언설의 세계는 오직 가설의 세계가 되는 것이다. 연기실상의 세계를 설명하려는 이 희론의 세계는 곧 언설의 세계다. 용수는 『중론』의 귀경게에서 연기를 설명하는 것은 8불로만 가능하고 그리고 이것이 곧 희론이고 자기 자신이 붓다를 경배하는 '희론이 적멸하여 적정한 상태에 머물 수 있는 가르침을 베풀어 준 것'이라고 그 이유를 밝히고 있다.

그리고 이 연기가 곧 공성이고 그것을 설명한 것이 중도임을 명확하게 언급하고 있다.

연기(緣起)인 그것
바로 그것을 공성(空性)이라고 말한다.
바로 그것에 의지하여[緣] 시설(施設)된 것[=假名]
그 자체가 바로 중도(中道)이다.
―「제24품. (사)성제(四聖諦)에 대한 고찰」, [362. (24-18)]번 게송

한역 경전권에서 '중도(中道)'로 통용되는 이것의 정확한 의미는 가운데 것[中], 즉 상견, 단견의 양견을 여읜 것이지만, 한번 굳어진 전통은 쉽게 바꾸지 않는 것이라 오늘날에도 중도와 중관은 거의 같은 의미로 사용되고 있다. 용수는 반야부의 공(또는 공성)의 주장을 논파를 통하여 논리적으로 설명하는 중관학파의 사조답게 공성에 대해서 설명한다.

그것[공성]에 대해서 (그렇게) 말하는 바로 그대는
공성(空性)의 목적과 공성(空性)과
바로 (그) 공성(空性)의 의미를 알지 못하기 때문에,

(바로) 그 때문에 그와 같이 (공성을) 훼손하는 것이다.
—「제24품. (사)성제(四聖諦)에 대한 고찰」, [351. (24-7)]번 게송

월칭이 『쁘라산나빠다』에서 자세히 언급한 공성의 목적이 희론의 적멸이고 그 뜻은 진리의 모습, 그리고 그 의미가 연기라는 것은 중관사상을 이해하기 위한 빼어난 설명으로 시대를 관통하여 오늘날에도 유효하다. 이 밖에도 중관사상의 거의 모든 핵심이 되는 주장과 논파법은 이 『중론』에 편재되어 있으나 『중관이취육론』의 다른 저작들에는 약간의 다른 변조들도 등장한다.

『회쟁론』과 『세마론』

앞서 '비유를 통한 설명'에서 살펴보았듯 『회쟁론』은 『중론』에 편재되어 있는 여러 논파들 가운데 "소리 내지 마!"의 비유 대신에 '환술사가 만든 것을 환술로 논파하는 것'으로, 일체 무자성에서 비롯된 연기실상의 세계와 언설의 세계에 대한 '나의 주장은 없다'고 선언한 매우 중요한 저작이다.

이 선언을 '쁘라사지야(prasajya) 부정'의 형태로 살펴보면 '나의 주장이라고 하는 것은 있는 것이 아니다'의 형태가 된다. 그리고 각자 대립적인 4쌍의 개념들로 8불을 요약할 수 있는 '같지도 않고 다르지도 않다'는 '같은 것이 아니고 다른 것도 아니다'로 해석할 수 있다. 이와 같은 부정주의의 '결정판'은 '가는 것이 아니고 오는 것도 아니다'이지만 이것은 눈앞에 펼쳐지는 오고 가는 여러 현상들을 전혀 설명해주지 못하는 궤변처럼 보인다.

연기실상의 세계와 그것을 설명하는 언설의 세계, '같지도 않고 다르지도 않다'는 이 둘에 대한 상호 연관성[연기성]에 대한 이해, 즉 이제론에 대한 이해만이 이 '궤변'을 극복할 수 열쇠다.[34] 그리고 이것은 항상 강조하는

---
34. '존재'와 '사태'를 명확하게 나누는 것은 이 괴리를 극복하기 위해서 매우 필요한 작업이다.

8불과 같은 '부정주의'를 통해서만 설명된다.

주석 또는 자세한 설명을 배제해도 게송들로 그 의미가 드러나는 『회쟁론』과 달리 『세마론』은 애초부터 주석을 포함하여 설명할 요량으로 지어졌다. 여기서 제일 먼저 눈에 띄는 것은 예경문에 등장하는 '아짜리아 용수(龍樹)를 경배하옵니다'이다. 용수가 자기 자신을 경배할 이유가 없으니 이것만 보면 용수 이후의 중관학파의 논사가 용수를 예경하는 것임을 알 수 있다. 그러나 이 예경문이 후대의 첨언이라면 용수의 진, 위작 문제는 다시 원점으로 돌아온다.

이어지는 본문은 중관사상에 따라 니야야 학파의 '올바른 논리의 16범주'[35]를 논파하는 것으로 되어 있다. 이 가운데 맨 처음 논파의 대상은 논리학의 근간을 이루는 '인식 수단'과 '인식 대상'으로 그 요지는 상호 의존성을 통해서만 존재하는 이것들이 '자성을 가지고 있어도 문제, 자성을 가지고 있지 않아도 문제'라는 점이다. 이것은 『세마론』 전체를 관통하는 주제이기도 하다. 상호 의존성을 떠나서는 존재할 수 없는 '등불과 어둠의 관계'는 『중론』, 「제7품. 생기는 것[生]과 머무는 것[住]과 사라지는 것[滅]에 대한 고찰」에 등장하는 비유로[36] 여기에서도 자세하게 다루어지고 있다. 또한 전체와 부분, 유사성과 상이성, 일자성(一者性)과 타자성(他者性)이라는 두 개의 대립적, 상대적인 개념들뿐만 아니라 시간의 찰나성과 순차성, 동시성 등 또한 일체 무자성이라는 원칙하에서 논파되고 있다.

그 내용을 일일이 살펴볼 수 없으므로 여기서는 인도 논리학을 이루는 오분작법(五分作法)과 그리고 오늘날도 대부분의 중관학자들마저 오해하는 중관사상을 귀류논증으로 오독하는 부분과 『중론』, 「제25품. 열반(涅槃)에 대한 고찰」을 차용하였던 자띠(jāti) 논법에 대한 논파만을 중심으로 살펴보자.

서구철학의 대표적인 연역적 추리 또는 삼단논법은 대전제, 소전제, 결론으로 구성되어 있으나 오분작법의 경우 주장, 이유, 실례, 적용, 결론으로

---

35. 16범주의 자세한 내용은 졸역, 2권 『세마론』, pp. 90-91 참조.
36. 자세한 내용은 졸역, 1권 『중론』, pp. 83-86 참조.

되어 있다. 한역에서는 이것을 종(宗), 인(因), 유(喩), 합(合), 결(結)로 불렀는데 이 가운데 실례와 적용[유, 합]은 경험지를 바탕으로 하고 있다. 대표적인 예로 등장하는 '저 산에 연기가 있다. 연기가 있는 곳에는 불이 있다. 그러므로 저 산에는 불이 있다.'는 삼단논법에 비해 오분작법은 연기가 있는 경우에는 불이 있는 아궁이를 실례로 들고, 그 아궁이와 연기가 나는 산의 경우가 같다는 적용을 포함하고 있다.[37]

『세마론』에서는 각각의 개념자들이 자성이 존재하지 않는다는 것, 즉 주장, 이유, 실례, 적용, 결론이라는 오분작법 전체와 그 부분 사이의 상호 연관성을 예로 들어 논파를 시작한다.[38] 연이어 이 개념자들이 동일한 시간대에 존재할 수 없다는 시간의 동시성의 문제를 통해서 논파하고[39] 그리고 각각의 개념자들이 독립적으로 존재하지 않는다는 것을 언급하고 있다. 최종적으로 그것을 구성하는 음절조차도 자성이 없음을 논파를 통해서 드러내 보인다.[40]

또한 이 책에는 오분작법에 대한 논파보다 더욱 중요한 오늘날의 중관학자들이 용수의 중관사상을 월칭이 귀류논증 중관학파라고 보는 관점을 내놓고 논파하듯 '귀류논증에 대한 논파'가 연이어 나온다는 점이다.[41] 짧은

---
37. 이 오분작법에서도 '반드시 존재하는 것만, 논할 수 있는 것만 논한다'는 인도 철학의 경험지가 강조되고 있음을 확인할 수 있다.
38. 같은 책, 2권 『세마론』, p. 160.
 '(앞에서도 살펴보았듯, 논증 요소) 각각에 (전체가) 존재하지 않기 때문에 (그것들이) 모인 것에도 (전체가 존재하는 것은) 성립하지 않는다.'
39. 같은 책, p. 163.
 '(부분들로 된 것인 전체는 그 부분인) 주장 등 (오분작법의 다른 논증 요소들과 동시에) 발생하거나 발생하지 않는다. 또는 현재 등에 (존재하는 부분들로 된 것인 전체는 그 부분인 주장 등 오분작법의 다른 논증 요소들과) 과거, 미래, 그리고 현재 등에 (함께 존재하는 것을) 자세히 관찰하는 것은 감히 할 수 없는 것이다. 왜냐하면 (이와 같은 것은) 옳지 않기 때문이다. 그러므로 부분들로 된 것(인 전체는) 존재하지 않는 것이고 그 (오분작법이라는 추론의 부분인) 논증 요소도 또한 존재하지 않는 것이다.'
40. 같은 책, pp. 183-185.
41. 이 부분에 대한 자세한 내용은 졸저, 『용수의 사유』, 「3_3. 자립논증파(Svātantrika)와 귀류논증파(Prāsaṅgika)의 논리적 성격」, pp. 283-298 참조.
 '불교학자들은 자립논증을 '논리적 삼단논법(logical syllogism)'이나 '자립논증파(Autonomy School)'라고 부르고, 쁘라상기까를 무르띠처럼 귀류법(歸謬法, Reductio ad absurdum) 또는 간접환원 귀납법(歸納法, Apagogical induction)이라고 부르다가 최근에는

하나의 논파로 된 이 부분은 다음과 같다.

> '(논박자인 그대가) "왜 그런가?" (하고 그 이유를 묻는다면,) '(이미) 인식된 [知] 대상을 관찰하거나 (아직) 인식되지 않은 대상을 관찰한다.'는 것을 일컫기 (때문이다.) 그것에서, (즉) 만약 (이미) 인식된 대상이라면, (그것에서) 무엇을 관찰할 수 있겠는가? (그리고 또한) 바로 그 세 번째 관찰하는 것[分別]은 존재하지 않기 때문에 (귀류논증은) 존재하지 않는 것이다. ….'[42]

중관학파에서 니야야 학파의 '올바른 논리의 16범주' 가운데 하나인 '귀류논증'을 논파하는 것은 너무나도 당연한 일이다. 좀 더 자세히 살펴보면 인도의 논리학에서는 '귀류논증 자체'를 비논리로 간주하며 매우 제한된 범위 내에서만 사용할 수 있다고 주장한다. 이것은 인도의 전통적인 논리학의 흐름은 '존재하는 것만 다룰 수 있는' 언어학적 특징에서 기인한다는 것을 앞에서 살펴보았다.

존재[有]와 그에 대한 부정[非有]만 존재할 뿐 무(無)라는 개념이 존재하지 않는 언어학적 특징에 따라, 주장, 종(宗), 대전제라고 그 이름이 무엇이 되었든 '~이 아닌 것' 또는 '~이 아니다'로 시작되는 것은 이미 논리적 판단자로 인정할 수 없었던 셈이다. 즉, 귀류논증의 '저 산에 연기가 없다'로 시작할 경우, 이것을 '연기가 존재하지 않는 것이다'나 '연기가 존재하는 것이 아니다'의 두 가지 부정 형태 속에서 '이미 논할 수 없는 것'인 셈이다. 이 때문에 '그와 같은 것은 옳지 않다' 또는 '과실(過失)이 된다'가 수시로 등장하는 중관사상에 대해서 인도의 전통 논리학에서는 '이단'으로 취급하고 있는 것이다.[43] 이것을 극복하기 위해 귀류논증학파와 쁘라상기까(Prāsaṅgika)를 구분하여 쓰려고 해도 이미 한번 굳어진 습관은 쉽게 바꾸지

결과, 유추 또는 논리적 결과를 뜻하는 'Consequence'를 사용하여 귀결학파(歸結學派, Consequence School)라고 부르기 시작했다.'
42. 같은 책, p. 187.
43. 이와 같은 오분작법이 용수의 재세시에 존재하지 않았다면 『세마론』이 용수의 위작임은 이론의 여지없이 확증된다.

않는다.

여기에 등장하는 자띠(jāti) 논법 또한 눈여겨볼 부분이다. '논박자의 의심에 대한 자띠(jāti) 논법을 통한 주장'과 '용수의 무용한 답변[jāti]에 대한 논파' 등 두 차례에 걸쳐 이 논법이 등장하는데 후자의 논파를 살펴보자. 논박자는 다음과 같이 주장한다.

> (논박자가) 이르길, "(그대가 앞에서 행한 것처럼) 어떤 것에 수백 또는 수천(의 반복)을 통한 논파[답](라는 것)이 (곧) 무용한 답변[jāti]으로, (즉 어떤 것에) '과실(過失)이 (발생하게) 되는 오류라는 뜻이기 때문에 무용한 답변[jāti]' 이라고 한다. (그러므로) 무용한 답변[jāti]이라는 것은 존재하는 것이다."라고 말한다면 (이것은) 다음과 같이 논파할 수 있다.[44]

이것은 논파를 행한 자가 이미 자띠 논법을 썼다는 뜻으로 앞에서 살펴본 '공성을 주장하는 것 또한 주장'이라는 뜻이다. 이것에 대한 논파는 다음과 같이 시작한다.

> 생겨난 것[生]과 생겨나지 않는 것[不生], (그리고) 이 둘이 (함께 있는 것은) 존재하지 않기 때문에 바로 그 무용한 답변은 존재하지 않는다.[45]

'탄생하다, 생기다, 발생하다'는 뜻을 지닌 어근 '잔(√jan)'에서 파생한 '자띠'의 그 의미를 논파하는 이것은 앞으로 중관사상을 귀류논증이라고 오해하는 것과 함께 세심하게 살펴보아야 할 부분이다. 일체 무자성의 논리에 따라 '나의 주장은 없다'는 중관학파의 주장과 귀류논증과 자띠 논법을 방편으로 사용하는 것에는 분명히 어떤 차이가 존재하기 때문이다. 『중론』에 등장하는 다음의 두 게송은 대표적인 자띠 논법의 예로 알려져 있다.

---

44. 같은 책, p. 235.
45. 같은 책, p. 236.

만약 이 모든 것들이 공(空)하다면
생겨나는 것[生]도 존재하지 않고 사라지는 것[滅]도 존재하지 않는다.
(만약 그렇다면) 어떤 것의 제거[斷]나 소멸[滅]로부터
(누가) 열반을 바랄 수 있겠는가?

만약 이 모든 것들이 공(空)하지 않다면
생겨나는 것[生]도 존재하지 않고 사라지는 것[滅]도 존재하지 않는다.
(만약 그렇다면) 어떤 것의 제거[斷]나 소멸[滅]로부터
(누가) 열반을 바랄 수 있겠는가?
―「제25품. 열반(涅槃)에 대한 고찰」, [385. (25-1)], [386. (25-2)]번 게송.

산스끄리뜨어 게송의 '순야(śūnya)'가 '아순야(aśūnya)'로 바뀐 것 하나 때문에 그 의미가 정반대로 된 이것을 자띠 논법으로 볼 수 있을까? 용수는 니야야 학파의 '올바른 논리의 16범주'에 따라 자띠 논법을 사용한 것일까? 아니면 이것이 정립되기 이전에 논파를 위해서라면 무엇이든 사용하였던 '자유사상가' 용수의 기질이 드러난 것일까? 이런 의문을 담고 있는 이것은 앞으로도 계속 논의되어야 할 것이다.

『육십송여리론』과 『칠십공성론』

'60, 70'이라고 아예 그 게송 숫자를 붙여 놓고 있는 이 두 저작은 『중론』의 특징을 간추린 핵심판 또는 축약판에 해당한다. 이 때문에 『중론』에서 다루었던 다양한 주제에 대한 논파보다 그 논파법의 근간을 이루는 일체 무자성을 더욱 강조하고 있다. 같은 축약본이지만 약간의 변조를 도입부부터 두고 있으니 여기서는 이것의 특징을 비교 분석하기로 하겠다. 『육십송여리론』의 1, 2번 게송은 다음과 같다.

어떤 이들의 마음은 존재한다[有]거나 존재하지 않는다[無]는 (생각)으로부터

완전히 떠나 있다. 그래서 (그들은 이런 양견에) 머물지 않는다.
바로 그들만이 (인)연(緣)의 의미와
심오한 무연[無緣緣]을 완전히 이해한다.

먼저 모든 과실(過失)이 발생하게 되는 근거인
'존재하지 않는 것 자체[단견론]'에 대한 완전한 논파를 마쳐야 한다.
(그리고) 어떤 이치[如理]를 통해서라도 '존재하는 것 자체[상견론]'도 또한
(그것이) 논파되는 것을 동일하게 행해야 한다.

첫 번째 게송의 1행의 한역은 '상견[有] 단견[無]의 양변(兩邊)을 여읜' 자를 '지자(智者)', 즉 붓다로 보고 있는데, 여기서 이 책의 목적이 양견을 여읜 중도를 추구한다는 것이 명확하게 드러나 있다. 그리고 두 번째 게송에서는 단견론을 논파하는 것으로 시작하고 있다.[46]

이것은 인도의 업과 윤회 이론을 반대하는 유물론자이자 쾌락주의자인 로가야타(路迦耶陀, Lokāyata, 순세외도, 順世外道), 즉 짜르바까(Cārvāka)의 견해인 단견론을 먼저 논파의 대상으로 삼고 있다는 뜻이다. 축약된 게송들 속에서 이 공통점은 쉽게 간과될 수밖에 없지만 업과 윤회를 부정하는 짜르바까를 '영원한 이단'으로 파악하고 '무엇이 윤회의 주체인가?'를 논하는 인도 사상계에서 특징이 반영된 것으로 보인다. 오늘날 물질만능주의,

---

46. '상견론과 단견론 가운데 어떤 것을 먼저 논파해야 될까?'라는 선후의 문제가 등장하는 대목은 『보행왕정론』에도 등장한다.

> 간단하게 말하자면 (열반이) 없다는 견해에서는
> 업(業)의 과보가 없다고 합니다.
> 복덕도 없다고 (하니) 악취(惡趣)에 빠집니다.
> "(그래서) 바로 그것이 악견(惡見=邪見)이다."라고 말씀하셨습니다.
>
> 간단하게 말하자면 (열반이) 있다는 견해에서는
> 업(業)의 과보가 있다고 합니다.
> 복덕도 있고 선취(善趣)의 등류(等流)가 있다고 합니다.
> "(그래서) 정견(正見)이다."라고 말씀하셨습니다.
> ─「제1 선취안락품(善趣安樂品)」, [43. (1-43)], [44. (1-44)]번 게송

배금주의, 증명 가능한 것을 주로 다루는 과학적인 것을 마치 삶의 진리인 것처럼 여기는 풍조와 이 단견론은 같은 궤를 달리고 있다. 이 때문에 오늘날 불교적 세계관과 과학적 세계관의 차이를 고민하게 만들지만 여기서 길게 다룰 주제는 아닐 듯해 생략하기로 하겠다.[47] 이와 달리 『칠십공성론』의 1, 2번 게송은 형이상학적인 특징을 띠고 있다.

> 1) 머무름[住]과 2) 생겨남[生], 3) 소멸함[滅], 4) 존재하는 것[有]과 5) 존재하지 않는 것[無] 그리고
> 6) 열등한 것[下], 7) 보통인 것[中], 그리고 8) 특별한 것[上] (등은)
> 부처님께서 세간의 편리[俗諦] 때문에
> 말씀하신 것이지 진제(眞諦)로 (말씀하신 것이) 아니다.

> 1) 아(我)도 아니고 2) 무아(無我)도 아니고 3) 아(我)와
> 무아(無我)도 아니다라는 것을 통한 (부처님께서 교시하신) 말씀은 결코
> (진제로) 존재하지 않는다.
> (이와 같이) 말씀하신 것은 열반(의 논파)와 같아
> 모든 사태(事態)의 자성(自性)은 공(空)하다.

이 두 게송에서 보이듯 진속(眞俗) 이제(二諦)를 전면에 내세우고 있는데 이것은 마치 『중론』, 「제24품. (사)성제(四聖諦)에 대한 고찰」을 중심으로 논의를 진행하겠다는 뜻으로 읽힌다. 그리고 두 번째 게송의 '아도 아니고 무아도 아니고 아와 무아도 아니다'는 『중론』, 「제18품. 아(我)와 법(法)에 대한 고찰」의 6번 게송의 판박이다.[48] 이와 같은 차이가 있지만 윤회, 해탈, 열반 등의 주제를 강조하는 공통점 또한 눈에 띈다. 『육십송여리론』의 5,

---

47. 간략하게 말하자면, 불교적 세계관과 과학적 세계관의 차이는 전자는 도덕을 강조하고 후자는 도덕을 필요로 하지 않는다는 점이다. 불교와 타 종교 사이의 관계는 물질주의를 배격한다는 점에서는 단견론에 대응해야 하며 업과 윤회, 연기사상 등에 대해서는 차이성을 강조해야 한다.
48. 졸역, 1권 『중론』, p. 200.

해제 409

6번 게송은 『중론』, 「제25품. 열반(涅槃)에 대한 고찰」의 19, 20번 게송에서 언급한 '윤회와 열반에 그 어떤 차이도 없다'[49]는 중관학파의 특징을 축약한 것이다.

> (법의) 여실함[眞如]을 보지 못하는 자(들은) 세간과
> 열반을 그릇되게 생각하지만
> (법의) 여실함[眞如]을 보시는 분들은 세간과
> 열반을 그릇되게 생각하지 않으신다.
>
> 윤회와 열반,
> 바로 이 둘은 존재하는 것이 아니다.
> "윤회를 완전히 이해하는 것 자체가
> 열반이다."라는 것은 (부처님께서) 말씀하신 것이다.

한 걸음 더 나아가 '윤회를 완전히 이해하는 것 자체가 열반이다'라고 주장한다. 이것은 윤회계의 연기실상을 이해하는 공성의 지혜를 좀 더 강조하는 것이다. 이후 윤회의 연기성을 계속하여 강조하는 것이 이 두 '축약본'의 공통된 특징이다. 『칠십공성론』의 경우 전반적으로 사구부정을 자유자재로 다루고 있는데, 63번 게송에서 보이듯 열반 또한 마찬가지다.[50]

> 어떤 것[A]이 어떤 것[B]에 의지하여 생기는 것[生]인 사태(이기 때문에)
> 이것[a]이나 저것[b]이 존재하지 않는다면 (이것[a]이나) 저것[b]은 생기지
> 않는다[不生].
> 사태(事態)와 사태가 아닌 것[非事態], 지어진 것[有爲]과

---
49. 졸역, 1권 『중론』, pp. 316-317 참조.
50. 63번 게송의 예처럼 사구부정은 『세마론』보다 『칠십공성론』에 더욱 풍부한 실례가 실려 있다. 이 게송에 대한 자세한 비교 분석은 졸역, 2권, 『칠십공성론』, pp. 397-398 참조.

지어지지 않는 것[無爲], (이와 같은 양변을 여읜) 이것이 (곧) 열반이다.

이 두 '축약본' 가운데 가장 인상적인 게송은 『칠십공성론』의 8번 게송이다.

십이연기(十二緣起)는 어떤
고(苦)의 과(果)를 받는 것(이다. 그러나) 그것은 발생하지 않는다[不生].
(왜냐하면 그것이) 마음에 하나씩 (순차적으로 생기는 것) 또한 옳지 않고
여럿(이 동시)에 (생기는 것) 또한 옳은 것이 아니기 (때문이다).

『중론』을 포함하여 용수의 저작들뿐만 아니라 『중론』의 주석서들과 현대의 중관학자들까지 하나 같이 『중론』, 「제26품. 십이연기(十二緣起)에 대한 고찰」에서 용수가 방편지(方便智)로 옹호하였던 십이연기가 가설로 된 것이라고 묵인하며 '(이런 것들이) 발생하지 않는다'고 언급한 적이 없었다. 이 게송을 제외하고 『중관이취육론』 전체 게송을 훑어보아도 시간의 순차성, 동시성을 통해서 십이연기를 논파하는 것은 등장하지 않았다. 오독을 우려하여 7번 게송의 일자(一者)와 다자(多者)의 문제, 그리고 다음 게송인 『중론』, 「제23품. 전도(顚倒)에 대한 고찰」의 축약판인 9번 게송 또한 살펴보았으나 이 게송에서만 십이연기를 논파하고 있었다.[51]
지금까지 한역 경전권에서는 대승법과 성문법으로 구분한 『청목소 중론』에 따라 용수의 십이연기에 대한 옹호를 성문법으로 해석해 왔다. 그러나 청목의 주석을 배제하고 무자성한 연기실상을 반영하는 언설이 가설된 것이라고 본다면, 이 게송에서 보이듯 십이연기도 논파의 대상이 되어야 마땅하다. 이 주장을 용수가 직접 한 것이든, 또는 후대의 중관학자가 한 것이든, 기존의 중관사상 연구에서 자세히 살펴보지 않았던 부분인 만큼 앞으로 남은 중요한 연구 주제다.

....
51. 졸역, 2권 『세마론』, pp. 348-350.

『보행왕정론』

용수의 진작이 확실한『권계왕송』의 확장판인 이 책은 후대에 발달한 여러 대승불교의 개념들을 한 곳에 모은 것으로 위작이 확실하다. 티벳불교에서는 불교의 세계관과 도덕성을 논하는 대표적인 저작으로 이 책을 꼽는다. 용수라는 이름하에 성행하는 아름다운 문장 속에 교훈적인 잠언을 총합한 책으로는 약 260개의 게송으로 된『셰랍 동부(she rab sdong bu)』를 꼽을 수 있는데『The Tree of Wisdom』으로 영역되어 있다. '동부(sdong bu)'가 나무의 몸통을 뜻하므로 우리말로 '지혜의 줄기'로 옮길 수 있을 터이지만『중관이취육론』에 포함되지 않은 것이라 여기서는 생략하겠다.

『보행왕정론』은 달라이 라마 14세의 대중법문에도 널리 사용될 만큼 인기 있는 저작이지만 대개『보만론(寶鬘論)』으로 알려져 있다. 한역 대장경에 진제(眞諦, Paramārtha, 499-569)가 옮긴『보행왕정론』과 판본이 약간 다른 것 정도밖에 차이가 없지만 '작자 미상'의 게송집이었던 탓에 원래 이름 자체가 알려지지 않았던 게 지금까지의 상황이다. 이것은 한국보다 먼저 현대 티벳불교를 접한 대만 학자들이 티벳불교에 등장하는 '린첸 뗑와(rin chen phreng ba)'의 산스끄리뜨어 Ratnāvalī(또는 Ratnamāla)를 해제하여 '보배로운 목걸이', 영문의 'Precious Garland'를 뜻하는 '보만론(寶鬘論)'이라고 새롭게 조어를 한 탓에 생긴 이명(異名)이다. 대만판『불광대사전』에 따르면 1950년대 '라뜨나마라(Ratnamāla)'를 보만(寶鬘)으로 맨 처음 옮긴 학자는 『보만유경(寶鬘喩經)』을 집경한 타카하타(高畠)다. 그리고 Cambridge Digital Library의 Ratnamāla 산스끄리뜨어 원문에 타카하타(Takahata)라는 이름이 등장하는 것으로 봐서 그가 '라뜨나마라'를 '보만'으로 옮긴 게 결정적인 계기였던 것으로 보인다.[52]

....
52.   아직까지 용수가 당대의 패자 가우따미뿌뜨라 왕에게 내린 가르침인『보행왕정론』과 우빠굽따(Upagupta)라는 승려가 아쇼까 대왕에 주고받은 불전문학인『보만유경』에 대한 연구가 전무한 상황이라 여기서는 더 이상 다루지 않겠다.
      Ratnamālāvadāna의 자세한 내용은 http://cudl.lib.cam.ac.uk/view/MS-ADD-01592/1 참조

'진제는 왜 이 책을 작자미상이라고 했을까?'

원문 자체가 작자미상일 수도 있지만 한역 경전권에서 유식사상을 전면에 내세웠던 『섭대승론(攝大乘論, Mahāyānasaṅgraha)』을 소의경전으로 하는 섭론종(攝論宗)의 개조인 진제가 '경쟁업체'인 중관학파의 용수의 이름을 고의로 누락했을 경우도 상상해볼 수 있다. 그러나 이 논의를 진행할 수 있는 그 어떤 역사적인 자료도 존재하지 않는다. 진제가 '경쟁업체 키우기'를 우려했을지 모르겠으나 중국에서는 이미 제자백가의 여러 논의를 거쳐 도덕률이 완성되어 있던 관계로 이런 염려를 굳이 할 필요는 없었다. 비록 이것이 용수의 위작이 아닌 진작이었을지라도 '죽음 이후의 문제'를 불교적 세계관을 도입하여 해결했던 중국에서는 복잡한 불교 이론은 '비인기 종목'이었던 게 확실했으니 말이다.

이와 달리 티벳불교에서는 이 책을 통해서 업과 윤회, 불교적 세계관, 그리고 여러 불교적 개념들을 배운다. 한역 경전권에서는 각 종파들이 자신들만의 소의경전에 등장하는 개념들을 추슬러 각자 자기 종파의 것으로 만들었던 것과 비교하여, 용수라는 이름 아래 이 책 한 권을 통해서 그와 같은 작업을 했다는 것은 티벳불교에서 중관학파의 공사상이 득세하는 데 결정적인 영향을 끼쳤다는 것을 뜻한다. 이같이 한 권의 책을 통해서 주요 개념들을 정리하는 경향성은 인도에서도 확인된다. 예를 들어 한역 경전권에서 십지보살(十地菩薩)을 논하기 위해서는 방대한 분량의 화엄경(華嚴經)의 「십지품」을 따로 보아야 되지만 월칭의 『입중론(入中論, Madhyamakāvatāra)』은 이 보살십지 체계에 따라 설명하고 있다. 일반적으로 중관사상에 입문하는 『입중론』이라고 여기지만 실제 그 내용은 '어떻게 이 세계를 보고 다룰 것인가?'이고 이 주제는 『보행왕정론』에서 다루고 있는 내용의 일부다.

『보행왕정론』의 내용이 도덕성에 대한 강조, 불교적 세계관의 강조인 만큼 중관사상이라는 측면에서 보자면 논쟁의 대상이 될 만한 부분은 다른 저작들과 비교하여 상대적으로 적은 편이다. 그렇지만 한역 경전 여기저기에 흩어져 있는 붓다의 삼십이상(三十二相), 팔십종호(八十種好), 오십칠추류혹(五十七麤類惑), 사향사과(四向四果), 십지(十地) 그리고 여래십력(如來十力) 등에 대한 자세한 설명이 주 내용을 이루고 있어 티벳논서에 이 책이 수시로 인용되고 있다는 점은 빼놓을 수 없는 부분이다. 각각의 내용을 모두 살펴보기 번잡하니 '왜 불교를 공부해야 하는가?'의 이유가 실려 있는 3, 4번 게송과 주요한 게송 몇 개만 살펴보도록 하자.

먼저, 선취(善取)의 법,
그 후에 (해탈의) 안락이 생겨나는 것을 (설명해야 합니다.)
왜냐하면 (상계의) 선취를 얻은 후에야
점차적으로 (해탈의) 안락이 오기 (때문입니다.)

그것에는 선취의 기쁨과
안락한 해탈을 바라는 것이 (있습니다.)
그것의 성취를 정리하자면
간단하게 말해 믿음[信]과 지혜입니다.

불교의 특징 가운데 하나는 무수한 이론을 품고 있으나 그것을 신학이 아닌 철학적 측면에서 다루는 있다는 점이다. 그러나 오늘날 기도를 비롯한 여러 신행 활동과 다양한 수행과 비교하여 교학의 비중은 상대적으로 빈약하다. 이미 불교를 관통하는 세계관은 과학적 세계관에 밀려 신화나 전설 수준의 옛 이야기로 전락했다. 그렇지만 이 세계관 속에서 발달한 것이 여러 신행과 수행임을 상기한다면 '왜 불교를 공부해야 하는가?'라는 질문에 직접적으로 마주칠 수밖에 없다.

이 두 게송의 요지는 후생에서의 기쁨을 누리기 위한 선취를 위해서, 그리고 불교의 궁극적인 목적인 '고통에서의 해방'이란 궁극적 목적, 즉 안락해탈을 추구하기 위해서 이와 같은 가르침에 대한 믿음과 그 이유를 아는 지혜를 갖추라는 것이다. 이 '초간단 정리', 즉 '선취의 기쁨과 안락한 해탈을 위한 믿음과 지혜'는 오직 이곳에서 등장하는 것인 만큼 새삼 눈여겨 볼 필요가 있다. 비록 도덕성을 강조하는 저작이지만 중관사상에서 빼놓을 수 없는 이제론과 '논리를 통한 논파'의 게송들도 등장한다.

> 희론(戲論)이 적멸하여 일어나지 않음이
> 승의(勝義=진실)라, 그와 같이 되는 것입니다.
> 접수(接受)가 있지 않으니 (그와 같이) 되는 것입니다.
> 바로 그것이 이 둘에 의존하지 않아 자유롭게 되는 (것[解脫]입니다).
> —「제1 선취안락품(善趣安樂品)」, [51. (1-51)]번 게송

여기서 다시 한 번 확인되는 것은 언어로 된 세계인 희론의 세계와 승의의 세계, 즉 연기실상의 세계와의 명확한 구분이다. '자유롭게 되는 것', 즉 해탈은 이 희론에서 벗어나는 것이니 이와 같은 희론의 세계와 연기실상의 세계 사이에서 벌어지는 균열, 마찰, 차이를 아는 지혜가 요구된다고 적고 있다. 그리고 힌두 6파 철학에 대한 논파도 등장한다.

> '뿌드가라(pudgala=有情)와 (오)온[五蘊]'을 말하는
> 세상의 수론학자(數論學者), 승론학파(勝論學派)의 제자(들)과
> 나체외도(자이나교, Jaina)가 만약
> 있다, 없다를 건넜다는 것을 물어보시기 (바랍니다).
> —「제1 선취안락품(善趣安樂品)」, [61. (1-61)]번 게송

> (승론파들이 주장하듯) 이와 같이 시간이 그 끝이 있(다면)
> 그와 같이 처음도 중간도 세심하게 관찰할 필요가 있습니다.
> 그와 같이 찰나가 셋으로 나뉜[三際] 고유한 성질을 가지기 위해서는
> 세간과 찰나가 (같이) 머물 수 없습니다.
> —「제1 선취안락품(善趣安樂品)」, [69. (1-69)]번 게송

『중론』에 등장하는 구사론자들을 비롯한 형이상학자들에 대한 '무자비한' 논파, 『회쟁론』에 등장하는 다른 니야야 학파에 대한 논파에 뒤이어, 여기서는 수론학파, 승론학파 그리고 자이나교의 이론까지 논파하는데 이것은 이후 중관사상의 발달뿐만 아니라 다른 학파와 종교에서도 중관사상에 대한 비판이 그만큼 심각하게 일어났음을 반증하는 대목이다.[53]

이 밖에도 『권계왕송』에 나오는 바나나 나무에 대한 비유[54]와 환술사가 환술로 만든 것의 예인 허깨비[幻] 같은 코끼리에 대한 비유[55] 등이 나오며 세속의 여러 일에 대한 충고도 언급되어 있다. 금주를 권고하는 대목은 다음 게송과 같다.

> 술은 세상 (일)을 깔보게 하고
> (그대의) 일을 망치게 (하고) 재물 역시 없앱니다.
> (그리고 또한) 어리석음[痴]으로 (어떤) 일을 (적절하게) 하지 못하게 합니다.
> 그러므로 술을 항상 멀리하십시오.
>
> —「제2 잡품(雜品)」, [146. (2-46)]번 게송

이 「제2 잡품(雜品)」에는 여러 '권고 사항' 또는 충고가 등장하는데, 그 가운데 빠뜨릴 수 없는 것은 [148. (2-48)]번 게송부터 등장하는 총 11개의 게송에 걸친 '음욕에 대한 경계'로, 이것은 비단 세속의 권력자인 왕이나

---

53. 이에 대한 자세한 내용은 졸역, 3권 『보행왕정론』, p. 98 참조.
54. 「제2 잡품(雜品)」, [101. (2-1)]번 게송.

    > 바나나 나무줄기들을
    > 남김없이 나눠보아도 (그) 나눠진 것으로부터
    > 어느 것도 (찾을 수) 없는 것처럼 사람 역시
    > (그 6) 계(界)를 나눠보아도 그와 같습니다.

55. 「제2 잡품(雜品)」, [110. (2-10)]번 게송.

    > 허깨비[幻] 같은 코끼리에게
    > 생겨나고 사라지는 것[生滅] 자체가 출현하는 것처럼
    > (세간) 그것에 (출현한) 외경(外境)의 진실에는
    > 생겨나고 사라지는 것[生滅] 자체는 없는 것과 같습니다.

열반적정을 추구하는 출가자뿐만 아니라 '고통에서의 해방'을 추구하는 모든 이들을 두루 새겨 명심해야 할 부분이다.

> (젊은) 여자에 대한 음욕은 대개
> (그) 여자의 깨끗한 겉모습[色]에 대한 마음으로부터 일어납니다.
> (젊은) 여자의 몸은 실제로
> 조금도 깨끗하지 않습니다.
> —「제2 잡품(雜品)」, [148. (2-48)]번 게송

이와 같은 음욕의 경계가 여성을 대상으로 하고 있는 것은 이 충고를 받는 왕이 남성이었기 때문이다. 양성 평등을 추구하는 오늘날 이 음욕의 경계를 굳이 남성에 제한할 필요는 없고 과거의 유산인 여러 계율을 현대적으로 해석하기 위해서도 이 남성 중심주의에 대한 새로운 해석이 필요하다. 본문에 등장하는 게송의 형태로 된 불교 교학의 근간이 되는 자세한 설명들을 이 해제에서 일일이 다룰 수 없으나 백과사전의 항목들처럼 언급되어 있는 각 게송들은 한번 즈음 직접 살펴볼 가치가 있다.

남은 주제들에 대해서

『중론』을 비롯해 용수의 여러 저작들을 읽다보면 깜짝 놀랄 때가 있다.

> 모든 (인식) 대상이 적멸(寂滅)한 것, 그리고
> 희론(戱論)이 적멸한 것이 (열반) 적정(寂靜)이다.
> 부처님에 의해서 어디서도
> 누구에게도 (이에 대한) 그 어떤 법도 교시되지 않았다.
> —『중론』,「제25품. 열반(涅槃)에 대한 고찰」, [408. (25-24)]번 게송

앞에서도 살펴보았듯, 인식 주체에 의해 파악된 인식 대상, 그것을 끊어 파악하는 언설로 된 것이 곧 희론이고, 이것이 완전히 사라진 것이 곧 열반이지만 이것은 언설의 경계 너머의 것이기에 그 어떤 것도 언설, 즉 '말로 가르쳐지지 않았다'는 이것이야말로 중관사상의 창시자 용수가 펼쳐 보인 불법에 대한 '혁명적 해석'이다.

'진리의 말씀'이라는 '베다(Veda)'의 교조주의적 성격을 배격하던 자유사상가들의 시대인 우빠니샤드 시대의 끝자락에 태어난 붓다는 '이것이 있으므로 저것이 있다. …'는 연기사상을 전면에 내걸었다. 이것은 일체 무자성의 원칙에 따른 변화, 운동하는 세계에 대한 그의 해석은 베다의 절대적인 권위를 배격한 것이었다. 이와 같은 반교주주의적인 자세는 불교가 가진 고유한 특징 가운데 하나로, 이 전통에 충실히 따랐던 용수는 '대승불교의 아버지'라는 칭호를 얻게 되었다. 이와 같은 반교조주의 전통은 오늘날에서 유효한 것이라 이 '불교 내외의' 교조주의를 배격할 때만이 생기를 얻을 것이다. 붓다와 용수의 이와 같은 '발상의 전환'이야말로 앞으로도 불교의 여러 철학적 요소들이 활기를 띨 수 있는 요소다. 용수는 붓다의 가르침을 자기 방식으로 해석한 것을 『중론』, 「제24품. (사)성제(四聖諦)에 대한 고찰」의 8~10번 게송에서 이제론을 통해 적극적으로 주장한다.[56]

> 부처님들께서 (행하신) 법에 대한 가르침[敎法]은
> 이제(二諦)에 근거를 두고 있다.
> 세간의 진리[=俗諦]와
> 수승한 의미의 진리[=眞諦]다.
>
> 어떤 이들이 그 두 (가지) 진리의
> 구별에 대해서 이해하지 못한다(면)
> 그들은 바로 그 부처님께서 가르쳐주신 것[佛法](의)

---

56. 자세한 내용은 졸역, 1권 『중론』, pp. 276-279 참조.

심오한 (진리) 그 자체를 이해하지 못한다.

바로 그 (세간의) 언어에 의지하지 않고서는
진제(眞諦)는 가르쳐질 수 없다.
바로 그 진제(眞諦)를 알지 못하고서는
열반은 얻어지지 않는다.

이 이제론의 문제야말로 용수의 철학적 사유를 포함한 중관사상을 이해하기 위한 하나의 척도다. '바로 그 (세간의) 언어에 의지하지 않고서는 진제(眞諦)는 가르쳐질 수 없다'는 주장은 연기실상의 세계는 오직 우리의 언설을 통해 드러나고, 우리가 논할 수 있는 것은 오직 이것뿐이라는 뜻이다. 그렇지만 이것은 중기 중관파 이후 여러 논사들 간에도 일치를 보지 못했던 중관사상에서의 '뜨거운 감자'로 오늘날까지 논란의 대상이 되는 부분이다. 그리고 이 연기실상의 세계를 다른 말로 표현한 것이 바로 연기의 다른 이름인 공성이다. 붓다의 연기론을 분석적으로 접근하였던 구사론자들의 주장을 논파하기 위하여 용수는 반야부의 공사상을 적극적으로 도입하였다.

그러므로 (근기가) 약한 이(들)이 (수승한) 법의
(심오함을) 철저히 깨닫기 어렵다는 것을 아셨던
능인(能仁)의 바로 그 마음 (때문에) 교법(敎法)으로부터
(공성에 대한 가르침이) 매우 후퇴하게 되었던 것이다.
―「제24품. (사)성제(四聖諦)에 대한 고찰」, [356. (24-12)]번 게송

그는 이 게송에 나타나듯 '공성'이라는 단어가 초기 경전에 없는 이유를 '근기가 약한 이들이 이해하기 어려워서' 붓다가 직접 가르치지 않았다는 주장을 내놓고 하고 있다. 『칠십공성론』에도 이와 같은 주장은 확인된다.

바로 그 진제(眞諦)는 그 (속제) 안에 남김없이[盡] (모여 있다). 왜냐하면
세간(의 무명을) 여의는 것은 (그 세간의 언어) 관습들 (안에)
다양하게 (모여 있기 때문이다.) (그래서) 모든 것이 원만하신 부처님,
세존께서는 그 진실(된 모습)을 (자세하게) 관찰하신 것이다.

세간의 법에 대한 가르침[敎法]은 (결코) 사라지는 것[滅]이 아니지만
진실된 법에 대한 가르침[敎法]은 결코 존재하지 않았다.
여래께서 (이와 같이 오직 세간법[俗諦]에 대해서만) 이르신 것은 어리석은 자(들)이
그 (어리석음) 때문에 이 오염되지 않는 말씀[眞諦]을 (이해하지 못할까)
염려하셨기 (때문이다).

―[69], [70]번 게송

자기주장의 우위를 강조하는 '대승불교의 아버지'의 이와 같은 주장은 이후 '소승에 비해 대승이 낫다'는 대승 우위론에 강조의 방점을 찍는 데 크게 기여했을 것이지만 『보행왕정론』에서는 타협책을 찾고자 하는 부분도 눈에 띈다.

여래의 밀의(密意)에 따른 말씀들은
이해하기 쉽지 않습니다. 그러나
일승(一乘)과 삼승(三乘=성문, 독각, 대승)의 말씀은
평등한 것이니 (이를 차별하는) 죄를 짓지 마십시오

―「제4 정교왕품(正敎王品)」, [389. (4-88)]번 게송

여기서도 불법은 '듣는 사람을 위한 것'임이 다시 확인된다. 역사적으로 오늘날처럼 각국의 전통들이 세계불교 '시장'에 매물로 나와 고객들을 기다리는 시기는 단 한번도 없었다. 이 세계화된 시대에 자신의 불교만을 전통으로 간주하는 것은 스스로 자기 무덤을 파는 것과 같다.

'자구에 얽매이지 않는 붓다의 가르침에 대한 독자적인 해석이 오늘날처럼 필요한 시대가 또 있을까?'

이것은 언제나 당대를 사는 이들의 당면한 시급한 문제였고 용수 또한 당대의 부름에 답하면서 '논리를 통해 논리를 논파'하는 중관사상을 주장하였다. 중관사상을 인정하든, 인정하지 않든 이와 같은 자세, 즉 불법의 해석에 대한 '발상의 전환'과 그에 대한 논리적인 설명은 오늘날에도 유효하다.

*　*　*

이 역서 추천사의 말미에 존경하는 김성철 선생님은 다음과 같이 적어주셨다.

'본 추천인은 지금부터 약 20년 전에 『회쟁론』의 산스끄리뜨어 원문과 티벳어 번역문 그리고 한역문의 우리말 대역본(對譯本)을 만들어 출간한 적이 있는데, 이때 산스끄리뜨어 게송과 그에 대한 티벳어 번역문에 사용된 모든 단어의 의미와 문법적 역할을 해설한 『회쟁론 범문 장문 문법해설집』을 만들어 함께 출간하였다. 그리고 이 문법해설서의 머리말을 쓰면서 말미에 "무미건조하기 짝이 없는 이 해설서를 완성하기까지의 하루하루는 그야말로 인고(忍苦)의 나날이었다."고 밝히면서 "눈 밝은 학인들이 군웅(群雄)처럼 나타나, 역자(譯者)의 이런 모든 작업이 무용지물이 될 그날을 손꼽아 기다려 본다."고 쓴 적이 있다. 신상환 박사의 노작(勞作) 『중관이취육론』을 보면서 추천사를 쓰는 오늘이 바로 그날임을 절감한다.'

선생님의 말씀처럼 눈 밝은 후학들이 나타나 '오늘이 바로 그날임을 절감'하는 날이 오기를 기대한다.

참고 문헌

격서곡길찰파(格西曲吉札巴), 『藏漢辭典』 I・II, 베이징: 北京民族出版社, 1990.
김성철 (역), 『中論(Madhyamaka-śāstra)』, 서울: 경서원, 1996.
─────, 『百論/十二門論(Śataśāstra/Dvādaśamukhaśāstra)』, 서울: 경서원, 1996.
─────, 『廻諍論(Vigrahavyāvartanī)』, 서울: 경서원, 1996.
─────, 『廻諍論 범・장・한 문법 해설집』, 서울: 경서원, 1999.
김정근 (역), 『중론 주석서 찬드라키르티의 쁘라산나빠다』 I-IV, 서울: 푸른가람, 2011.
나카무라 하지메, 『佛教語大辭典』, 도쿄: 東京書籍株式會社, 1986.
라다크리슈난, 『인도 철학사』 I-IV, 이거룡 (역), 서울: 한길사, 1996-1999.
무르띠, 『불교의 중심 철학 — 중관 체계의 연구』, 김성철 (역), 서울: 경서원, 1995.
신상환, 『용수의 사유』, 서울: 도서출판 b, 2011.
신상환(역), 『친구에게 보내는 편지 — 용수 보살의 권계왕송』, 서울: 도서출판 b, 2012.
샨띠데바, 『입보리행론』, 청전 (역), 서울: 하얀 연꽃, 2004.
영목학술재단(鈴木學術財團) (편), 『梵和大辭典』, 도쿄, 講談社, 2003.
이태승, 『샨타라크쉬타의 중관사상』, 서울: 불교시대사, 2012.
정승석 (편저), 『고려대장경해제』 I-VI, 서울: 고려대장경연구소, 1998.
가지야마 유이치(梶山雄一)・우에야마 슌페이(上山春平), 『공의 논리 <중관사상>』, 정호영 (역), 서울, 민족사, 1990.
탁마길(卓瑪吉) (편), 『藏文 — 中觀理聚六論』, 타이뻬이: 감숙성장학연구소, 2000.
쫑카파, 『깨달음에 이르는 길 — 람림』, 청전 (역), 서울: 지영사, 2005.
한국불교대사전편찬위원회 (편저), 『한국불교대사전』 I-VII, 서울: 明文堂, 1999.
한정섭, 『起信論・三論』, 서울: 법륜사, 1980.
현장(玄奘), 『大唐西域記』, 권덕주 (역), 서울: 일월서각, 1983.

Ahir (D. C.), *Heritage of Buddhism*, Delhi: B. R. Publishing Corporation, 1989.
Bhattacharya (K.), trans., *The Dialectical Method of Nāgārjuna - Vigrhavyāvartanī*, 3rd ed., Delhi: Motilal Banarsidass Publishers. Ltd, 1998.
Beal (S.), trans., *Si-Yu-Ki, Buddhist Records of the Western World–Translation from the Chinese of Hiuen Tsiang*, Rev. ed., Delhi: Munshram Manoharlal, 1969.
Dalai Lama (H. H. XIV), *Four Essential Buddhist Commentaries*, Dharmasala: Library of Tibetan Works & Archives, 1982.
Das (S. C.), *Tibetan-English Dictionary with Sanskrit Synonyms*, Delhi: Book Faith India, 1995.
Garfield (J. L.), *The Fundamental Wisdom of the Middle Way - Nāgārjuna's Mūlamadhyama-*

kakārikā, New York: Oxford University Press, 1995.
────── , Samten (G. N.), trans., *Ocean of Reasoning -A Great Commentary on Nāgārjuna's Mūlamadhyamakakārikā*, New York: Oxford University Press, 2006.
Hopkins (J.), trans., *Nāgārjuna's Precious Garland*, New York: Snow Lion Publications, 1998.
────── and Rinpoche (R.), trans., *The Buddhism of Tibet -Combined Volume*, Delhi: Motilal Banarsidass Publishers Pvt. Ltd, 1987.
Inada (K.), *Nāgārjuna - A Translation of his Mulamādhymakakārikā with an Introductory Essay*, Delhi: Indian Book Centre, 1993.
Jampel (L.), Chophel (N. S.) and Santina(P. D.), trans., *Nāgārjuna's Letter to King Gautamīputra -with Explanatory Notes Based on Tibetan Commentaries and a Preface by His Holiness Sakya Trizin*, Delhi: Motilal Banarsidass, 1978.
Kalupahana (D. J.), *Mūlamadhyamakakārikā of Nāgārjuna -The Philosophy of the Middle Way ; Introduction, Sanskrit Text, English Translation and Annotation*, Delhi: Motilal Banarsidass Pvt. Ltd, 1991.
Komito (D. S.), trans., *Nagarjuna's Seventy Stanzas: A Buddhist Psychology of Emptiness*, New York: Snow Lion Publications, 1987.
Lhalungpa (L. P.), ed., *bduma rigs tshogs drug -The Six Yukt Shastra of Madhyamika Writing by Acharya Nagarjun*, Delhi: 1970.
Lindtner (C.), *Nagarjuna -Studies in the Writings and Philosophy of Nāgārjuna*, Delhi: Motilal Banarsidass Pvt. Ltd, 1987.
Matics (M. L.), *Entering the Path of Enlightenment -the Bodhicaryāvatāra of the Buddhist Poet Śāntideva*, London: George Allen & Unwin Ltd. 1971.
Monier-Williams (S. M.), *A Sanskrit-English Dictionary*, Delhi: Motilal Babarsidass Pulishers Private Limited, 2002.
Murti (T. R. V.), *The Central Philosophy of Buddhism -A Study of Mādhyamika System*, Delhi: Munshiram Manoharla Publisher. Lid., 2006.
Müller (M.), ed., *The Sacred Book of the East* Vol. 1-50, trans., by Various Oriental Scholars, Indian ed., Delhi: Motilal Babarsidass Publishers Private Limited, 1999.
Nakamura (H.), *Indian Buddhism -A Survey of Bibliographical Notes*, Indian ed., Delhi: Motilal Babarsidass Pulishers Private Limited, 1987.
Obermiller (E.), trans., *The History of Buddhism in India and Tibet-Bu-ston: Companion Volume to the Jewellary of Scripture*, 2nd ed., Delhi: Sri Satguru Publications, 1986.
Padmakara Translation Group, trans., *Introduction to the Middle Way -Chandrakirti's Madhyamakavatara with Commentary by Jamgön Mipham*, Delhi: Shechen Publication, 2004.
Radhakrishnan (S.), *Indian Philosophy* Vol. Ⅰ · Ⅱ, Indian ed., Delhi: Oxford University Press, 1989.

Ramanan (K. V.), *Nāgārjuna's Philosophy as Presented in the Mahā-Prajñāpāramitā-Śastra*, Indian ed., Delhi: Motilal Banarsidass, 1975.

Rinpoche (S.), ed., *Madhyamika Dialectic and the Philosophy of Nagarjuna*, Sarnath, Varanasi: A Tibetan Institute Publication, 1977.

Routledge Encyclopedia of Philosophy e-book, Version 1.0, London: Routledge, 1998.

Samten (N.) ed., *Ratnāvalī of Ācārya Nāgārjuna with the commentary by Ajitamitra*, Sarnath, Varanasi: Central Institute of Higher Tibetan Studies, 1990.

Sharma (P.), *Śāntideva's Bodhicaryāvatāra - Original Sanskrit Text with English Translation and Exposition Based on Prajñākarmati's Panjikā*, Delhi: Aditya Prakashan, 1990.

Tillmann (J. S.) and Tsering (T.), trans., *Rendawa Shönnu Lodrö's Commentary on the 'Entering into the Middle' Lamp which Elucidates Reality*, Sarnath, Varanasi: Central Institute of Higher Tibetan Studies, 1997.

──────── , trans., *Removal of Wrong Views - A General Synosis of the "Introduction to the Middle" and Analysis of the Difficult Points of each of its Subject by Go bo Rab'Byams pa Bsod nams Seng ge*, Kathmandu: International Buddhist Academy, 2005.

Tola (T.) and Dragonetti (C.), trans., *Nāgārjuna's Refutation of Logic(Nyāya) - Vaidalyaprakaraṇa*, Delhi: Motilal Banarsidass Pvt. Ltd, 1995.

Tsonawa (L. N.), trans., *Indian Buddhist Pundits from "Jewel Garland of Buddhist History"*, Dharmasala: Library of Tibetan Works and Archives, 2005.

Tucci (G.), *The Religions of Tibet*, trans., to Eng., Samuel (G.), London and Henley: Routlege & Kegan Paul, 1980.

──────── , trans., *Minor Buddhist Texts, Part I and II*, Indian ed., Delhi: Motilal Banarsidass Publishers Pvt. Ltd, 1986.

──────── , trans., *Pre-Diṅnāga Buddhist Texts on Logic from Chinese Source*, 2nd ed., Madras: Vesta Publications, 1981.

Watters (T.), trans., *On Yuan Chwang's Travels in India(A.D. 629-645)*, Delhi: Munshi Ram Mahohar Lal, 1961.

Williams (P.), Studies in the Philosophy of the Bodhicaryāvatāra, Altruism and Reality, Delhi: Motilal Banarsidass Publishers Pvt. Ltd, 2000.

https://abc.dongguk.edu/ebti/c2/sub1.jsp
http://cudl.lib.cam.ac.uk/view/MS-ADD-01592/1
https://googl/An92CC
http://kb.sutra.re.kr/ritk/intro/dataGuide01.do
http://www.tbrc.org/#!rid=P4CZ15243

찾아보기

ㄱ

가립(假立)된 것 50, 99
가문 241, 295
가설(假說) 176, 381, 389, 411
가행(加行) 17
감각 대상[五境] 258, 259, 261, 262
감로(수) 61
거울 37, 38, 39, 40, 396
거짓 이름[假名] 82
거짓말[妄言] 19, 24, 113, 114
게으름[懈怠] 292, 302, 304, 310
경전 72, 73, 95, 100, 141, 161, 170, 185, 207, 225, 360, 361, 362, 370, 371, 419
고(苦) 41, 265, 411
고유한 성질 52, 66, 415
공덕(功德) 14, 90, 112, 115, 158, 160, 165, 168, 169, 178, 180, 184, 200, 203, 204, 214, 215, 220, 225, 238, 239, 250, 268, 269, 271, 278, 292, 294, 306, 308, 309, 312, 314, 317, 327, 331, 334, 335, 341, 342, 355
공성(空性, Śūnyatā) 13, 86, 217, 270, 279, 280, 285, 373, 377, 378, 379, 389, 393, 394, 397, 398, 401, 406, 410, 419
과(果) 24, 25, 27, 41, 48, 168, 244, 283, 298, 299, 411
과보(果報) 27, 31, 408
과실(過失) 13, 47, 112, 114, 185, 355, 386, 405, 406, 408
괴로움[苦] 29, 45, 360
괴멸(壞滅=사라짐) 68
교만 104, 207, 291, 295
교활함 122
국왕 116, 227, 229, 301
귀경게(歸敬偈) 53
그릇된 것[過失] 76, 105, 179, 395
극락(極樂) 225
근간 17, 140, 234, 237, 238, 243, 385, 403, 407
기만 109, 110, 111, 293, 294
기어(綺語) 19, 20, 24
길고 짧은 것 85

ㄲ

깨달음[菩提] 60, 344, 347
깨달음의 길[菩薩道] 277, 283
끝 42, 43, 63, 66, 67, 69, 95, 151, 184, 225, 278, 279, 394, 415

ㄴ

나[我] 34, 35, 39, 40, 75, 89
나쁜 생각[惡意, 瞋心] 19
나체외도(자이나교, Jaina) 21, 60, 61, 415
난승지(難勝地) 324
남녀평등 340
'내가 있다'는 (견해)[人我執] 34
내 것[我所] 33, 34, 35, 36, 41, 43, 323
내 것[我所]'을 가지고 있다[我執] 34, 35, 36, 38, 39, 41, 43
내가 있다'는 (견해)[人我執] 106, 107, 323
농부 139, 194
누진통(漏盡通) 220, 223
능인왕 185

ㄷ

다라니 198, 199
다른 사람의 아내를 탐하지 않는 것[不邪淫] 19
단견(斷見=邪見) 20, 92, 103, 106, 375, 393, 401
대능인(大能仁=붓다) 92, 202
대범천왕(大梵天王) 329
대상 17, 65, 78, 83, 84, 87, 89, 91, 101, 125, 142, 223, 257, 259, 260, 292, 308, 328, 332, 350, 373, 375, 378, 381, 388, 394, 403, 405, 408, 411, 413, 417, 418, 419
대승(大乘) 268, 360, 370, 371, 400, 411, 420
대언구리(大言求利) 292, 301
도거(掉擧) 122, 293, 312, 354
도둑질 않는 것[不盜] 19
도둑질(도적질) 19, 24
도리에 어긋날 말[綺語] 19, 24
도박 122
도솔천[兜率天=Tuṣitā] 324, 325, 326
독 201, 215, 271

425

독각(獨覺) 283, 290, 329
독사 23, 138, 201
두려움[畏] 17, 25, 33, 45, 71, 73, 108, 121, 137, 138, 156, 176, 343, 344
등류(等流) 48, 156, 408
등잔 51
등잔불 52
땔나무 75
똥 124, 126, 127, 130, 132

ㅁ

마음(心) 16, 20, 25, 31, 41, 60, 96, 101, 103, 116, 119, 122, 123, 139, 140, 154, 157, 176, 178, 198, 211, 214, 232, 256, 257, 266, 292, 293, 303, 312, 313, 315, 395, 407, 411, 417, 419
망어(妄語) 19, 20
먹거리 23, 187, 192, 194, 201
명성 84, 210, 233, 234, 236, 243, 288, 375
모순 78, 271, 389, 391
몸 21, 22, 23, 30, 41, 101, 123, 124, 125, 126, 127, 129, 130, 132, 133, 134, 135, 140, 141, 144, 145, 151, 158, 162, 173, 175, 191, 198, 234, 246, 255, 310, 311, 312, 316, 319, 328, 337, 339, 340, 342, 343, 349, 350, 360, 361, 417
무량광(無量光佛=아미타불) 225
무명(無明) 17, 41, 42, 56, 57, 83, 86, 134, 178, 275, 394, 395, 420
무변(無邊) 94, 100
무아(無我) 46, 89, 91, 92, 385, 409
무주처(無住處) 62, 71
무지[癡] 176
무집(無執) 46
물[水界] 74, 395
미세하고 거친 것 85, 86
믿음 16, 17, 113, 121, 170, 216, 286, 287, 325, 414
믿음을 가진 자[信念者] 16, 17

ㅂ

바나나 (나무) 90, 91, 151, 394, 396, 416
바람[風界] 74
바이세시까(vaiśeṣika, 勝論派) 65, 66

발광지(發光地) 321
방일(放逸) 250
방편 22, 406
번뇌(煩惱) 23, 42, 195, 220, 223, 225, 310, 311, 315, 324, 325, 341, 352
범부(凡夫) 33, 53
범천(梵天, 브라흐만) 31, 32, 215, 329
법(法) 17, 20, 30, 45, 83, 87, 96, 110, 112, 212, 223, 284, 336, 387, 409, 417, 418, 420
(법)기(器) 70
법라(法螺) 166
법륜(法輪) 240, 322, 337, 343
법보시 202
법안(法眼) 40
법운지(法雲地) 331
법체(法體) 109
벗 117
보리심 13, 139, 140, 174, 216, 338
보살(菩薩) 13, 143, 160, 166, 171, 172, 173, 174, 178, 184, 198, 267, 268, 282, 314, 317, 318, 324, 325, 331, 333, 336, 339, 360, 361, 369, 370, 371
보살십지(菩薩十地) 290, 317, 320, 333, 334, 342, 370, 413
보시(布施) 20, 22, 26, 107, 112, 115, 143, 149, 160, 200, 218, 220, 223, 234, 235, 236, 237, 250, 251, 276, 287, 301, 314, 315, 316, 318, 319, 331, 341, 361, 363
복덕 48, 49, 73, 105, 161, 162, 163, 164, 166, 167, 169, 170, 173, 175, 184, 196, 198, 214, 268, 277, 285, 287, 336, 337, 348, 355, 374, 408
복전 186, 187
본성 128, 212
부동지(不動地) 328, 329
부분 38, 58, 65, 66, 67, 68, 138, 194, 213, 214, 221, 235, 373, 377, 382, 387, 393, 394, 396, 397, 399, 400, 403, 404, 405, 406, 411, 413
부처(님) 13, 29, 34, 47, 61, 82, 85, 90, 95, 96, 100, 141, 156, 157, 158, 160, 161, 162, 165, 166, 167, 168, 169, 170, 178, 181, 185, 215, 218, 269, 277, 278, 279, 280, 282, 283, 284, 287, 292, 307, 311, 325, 330, 331, 333, 334, 335, 360, 409, 410, 417, 418, 420
불[火界] 74
불법(不法) 252

불법(佛法) 200, 215, 341, 377, 380, 418, 420
불빛 51
불살생 19, 137
불상(佛像) 141, 181
불생(不生) 279
불선(不善) 27, 28, 29, 86, 106
불쾌한 말[惡口] 24, 122
불쾌함 122
불탑 142, 181, 182, 183, 220, 221, 335
브라흐만 32, 152, 215, 363, 373
비구(比丘, bhikṣu) 225, 228, 301, 360
비열만(卑劣慢) 299
비천 239, 357
빈말 122
뿌드가라(pudgala=有情) 60, 377, 415

ㅅ

사라지는 것 63, 97, 234, 394, 403, 407, 416, 420
사라짐[絶滅] 44
사리자(舍利子=사리뿌뜨라) 278
사만(邪慢) 296, 299, 300
사무량심 174
사악한 욕망[惡欲] 292, 306
사자 141, 149, 152, 153, 155
사제(四諦) 293, 313
사태(事態) 47, 79, 88, 89, 223, 388, 393, 395, 400, 402, 409, 410
살가야견(薩迦耶見) 323
살생(殺生) 19, 20, 48
살생하는 것 24
(삼)업(業) 18
삼대(三大) 76
삼세(三世) 41, 43, 62, 66, 95, 99, 312
삼승 280, 281, 420
32상 90, 140, 142, 143, 144, 145, 146, 147, 148, 149, 150, 151, 152, 153, 154, 155, 156, 157, 165, 166, 370, 414
37 보리분법(三十七菩提分法) 322
삼원만(三圓滿) 207
삿된 음행 24
상(想) 31, 89, 264
상(相=體, 모습) 31, 47
상계 15, 180, 414
상속(相續) 156, 342

상호 (연관) 80, 375, 391, 392, 402, 404
색(色) 31, 37, 76, 83
생(生) 41, 42, 43, 50, 83, 107
생겨남[生] 41, 44, 51, 409
생사(生死) 23, 42, 220, 385
서방정토(西方淨土) 225
선법(善法) 14, 28, 29, 31
선정(禪定) 31, 276, 314, 315, 316, 321, 331, 341
선취(善趣) 15, 16, 414
선혜지(善慧地) 330
섭수(攝受)하는 자 56
성내는 마음[瞋心] 25
성냄[瞋] 17, 122, 154, 176, 179, 180, 249, 286, 321
성문승 282, 317
성법 16, 104, 182, 183, 198
성취자(붓다) 191
성현 60, 142
세간 34, 55, 66, 69, 72, 87, 93, 95, 96, 97, 98, 99, 109, 112, 124, 125, 136, 139, 161, 167, 176, 178, 203, 211, 232, 244, 260, 265, 288, 316, 323, 343, 345, 347, 409, 410, 415, 416, 418, 419, 420
세간의 기쁨 256
세간의 일[世間事] 44, 69, 99
세속(世俗) 44, 53, 62, 63, 99, 287, 290, 334, 416
세속의 언설[世間言說] 99
소두구(小豆蔲) 252
소멸 51, 68, 87, 400, 407, 409
수(受) 41, 42, 89, 264
수[數=헤아림] 84
수레바퀴 42, 43, 141, 142
수론(파)(數論派) 60, 76, 416
수론학자(數論學者=saṁkhya) 60, 415
수면(睡眠) 312
수미산 140, 216, 324, 325, 354
숙명통(宿命通) 217, 220, 223, 345
순세외도(順世外道, Lokāyata=Cārvāka) 204
순수함[無垢] 117
술 20, 121, 416
술을 마시는 것[飮酒] 25
스님 40, 182, 189, 292, 307
스승 21, 149, 184, 186, 203, 222, 240, 292, 307, 309, 327, 357, 375
승론(학)파(勝論派=Vaiśeṣika) 60, 415, 416
승의(勝義=진실) 50, 53, 97, 98, 99, 233, 415

찾아보기 427

승자(勝者) 32, 69, 91
시작 42, 91, 95, 382, 383
시화륜(施火輪) 262, 395, 396
식(識) 31, 32, 41, 42, 83, 85, 89, 264
신구의(身口意) 18, 29
신기루 54, 55, 56, 57, 98, 395, 396
신족통(神足通) 220, 222, 345
실수 205, 221
심소(心所) 16, 103, 266, 328
심오한 법 69, 96
십선업도(十善業道) 19
십이(12)연기(十二緣起) 41, 42, 43, 44, 48, 411
11선법 16
십지(十地) 317, 371, 413
쌓인 것[(五蘊] 35, 36

ㅇ

아(我=자아, ātman) 39, 46, 92, 298, 300, 409
아귀(生) 29, 30, 180, 193, 207
아만 264, 295, 298, 300
아비지옥(=무간지옥) 104
아수라 29, 30, 180, 217
악구(惡口) 19, 20, 24
악변화천(樂變化天) 326
악취(惡趣) 26, 29, 48, 49, 217, 408
악한 견해[惡見] 25
악행(惡行) 120, 175, 249, 295
안락 15, 16, 17, 29, 30, 89, 105, 108, 177, 180, 207, 210, 212, 225, 236, 239, 255, 257, 259, 264, 265, 272, 273, 287, 292, 310, 315, 316, 345, 352, 353, 414
안색 26
알지 못함[痴] 88
앎 106, 110, 306
앎의 대상[所知] 84
양설(兩舌) 19, 20
양집(兩執) 72
어리석은 마음[迷惑心] 98, 99
어리석은 자[凡夫] 32, 56, 57, 71, 104, 124, 420
어리석음[痴, 愚癡] 17, 26, 28, 57, 98, 121, 154, 179, 180, 298, 416, 420
업(業) 41, 47, 48, 83, 106, 206, 226, 232, 279, 319, 408
여래(如來) 268, 280, 318, 333, 369, 395, 420
여래십력 333

여실한 것[眞如] 35
여자 122, 124, 128, 129, 130, 133, 137, 198, 257, 375, 394, 398, 417
연기법 51, 52, 53, 80
연료 79, 80, 263, 266
연민심 171, 189, 224, 229, 267, 274, 287, 314, 315, 316, 317
열매 91
열반(涅槃) 45, 47, 58, 62, 63, 69, 88, 160, 266, 317, 322, 377, 407, 408, 409, 410, 417, 419
열반적정 49, 69, 72, 417
염혜지(焰慧地) 322
오(5)온(五蘊) 38, 39, 41, 46, 55, 60, 71, 75, 83, 298, 415
오고 감 62
오대(五大) 76
오묘욕(五妙欲) 311
오신통(五神通) 345
완전한 깨달음[菩薩] 286
왕국 119, 187, 208, 210, 249, 253, 254, 288
외경(外境) 97, 416
외도(外道) 53, 60, 73, 95, 184, 324, 325, 369
욕망 69, 88, 135, 136, 137, 176, 204, 243, 292, 306, 310, 360
용수의 사유 51, 377, 378, 382, 384, 388, 393, 400, 404
우억염오심(憂憶染汚心) 309, 313
원만회향(圓滿回向) 282
원수 204, 275
원인 21, 27, 34, 38, 42, 43, 48, 50, 95, 122, 125, 137, 155, 156, 162, 164, 167, 168, 169, 170, 185, 210, 211, 218, 227, 231, 237, 244, 266, 267, 272, 276, 280, 284, 293, 304, 309, 310, 312, 335, 375, 389, 390, 394
원인과 결과[因果] 48, 390
원행지(遠行智) 327
유무(有無) 38, 88, 94
유변(有邊) 94, 100
유정(有情) 14, 15, 34, 60, 95, 135, 171, 172, 173, 187, 216, 274, 315, 321, 325, 331, 338, 342, 343, 345, 346, 348, 353, 355, 356
육(6)근(根) 83, 84
육계(六界) 74, 75, 89, 91
육바라밀 277, 317, 370
윤회 23, 42, 43, 60, 63, 175, 339, 340, 377, 385, 408, 409, 410, 413

음애(愔瞪) 303
음욕 32, 122, 123, 416, 417
음행 19, 24
의미 22, 24, 25, 26, 32, 34, 35, 36, 37, 38, 43, 45, 52, 59, 65, 66, 68, 71, 72, 73, 75, 81, 84, 86, 92, 93, 94, 95, 100, 101, 102, 103, 108, 110, 111, 124, 125, 140, 156, 160, 168, 169, 177, 180, 184, 201, 203, 208, 218, 219, 223, 228, 229, 231, 235, 240, 242, 251, 256, 257, 258, 259, 260, 261, 262, 263, 264, 265, 266, 276, 281, 282, 283, 290, 291, 308, 311, 312, 315, 324, 327, 375, 380, 385, 388, 393, 401, 402, 403, 406, 407, 408, 418, 421
의식 41, 74, 83, 85, 87, 260, 374, 375, 381, 387
의지처 80, 233, 247
이간질(兩舌) 19, 24, 154, 212
이구지(離垢地) 319
이름[名] 84, 86, 89, 343, 360, 395
이숙(異熟) 27, 347
이익 18, 21, 34, 53, 74, 112, 114, 118, 119, 135, 195, 196, 197, 201, 202, 206, 207, 225, 226, 228, 230, 271, 272, 277, 292, 300, 302, 309, 315, 317, 331, 345, 348, 350, 351, 355, 356, 357
인간 15, 23, 29, 83, 84, 117, 214, 217, 325, 326, 377, 387
인과(因果) 44, 52, 84, 90, 389
인내 212, 219, 239
인욕(忍辱) 22, 107, 251, 276, 287, 314, 315, 316, 322, 331, 341, 357
일승 280, 420
일체지자(一切智者) 14, 70, 94, 95, 355

ㅈ

자기 자신[自性] 37, 38, 39, 72, 104, 111, 114, 134, 150, 211, 229, 247, 276, 279, 299, 308, 396, 399, 401, 403
자량(資糧) 160, 174, 268, 374
자성(自性) 77, 262, 385
작공덕(作功德) 314
작찬욕득(作讚慾得) 292, 301
잘못된 길[邪道] 22
장작 78, 87
재물 24, 115, 121, 147, 150, 181, 195, 198, 200, 212, 218, 231, 234, 236, 237, 249, 292, 295,

301, 302, 315, 316, 416
적(敵) 112
적정(寂靜=평화) 49, 321
적정처(寂靜處) 346
전륜성왕 141, 142, 156, 157, 159, 255, 320
전생 26, 169
전체 65, 66, 68, 72, 75, 78, 81, 90, 103, 113, 115, 116, 125, 126, 132, 159, 160, 164, 167, 168, 173, 175, 177, 186, 205, 227, 228, 235, 245, 246, 251, 254, 265, 270, 288, 296, 382, 385, 386, 387, 391, 400, 403, 404, 411
전통 238, 340, 361, 362, 363, 365, 366, 367, 370, 371, 372, 373, 374, 379, 380, 381, 382, 383, 384, 385, 386, 396, 400, 401, 405, 418, 420
접수(接受) 53, 415
정거천(淨居天) 332
정견(正見) 48, 408
정법(正法) 22, 331, 357
정진(精進) 16
존귀한 법[勝妙法] 117
존재 20, 32, 33, 35, 38, 39, 41, 47, 57, 63, 64, 65, 67, 68, 74, 75, 78, 79, 80, 83, 84, 87, 93, 95, 97, 101, 204, 250, 259, 261, 263, 266, 362, 373, 375, 377, 379, 380, 381, 384, 385, 386, 387, 388, 389, 391, 392, 393, 394, 395, 397, 399, 400, 402, 403, 404, 405, 406, 407, 408, 409, 410, 413, 420
종기 136, 297
죄 49, 245, 246, 280, 281, 299, 374, 420
죄악 73, 248, 291, 293, 336, 345
죽음 41, 47, 208, 210, 211, 235, 237, 308, 361, 375, 413
중생 13, 15, 29, 30, 31, 34, 70, 71, 95, 96, 98, 102, 126, 134, 135, 137, 138, 139, 153, 154, 160, 170, 172, 175, 207, 215, 217, 223, 224, 226, 229, 266, 268, 285, 292, 304, 311, 317, 318, 320, 333, 336, 337, 341, 343, 344, 345, 347, 349, 351, 353, 355, 380, 394
증상만(增上慢) 295, 299
증오 268, 269, 270
지계(持戒) 22, 107, 276, 278, 287, 314, 316, 321, 341
지도자 147, 227, 327
지옥(생) 30, 137, 180, 269
지혜 13, 15, 16, 17, 49, 105, 110, 116, 117, 140,

찾아보기 429

146, 160, 168, 169, 175, 176, 184, 186, 187, 217, 245, 268, 274, 276, 277, 286, 314, 316, 321, 322, 324, 328, 330, 331, 332, 339, 341, 342, 350, 351, 352, 353, 362, 374, 394, 410, 412, 414, 415
진리 49, 53, 71, 72, 107, 109, 113, 114, 117, 229, 230, 283, 315, 324, 327, 388, 402, 409, 418
질투하는 것 26

ㅊ

찰나(刹那) 41, 62, 65, 66, 214, 327, 403, 415
참과 거짓 93
천신 15, 29, 30, 117, 180, 207, 213, 214, 322, 323, 324, 326, 327
천안통(天眼通) 220, 345
천이통(天耳通) 220, 221, 345
(첫) 깨달음의 길[初成道] 102
추류혹(麤類惑) 290, 291, 313, 370
축생 30, 180
출가자 190, 288, 290, 417
출세간(出世間) 25, 203, 265
칠만 295, 299
칠보(七寶) 320

ㅋ

코끼리 97, 98, 99, 257, 416

ㅌ

타심통(他心通) 220, 221, 345
타인 18, 24, 25, 26, 48, 72, 74, 112, 132, 133, 153, 197, 202, 212, 244, 275, 276, 277, 292, 293, 301, 312, 388
탐심[貪心] 137, 154, 292, 308
탐욕[慾, 貪] 17, 19, 28, 125, 134, 171, 176, 179, 218, 240, 242, 292, 304, 305, 306, 309, 311, 321, 322
탐욕스러운 마음[貪心] 25
털 141, 145, 149, 158, 162, 164, 165, 234, 395,

396

ㅍ

팔십(80)종호(八十種好) 156, 157, 160, 163, 164, 414
팔유가(八有暇) 215, 217
피안 49

ㅎ

해(害) 24, 145, 240
해타각(害他覺) 309, 312
해탈(解脫) 13, 15, 16, 17, 25, 30, 31, 32, 33, 45, 46, 48, 49, 52, 54, 56, 57, 58, 60, 69, 70, 111, 166, 214, 215, 223, 224, 265, 276, 277, 279, 316, 318, 319, 333, 347, 349, 354, 409, 414, 415
해탈법 15, 31, 32, 33, 69
해탈위(解脫位) 15, 70
해하려는 마음[瞋恚] 292, 312
행(行) 41, 42, 73, 89, 264, 395
행위[事] 84
행위자[作者] 84
허공[空界] 31, 74, 89
허광(虛誑) 292, 300
허깨비[幻] 96, 97, 98, 99, 416
현관(現觀) 327, 328
현량(現量) 101, 134, 301
현상계[法] 17
현자 18, 26, 33, 70, 104, 135, 284, 299, 350
현전지(現前智) 325
형상[色] 41, 54
형색 37, 38, 39, 86, 133, 354, 396
혼침(惛沉) 103, 292, 312
환희 109, 110
환희지(歡喜地) 318
후생 232, 236, 414
후회하는 것[悔愧] 293, 313
흙[地界] 74
희론(戲論) 52, 53, 393, 415, 417

ⓒ 도서출판 b, 2018

■ 지은이 용수(龍樹, Nāgārjuna, 150?-250?)
남인도 출생. 대승불교의 기틀인 공사상을 연구, 중관사상의 기초를 확립하였다. 그로 인해 제2의 붓다, 8종(八宗)의 조사(祖師), 대승불교의 아버지라고 일컫는다. 『중론』, 『회쟁론』 등의 중관사상이 담긴 주요 저서들과 『친구에게 보내는 편지』, 『보행왕정론』 등 도덕률을 강조하는 저서들이 대승불교권에 전해져 온다.

■ 옮긴이 신상환(辛尙桓)
아주대학교 환경공학과를 졸업하고, 인도 비스바 바라띠 대학교 티벳학 석사와 산스끄리뜨어 준석사 등을 마쳤으며, 캘커타 대학교 빠알리어과에서 철학박사 학위를 취득했다.
저서로는 『용수의 사유』, 『세계의 지붕 자전거 타고 3만 리』 등과 역서로는 싸꺄 빤디따의 『선설보장론』, 용수의 『친구에게 보내는 편지』, 『풀어쓴 티벳 현자의 말씀』 등이 있다. 비스바 바라띠 대학교의 인도·티벳학과 조교수로 재직했었으며 티벳 경전의 한글 번역에 관심을 쏟고 있다.

보행왕정론

초판 1쇄 발행_2018년 5월 25일

지은이_용수
옮긴이_신상환
펴낸이_조기조
펴낸곳_도서출판 b
등록_2006년 7월 3일 제2006-000054호 | 주소_08772 서울특별시 관악구 난곡로 288 남진빌딩 302호
전화_02-6293-7070(대) | 팩시밀리_02-6293-8203 | 홈페이지_b-book.co.kr
이메일_bbooks@naver.com

값_30,000원
ISBN 979-11-87036-50-0 (세트)
ISBN 979-11-87036-53-1   93220

* 이 책 내용의 일부 또는 전부를 재사용하려면 저작권자와 도서출판 b의 동의를 얻어야 합니다.
* 잘못된 책은 교환해 드립니다.